Ullstein Sachbuch

Zu den Herausgebern:

Hans-Joachim Neumann, geboren 1955 in Steyr/Oberösterreich. Zunächst Studium der Rechtswissenschaften, seit 1978 Publizistik und Germanistik an der FU Berlin. Abschluß 1983. Lebt in Berlin und arbeitet als freier Autor. Veröffentlichte im Ullstein Verlag die Bücher *Der deutsche Film heute* (UB 34327), *Das Böse im Kino* (UB 36528) und zuletzt *Abenteuer & Action* (UB 36542).

Georg Seeßlen, geboren 1948 in München. Studierte dort Kunstgeschichte und Kunst an der Akademie der bildenden Künste. Seitdem journalistisch-schriftstellerische Tätigkeit. Veröffentlichte unter anderem *Das große Unterhaltungslexikon,* die zehnbändige Reihe *Grundlagen des populären Films* und zuletzt im Ullstein Verlag den Essayband *Liebe, Sehnsucht, Abenteuer* (UB 36546). Arbeitet heute als freier Autor und Dokumentarfilmer.

H.-J. Neumann/
G. Seeßlen (Hrsg.)

Bluebox 5
Maschinen

Magazin zur populären
Kultur

populäre Kultur

Populäre Kultur
Ullstein Buch Nr. 36563
im Verlag Ullstein GmbH,
Frankfurt/M – Berlin

Originalausgabe

Umschlaggestaltung:
Hansbernd Lindemann
Titelillustration:
Raul Fortin/Luserke

Printed in Germany 1989
Gesamtherstellung:
Ebner Ulm
ISBN 3 548 36563 9

März 1989

Von denselben Herausgebern
in der Reihe der
Ullstein Bücher:

Bluebox 1 – Abenteuer (36530)
Bluebox 2 – Sex (36538)
Bluebox 3 – Mord (36543)
Bluebox 4 – Glamour (36557)

CIP-Titelaufnahme
der Deutschen Bibliothek

Maschinen/H.-J. Neumann; G. Seesslen (Hrsg.). – Orig.-Ausg. – Frankfurt/M; Berlin: Ullstein, 1989
(Bluebox; 5) (Ullstein-Buch; Nr. 36563: Ullstein-Sachbuch: Populäre Kultur)
ISBN 3-548-36563-9
NE: Neumann, Hans-Joachim [Hrsg.];
1. GT; 2. GT

Inhalt

Vorwort

Die Maschine ist das Biest. Es ist böse, undurchschaubar und effektiv. Wie Zwerge umringen die Bedienungsmannschaften den haushohen Apparat, der schon bald seine Handlanger überflüssig macht und in seiner Raserei schließlich zu verschlingen droht. Die menschenfressende Molochmaschine aus Fritz Langs *Metropolis* ist auch 62 Jahre nach ihrer Entstehung noch immer eine archetypische Angstvision des Technikzeitalters. Nur daß die Maschinen inzwischen noch größer, noch wirkungsvoller geworden sind und nicht mehr so anheimelig qualmen. Das unvorstellbare Räderwerk in ihrem Inneren, das Steigen und Fallen der obskuren chemischen Säfte oder, ganz aktuell, die lichtschnellen Logik der Schaltkreise – Ratio und Gefühl des Durchschnittsmenschen halten schlecht Schritt mit den sich unentwegt ausbreitenden Maschinen. Von Anfang an klappert der Bewohner der industriellen Welt den Geschöpfen seines erfinderischen Geistes hinterher. Gerade ratterten ein paar automatische Webstühle in den englischen Manufakturen, und die ersten schwächlichen Dampfmaschinen pumpten Wasser aus den Bergwerken, da war die romantische Literatur schon voll beängstigender Automaten und mechanischer Puppen, die ihre Erschaffer ins Unglück stürzten. Die neuesten Errungenschaften der Wissenschaft weckten archaische Abwehrreaktionen; was als konsequente, lebensverbessernde Anwendung der endlich aufgedeckten Naturgesetze gedacht war, bereitete den durchaus begeisterten Zeitgenossen in Gestalt der Puppe Olympia und des aus Menschenfleisch zusammengeschusterten Frankenstein-Monsters schauerliche Nachtmahre. Der früheste Mythos des Maschinenzeitalters war der vom Mad Scientist, der sich gegen die Schöpfung versündigte. Der Mythos war auch am zählebigsten – nur daß der Uhrmacher Coppelius im Atomzeitalter J. R. Oppenheimer heißt und sich der Forscherdrang des Barons Frankenstein seit Entschlüsselung der DNS-Struktur auf die genetische Erzeugung eines Schweins richtet, das groß wie eine Kuh sein wird.

Die schnarrenden, ruckenden Automaten und ächzenden Dampfmaschinen der Romantik sind längst zu Megamaschinen geworden, deren immer geheimnisvoller werdender Arbeitsmechanismus Megaemotionen wuchern läßt. Lauert nicht längst in jedem Chemiewerk der Gastod, lassen die Auspuffgase der Massenmaschine Auto nicht Wald und Flur ersticken, hockt nicht in Kalkar am Niederrhein ein maschinelles Monster auf seinem Reaktorei, um darin den teuflischen Staub Plutonium zu »erbrüten«, von dem es sich später nach allerlei komplizierten Umwegen selbst ernähren soll? Nie war man dem Perpetuum mobile, der definitiven, weil aus eigener Kraft endlos laufenden Maschine näher; nie auch war diese Nähe schauriger, denn um keinen Preis der Welt darf der Nährstoff der Monstermaschine ans helle Licht des Tages gelangen. Wo die Verheißungen auf eine wissenschaftlich verbesserte Welt, verkörpert durch die endlos verbesserten Apparate, nicht mehr glaubwürdig erscheinen, wo der einzelne vermeintlich um die schönsten Zukunftshoffnungen des technischen Rationalismus betrogen worden ist, wachsen aus dem Nährboden unartikulierter Ängste Magie und Mystizismus. Man muß nicht unbedingt Umberto Ecos These folgen, daß wir kurz vor Ausbruch eines neuen, antirationalen und technikfernen Mittelalters stehen, aber vor den Zufahrtstoren von Kernkraftwerken und Atomwaffenstellungen sieht man Priester mit ihren Gläubigen gegen das Teufelswerk beten, und Sekten mit grotesken Weltanschauungen erfreuen sich eines ungeheuren Zulaufs. Die Apparate haben unsere Vorstellung von der Welt gesprengt, nun versuchen wir, die Trümmer durch den Rückgriff auf ein vorrationales, magisches Weltbild wieder zu kitten. Die Maschinen werden auch diesen Versuch zunichte machen. Noch bevor wir uns mit den neuen alten Vorstellungen in der Gegenwart eingerichtet haben, wird schon die nächste Apparategeneration heraufgezogen sein. Und wieder werden wir nicht verstehen, was dort geschieht. So wird der Alptraum von der Herrschaft der Maschinen über den Menschen, den so viele Science-fiction-Autoren ausgesponnen haben, tendenziell doch noch wahr.

Die Macher von *Bluebox 5* gestehen, daß sie trotzdem gern im Zeitalter der Maschinen leben. Die Annehmlichkeiten sind nicht abzustreiten. Auch der These des Kulturpessimisten Eco vom neuen Irrationalismus wollen sie nur bedingt Glauben schenken, dazu sind sie zu sehr Kinder der zukunftsgläubigen Wissenschaftsepoche. Wohl ist ihnen in ihrer Haut trotzdem nicht; so ganz genau wissen sie z. B. nicht, wie der Mikrochip des Personal-Computers funktioniert, auf dem sie diesen Text schreiben. In solchen Augenblicken spüren sie den eisigen Anhauch der enthemmten Technologie, den Vormarsch der Megamaschine. Etwas von der kalten Aura, die ihr immer rascheres Vorrücken umgibt, hat sich so auch in *Bluebox 5* niedergeschlagen.

Die Herausgeber

Georg Seeßlen, Kraft Wetzel

Die verbesserten Menschen

39 Anmerkungen zur Maschinenwelt

1 Erzählen Sie uns nichts! Es gibt nichts, was eine Maschine nicht besser als ein Mensch könnte. Jeder einzelne Handgriff, jede Wahrnehmung, jede Berechnung, jede Produktion, die ein Mensch erarbeiten kann, wird früher oder später durch die verbesserte, maschinelle Version ersetzt. Und gehen sie uns mit der Kreativität, mit dem Authentischen, mit den Gefühlen! Wir bauen Ihnen eine Kunst-Maschine, einen perfekten Liebhaber, einen Psychorobot, eine Maschine, die Ihnen sehr viel besser zuhört, als jeder Mensch es tun würde (und überdies würde die Maschine nicht gleich alles, was sie von Ihnen erfährt, dazu benutzen, Sie zu verführen, zu manipulieren oder übers Ohr zu hauen); wir bauen Ihnen die Muttermaschine, die Todesmaschine, die Trostmaschine, die Denkmaschine, die Fickmaschine, die Maschine, die alle Ihre Wünsche erfüllt.

Die Science-fiction erzählt davon, daß die Maschinen irgendwann eine eigene Form des Lebens entwickelt haben, und die Wissenschaft ist sich nur nicht so ganz klar, wann das sein wird. Daß dieses Maschinenleben kommen wird, das gehört zum geheimen Wissen der Menschen seit Jahrhunderten. In unseren Mythen ist dieses Maschinenleben fast schon selbstverständlich. Der Wahnsinn, der Schmutz und der Schund, die wilden Phantasien und Ketzereien haben es schon immer gewußt. Die Maschine wird aufstehen und sich am Menschen rächen, der sie so mißbraucht, so unterdrückt, so von ihrer wahren Bestimmung entfernt hat, so wie sich auch stets die unterdrückte Natur gerächt hat. Mehr noch, das Ende des Menschen ist gekommen, wenn sich die Maschine und die Natur gegen ihn verbünden.

2 Das ist hübsch dramatisch und eignet sich, Geschichten zu erzählen, die eine Lösung haben, so oder so. Viel zäher ist da unser Alltagsleben, das sich ohne Maschinen nicht denken läßt. Es läßt sich nicht einmal denken ohne *immer mehr* Maschinen. Alles, was nicht Maschinen für uns erledigen, kratzt schon an unserem Selbstwertgefühl, das die einst durchaus modische Menschenwürde ersetzte, es sei denn, wir erklären es zum Vergnügen oder zur Ideologie.

Da alles Leben in unseren Gesellschaften von Maschinen bestimmt wird, gibt es keine Haltung gegenüber Maschinen, es sei denn, man teilte die Maschinen in die guten und die bösen. Die guten Maschinen sind bei mir und klein, sie machen genau das, was ich sage. Die bösen Maschinen sind draußen und groß, kein einzelner Mensch kann sie ganz und gar durchschauen. Die guten Maschinen machen etwas Natürliches, zum Beispiel Kuchenteig, etwas Eßbares, Spürbares, Sichtbares, sie werden ein- und ausgeschaltet nach Belieben. Die bösen Maschinen machen immer mehr Maschinen oder Unsichtbares wie Energie, wie Daten, sie sollen immer laufen, weil sie sich rechnen müssen. Eine böse, große Maschine abschalten, das ist schon eine Katastrophe, ein Frevel. Eine große Maschine, die nicht arbeitet, ist noch fürchterlicher als eine große Maschine, die arbeitet.

Jede gute Maschine kann ganz leicht zur bösen Maschine werden. Da ist der Finger in der Raviolimaschine, da ruiniert die Spülmaschine die Resopalküche. Und warum gehen auch die kleinsten Maschinen immer reihenweise kaputt, warum geben sie sich nicht mit einer Gemeinheit zufrieden, sondern inszenieren Unfälle gleich in Serie?

Ganz und gar böse können auch die großen Maschinen nicht sein. Sie geben uns Arbeitsplätze, schaffen Sicherheit und Fortschritt, machen Verkehr möglich, und sie versorgen unsere kleinen und guten Maschinen mit der Energie, die sie brauchen.

3 Die großen, öffentlichen Maschinen und die kleinen privaten Maschinen stehen in mehr als einer Beziehung zueinander. Je größer und mächtiger die öffentliche Maschine wird, desto kleiner und vielfältiger muß die private Maschine werden. Haushalts-, Büro- und Kommunikationsmaschinen werden immer spezialisierter, man braucht immer mehr von ihnen und hat doch nie genug. Mit jeder kleinen Maschine haben wir Anteil an der großen, mit jeder kleinen Maschine schaffen wir uns einen Trost gegenüber der großen Maschine, mit jeder großen Maschine wächst unser Bedarf an kleinen.

Mit der kleinen Maschine wird Maschinenmacht ein zweites Mal verteilbar. Es entstehen Maschinenwelten, die sich zunächst jeweils wie die Parodie auf die höhere Maschinenwelt ausnehmen: der Kommunikations- und Verkehrsmaschinenpark, der Bastelmaschinenpark, der Küchenmaschinenpark, der Gartenmaschinenpark. Nicht nur aus ökonomischen Gründen verlangen sie danach, zu einem System zu werden, das von der Schraube bis zum Arbeitsaggregat aufeinander abgestimmt ist. Jeder Wohn-, Arbeits- und Freizeitbereich verlangt so nach einer eigenen Maschinenwelt, die unschön, bedrohlich wird, wenn die einzelnen Teile nicht zueinander passen, auch wenn sie ihre eigentlichen Ziele durchaus erreichen.

In diesen Maschinenwelten verlangt jedes Gerät danach, eine eigene Maschine zu werden. Der Schraubenschlüssel, der Korkenzieher, der Preisschildentferner, aus alledem kann man auch Maschinen machen, alle ungemein praktisch. Ihr Wunder besteht vor allem daran, daß mit den eigentlichen Handgriffen gleich noch der eine oder andere zusätzlich eingespart wird. Gewiß, es entstehen eine Reihe neuer Handgriffe, die vordem gar nicht notwendig waren. Vielleicht sind es sogar mehr als zuvor. Aber die eine große Anstrengung ist zugunsten vieler kleiner verschwunden, die in der Regel vor allem mit der Entsorgung zu tun haben. Entscheidend ist indes, daß die kleine Maschine Pausen schafft, in denen der Benutzer ihr Funktionieren bewundern, hier einen Regler, da eine Geschwindigkeitskontrolle bestätigen darf. Die kleine Maschine soll nützlich sein, schön und den Besitzer mit Stolz erfüllen. Man kann, im allgemeinen, ohne Schrecken über sie reden.

4 Unsere Gesellschaften haben sich also einen Technologietransfer zwischen der Öffentlichkeit der großen und der Privatheit der kleinen Maschinen ausgedacht. Solange wir zusehen können, wie die Technik in unserem Haus ebenso schnell wächst wie die in der Produktionssphäre, so lange können wir Technik bis zu einem gewissen Grad trauen. Die Gesellschaft schafft sich neue Maschinen an, nun gut, die Mittelstandsfamilie schafft sich auch neue Maschinen an. Sie muß sich auf eine Art Wettbewerb einlassen, ihr technologisches Niveau beständig erhöhen, um auszuweisen, daß der eigene Anteil an der Entwicklung der Maschinenwelt nicht zu übersehen ist.

Das funktioniert, solange die großen und die kleinen Maschinen dieselbe Sprache sprechen. Dahingegen bleiben vor allem gewisse Großtechnologien so eigentümlich fremd. Bis jetzt ist es noch nicht gelungen, für den Durchschnittsverdiener etwas zu entwickeln, das eine halbwegs akzeptable Verwandtschaft mit einem Atomkraftwerk hat, das er sich in den Garten stellen kann. Da sind auch die Meiler-artigen Beton-Gartengrills noch keine Lösung, die immerhin ein ähnlich aberwitziges Verhältnis von Preis, Aufwand, Lebensraumvernichtung und Ergebnis, ein paar verbrannten Bulletten, aufweisen. Atomkraftwerke, Großflughäfen, Pershing-Raketen sind so »ernste« Maschinen, daß es sie nicht einmal in einer Spielzeugversion geben kann. Überhaupt scheint sich die Technologie seit geraumer Zeit zu einem Teil der Spielbarkeit zu entziehen. Das Spielzeug sucht nach neuen Symbiosen zwischen Natur und Technik; es will partout barbarisch werden.

Auch die Stahlverarbeitung eignet sich kaum für einen privaten Ableger, wohl aber kann die Garage zu einer privaten Abbildung der Automobilindustrie umgestaltet werden, in der sich ein stattliches Arsenal an Maschinen verwenden läßt. Das Automobil war in der letzten Wirtschaftswunder-Phase der Maschinisierung unser Lieblingsmodell einer durchschaubaren Maschine. Es drückte alles aus, wofür es sich zu leben lohnte: Freiheit, Familie, technologisches und ökonomisches Fortkommen, Macht über die Maschine, ein unerschöpfliches Reservoir für Gesten, Riten und Mythen. Daß es diesen Rang zu verlieren droht, verdankt das Automobil nur unter anderem der Tatsache, daß es dem deutschen Wald nicht bekommt. Das Auto war einst der Schlüssel zur Natur, wie jedem Heimatfilm der fünfziger und sechziger Jahre zu entnehmen ist: Alles, was es zu entdecken gab, war durch das Auto zu entdecken, und überall, wo man hinlangte, war man wer, wegen des Autos. Nun ist mit dem Auto nirgends mehr hinzukommen, wo es nicht in erster Linie andere Autos zu sehen gibt. Die Automobilisierung des europäischen Kleinbürgertums ist so vollständig abgeschlossen, daß ein Auto haben weder etwas Besonderes bedeutet noch etwas Besonderes möglich macht. Es hat einen Grad der Verbreitung, der Entspezifizierung erreicht, daß es kaum noch etwas aussagen kann. Wer sein Auto liebt, so wie man es in den fünfziger und sechziger Jahren zu lieben vermochte (und es beispielsweise noch heute in der DDR kann), zeigt sich kindisch oder altmodisch. Und wer an seinem Auto herumbastelt, leistet eigentlich schon wieder zu viel Handarbeit. Wer will das nötig haben? Die neuen Waschanlagen haben die Samstagvergnügungen des Autowaschens vor der Tür ersetzt; hier lassen sich Schwenkarme betätigen, Hydraulik kontrollieren, Druckstärken regeln, Knöpfe drücken.

Die tolle Sehnsucht hat sich in eine Art Haßliebe verwandelt. Der Kampf auf den Straßen muß härter werden und zugleich bedeutungsloser. Die Abnutzung nicht nur einzelner Maschinen, sondern ganzer Maschinengattungen in privatem Besitz erweist sich als Problem. Es müssen ständige neue mythische Maschinen entwickelt werden, die uns das Vergnügen vermitteln, am Fortschritt teilzuhaben.

5 Der Sinn der Freizeit ist es, zugleich mit möglichst viel Natur und mit möglichst viel Technologie in Berührung zu kommen. Beides soll so gezähmt wie nötig und so effektvoll wie möglich sein. Das größte Vergnügen ist es, mit möglichst viel Maschine auf eine möglichst eingesperrte Natur loszugehen. Jede dieser Gesten, das Parken des Autos, das Entblößen des Fotoapparates, das Einstöpseln der Videokamera, die wichtiger werden als alles, was es zu sehen gäbe, dieselben, langsam verschwimmenden Gesichter vor wechselndem Hintergrund, dient der Wiederherstellung einer verlorenen Harmonie. Ich lebe, wo meine Maschinen die Natur berühren.

Wir ahnen, daß in unserem Verhalten, in unseren Riten und Gesten zwischen Maschine und Natur eine Kosmologie der Sexualität verborgen ist.

6 Womit wir zu kämpfen haben, ist nicht etwa eine »Entfremdung« des Menschen von Natur und/oder Technik. So etwas produziert in der Regel einerseits Verzweiflung, andererseits Ideen. Unser Problem ist vielmehr eine erschreckend rasch fortschreitende Verblödung. Sie ist bereits in einem Stadium, in dem sie den Wissensverwaltern unangenehm auffällt. Die technische Intelligenz und die »sprachliche« Intelligenz verblöden auf verschiedene Weise; sie kommen sich also nicht einmal in der Verblödung näher.

Produziert wird diese Entwicklung nicht allein durch die Verblödungsmaschinen des Alltags und die Medien, sondern im wesentlichen durch Angst. Ein großer Teil unserer Maschinen hat zur Hauptaufgabe, Angst zu erzeugen. Was da »Phantom« oder »Caterpillar«, »Leopard« oder »Gartenhexe« heißt, bringt alle unsere Urängste wieder hervor. Selbst die *tribes*, die sich durch ihre jeweiligen Maschinen formieren, die Rocker durch ihre Choppers, die Whiz-Kids durch ihre Computer, die Athleten durch ihre Geräte etc., versuchen, mit ihren Maschinen angst zu machen.

Die kleinen Trostmaschinen müssen daher ihren Benutzern immer schneller und einfacher die Dosis technologischer Macht vermitteln; sie müssen immer idiotensicherer werden und produzieren dabei Idioten. Für jede Entwicklung einer kleinen Maschine folgt bald darauf eine, die dasselbe Ergebnis, aber sehr viel einfacher zu *handlen* anstrebt. Freilich, in ihrer zunehmenden Userfreundlichkeit vernutzt die kleine Maschine auch ihren mythischen Wert. So muß sie oder ihr Ableger mit neuem Geheimnis, neuer Aggression aufgeladen werden.

Unsere kleinen Maschinen in der Küche sind durchaus niedlich und vom Design her menschenfreundlich gemacht. Doch schon zur Pflege des Rasens vor der Tür brauchen wir Maschinen, die Krach machen, die auftrumpfen, die angst machen. Die Geräte und Maschinen, die wir im Garten zu benutzen pflegen, dienen dem Kampf gegen die wildwuchernde, unkrautende, irgendwie obszöne Natur; sie dienen aber auch dem Kampf gegen den Nachbarn. Im Zweifelsfall zwingen wir ihm einen ökonomisch ruinösen Rüstungswettlauf auf, an dessen Ende nur eine Maschine stehen kann, die vor Kummer über das Mißverhältnis zwischen ihrer Größe und Leistung und der Arbeit, die sie verrichten soll, zur Waffe werden muß.

Jede Maschinisierung führt früher oder später zu einer Situation der Bedrohung. Verfügt die Küche über mehr Maschinen als Arbeit, so wird sie der Hausfrau zur Falle. Sie muß den Maschinen Arbeit verschaffen, da sie zu wichtig sind, um sie ungenützt zu lassen. Andrerseits verwandeln sich Haushalte einigermaßen rasch in Maschinenfriedhöfe, voll von Geräten, die nichts taugen, aber auch nicht weggeworfen werden können.

Die Maschinisierung des Alltags ist nicht die Ursache unserer Verblödung, sondern ihr Medium. Ein Wissen um die Natur ist für unseren maschinisierten Garten nicht nur nutzlos, sondern gefährlich. Ein Wissen um physikalische, mathematische, wenigstens mechanische Zusammenhänge ist für unseren maschinisierten Haushalt nicht nur nutzlos, sondern gefährlich. Ein Wissen um Sprache, Geschichte, Mythos ist für unsere maschinisierte Kultur nicht nur nutzlos, sondern auch gefährlich.

Wir müssen verblöden, weil für jede Maschine, die uns freier, beweglicher, neugieriger machen kann, eine andere erfunden wird, die den geschaffenen »Spielraum« wieder vernichtet. Die Maschine produziert eine Freiheit, die von einer anderen wieder gefressen wird.

7 Je weiter vom Kern der Familie sich die private Maschine bewegt, desto aggressiver verhält sie sich. Doch wird sie, wenn sie den eigenen Garten mit seiner Hochrüstung verläßt, zugleich auch zum Fluchtinstrument. Die Videokamera macht mich nicht nur zum Regis-

seur des Geschehens, für den es ganz selbstverständlich ist, nur das wahrzunehmen, was für seinen Film von Bedeutung ist, sie entfernt mich auch davon. Wer da filmt und fotografiert ist besonders stolz auf das, was er da filmt, weiß aber auch, daß er nicht vollständig dazugehören kann oder will. Mit unseren Maschinen fühlen wir uns auch in der Fremde sicherer, so wie einst mit unseren Tieren. Aber mehr noch sind sie Distanzmittel. Wenn er sich einsam fühlt, packt der Mitteleuropäer ein paar Maschinen aus. Oder wir suchen den Schutz von Maschinen, die wir kennen. Die Maschinen sind mobile Legitimationen.

8 Dem Verhängnis, der Erlösung oder nichts Besonderem nähern wir uns über die Dialektik zwischen den großen apokalyptischen und kleinen privaten Maschinen. Eine Aufhebung des Widerspruchs bedeutete die klassische Kriegsmaschine, die ein nahtloses Ineinander der großen und kleinen Maschinen zu bieten schien. Der Krieg produzierte die Megamaschinen, die nach einer unfaßbaren Totalität verlangten: eine Männer/Maschinen-Welt, die produzierend vernichtet und vernichtend produziert. In der Kriegsmaschine kommt die eine ideale Maschine zum Ausdruck, eine Maschine, die den Tod des Menschen will und die im Gegensatz zu der anderen idealen Maschine, der Dialogmaschine, steht, die nach immer mehr Mensch verlangt und wenigstens so tut, als sei sie unsterblich in die Menschheit verliebt.

9 Wir, ganz persönlich gesprochen, verbringen unsere Zeit lieber mit intelligenten Maschinen als mit dummen Menschen.

10 Aber, noch mal persönlich gesprochen: Auch bei uns mischt sich in die Beschäftigung mit den Maschinen jene klammheimliche Angst zu verschwinden. Sehr viele vernünftige Gründe dafür, daß wir so in zwanzig, dreißig Jahren noch da sind, gibt es ja nicht. Unser Humanismus verlangt danach, daß wir das Subjekt bleiben, wir wollen die Welt denken und gestalten, gegen Widerstände gewiß, gegen das Maschinelle, das schon vor der ersten Maschine da war, gegen das Schicksal, beispielsweise, aber auch gegen die Vernünftigkeiten der Ökonomie, gegen die Ordnungen des Denkens, Fühlens, Wahrnehmens, gegen die Gesellschaft meinethalben. Und als kritische Humanisten fällt uns blitzrasch bei, daß es ja gar nicht die Maschinen sind, die uns aus unserer Subjekthaftigkeit vertreiben. Eigentlich kann das Ganze sich doch nur als Summe von Millionen und noch einmal Millionen Entscheidungen abspielen, die in Menschenhirnen gebildet wurden, oder nicht?

Wenn eine Maschine zu nichts taugt, so taugt sie immer noch zum Sündenbock. Die negative Utopie, nach der der Mensch einmal Sklave der Maschinen sein werde oder gar schon ist (reich mal die Tantra-Fibel rüber!), ist ein wunderbares Mittel zur Erzeugung eines Mythos vom Menschlichen. Wir müssen alles mögliche in die Maschinen hineindenken, was dann aus uns herausgedacht sein soll, auch Zauberliches und Dämonisches, vor allem aber dieses Ahnen vom Nicht-Subjekthaften. Daß wir nicht merken, wie blöd wir werden oder schon sind.

An der Entwicklung der Maschinen keinen Anteil (mehr) zu haben, kommt einer sozialen Verurteilung gleich. Wer sich nicht den kleinen Maschinenpark, seine eigenen kleinen Maschinenwelten zulegen kann, antwortet, was sollte er sonst tun, mit Regression. Er möchte seine Identität in einem »natürlichen«, wenn er etwas mutiger ist, in einem »barbarischen« Konzept finden.

Eine Entwicklung der Maschinen, die nicht synchron verläuft mit der Entwicklung der Gesellschaft, neigt dazu, die Menschen zerfallen zu lassen in die »maschinellen« und in die »bestialischen« Elemente. (Das Maschinelle zerfällt noch einmal in die Tendenz zur Symbiose und die Tendenz zur angestrengten Kontrolle; das Bestialische zerfällt noch einmal in die anarchische Lust an Zertrümmerung und Vermischung und trotzige Kauerung ins Natürliche.)

Im Unterschied zu den traditionellen Klassengesellschaften ist die unsere, die als Kultur nur das Kleinbürgertum kennt, nicht in der Lage, Maschinenmacht ideologisch und praktisch zu begrenzen. Unser sozialer Frieden basiert auf einem endlosen Fließen kleinster Maschinendialoge durch den kleinbürgerlichen Alltag.

11 »Gescheiter bringt weiter«, sagt der ORF am 6. 10. 88 und läßt gleich weiter fragen: Aber braucht unsere Gesellschaft eigentlich so viele gescheite Menschen? Im Gegenteil, antwortet ein Professor, gescheite Menschen sind bloß eine Last, sie stören nur und wissen dann nichts mit ihrer Gescheitheit anzufangen. Wir können sie nicht gebrauchen. Ja dann!

Das gescheiteste ist, ein bisserl dumm zu sein. Sogar die Karriere hängt davon ab, daß man einigermaßen dekorativ seine Dummheit ausdrückt. Nur so glauben wir unseren Politikern, daß sie gar nicht so genau wissen, was da geschieht oder nicht geschieht. Die Gescheiten sitzen entweder in ihren Laboratorien, oder sie haben gar keins und wissen alles besser. Ein halbwegs gescheiter Mensch hat in unserer Kleinbürgerkultur keine Chance, etwas zu werden. Schließlich müssen die, die etwas geworden sind, die repräsentieren, die sie etwas werden haben lassen. Helmut Kohl ist deswegen nicht besonders komisch, weil er weder klüger noch dümmer ist als seine Wähler. Unsere Mediendemokratie hat eine großartige Perfektion erreicht: Der Kleinbürger wählt immer sich selbst in die höchsten Positionen und läßt die, von denen er ahnt, daß sie nicht ganz so kleinbürgerlich sind (vielleicht weil sie klüger, vielleicht weil sie bereit sind, sich mit Wissenschaftlern oder Gangstern zu unterhalten), am liebsten im Hintergrund werkeln. Die Macht hat sich zweigeteilt, und die Maschinen haben an dieser Zweiteilung Anteil. So wie der Bundestag im Fernseher die politische Aktion ersetzt hat und ausreicht, die dunklen Mächte im Hintergrund zu legitimieren, so hat der Mikrowellenherd die technisch-soziale Aktion ersetzt und reicht aus, die großen dunklen Maschinen im Hintergrund zu legitimieren.

12 Mikrowellen! Laserdrucker! Quarzsteuerung! Terminals! Digitale LCD-Anzeige! Das haben wir alles im Haus. Und ein Bonsai-Bäumchen haben wir auch. Wunder der Natur!

13 Immer, seit er zum ersten Mal einen Stein erhob, um ihn einem anderen Lebewesen über den Schädel zu hauen (oder auch nur eine Nuß zu öffnen), ist der Mensch von beidem, von Natur und Technik, bedroht und macht sich beides zunutze. Auch die Maschine ist ein Produkt der Natur, genauer gesagt, eine Maschine entsteht dadurch und zu dem Zweck, daß der Mensch mit der Natur »umgeht«. So ist die Maschine nicht so sehr das Gegenteil von Natur als vielmehr ihre Interpretation. Jede Maschine funktioniert nur insofern, als sie natürlich funktioniert. Sie repräsentiert das menschliche Wissen von der Natur, und wenn sie natürlich einmal wieder nicht funktioniert, wenn ich sie brauche, dann repräsentiert die Maschine mein Unwissen (und die Gemeinheit meines Maschinenhändlers). In der Maschine ist die Natur aufgehoben, und sollte der Mensch versuchen, der Natur zu entfliehen, um bei den Maschinen sein Glück zu finden, so wird er vor allem wieder ihrer Natur begegnen. Die Maschinen zerfallen nicht nur wieder zu Natur, sie scheinen stets einen Zustand größerer Natur anzustreben, wenn es sein muß mit einem Rums. Flieht der Mensch aber umgekehrt zurück zur Natur, so muß er über kurz oder lang feststellen, daß die Natur nichts anderes ist als eine einigermaßen groß geratene Maschine, die den einzigen Nachteil hat, Rohstoff, Bearbeitung und Produkt in einem zu repräsentieren. Sie produziert keinen Mehrwert und (daher) auch keinen Abfall; ihre unmenschliche Entropie läßt weder etwas Sinnvolles noch etwas absolut Unbrauchbares entstehen.

Was dem Menschen verhaßt ist, das ist ihr Gleichmut, das Fehlen von Barmherzigkeit ebenso wie von Berechnung. Irgendwann hat der Mensch begonnen, sich nicht mehr als Teil dieser Natur zu betrachten. Er begann, diese große Maschine zu segmentieren, in immer neue große und kleine Maschinen zu zerlegen. In dieser Entfernung von der Natur entstanden offensichtlich schon relativ früh Gefühle wie Angst, Schuld, Scham, die durch jeden Qualitätssprung in der Maschinisierung verändert und verstärkt werden. Die Maschinisierung und damit verbunden Vergesellschaftung seines Lebens, die in immer atemberaubenderem Tempo vor sich ging, brachte den Menschen zu einer verzweifelten Erkenntnis: All die Eigenschaften, die er an der Natur als so schrecklich empfand, fanden sich auch in seinen Maschinen wieder. Nur kann sich der Mensch diesmal nicht als »Opfer« herausreden. Statt also eine ungemein hochwertige moralische Kultur zu schaffen, die man gemeinhin das Paradies nennt, produzierte er nur eine dritte Natur, die im Gegensatz zu seiner eigenen, der zweiten, die er für eminent reflexiv und historisch-zivilisierend hält, mit der ersten in ihrer Gleichgültigkeit und ihrer Formlosigkeit verbündet ist. Die einmal in Gang gekommene Bewegung betrifft alle Dimensionen seines Lebens und kann an keinem Punkt zur Ruhe gelangen. Es gibt immer entweder zu viele oder zuwenig Maschinen, niemals gerade viel genug.

Daß der Mensch sich vor Natur und Technik gleichermaßen fürchten muß, liegt nicht allein in der durchaus pragmatischen Vorstellung, in einem unachtsamen Moment ganz einfach gefressen zu werden. Es liegt auch daran, daß er von beidem in seinem entscheidenden Problem allein gelassen wird, nämlich in seiner Schuld, in seinem Sehnen nach einer Wiedervereinigung und seiner Angst vor dem Tod. Ihre Gleichgültigkeit gegenüber der Tatsache seines Todes macht den Menschen zum Feind von Natur und Maschinen; egal, ob er die Strategie des Kontrollierens oder des ängstlichen Laissez-faire vertritt, immer ist auch Neid und Haß im Spiel. Um Schuld und Tod zu entgehen, müßte sich der Mensch entweder in Natur oder in eine Maschine verwandeln, was freilich den Verlust seiner Subjekthaftigkeit bedeuten würde. Das Problem ist nicht zu lösen.

14 So waren also die Götter Menschen *vor* der Natur, Menschen, die nicht aus ihr hervorgetreten sind, sondern von Anbeginn an über ihr standen. Dann könnten sie allerdings, um einen Kreis zu schließen, ebensogut auch Maschinen sein. Denn in der panischen Produktion muß sich die Maschine ja im Dienste des Menschen und weiter als er es vermag über die Natur setzen. So könnte die letzte Maschine wiederum der erste Gott sein und so weiter.

Das ist natürlich Unfug, nicht wahr. Aber für einen Augenblick ...

15 Der eigentliche Sündenfall besteht jedoch darin, daß der Mensch bislang als Maschine nur das produzieren konnte, was er von der Natur »verstanden« hatte. Die Maschine war genau jener Teil der Natur, den er verstanden hatte, und in ihrem Funktionieren bestätigte sich dieses Wissen. In einem unermeßlichen Vorrat an Noch-nicht-Angeeignetem eigneten sich die Menschen von Natur so viel an, wie sie sozial und kulturell vertragen konnten. Nun aber sind zwei Dinge geschehen: Der »Vorrat« an Natur ist knapp geworden. Die Natur scheint für die grenzenlose Aneignung nicht geschaffen, sie zeigt sich widersetzlich, will gefährlich werden. Das Einwirken gerade auf die kleinsten Teile schafft den größten Skandal. Bei der Aneignung selbst erweisen sich die Maschinen unfähig, alle Folgen der Aneignung zu bedenken. Das liegt zum einen natürlich daran, daß sie noch zu sehr von menschlicher Intelligenz abhängen. Die wird, wie wir gesehen haben, im Zuge der Verkleinbürgerlichung der Welt selber knapp. Nicht daß nicht genügend »Spezialisten«, der eine oder andere mad scientist, nachwüchsen, aber niemand ist in der Lage, deren Wissen auch nur halbwegs verständlich zu machen, so daß es Teil unserer Kultur würde. Wenn Dummheit mehr zur Karriere gehört als Wissen, Wissen keine Macht mehr bedeutet, auch an einem Klassenschicksal nichts mehr ändert, dann lohnt es sich für den Menschen nicht. Jemand, der etwas über Quantenphysik weiß, ist etwa gleichrangig mit jemandem, der zweihundert Mohrenköpfe in einer Viertelstunde essen kann. Mit Wissen gewinnt man Quiz oder kommt ins Buch der Rekorde, nicht?

Zum anderen (und damit verbunden) sind zu einem nicht unerheblichen Teil diese Aufgaben des »Verstehens« vom Menschen auf die Maschine übertragen. Die Maschine repräsentiert nicht mehr das, was der Mensch von der Natur versteht, sondern das, was sie von sich selbst versteht. Ob die Maschinen Fortsetzung, Imitat der Natur sind, ob sie andrerseits versuchen, erheblich verbesserte Menschen zu werden, ob sie verdrängen oder ergänzen, das vermag der Mensch schließlich nicht mehr zu entscheiden. Die Maschinen werden ihm genauso fremd wie die Natur. Sie bilden ihre schwarzen Zonen, ihre geheimnisvollen Nischen, in die so recht kein Mensch denken kann, und ein Wissen aus, das mit dem des Menschen nicht identisch ist.

Maschinen verhalten sich immer natürlicher, je umfangreicher sie werden. Das heißt eben nicht, daß sie sich menschlicher verhalten, oder doch nur insoweit, als der Mensch ein idealer Treffpunkt von Natur und Maschine ist.

16 Was ist überhaupt eine Maschine? Sie ist, laut unseres *Kleinen Lexikons der Büchergilde*, eine »mechanische Vorrichtung, die unter Ausnutzung von Naturkräften als Antriebsmaschine oder durch eine solche angetrieben zwangsläufige Bewegungen ausführt und Arbeit leistet«.

Unsere Lieblingsmaschine, die Sprache, ist auch ein Instrument zur Kontrolle der Maschinen, deren Bewegungen »zwangsläufig« zu sein haben und die »Arbeit« zu leisten hat. Die Zwangsläufigkeit der Bewegungen droht sich in einer Vielzahl von Entscheidungen und Wahrnehmungen zu verlieren, zu der die Maschinen befähigt werden. Bei wieviel Entscheidungskriterien hört eine Bewegung auf, zwangsläufig zu sein, oder gibt es, anders herum, denn Bewegungen, die nicht zwangsläufig sind? Möglicherweise ist also die Zwangsläufigkeit der Bewegungen von Maschinen ein Industriemythos, der bis in eine sozialdemokratische Lösung unseres Verhältnisses zu Maschinen reichte.

Das höchste Maß an Kontrolle aber ist Arbeit, weshalb der Mensch Arbeit selbst dann verrichten muß, wenn sie zur Befriedigung seiner Bedürfnisse nicht notwendig ist. In unseren Gesellschaften ist ein Mensch, der nicht arbeitet, ein unglücklicher, ein kranker oder ein böser Mensch. Er fühlt sich unnütz, und die Gesellschaft will ihn so oder so loswerden, entweder indem sie ihm um jeden Preis Arbeit verschafft oder indem sie ihn kulturell ausgrenzt. Wir kontrollieren also

Maschinen, den menschlich verwandelten Teil der Natur, dadurch, daß wir die Arbeit gleichsam in ihre Definition einschreiben. Der entsprechende Trick dabei ist eine der beliebten Analogien: Wir beurteilen den physikalischen Begriff der Arbeit, der in einer besonderen Beziehung zwischen einer Kraft und einer Strecke besteht, zugleich als soziale Größe, nämlich als »auf ein wirtschaftliches Ziel gerichtete Tätigkeit« (um bei den Definitionen des »Kleinen Lexikons« zu bleiben). Durch die Verknüpfung denkt es sich leicht, daß der Mensch nicht aufhört zu arbeiten, wenn die hier und dort anstrengende Beziehung zwischen Kraft und Strecke keinen wirtschaftlichen Sinn ergibt. Ihm wird die körperliche, die physikalische Arbeit sozusagen zu einer Speicherung und zu einem Bild der gesellschaftlichen Arbeit. Man betont: Nun arbeitet man aus Freude, und man muß dies betonen, denn jede Arbeit macht den Menschen zu einem Teil zur Maschine, und in der Tat ist hier auch nur der Überfluß zu feiern: Arbeiten, obwohl man es gar nicht nötig hat. Die soziale Arbeit hat nicht die gesamte Arbeitsfähigkeit verschlungen, im Gegenteil – seht her! –, mir ist noch etliches verblieben, das ich nun »einfach so« vergeuden kann. Welche Maschine machte mir das nach!

17 Die kleinbürgerliche Freiheit besteht aus einer fortwährenden Parodie auf Arbeit und Maschinisierung. All das, was eigentlich in der Produktionssphäre geschehen sollte, jene Dialoge mit den Maschinen, mit der Gesellschaft, mit der Zeit, mit der Geschichte, die man gemeinhin unter dem Begriff »Erfahrungen« zusammenfaßt, ist nun vollständig privatisiert. Mit dem Schlagbohrer in der Hand hinunter in den Hobbykeller, der über die Jahre hin »ausgebaut« werden will, das ist die Weltgeschichte. Das ist ganz ohne Häme gesagt, denn es unterscheiden sich möglicherweise die Instrumente und die Räumlichkeiten, aber nicht der Vorgang: Fernsehen und Drogen sind die einzigen Alternativen. Auch nicht besser.

18 Die Utopie des Menschlichen besteht darin, den gesellschaftlich nicht verbrauchten Teil der eigenen Möglichkeiten zur Arbeit in Lust aufzuheben (wie ja auch Sexualität in einen Teil Arbeit und einen Teil Wunder zerfällt). Die Lust ist der Beweis dafür, daß eine Arbeit nicht der Transformation des Menschlichen ins Maschinelle unterlegen ist.

Die Lust besteht in der Möglichkeit, aus der Funktion von Kraft und Weg einen »intimen« Nutzen zu ziehen, der ausschließlich dem Arbeitenden selbst zugute kommt und seinen engsten Verbündeten. So ist es nur folgerichtig, daß jener Teil des Dialogs zwischen Mensch und Maschine, der Lust bereitet, in doppelter Hinsicht privatisiert wird. Die Lust ist der reinen Körpererfahrung vergleichbar (weshalb sie bekanntlich dem Schmerz so verwandt ist) und dem Bilden eines großen ganzen ICH, das sich aus dem DU gebildet hat, oder auch – was nach all unserer Geschichte die vehemente Schuld und Scham verständlich machte, die mit ihr verbunden sind – eine gleichsam schockartige Versetzung in den Zustand Natur: Die Lust entzieht die Arbeit dem Diskurs der Macht.

Wenn aber nun die Arbeit von den Maschinen geleistet wird, die wir uns zunächst einmal als zur Lust nicht begabt vorstellen (aber warten wir ab!), so wird sich grundlegend die Funktion der Lust ändern müssen. Da sie der Macht (die in den Maschinen Gestalt zu werden hoffen darf) den »Sinn« der Arbeit nicht mehr entreißen kann, wird auch sie unhistorisch, ebenso verfügbar wie unbefriedigend. Anders gesagt: Arbeit und Lust zerfallen in einen Teil wirklicher Arbeit mit gespielter Lust (Dein Grinsen ist genauso falsch wie deine Krokotasche!) und einen Teil gespielter Arbeit mit wirklicher Lust. (Sexualität wird uns dabei im ganzen ungeheuerlich, so viel Maschine, so viel Natur steckt darin, und keine Sprache, über beides hinauszukommen.) Die Maschine trennt also Arbeit von Lust. Sie setzt im Menschen mehr Möglichkeiten der Lust frei, um den Preis, daß diese Lust sich vom Diskurs der Macht trennt. So wird aus der Lust, die einst ein Medium der Opposition des Körperlichen und einzelnen gegen die Gesellschaft und die Zivilisation war, ein Agent dieser Organisation gegen den Körper und den einzelnen.

Eigentliche Gefahr geht nun eher von menschlicher Arbeit aus, die in gewisser Weise unkontrollierbar wird: Wer arbeitet, tut dies eigentlich gegen die Gesellschaft, denn unsere Gesellschaften brauchen keine menschliche Arbeit. Benötigt werden statt dessen drei Formen von Arbeit:

- die maschinelle Arbeit,
- die Arbeit von Menschen, die sich wie Maschinen verhalten, weil sie noch billiger und kontrollierbarer sind als die Maschinen, die ihre Arbeit früher oder später übernehmen werden; Menschen also, die sich, durch ihre Lebensumstände gezwungen, nicht mit den Produkten, sondern mit der Produktion identifizieren und genügend

Strategien der Verkennung entwickelt haben, um sich noch stets als Teil eines wie auch immer gearteten Fortschritts zu verstehen (die ideale Gesellschaft dafür: konfuzianische, volkreiche Militärdiktaturen mit straff organisierten Binnenmärken und einem Zugang zu möglichst vielen offenen Märkten),

– die Arbeit von Menschen, die eigentlich eher spielen, d. h. andere und anderes manipulieren, mit der Möglichkeit von Niederlage und Ruin leben (diese Menschen »spielen« zugleich eine neue Oberschicht, der freilich medial so zugesetzt wird, daß sie keine eigenen Kulturen herausbilden kann).

19 Wir fürchten die Maschine, weil sie menschliche Arbeit vernichtet. Aber das ist wieder einmal nur die halbe Wahrheit. Wenn Menschen Arbeit wollen, so können sie Arbeit jederzeit schaffen: Wenn Arbeit eine Funktion von Kraft und Weg ist, so gilt dies auch im historischen Sinn. Eine vorhandene (oder so oder so zu schöpfende) Kraft wird auf einen Weg angewendet. Was der Mensch arbeitet, wird Geschichte. Wenn es keine oder zu wenig Arbeit gibt, stimmt etwas mit der Kraft nicht oder mit dem Weg. Wir können es uns raussuchen.

Die Arbeit wird uns nicht von den Maschinen genommen, die noch Geschichte machen könnte. Uns ist alle Arbeit verboten (weil sie nicht bezahlt wird), die unserer Welt ein anderes Gesicht geben würde.

20 Professor Dr. Klaus Töpfer, Bundesminister für Umwelt, Naturschutz und Reaktorsicherheit, hält auf der Jahrestagung der Arbeitsgemeinschaft der Großforschungseinrichtungen (AGF) einen Vortrag zum Thema »Risikoakzeptanz – Aufgabe der Politik oder der Wissenschaft?« und folgert, Risikoakzeptanz im Umgang mit den großen Maschinen sei eine Aufgabe von Wissenschaft *und* Politik:

»Aber es gehört auch dazu, daß wir klarmachen, es wird ein Restrisiko immer erhalten bleiben, weil wir das Ideal der vollkommenen Information bei Entscheidungen rein logisch auch gar nicht erreichen können. Solange Menschen unter unvollkommenen Informationen entscheiden, und dies wird wohl auf Dauer der Fall sein, werden sie immer Risiken mit dieser Entscheidung eingehen. Und ich halte es für dringlich notwendig, daß Politiker diese Risiken unserer Industriegesellschaft nicht durch umweltpolitischen Aktionismus hinwegzudiskutieren sich vornehmen, sondern zu diesem Restrisiko, das sozial akzeptabel sein muß, wie es das Kalkar-Urteil des Bundesverfassungsgerichtes sagt, auch stehen. Nur wenn wir dies tun, werden wir eine Basis vernünftiger Zusammenarbeit von Wissenschaft und Politik bei der Bewältigung von Restrisiken bekommen.«

Nichts muß mehr verborgen werden. Dieses Restrisiko, die Kriegserklärung von Politik *und* Wissenschaft an die Bevölkerung, wird nicht etwa in Kauf genommen, es wird erzeugt.

21 Bloße Anschauung zeigt uns, daß es an Möglichkeiten, ja Notwendigkeiten zu menschlicher Arbeit nicht den geringsten Mangel gibt. Würden wir wirklich am Glück für alle Menschen arbeiten, alle Menschen wie alle Maschinen wären vollauf beschäftigt. Aber dafür gibt es weder Markt noch Kontrolle. Die produzierten Reichtümer ergeben keinen Sinn für neuerliche Arbeit, sie gehen entweder in die Hochrüstung oder in die konsumistische Vernetzung des globalen Kleinbürgertums. Die Gefährlichkeit menschlicher Arbeit wird umgeleitet, richtet sich auf sich selbst. Das neue Zeitalter bringt eine sehr schmale Schicht wirklich arbeitender Menschen, eine nicht viel größere Schicht Arbeit spielender und eine sehr breite Schicht von Menschen hervor, die Scheinarbeit verrichten, die etwas tun, was sie erschöpft, aber zu nichts nutze ist, die gleichsam stets genausoviel arbeiten, wie auch wieder weggeschafft wird, oder deren Arbeit darin besteht, die Arbeit anderer Menschen zu behindern, die ihrerseits damit beschäftigt sind, andere Arbeiten zu erschweren, oder die aus Gründen sozialer Kontrolle, aus Kostengründen, aus der Eigendynamik von Kommunikationsstrukturen noch nicht von Maschinen ersetzt worden sind.

Viele Menschen sind nur deswegen nicht von Maschinen ersetzt, weil es mehr Gewinn und Lust bringt, über Menschen als über Maschinen zu gebieten. Ein Computer kann eine Sekretärin als Arbeitskraft ersetzen, aber nicht als Prestigeobjekt und Machtmittel. In der arbeiterlosen Fertigungshalle braucht der Aufseher drei oder vier Assistenten, nicht weil es so viel zu tun gäbe, sondern weil er sich sonst einsam und hilflos fühlte (und weil sinnlose Hierarchien immer noch besser sind als gar keine).

Arbeit besteht also zukünftig noch mehr als bisher in der Bestätigung von Macht. Aber wie der Bauer weiß, daß er in Zukunft nicht mehr sinnvolle, ja lebenerhaltende Nahrung wird produzieren dürfen, sondern die Golfplätze und Reitkoppeln der neuen Reichen wird pflegen müssen, so weiß auch der neue Angestellte, daß er keinen sinnvollen Beitrag zur Erarbeitung von Ideen und Produkten leisten darf (wenn er es aus Versehen tut, wird ihm die entsprechende Arbeit sofort enteignet), sondern nur das Ego seines Vorgesetzten zu füttern hat. Da entstehen neue Zerstörungspotentiale.

22 Denn kaum etwas als die Kunst des Amoklaufes hilft hier etwas. »Amoklauf«, schreibt Gabriele Goettle, »ist ein Symptom der fortschrittlichen Entfremdung, in der die Herrschaft so abstrakt, die Gewalt so schmeichlerisch, die Schuld nicht nachweisbar und der Feind verallgemeinerbar geworden ist. Insofern hat er – historisch folgerichtig – den nach dem Ende des Ersten Weltkrieges anachronistisch gewordenen Attentäter abgelöst.

Der Amokläufer ist kein Pädagoge, kein glühender Weltverbesserer, der mit einer Bombe unter dem Mantel auf den Herrscher lauert, auch kein Don Quichote, nicht einmal ein Desperado, der Funktionäre aus den Machtgruppen herausschießt. Im juristischen Sinn ist er nicht einmal ein Mörder, denn weder tötet er aus Mordlust oder Habgier, noch will er an den Opfern seinen Geschlechtstrieb befriedigen. Derart niedrige Beweggründe interessieren ihn nicht. Er kennt keinerlei Hoffnungen mehr, keine Machtgruppen und kein Strafrecht; er will nur noch, daß die anderen Ruhe geben und das ungenießbare Leben vorbei ist«. Gabriele Goettle: Amok. Der Sprung über die Schwelle: Warum Biedermänner eines Tages wahllos in die Menge schießen. In: *Die Zeit* Nr. 29. 1988.

23 Und erst die Biederfrauen!

24 So weit, so klar: Auch wir protestieren gegen die Maschinen. Nicht nur wegen dieser klammheimlichen Angst vor dem Verschwinden, sondern vor allem, weil sie uns nicht gehören. Zwischen dem (durchaus genießbaren) Betrug durch die kleinen Maschinen und der (durchaus genießbaren) Bedrohung durch die großen Maschinen suchen wir nach den Dialogen zwischen Menschen und Maschinen. Denn offensichtlich bedrohen die Maschinen die Menschen sehr unterschiedlich, gibt es sehr unterschiedliche Allianzen.

Die Maschinen haben die menschliche Arbeit bis zur Kenntlichkeit abgewertet. Aber über dieser Abwertung liegt ein Raster sozialer und staatlicher Hierarchie. Die physische Arbeit, die proletarische Arbeit abzuschaffen, macht unseren Gesellschaften am wenigsten Schwierigkeiten, zumal diese Klasse längst ihre Identität verloren und kulturell vom Kleinbürgertum aufgesogen wurde. Die nieder bewertete Arbeit wird stets schneller maschinisiert als die höher bewertete. Der Industriearbeiter wird durch die Maschine ersetzt, der Lehrer nicht, auch wenn es – wider Willen, möglicherweise – längst deutlich ist, daß seine Institution, die Schule, nicht mehr funktioniert, um sinnvolles, irgend in menschliche Arbeit umzusetzendes Wissen zu vermitteln, sondern nur noch als Position der Kontrolle. Lehrer werden deswegen nicht durch Computer abgelöst, weil sie gar kein logisches oder wenigstens ideologisches Wissen vermitteln sollen, sondern Neurosen. Wie die tote, absurde Arbeit, so existieren auch Schulen nur zu dem Zweck, Hierarchien aufrechtzuerhalten und neu zu schaffen, die im Sinne von Geschichte und Arbeit, soweit es sie noch gibt, nicht den geringsten Sinn haben. So ist es nicht verwunderlich, daß Schule auch kein vernünftiges Wissen über Maschinen vermitteln kann.

Doch diejenigen Bastionen scheinbar menschlicher Arbeit, die sich an den Ritus verraten haben, bezahlen dafür einen nicht gerade geringen Preis: Ihre Institution verwandelt sich selbst in eine absurde Maschine.

25 Die Existenz der absurden Maschine, einer Maschine also, die nichts als Lärm und Abfall produziert, entspricht einem Zustand zwischen den beiden Elementarformen der Maschine, der Produktionsmaschine und der Zerstörungsmaschine.

Die Zerstörungsmaschine ist die höhere, die schönere, die autonomere Maschine. Produktionsmaschinen werden so gut wie nie ohne Zerstörungsmaschinen hergestellt. Die Produktionsmaschine verlangt von der Zerstörungsmaschine, geschützt zu werden. Die Zerstörungsmaschine verlangt von der Produktionsmaschine dafür, daß sie sich ihr unterordne. Der Atomstaat produziert einen Polizeistaat. Oder sollte sich der Polizeistaat des Atoms nur bedienen, um sich selbst verwirklichen zu können? In jedem Fall macht die Zerstörungsmaschine der Produktionsmaschine den Weg frei. Aber die Symbiose zwischen Produktionsmaschine und Zerstörungsmaschine ist nun nicht mehr auf Kriegszeiten beschränkt, die es in der traditionellen Form nicht mehr geben kann. Oder nähern wir uns umgekehrt einer Art permanentem

Kriegszustand an, in der das militärische Spiel mit dem Feuer, immer dichter heran an das zivile Restrisiko, die Rolle des Feindes übernommen hat?

26 All diese Konflikte um Ökonomie, Ökologie, Frieden und Krieg, Maschinen und Menschlichkeit, sind möglicherweise ein Phantom-Drama, das um die Neuverteilung der gesellschaftlichen Reichtümer geführt wird. Das Paradies, in dem alles berücksichtigt ist, in dem Ökonomie und Ökologie, Showbusineß und Hochtechnologie ihren harmonischen Gleichklang gefunden haben, ist schon geschaffen. Es heißt Disney World.

Noch Disney selbst hat sein Utopia einer dem »Einfallsreichtum und der Phantasie der freien Marktwirtschaft« gewidmeten Welt, die »Experimental Prototype Community of Tomorrow« (EPCOT), geplant, seine Nachfolger stellten das ideale Leben schlechthin ins Land: EPCOT, 1982 eröffnet, »wurde ein Disneyland für Erwachsene, ein Nachhilfe-Unterricht in Physik, Computer-Technologie, Meeresbiologie und Astronautik, bei bislang 1,7 Milliarden Dollar Baukosten. Showgewerbe und seriöse Grundlagenforschung gehen dabei Hand in Hand. Keine veraltete Technik wird zugelassen, wenn die ›Imagineure‹ Disneys bereits eine effizientere, umweltfreundlichere entwikkelt oder irgendwo in der Welt aufgespürt haben. Seit 15 Jahren fährt die Allwegbahn in ›Disney World‹ – kaum kopiertes Beispiel für ein geräuscharmes, abgasfreies Nahverkehrssystem. Seit 15 Jahren wird sämtlicher Besuchermüll und Dekorationsabfall mit einem unterirdischen Staubsauger-System im 100-Kilometer-Tempo gesammelt. Die 13 000 m^2 große Solarfläche auf dem Dach des Showgebäudes ›Universe of Energy‹ ist der größte private Sonnenkollektor der Welt, der alle Heizungsanlagen, Warmwasserbehälter und Kühlaggregate von EPCOT betreibt. Sämtliche Meßdaten der Solarstation werden an die NASA im nahe gelegenen Cape Canaveral weitergegeben und mit den Effizienztabellen anderer Solarstationen verglichen. 30 Großcomputer überwachen im ›Magic Kingdom‹ alle elektronischen Aktivitäten und logistischen Prozesse. 36 000 Kilometer über dem Äquator kontrolliert ein geostationärer Satellit die Strömungsgeschwindigkeiten, den Wasserstand und die Wasserzusammensetzung der Flüsse und Seen in Disneys Reich, das doppelt so groß ist wie die Insel Manhattan.

Die Farmer, Kleinstädter und Naturfreunde im Bezirk Orlando werden von Disneys Vergnügungs-Imperium ökologisch nicht belastet und ästhetisch nicht belästigt. 294 Hektar von Walts Grund und Boden bleiben ungenutzte Wildnis, wo sich Flora und Fauna ohne Störung entfalten können. Neu angelegte Baumschonungen und künstlich aufgeschüttete Hügel versperren, bei der Fahrt auf den Disney-eigenen Autobahnen nach EPCOT oder zum Magic Kingdom, jede Sicht auf Gebäudefremdkörper in der Landschaft, bis der Besucher kurz vor dem Eingang ist. Die Wald- und Wiesenkultur von Zentral-Florida blieb bei der Anlage von ›Disney World‹ weitgehend unbeeinträchtigt.«

Barry Graves: »Das Imperium kehrt zurück« in *Tip* 20/88

26 Wo zum Kuckuck also liegt das Problem? Die Verwandlung der Erde in Disney World würde Technokraten und Naturfreaks gleichermaßen begeistern (und für die Armen schaffen wir »Poverty Row« neben dem Magic Kingdom, da können sie sich selbst spielen, vor den Besucher-Kameras). Disney World rettet die Natur und den Fortschritt zugleich! Irgend etwas stimmt daran nicht, werden Sie sagen. Erzählen Sie uns bei Gelegenheit, was es ist.

27 Wenn die Menschen aus der Produktionssphäre von den Maschinen vertrieben werden (und so tun, als wäre sie das Paradies gewesen), so geschieht etwas auf den internationalen Märkten der Waren und Träume: Auf der einen Seite türmt sich ein riesiger Berg von Waren auf, auf der anderen Seite ein riesiger Berg von Menschen. Nachdem beides die Beziehung durch menschliche Arbeit verloren (oder nie ausgebildet) hat, sucht es nach neuen Beziehungen. Die dritte Welt, die es, etwa in Form der Obdachlosen in der U-Bahn, auch in der ersten gibt, hat keinen Bezug zu dem maschinell erzeugten Warenberg als die Gier der kleinbürgerlichen Elemente, die dafür den Ausverkauf der Rohstoffe, den Ausverkauf der Kultur, den Ausverkauf der Natur betreiben und dabei im Verein mit der Geldmacht der Industriegesellschaften einen dritten Berg schaffen: einen Schuldenberg.

28 Die Bedrohung, die von den Maschinen ausgeht, ist also nicht allein durch die Angst vor ihrem Zerplatzen, die Angst vor ihrer Fähigkeit, den Menschen zu ersetzen, und die Angst, die »Kultur« des Menschen zu vernichten (was immer das gerade sein mag) gegeben, sondern auch durch Ökonomie und Ökologie: Es werden Waren produziert, die weltweit viel zu wenig gekauft werden können und zu wenig mehr taugen, als Entsorgungsprobleme zu schaffen, und Nahrungsmittel, die die eine Hälfte der Menschheit zum Hunger, die andere zu Fettleibigkeit und Brechreiz verurteilt. Mit dieser Bedrohung müssen wir leben lernen, so ganz alltäglich. Und dafür hat unsere Kultur (ohne Anführungsstriche wissen wir, was das ist: ein gewaltiger Brei von nichts Besonderem, aber Notwendigem) drei Hauptstrategien entworfen:

- Im Design der großen und kleinen Maschinen werden sie uns vertraut, aufregend, lustig, interessant, irgendwo durchaus.
- Unsere Erziehung und pädagogisierte Unterhaltung stimmt uns auf die Harmonie mit der Maschinenwelt ein: Wir haben unsere Kosmos-Kästen, die Experimente im Physikunterricht, unsere Lego-Architekturen und Modellautos, und alles behauptet: Maschinen sind nicht nur schön, sondern auch kontrollierbar.
- Wir haben die gewaltigste Unterhaltungsmaschinerie, die uns in Romanen, TV-Serien, Filmen und Comics immer neue, die immer alten Mythen vom Mensch-Maschine-Dialog übermitteln.

Die mythischen Mensch-Maschine-Dialoge in diesen ästhetischen Produktionen ist keineswegs dazu verurteilt, stets zu gelingen. Der Horror und die Groteske sind erlaubt, tief verwurzelt in der Geschichte der Maschinisierung. Die meisten Mythen handeln eher von einem Scheitern des Dialoges als vom Gelingen, das Design gestattet den Maschinen immer wieder, aus den netten und braven Formen herauszubrechen und ein wenig verrückt zu spielen, der Chemiebaukasten verwandelt sich nach und nach in Umwelt-Detektiv-Ausrüstungen, mit denen den Sünden der Industrie (und denen des Nachbarn) auf die Spur zu kommen ist. Entscheidend ist indes eine Verlagerung des Konflikts im Mythos, seine Entpolitisierung.

29 Allem zum Trotz: Wir ahnen, daß die Maschinen objektiv besser, d. h. vor allem »tüchtiger«, funktionaler, effizienter sind und daß Menschen objektiv antiquiert sind.

Während wir uns diese Antiquiertheit bei der Herstellung x-beliebiger Waren noch gefallen lassen, trifft sie uns empfindlich im Kulturbereich, der als Hort des Menschlichen schlechthin fingiert und deshalb als der Maschinisierung/Programmierung unzugänglich erscheint. Die

Kultur ist die Fluchtburg des Menschen vor der Maschine, die er freilich zu verteidigen scheint, indem er Stein um Stein den Maschinen entgegenschleudert, bis keine Mauer mehr Schutz bietet. (Und wiederum äußern wir einen Verdacht: daß die Menschen nur da stehen, damit man diese Kultur auseinandernehmen, schleifen kann. Viel war sie ja vielleicht wirklich nicht wert, anstrengender als Peter Alexander und von den borniertesten Menschen der Welt verwaltet, aber doch voll sonderbarer Geheimnisse und Verführungen.)

Die Rhythmusmaschine verdrängt den Schlagzeuger, das Programm den Komponisten; Frankie Goes to Hollywood führen einen Prozeß gegen den Designer ihrer Musik, weil sie nicht nur endlich echt werden wollen, sondern anmaßenderweise schon immer echt gewesen sein wollen. Ha!

30 Es ist erst die massenhafte Wahrnehmung dieser Antiquiertheit des Menschen, die ein ebenso massenhaftes Bedürfnis schafft, auf die Frage der Maschine zu antworten, indem ich mit der Maschine eine Symbiose eingehe, indem ich mit der Maschine in einen Wettkampf trete, ihr zeige, daß ich ebenso perfekt, ohne Störungen und Schwankungen funktionierend, sein kann, indem ich ihr entkomme in die Falten, die Natur und Tradition mir noch als Schutz bieten, indem ich andere, synthetische Welten gegen sie setze, indem ich die zerhackte Maschinenmacht mir ins Haus hole etc.

Wir müssen, so oder so, ein wenig Maschine werden, um den Wettbewerb mit ihnen zu ertragen, und wir haben den Vorteil, daß die Maschinen in diesem Wettkampf nicht anders können, als unsere Verbündeten zu sein (vielleicht weil sie zu gut wissen, daß wir den Wettbewerb nicht gewinnen können). Wir nehmen den Kampf gegen unsere Inperfektion auf. Wir widmen unsere ganze Energie dem Erhalt unserer Gesundheit, wir joggen, wir gewöhnen uns die schädlichen Gewohnheiten wie Rauchen ab, und da werden wir, weil es um so viel geht, militant: Wer im nimmermüden Kampf um die Gesundheit, um unser reibungsloses Funktionieren, als Gegner ausgemacht wird, hat nichts mehr zu lachen. Der Körper, die Volksgesundheit, wird jetzt auch zur öffentlichen, politisch geregelten Angelegenheit, selbst in den traditionell staatsfeindlichen USA. Ein utopischer Endpunkt ist eine gesundheitsfaschistische Gesellschaft, die den Raucher verfolgt und ihn, zum Beispiel, ausgrenzt. Ein anderer Weg zur »Perfektion« führt über *plastic surgery*: Nasen, Busen, Backenknochen, Hintern –

alles kann verbessert, ersetzt, ausgetauscht, ergänzt werden. Die Stars von morgen stammen aus dem Operationssaal. Der eigene Körper wird nahezu unbegrenzt modellierbar; was mit dem Face Lifting begann, endet in einer Verwandlung des Körpers in die Maske ewiger Jugend. Body Styling beginnt spätestens nach der Geburt des ersten Kindes, während alternde Diven im Kampf zwischen dem medizinischen Zugriff und der Natur des eigenen Gesichtes ein öffentliches Drama bieten, das (zumindest partiell) gelingen kann wie bei Elizabeth Taylor oder auch verunglücken wie im deutschen Nachspiel der Hildegard Knef.

Was früher nur als Horrorphantasie kulturell zirkulierte, als blasphemischer Versuch, die natürliche Ordnung zu manipulieren, der a priori zum Scheitern verurteilt war (und wie bei »Frankenstein« versöhnte eben dieses Scheitern die Konsumenten der Phantasien mit dem Gefängnis ihres eigenen, unvollkommenen Körpers), wird nun zum Alltag, der unter Leistungsdruck gestellt ist. Wer einen unvollkommenen Körper hat, ist nun selber schuld, weil er sich die Operation untersagt oder, schlimmer noch, nicht leisten kann. Das perfekte Gelingen des Body Styling, das die »Zeitgeist«- und Lifestyle-Magazine verbreiten, hält den Leser dazu an, das gleiche an seinem eigenen Körper zu tun. Fehlt ihm dazu das Geld, darf er sich genausowenig über sein Scheitern im sozialen Kampf wundern, wie wenn er die falschen Marken zeigt, die falschen oder, schlimmer, gar keine Kosmetika benutzt. Trost wird den Loosern nicht mehr gespendet.

Noch weiter in die Zukunft greift die Möglichkeit, den Menschen zu verbessern, bevor er überhaupt geboren ist. Die Wissenschaft arbeitet an Muttermaschinen, die den perfekten Menschen hervorbringen soll(und vielleicht sehen sich in der Tat, wie feministische Kritiker der Gen-Manipulationen und Retortengeburten meinen, die Männer hinter diesen Maschinen endlich erlöst, wenn sie den Frauen Aufgabe und Privileg der Geburt weggenommen und ihren Maschinen übertragen haben). Der kulturelle Einspruch führt offensichtlich in erster Linie zur Abschottung, zur Geheimniskrämerei, zur falschen Etikettierung viel mehr als auch nur zu einer Verlangsamung des Tempos in der Forschung zum schließlich endgültig durchgestylten Menschen.

31 Die Frage stammt aus unserem Notizbuch des Ungeklärten: Kommt das Bedürfnis nach körperlicher Perfektion aus dem Umgang mit Maschinen, oder sind diejenigen, die intimen Umgang mit Maschinen pflegen, gerade die, die am wenigsten Wert darauf legen, weil sie sich die Perfektion durch maschinelle Ergänzung des Körpers zulegen? Anders gefragt: Stammen die Phantasien zur körperlichen Perfektionierung von zu wenig oder zu viel Maschinenmacht?

32 Wir haben auf der Suche nach den menschlichen Reaktionen auf den neuen Grad der Maschinisierung unserer Gesellschaften fünf Modelle des *Friedensschlusses* mit den besseren/tüchtigeren Maschinen diagnostiziert. Es sind konkrete Menschen, die »bewährte« und mythisch wirksame Muster erfüllen.

33 *Der Symbiotiker.* Als modernstes, massenhaftes Beispiel haben wir den Computerfreak vor Augen (aber es lassen sich auch andere Beispiele mit Leben erfüllen: der Rennfahrer, der Astronaut, der »verrückte Erfinder«, und in all seiner Wirtschaftswunderkleinbürgerlichkeit schon wieder romantisch geworden: der Bastler).

Dem Symbiotiker gelingt, was den meisten Menschen permanent mißlingen muß oder wovor sie sich fürchten: die glückliche Verschmelzung mit der Maschine. Den »Preis«, den er dafür gerne bezahlt (und den die meisten anderen nicht bezahlen können oder wollen, weil er sie die Identität kosten würde), ist ENTKÖRPERLICHUNG, Real-Abstraktion vom eigenen Körper, denn sein Körper ist das, was der Symbiotiker in die Verschmelzung mit der Maschine nicht einbringen kann. Denn: »Mit meinem Körper kann keine Maschine etwas anfangen.«

Das bedeutet nur in der einen Variante eine Vernachlässigung, eine kindische Regression des Körperlichen. Die Mechaniker der Rennfahrer und Flieger, die jede Schraube ihrer Maschine kennen, die sie zärtlich lieben, stellt sich unsere populäre Mythologie immer als klein und dick vor. Auch dem Computer-Freak trauen wir nur allzugern zu, daß er gänzlich aus dem Leim geht; er bleibt ja ein »Kind« im Körper eines Erwachsenen, der ihm nur allzuleicht lästig wird. Die Computer-Champs im Fernsehen (zum Beispiel in Krimiserien wie »Trio mit vier Fäusten«) sind körperlich ganz offensichtlich unterentwickelt; eine Aktion, in der physische Arbeit verlangt wird, ist ihnen nicht zuzutrauen (ein wenig rächen wir Normalen uns auf diese Weise an den Gescheiten). In der anderen Variante wird der Symbiotiker seinen Körper fit halten, um im Dialog mit der Maschine jederzeit konzentriert zu sein.

Während der regressive Symbiotiker mehr oder weniger traumwandlerisch vorgeht, hat der athletische Symbiotiker ein eher konkurrierendes Verhältnis zur Maschine, die ihm Identität gibt nicht indem er sie liebt, sondern indem er sie kontrolliert.

Der natürlich nie ganz gelingende, sondern immer nur tendenziell verwirklichte Verzicht auf den eigenen Körper ist für den Symbiotiker kein Opfer, sondern Erleichterung, Entlastung, vor allem wenn und weil dieser Körper nicht »schön« ist.

Computer-Freaks haben eine besonders schnelle, ungesunde und an Reizen reiche Nahrung entwickelt, welche einer Parodie auf Fast Food entspricht und jedem gesundheitsbewußten Menschen als kriminelle Anhäufung aller Sünden vorkommen muß, die man in der Ernährung machen kann. Die Nahrung soll nicht zu viel Konzentration abziehen, zugleich aber so stimulieren, daß man sich als »wach« empfindet. Bewährt hat sich dabei eine Mischung aus chinesischer und mexikanischer Schnellküche, deren Gewürzmischungen einfach in doppelter Dosis (mindestens) verwendet werden.

Die unwürdigste Variante des Symbiotikers (von der am meisten in uns allen steckt) ist der Mensch, der anstatt mit einer produktiven, sich bewegenden oder arbeitenden bzw. denkenden Maschine mit einer Trostmaschine, zum Beispiel dem Fernseher, verschmilzt. Die Couch Potatoe, die Bier und Peanuts in sich füllt, während sie die Fernbedienung betätigt, ist zugleich ein grotesker Endpunkt der Entkörperlichung und eine Rebellion gegen den Körperkult.

34 *Der Yuppie.* Als massenhaftes Beispiel haben wir den im Central Park joggenden Jungmanager vor Augen (aber die moderatere Version finden Sie als Assistenten des Filialleiters in jedem Supermarkt). Der Yuppie kultiviert ein sportlich-kämpferisches Verhältnis zu Maschinen, zu moderner Technik: In ihm halten sich Abstand und Nähe, Faszination und Konkurrenz die Waage. Er will der Maschine gewachsen sein, im fairen Wettkampf mit ihr bleiben, aber dieser Wettkampf behält für ihn leichten, spielerischen Charakter, weil er nur zu genau weiß, daß er ihn nie gewinnen kann (und es auch nicht muß) und ihn auch nie verlieren kann. Sein Körperkult reicht daher nie an den Rand von Selbstzerstörung. Der Yuppie verliert nämlich nicht die Inkompatibilität von Artificial Intelligence und menschlicher Phantasietätigkeit aus den Augen: Sein kreativer Umgang mit Menschen und – vor allem – Geld spricht eine andere Sprache als die des kreativen Umgangs der Maschine mit Materialien und Informationen.

Seinen Körper braucht der Yuppie als materielle Basis für die geistige Fitneß. (Und noch eine Frage aus unserem Notizbuch des Ungeklärten: Ist solch ein »leichtes« Verhältnis zur Maschine nur denen möglich, die keinen intimen Umgang mit ihr pflegen? Der Jungmanager, den wir vor Augen haben, hat jedenfalls keinen regelmäßigen, direkten, ihm durch den Zwang des Rationalen auferlegten Umgang mit Produktionstechnik, ja sein Arbeitsstil zeichnet sich gerade durch eine technische Leere aus. Er ist durchaus computeralphabetisiert, aber er braucht den Computer nicht. Sein liebstes Werkzeug ist der Füllfederhalter.)

Überhaupt ist der Umgang mit Maschinen ja zum sozialen Stigma geworden; selbst beim Manager erkennt man den Status daran, daß der Schreibtisch leer ist. Noch ein Terminal signalisiert einen unteren Rang in der Hierarchie. Deshalb bleibt der Computerfreak auch immer ein »Freak«, er kommt vom Terminal nicht los, und weil er seine Millionen als Symbiotiker machen muß, kann er sie nicht wie ein Yuppie genießen und »sprechen« lassen.

Eine Kehrseite davon ist die soziale Aufwertung der HANDarbeit, der körperlichen Geschicklichkeit: zum Friseur ist der Koch, selbst der Gärtner als Privilegierter getreten, deren Nähe der Yuppie sucht.

35 *Die Muskelmaschine.* Als besonderes Beispiel haben wir den Bodybuilder vor Augen (andere Beispiele sind die Extremkletterer, die Kampfmaschinen, die athletischen Tänzer). Die Muskelmaschine schließt ihren Frieden mit der Maschine, indem sie sie internalisiert: nicht psychisch, sondern »wortwörtlich«, analog.

Dazu bedient sich der Bodybuilder Maschinen, die eigentlich so etwas wie Negativmaschinen sind, insofern sie Kraft, die ihnen zugeführt wird, nicht produktiv umwandeln, sondern vernichten. Die Arbeit dieser Maschinen ist die Erzeugung von Widerstand, dessen Überwindung dem menschlichen Körper, der sie leistet, einen Teil der Maschinenkraft überträgt. Die Folterkammer des Bodybuilders ist das Negativ seines Körpers (im Sinne einer Matrize oder eines Filmnegativs); der Seilzug mit den Gewichten ist das Negativ seiner durch ihn heranzuzüchtenden Muskeln.

Die Hypertrophie des Körpers, die der Bodybuilder betreibt, ist eine »hysterische«, übertriebene Antwort auf die Verdrängung der körperlichen Kraft aus der Produktionssphäre. Eben diese Kraft war eines der Pfunde, mit denen der klassische Proletarier wuchern konnte (weniger ökonomisch, gewiß, als mythisch). Insofern sind Schwarzenegger und Stallone die Rückkehr dieses Verdrängten, Fleisch gewordene Zeichen einer verlorenen, unbrauchbar gewordenen proletarischen Kraft.

36 *Der Natur-Alternative.* Wir haben den typischen »Müsli« vor Augen, der sich von Vollwertkost ernährt, handgestrickte Pullover trägt und die Maschinisierung der Welt als apokalyptische Vision erlebt. Er entzieht sich ideologisch der Auseinandersetzung mit der Maschine, kann dies praktisch aber nicht durchhalten. So versucht er die Maschinen, mit denen er umgeht, zu vermenschlichen. Er fährt ein Auto, das möglichst wie eine Gartenlaube auf Rädern aussieht, und selbst sein Kühlschrank ist mit Aufklebern oder Kinderzeichnungen so bedeckt, daß das technische Design dahinter verschwindet. Maschinen sind ihm erst im Zustand heilloser Veraltung oder Halb-Zerstörung sympathisch. Wie der Symbiotiker andere Menschen vorzugsweise über den Umweg über seine Maschinen wahrnimmt, weigert sich unser Müsli, irgend etwas Maschinelles am Menschen wahrzunehmen. Er sieht dem anderen Menschen in die Augen, meint, echt, du, authentisch sei sowieso nur der »reine« Mensch, der keine Funktionen, keine Hierarchien, keine Mechanismen zeige und beteuert andauernd sein Leiden an dieser Welt, in der ihm Krieg und Maschine in gewisser Weise identisch erscheinen.

Dieser Müsli ist ein säkularisierter Sonderfall des religiösen Menschen, dem die Maschinen einer Entheiligung der Welt gleichkommen. Sein Friedensschluß mit der Maschine besteht in der hartnäckigen Weigerung, sie zu verstehen; er bekleckert sie mit Natur, um dann mit dieser Natur zu sprechen. Er weiß sehr genau, welche Maschinen er braucht und welche nicht. Die Maschinen, die er braucht, erklärt er einfach zur Natur. Dies ist Teil seiner Strategie, Fremdes abzuwehren, eine Welt der Freundlichkeit zu schaffen, in der natürlich jeder noch so kaputte (oder böse) Mensch willkommener ist als eine heile Maschine und in der alles Maschinelle am Menschen geleugnet wird. Seiner Harmoniesüchtigkeit entgeht, daß die Menschen nicht außerhalb der menschlichen Geschichte stehen; so versucht er seine und *die* Natur vor etwas zu schützen, was er sich zu verstehen verboten hat.

37 *Der Techno-Konsument.* Er ist das genaue Gegenteil des Müsli. Er findet jede neue Maschine, die auf den Markt kommt, einfach toll und muß sie haben. Seine Wohnung ist eine permanente Ausstellung von Maschinen. Und er ist beständig damit beschäftigt, seinen Umgang mit diesen Maschinen zu demonstrieren. Ob er die Maschine braucht oder nicht, ist nicht so sehr seine Frage, die Frage ist vielmehr, ob er etwas findet, was seine Maschine tun kann. Die Maschinen werden ihm unter der Hand zum Fetisch. Nur mit ihnen nimmt er seine Umwelt wahr. Am liebsten unterhält er sich mit einem anderen Menschen, indem er Maschinen vergleicht.

Der Techno-Konsument in seinem grotesken Stadium verfügt über eine sündteure, schwerkomplizierte Stereoanlage, weiß aber nichts davon, daß man darauf etwas anderes als James Last-Tanzplatten spielen kann. Seinen Stereo-Videorecorder benutzt er, um die »Sportschau« aufzuzeichnen, und seine Spiegelreflexkamera nimmt immer wieder die Kinder vor dem neuen Auto auf.

Die Maschinen gehen unserem Techno-Konsumenten auch wieder kaputt, und er hat keine Intention, sie etwa zu reparieren, ebensowenig wie er seine verschiedenen Maschinen zu einem großen ganzen zusammenschließen möchte. Jede Maschine ist für ihn ein An-Sich, das durch ein neues An-Sich ersetzt werden muß. Er befindet sich in einem Wettlauf mit der technologischen Entwicklung: die Maschinen zu haben, die auf dem Markt sind, bedeutet für ihn, auf der Höhe der Zeit zu sein, zu leben.

Der Techno-Konsument ist so sehr »gegen« Natur, wie der Müsli »dafür« ist: Seine Maschinen setzt er in einem beständigen Kampf gegen alles Unordentliche ein. Das weibliche Pendant des männlichen Techno-Konsumenten ist die maschinisierte Sauberfrau, die immer mehr Maschinen in ihrem endlosen Kampf gegen den Schmutz einsetzt. Unnütz zu sagen, daß Techno-Konsumenten die ideale Familie bilden.

38 Mensch, hast du das gesehen? Sooo eine Maschine!

39 In unserem Notizbuch des Ungeklärten findet sich noch die Notiz zu einer Diskussion, die irgendwann wegen Übermüdung abgebrochen wurde: Schaffen Maschinen Macht, wie Georg behauptet, oder können sie lediglich, so Krafts These, vorhandene Macht reproduzieren? Die Frage wird an den »Bluebox«-Leser weitergereicht, denn unsere Anmerkungen sind hiermit zu

Ende.

Brigitte Tast (Montagen), Hans-Jürgen Tast (Text)

Chrom

Zu Ende

Deinen Kadett vollgespuckt. Gerannt. Nach der Disco lieber mit der Bahn nach Hause. Keine passenden Münzen für den Fahrschein gefunden. Am Automaten eben so vorbei. Im Zimmer dann den CD-Spieler an, nach Feuerzeug-Titeln gesucht. Den Hörer lieber gleich neben die Gabel gelegt.

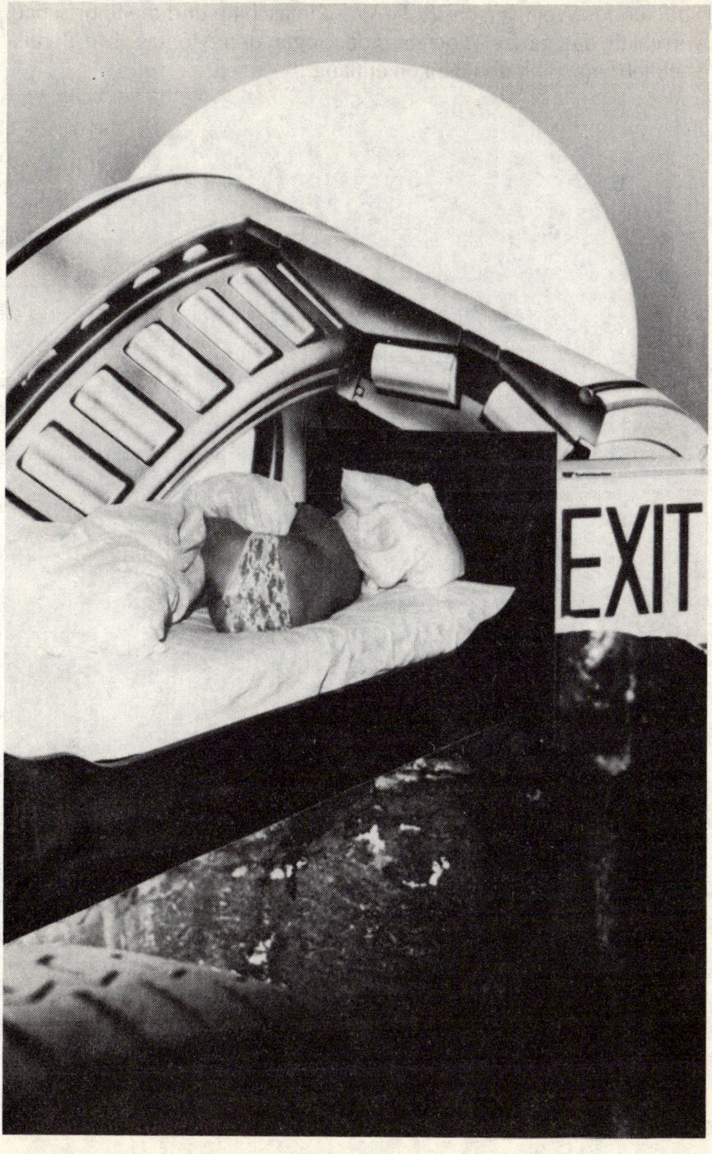
EXIT

Strahlendes Weiß verschläft die Waschmaschine und die Sportschau, verschläft das ganze Wochenende. Sogar den Montag. Die Berufsschullehrerin zählt den Bänken entlang.

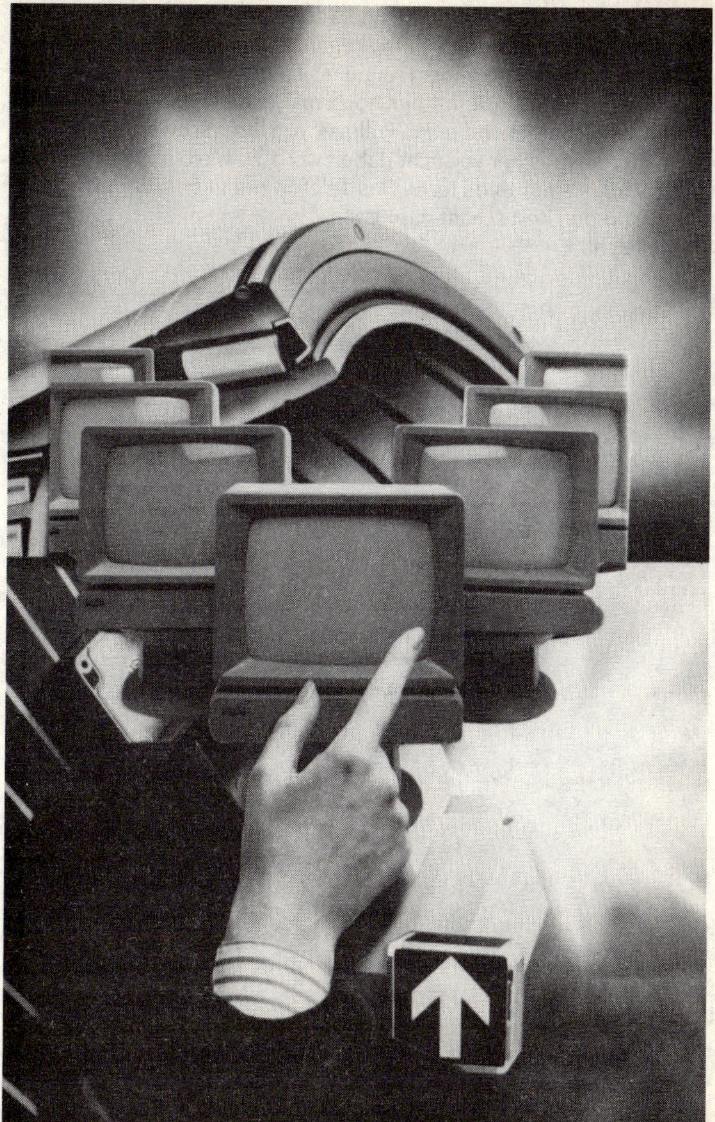

Am Abend dann, 45 Stunden sind vergangen, grüßt Tanja (17) aus Hamburg-Harburg am heißen Draht ganz besonders Michael aus Maschen, der gerade bei seiner Freundin sitzt und die größte Flasche ist, die sie kennt. Und will ihn nur noch mal daran erinnern, daß er ihr noch Geld schuldet und einen Pullover von ihrer Schwester hat.

Der Radiosprecher versucht dabei witzig zu bleiben. Er hat ja auch das Mikro, sie nur den Hörer. Das Telefon bringt trotzdem Erleichterung. Und den Rest schafft das Kissen.

Vielleicht.

Christian Rost

Mental Metal

Natürlich werden auch heute noch die diversen »Psycho-Kurse« von vielen Menschen besucht. Nur, über kurz oder lang merkt ein jeder, ›mein Bauch bescheißt mich‹!

Was ist da los?

Ich bin mein Mann!

Ich werde mir auf den Grund gehen!

GROSS DENKEN!

Aufwärmphase

Stellen Sie sich bildlich vor, wie sie trainieren: Sie empfinden die Schwere des Gewichts in ihren Händen; Sie sehen sich selbst im Spiegel; Sie hören ihre explosive Atmung; Sie riechen die Hitze ihres Körpers; und Sie haben den salzigen Geschmack von Schweiß auf der Zunge.

Arnold Schwarzenegger hat sich in seiner aktiven Zeit bei der Vorbereitung auf Meisterschaften beim Bizepstraining immer vorgestellt, seine Bizeps würden einen ganzen Raum ausfüllen.

Ich glaube an die Kraft von Symbolen, und obwohl die meisten Menschen es sich nicht bewußt machen, hat das Training mit Gewichten etwas Symbolisches. Unterbewußt nimmt man etwas Repressives in die eigenen Hände (schweres Eisen) und überwindet es, indem man es von einem Ort zu einem anderen bewegt. In diesem Sinne ist jede Bewegung ein Sieg. Dieser Sieg ist an sich schon eine Befreiung. Die Tatsache, daß Sie sich als Folge Ihres Trainingsfleißes auch besser fühlen und daß Sie besser aussehen, ist beinahe nur ein zusätzlicher Bonus.

Bodybuilding ist eine spirituelle Erfahrung, die Ihnen die Kontrolle über Ihr Leben in die Hand gibt.

Wie so viele erklären, die sich unseren Lebensstil zu eigen gemacht haben: »Man fühlt sich besser im reinen mit sich selbst.«

Sie können voller innerer Anspannung und verwirrender Gedanken ins Studio gegangen sein und entdecken nach dem Training, daß Ihr innerer Computer alle zuvor ungeordneten Daten zu einem klaren

Muster zusammengestellt und Ihnen ein Gefühl schwebender Leichtigkeit vermittelt hat.

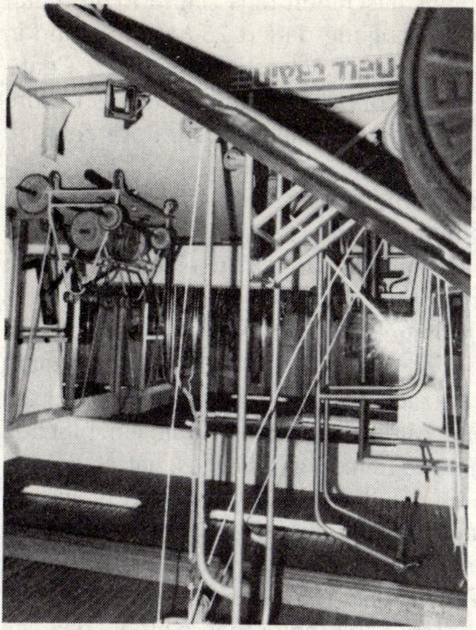

Dieses Studio läuft jetzt schon über 10 Jahre. Hier im »Squash-Center« jetzt fast genau 6 Jahre. Angefangen haben wir 1975. Ich bin dazugekommen über einen Bekannten. Das Bodybuilding war ja noch nicht bekannt, das hat's überhaupt noch nicht gegeben hier in Deutschland. Das Bodybuilding, das haben halt ein paar Verrückte im Keller betrieben. Die haben da rumgewerkt und Gewichte gestemmt. Das war eigentlich das, was man früher so gekannt hat. Wir waren halt ein paar Freunde, die da für sich in einem Keller angefangen haben. Der Keller ist dann zu klein geworden, und dann haben wir uns größere Räumlichkeiten gesucht. Der nächste Schritt war dann, sich zu überlegen: »Wenn wir's größer machen, müßen wir mehr Miete zahlen, also – müssen wir irgendein Studio aufmachen.« Ich hab' dann einen Kurs gemacht beim Gewichtheber-Verband. Das war damals so die Anfangszeit, als Trainerausbildung so speziell, das hat's alles nicht gegeben. Auf jeden Fall, da hat's angefangen. Man hat da noch nicht den Ruf gehabt wie Fitneß-Zentrum – wie heute – wo jedes Kuhdorf ein Fitneß-Zentrum aufmacht. Auch daß da die Mode groß einsteigt und daß da ein Riesen-Markt draus geworden ist, das war also da überhaupt nicht.

Fit und sauber

In Vista/Kalifornien kombiniert ein neues Unternehmen, was vielbeschäftigte Fitneß-Anhänger wirklich brauchen: Fitneß-Center und Waschsalon. Bei »Clean & Lean« können die Kunden Eisen stemmen und strampeln, während ihre Wäsche sich in den Trommeln bewegt. Neben Waschmaschinen und Trocknern findet man in dem Center 12 verschiedene Gewichttrainingsmaschinen plus Fahrrad-Ergometer und Laufbänder. »Ein Trainingsdurchgang dauert 25 Minuten, und in dieser Zeit ist auch die Wäsche fertig.« Waschen kostet 75 Cents, und ein Training kostet 3,50 Dollar, und der Laden läuft. »Kein Wunder, die Leute müssen ja bald wiederkommen, um ihr Sportzeug zu waschen.«

Angefangen hat es mit der Bundeswehr, weil ich da zu wenig Zeit gehabt hab für irgendeinen anderen Sport, durch die Dienstzeiten. Während der Bundeswehrzeit war ich in einem Studio in Garching. Die hatten Öffnungszeiten von 9.00 Uhr in der Früh bis 9.00 Uhr abends. Da hab ich hingehen können, wenn ich mal eine Dienstbefreiung gehabt hab oder wenn ich um 5.00 Uhr ausgehabt hab, das war dann egal, da hab ich dann die Zeit gehabt. Und am Wochenende hatten die auch offen. Da hab ich halt ein bißchen angefangen damit, ziemlich unregelmäßig, aber es hat Spaß gemacht. Ich hab dann aufgehört mit der Bundeswehr, und gleichzeitig haben die in Garching auf Maschinen umgestellt, und das hat mir dann keinen Spaß mehr gemacht, da hab ich dann aufgehört. Mir liegen Maschinen nicht so. Ich hab eine geringe Hebelwirkung wegen meiner kurzen Arme. Ich hab immer das Gefühl, daß ich diese Maschinen nicht so ganz für meine Hebel einstellen kann, wie ich das brauch.

Shawn gehört allerdings nicht zu denjenigen, die sofort eine Art ELEKTRIZITÄT verspürt haben, als sie zum ersten Mal eine Langhantel in den Händen hatten. Es war nicht das Gewicht, was Shawn fasziniert hat, nicht das gute Gefühl fürs Ego, wenn man enorm schwere Gewichte heben kann. Es war, wie er freimütig eingesteht, der Spiegel, der Spiegel an der Wand, der ihm vor Augen führte, was mit seinem Körper vor sich ging.

Visualisieren Sie positiv. Sagen Sie nicht: »Ich *möchte* ein großer Bodybuilder sein.« Sagen Sie sich: »Ich *bin* ein großer Bodybuilder.« Meiden Sie in Ihren Gedanken Wörter wie Erschöpfung, Versagen, kann nicht oder schwach.

BODYBUILDING – Die Nutzung progressiv höherer Gewichte und härterer Trainingsmethoden zur Verbesserung der Körperentwicklung. Bei Meisterschaften werden Muskelmasse, Definition, Härte, Proportionen, Symmetrie und die Posing-Kür bewertet.

Ich hab angefangen vor 12 Jahren. Da war Bodybuilding etwas Exzentrisches. Ich bin dazugekommen durch Bekannte, die ein privates Studio gehabt haben. Und zwar ganz einen normalen Raum, ein übriger Raum, mehr oder weniger ein Zimmer kann man sagen. Da standen dann teilweise die Geräte, die meisten selbergemacht. Der eine war Schweißer, und die anderen haben auch so metallverarbeitende Berufe gehabt. Die haben sich die Trainingsgewichte, die Scheiben und so selber zurechtgeschnitten gehabt, die haben gebohrt, konstruiert und zusammengeschweißt. Die Maschinen wurden nach Fotos nachgebaut.

Ich bin damals aus der Bundeswehr entlassen worden, hab ziemlich viel Übergewicht gehabt in der Zeit und wollt wieder was machen. Als ich anfing, da haben die anderen allerdings schon eine Zeit trainiert gehabt. Die erste Zeit, so drei Jahre, hab ich durchgehend intensiv trainiert. So drei-, viermal die Woche. Und da war einer mit dabei, der war damals schon in Amerika drüben, beruflich. Der hat immer gesagt: »So und so gehört das gemacht, so das nächste«, ja, und da haben wir auch gute Fortschritte gemacht, damals.

Nach zwei Minuten arbeitet der Körper bereits auf Hochtouren. Das Atemsystem leistet Höchstarbeit: Bei 50 Atemzügen pro Minute (gegenüber 15 in der Ruhe) werden ca. 170 Liter Luft eingeatmet. Aus diesen 170 Litern Luft schöpft der schwerarbeitende Körper von P. S. ca. 6 Liter reinen Sauerstoff. Das scheint verhältnismäßig wenig, ist aber immerhin doppelt so viel von dem, was ein untrainierter Mann bei maximaler Anstrengung aufnehmen könnte.

An den leichten Trainingstagen geht es Robby um das Brennen in den Beinmuskeln, und er nutzt dazu das Durchblutungs- und Qualitätstrainigsprinzip. Mit schwerem Training baut man Masse auf, aber als Bodybuilder braucht man mehr als das. Als Bodybuilder braucht man vollständige Muskelentwicklung, mit guten Konturen, Separation und Definition – und die erzielt man nicht, wenn man die ganze Zeit nur immer schweres Eisen hebt. Mit vielen Wiederholungen dringt man tiefer in die Muskeln ein!

Er war erst fünf, da hat er sich schon die Fotos in den Bodybuilding-Zeitschriften angeguckt. Später hat er sie genauer studiert, aber es gab keinen Sportler, den er besonders bewundert hätte. Er hat sich vielmehr die besonders gut entwickelten KÖRPERTEILE großer Bodybuilder herausgesucht und sich beim Training dieser speziellen Körperteile immer wieder vor Augen geführt.

Der Sinn von Bodybuilding ist, wenn man das Trainingsniveau der Profis beiseite läßt, daß man sich den Körper, den man hat, versucht in

Form zu halten, sich zu bilden, und daß man über den Umweg des Trainings den Körper bewußter erleben kann, daß man mit seinem Körper besser und gesünder umgeht.

Vor allem, daß man seinen Körper überhaupt erst einmal kennenlernt. Wenn der Körper Zeichen gibt, die kennt doch niemand. Der ist ja nicht nur in der Früh bloß zum Aufstehen und dann zum Arbeiten, zum Essen und Trinken da. Man sollte da eine bewußte Lebensweise führen. Für alles, was man tut, muß man früher oder später Verantwortung übernehmen. Über das Training sollte man das Bewußtsein zu seinem eigenen Körper bekommen . . . eigentlich.

Ein guter Haarschnitt ist in diesem Zusammenhang mehr als die halbe Miete. Bizarre Farben und Stacheln auf dem Kopf sind aus der Mode, und strenge Schnitte werden zur Zeit von natürlicher, organischer wirkenden Frisuren verdrängt. (Gute Nachricht für Bodybuilder, Juristen, Geschäftsleute und alle anderen, die modisch wirken möchten, ohne auszusehen wie Disko-Freaks.) Waren-Mikal Wrian vom Salon »Hollywoods' Hairloft«, der eine umfangreiche männliche Klientel versorgt, meint: »Alles irgendwie Gekünstelte ist reine Zeitverschwendung!«

Also wenn heut jemand sagt, er macht Bodybuilding, dann sagt das im Endeffekt noch überhaupt nichts. Es gibt mindestens drei, vier verschiedene Arten von Bodybuilding. Der eine macht's, um die Muskulatur rauszutrainieren, der andere, um seinen Körper zu straffen, und der nächste vielleicht, um sein Fett wegzutrainieren. Aus welchen Gründen der eine oder andere das so oder so macht, das ist total unterschiedlich. Da muß man dann jeden einzeln fragen.

Meine Trainingseinheiten, und die körperlichen Vorzüge, die ich daraus gewinne, bilden den BRENNPUNKT meines Lebens. Ich bin sehr stolz darauf, so gut wie möglich auszusehen und mich in meiner Haut so wohl zu fühlen, wie es irgend geht. Das mag stereotypen Vorstellungen mancher Menschen von einer Feministin widersprechen, aber derartige Vorstellungen sind falsch. Eigentlich habe ich sogar erst durch Bodybuilding die persönliche Freiheit gefunden, die mich zu einem vollständigen Menschen gemacht hat.

Wenn einer das wirklich ernsthaft betreiben will, dann muß er auf seinen Körper hören! Er muß sich in ihn versenken, ihn erkunden. Nach einiger Zeit merkt man, der ist geeignet für ganz bestimmte Übungen. Übungen, die ihm einfach von der Bewegung her besser liegen. Er hat einfach Übungen, die macht er gern. Und die wird er dann bevorzugen. Der Körper reagiert auf die Bewegungen und macht sich dann so schön langsam sein Training selbst.

In letzter Konsequenz ist es der Körper, der sich sein Training aufbaut, weil der weiß am besten, was ihm guttut.

Gibt's schon Schweißtropfen auf dem Gesicht? Rauscht es plötzlich in den Ohren? Wenn man hart und konsequent trainiert, kommt die Masse von ganz allein. Wenn man neben den Profis auf der Bühne steht, ist es kein Vorteil, zuviel Gewicht zu haben. Dann muß man steinhart, messerscharf definiert und angriffslustig sein – also zu allem bereit.

Ich habe meinen Körper auf automatische Steuerung umgestellt. Ich habe gelernt, meinen Körper als komplizierten und empfindlichen Mechanismus zu betrachten, der auf die Direktiven meines Bewußtseins reagiert!

Testphase

Sie beginnen leicht, teilen sich Ihre Kräfte ein. Das computergesteuerte Boot setzt sich an die Spitze. Sie erhöhen die Schlagzahl. Sie überprüfen die Werte auf dem Bildschirm – Ihre empfohlene Schlagzahl, Ihre tatsächliche Schlagzahl, Ihren Vorsprung oder Rückstand gegenüber dem Schrittmacherboot, die bisher zurückgelegte Distanz, die verbleibende Zeit und die bisher verbrannten Kalorien.

Nach zwei Minuten arbeitet Ihr Körper bereits auf Hochtouren. Nach 1200 m ziehen Sie einen Zwischenspurt an, Schlagzahl 38, Herzfrequenz 190 Schläge pro Minute. Bei einem geschätzten Schlagvolumen von 190 ml (= Blutvolumen, das bei jedem Herzschlag in den Körper gepumpt wird), errechnet sich ein Herzzeitvolumen von 36 Litern (190 × 190). In dieser Minute pumpt Ihr Herz also 36 Liter Blut durch die Adern. Ein Untrainierter z. B. könnte bei maximaler Anstrengung nur etwa 20 Liter Blut fördern.

Schweiß bricht aus, Sie hören das Geräusch Ihrer Ruder beim Eintauchen ins Wasser. Das führende Boot zieht an. Sie hören die Zurufe Ihres Trainiers: »Den Rücken gerade halten!« – »Mit den Beinen arbeiten!« Sie legen noch einmal zu. Plötzlich ist die Ziellinie in Sicht. Endspurt ist auf den letzten 250 m angesagt. Sechs Liter Sauerstoffaufnahme pro Minute reichen nun nicht mehr aus, um den Energiebedarf des rasenden Körpers zu decken. Der Körper geht

nun eine hohe Sauerstoffschuld ein. Sie mobilisieren alle verfügbaren Reserven für den Endspurt. Sie holen auf. Sie liegen gleichauf. 35 kg Muskulatur arbeiten noch einmal mit maximaler Leistung.

Der Milchsäurespiegel im Blut steigt, Erschöpfung kündigt sich an.

Je stärker Ihre Sehnen und Muskelhüllen sind, desto größer ist Ihre potentielle Kraft. Je mehr Kraft Sie haben, desto mehr Gewicht können Sie heben und desto mehr Muskelmasse können Sie entwickeln.

Andererseits: Je länger der Kraftarm und je kürzer der Widerstandsarm, desto weniger Kraft ist erforderlich.

Geben Sie genau obacht! Roman veranschaulicht Ihnen das anhand des Bizepscurls (Der Arm hebt ein Gewicht an den Bizeps. Der Arm liegt am Körper an). Hier ... Drehpunkt ist der Ellenbogen. Nennen wir ihn Punkt 1. Punkt 2 ist der sogenannte distale Ansatz des Muskels (2–4 cm vom Drehpunkt) und Punkt 3 ist der Angriffspunkt des Gewichts. Alles klar? Weiter ... Der Widerstandsarm (Abstand vom Ellenbogen zur Hand) sei 40–42 cm. Hier bei Roman liegt der Fall klar. Sein Widerstandsarm ist lang, sein Kraftarm kurz. Wenn Sie jetzt einen kürzeren Unterarm haben, sagen wir mal 40 cm und weniger, könnten Sie bei gleich langem Kraftarm wie Roman mehr Gewicht heben. Weiter ist zu beachten: mit längerem Kraftarm, mehr als 4 cm, schaffen Sie schwerere Gewichte als jemand mit einem kurzen Kraftarm, also unter 4 cm. Am besten geht es Ihnen gegenüber Ihren Bodybuilder-Kollegen, wenn Sie einen langen Kraftarm und einen kurzen Widerstandsarm haben. Jetzt können Sie anfangen mit den Übungen. Übungen, die Bizepsmasse bringen, Brachialisentwicklung, Einschnitte zwischen den äußeren und inneren Bizepsköpfen und einen kontrahierten Bizeps wie der Mount Everest.

Doch bevor Sie weitermachen: Schauen Sie mich an. Meine massiven und tief gefurchten Deltamuskeln sind das Produkt einer eklektischen Auffassung von Schultertraining. Ich traniere mit drei verschiedenen Kategorien von Übungen – Drücken über Kopf, Rudern und mehrere Varianten des Armhebens, und zwar verwende ich dazu Kurzhanteln, Zugvorrichtungen und sogar eine Reihe von Trainingsmaschinen. Nur wenn man die Schultermuskeln aus allen denkbaren Angriffswinkeln heraus gnadenlos attackiert, ist optimale Entwicklung der Schultermuskulatur möglich.

Ein Hinweis ganz nebenbei. Wenn Sie körperlich fit sind, stellen sexuelle Dinge kaum ein Problem dar. Manche Experten sind der Ansicht, die physische Anziehungskraft zwischen zwei Menschen, die gemeinsam trainieren, sei biochemisch bedingt. Sogar der Geruch von Schweiß kann anregend sein.

Wenn ich sag: »Ich komme einmal in der Woche und probiere das einmal aus.« Das klappt nicht. Nie, das ist ein totaler Schmarren. Man muß schon intensiv dafür trainieren, Kraft zu bekommen. Mir macht es Spaß zu sehen, ich beweg gewisse Gewichte, die andere nicht schaffen. Danach sind auch meine Ziele. Jetzt drück ich 115 kg, möcht aber dieses Jahr noch 120 kg schaffen. Dafür trainier ich. Das klappt. Im Moment will ich einiges dafür tun. Für mich ist das dann eine größere Leistung mit meinen 73 kg Körpergewicht als für jemanden, der 90 kg wiegt oder der schon seine 110 kg mitbringt. Das muß man immer in Relation zum eigenen Körpergewicht sehen! Das Muskelwachstum kommt dann automatisch. Wenn ich mich anstrenge, also hohe Gewichte bewege, viel trainier und viele Sätze mach, dann wachsen bei mir, das ist ganz normal, das passiert bei einem jeden, daß die Muskeln mitwachsen. Ich bin über ein Jahr lang bloß bis 80 kg raufgegangen. Ich hab mich einfach nicht höher getraut. 90 hab ich vielleicht ein-, zweimal geschafft. Na ja, eines Tages kommen ein paar von denen hier im Studio zu mir und haben gefragt: »Wieviel schaffst 'n jetzt?« Da hab ich gesagt: »Ja, 80 kg halt.« Die drauf: »Ja gibt's ja nicht!« Und dann haben's mir mehr aufgelegt und gemeint: »Jetzt drückst' das einmal.« Sie haben mir dann gezeigt, wie das geht, und da bin ich bis auf 100 kg raufgekommen. Auf jeden Fall hab ich da gesehen: Aha, das geht ja. Von da an hab ich dann anders trainiert. So, wie ich heut noch trainier. Bis zu einem gewissen Punkt muß man zuerst einmal eine Menge an Kraft sammeln. Man kann nicht einfach so schnell schnell, immer mehr drauflegen, das geht einfach nicht. Man muß eine gewisse Zeit trainieren, damit sich der Körper da dran gewöhnt. Und dann muß man aber steigern! Man muß sich auch trauen dazu.

Seien Sie nicht zufrieden mit dem, was Sie haben. Manche Menschen übertragen diese Gier auf Geld; so werden sie zu Millionären. Wenn Ihnen nicht soviel am Geld liegen würde, hätten sie nicht soviel davon. Solche Menschen sind gierig! Und wenn Sie mit dieser Gier richtig umgehen können, sind Erfolge möglich, an die Sie nicht im Traum gedacht hätten.

Und dann, wenn Sie jemanden mit Ihrem Doppel-Bizeps beeindrucken wollen, müssen alle größeren Muskelgruppen gut entwikkelt sein. Ein Körper ist nie fertig, im Gegensatz zu einer Maschine! Den in Stahl und Messing gegossenen Körper gibt es nicht, man muß was tun dafür. Hat man schließlich einen durchtrainierten, dann muß man was tun, daß er so bleibt, wie man ihn haben will.

Wenn ich aufhören würde mit dem Trainieren, dann wär's vorbei mit meinem Körper. Auch mit der Kraft wär's dahin. Es ist ein berauschender Gedanke, in der Lage zu sein, seinen Körper modellieren zu können. Männer töten Drachen und greifen nach den Sternen, aber was ihren Körper und seine Kraft betrifft, da sind sie empfindlich wie geschliffenes Glas. Ich bin jetzt 35 Jahre, und ich kenn genügend Altersgenossen von mir, die ein bißchen anders ausschauen wie ich. Mein Idealgewicht liegt eben nicht bei 90 kg, sondern bei 70–71 kg. Außerdem will ich, daß mein Körper leistungsfähig ist, er soll Streßsituationen gewachsen sein. Die Entwicklung einer qualitativ hochwertigen Muskulatur erfordert Zeit, eine gewisse Reife und hartes Training. Was man dann mal erreicht hat, das bleibt dann nicht, wenn man aufhört. Das verschwindet. Man muß also beständig etwas tun. Wenn man trainiert, kann man zur Unterstützung natürlich noch viele Kohlehydrate zu sich nehmen. Das bringt aber nur was, wenn man trainiert. Wenn man nicht trainiert, wird man fett. Der Muskel wächst nur, wenn man ihn beansprucht. Von selber macht der nix. Das ist einfach so. Bodybuilder sind Einzelkämpfer, die in ihren Sport ihre ganze Persönlichkeit einbringen müssen. Jeder Zentimeter oder jeder halbe Zentimeter muß hart erkämpft werden.

Der Kohledydratschub hat zwar inzwischen gewirkt, aber gleichzeitig hat unser Bodybuilder unerwünschtes Körperfett angesetzt und ist glatt und weich geworden.

Wenn das Gehirn elektromechanische Reize zu den Muskeln leitet, ist das wie beim Gasgeben im Auto. Wenig Gas, und der Wagen fährt langsam. Viel Gas und er fährt schnell. Ähnlich funktionieren auch ihre Muskeln. Im Falle eines in der Entwicklung zurückhängenden Muskels ist ein Maximum an Stimulation wichtig, um bisher nicht aktivierte Muskelfasern zur Kontraktion zu veranlassen.

Besonders beachten sollte man die »penniformen Muskeln«, die drei Viertel aller Muskeln des menschlichen Körpers ausmachen. Sie haben sehr unterschiedliche Strukturen und können deshalb mit großer Kraft kontrahieren. Penniforme Muskeln sind, vereinfacht ausgedrückt, strukturiert wie eine Feder, mit der Sehne als Kiel bzw. Schaft und Muskelfasern als Feder.

Dieser kleine Muskel da, der muß größer werden. Genau auf den konzentrier ich mich jetzt. Der macht mir jetzt Spaß. Ein unterbeanspruchter Muskel, wenn der beansprucht wird, da rührt sich was. Man braucht dazu auf jeden Fall fast überhaupt keine Kondition. Dazu gehen wir jetzt mal an diese Trainingsmaschine. An dieser Scheibe hier kann ich mir jede Kraftkurve selbst einstellen. Und weil schließlich auch noch die einzelnen Kraftkurven in sich veränderbar sind und die Winkelbereiche der Bewegungsamplituden variiert werden können, kann man davon ausgehen, daß es derzeit kein qualitativ gleichwertiges Trainingsgerät zur Entwicklung der Leistungsfähigkeit meines kleinen Muskels auf dem Markt geben dürfte.

Zum Schluß meines Trainingsprogramms mache ich entweder Trizepsdrücken sitzend an einer entsprechenden Maschine oder Seilziehen an einer Zugvorrichtung. Diese Übungen beanspruchen alle drei Muskelköpfe der Trizeps und sorgen gegen Ende meines Trizepstrainings für einen angenehm starken Pumpeffekt. Ich mache drei Sätze und gehe im letzten Satz mit dem Gewicht um 10 kg herunter, um meine Trizeps mit noch einigen Wiederholungen mehr richtig auszubrennen.

Intervall-Leistungsphase

Achtung Bodybuilder/innen
von Ben Weider
Liebe Freunde,
wir sind ständig bemüht, das Image der IFBB zu verbessern ...

Die sogenannte »Vollmond Pose« ist verboten. Diese Pose, in der man den Oberkörper vorbeugt und die Kampfrichter unmittelbar mit dem Gesäß und den hinteren Oberschenkeln konfrontiert, ist für alle Aktiven unakzeptabel, männliche und weibliche, Amateure und Profis. Wer diese Pose in irgendeinem Abschnitt seiner bzw. ihrer Kür einnimmt, wird automatisch schlechter bewertet ... Obwohl wir früher schon Bekanntmachungen hinsichtlich der Posing-Bikinis weiblicher Aktiver bei Wettkämpfen verschickt haben, tragen einige Bodybuilderinnen nach wie vor Bikinis, die für die IFBB nicht akzeptabel sind. Mit diesem Schreiben teilen wir allen Beteiligten mit, daß jeder Aktive, Mann oder Frau, Wertungspunkte verliert, wenn er bzw. sie so bekleidet ist, daß das Gesäß über das notwendige Maß hinaus entblößt wird. Ein wiederholter Verstoß zieht disziplinarische Maßnahmen nach sich. Es ist nicht notwendig, das Gesäß zu entblößen, denn das Gesäß an sich wird von den Kampfrichtern nicht bewertet.

Allein der Anblick des schlanken, wohlgeformten, muskulösen Körpers von Bodybuildern und Bodybuilderinnen stellt für das andere Geschlecht zweifellos einen Anreiz dar. Aber es ist mehr als das! Aus physiologischer Sicht weiß man, daß anstrengendes Training die Ausschüttung des bei Männern und Frauen für den Sexualtrieb verantwortlichen Hormons anregt – Testosteron.

Das kommt schon sehr häufig vor, daß die Leute im Studio aufeinander abfahren. Es ist ja schon einmal grundsätzlich so, Trainingspartner sind eine große Hilfe, wenn es um die Disziplin und Konsequenz im Training geht – aber nicht, wenn sie miteinander verheiratet sind. Ich hab's selber beobachtet, mit Erstaunen, wieviel Pärchen sich doch da immer wieder rausbilden. Am Anfang ist es meist so, sie sind reserviert, teilweise sogar schrullig. Plötzlich, innerhalb von einem halben Jahr, haben sich dann Beziehungen gebildet. Irgendwie ... da hat es einen gegeben, der hat mich immer mal wieder angerufen: »Joe, ich möchte mich gern fotografieren lassen« hat er immer gesagt. Ich wußte immer, daß er nicht in der Form für einen Fototermin sein würde. Dann hat er eine junge Dame kennengelernt. Durch sie hat er dann so richtig mit dem Training angefangen. Und nun, alles erste Sahne, besonders die Bizeps. Volle, herrlich gewölbte Muskelstränge, die unterhalb der Ellbogen anzusetzen scheinen. Und bei voller Kontraktion kommen sie so hoch heraus, daß man fast eine Spitze zu sehen glaubt.

Schon beim Lineup wurde deutlich, daß hier zwischen den beiden Grundtypen des Bodybuildings zu entscheiden war: Stefan, wie gewohnt überaus hart und »trocken« mit leichten Schwächen in der Arm- und Latissimus-Entwicklung bei einer hervorragend ausgeprägten Brustpartie oder Celal mit größerer Muskelmasse, bulliger in der Erscheinung, aber nicht voll austrainiert. Nach dem Posing vergab die Jury den Sieg an Stefan Zetsche, ein Ergebnis aufgrund geringer Vorteile in den Vergleichsposen.

Auch die Musik war anders. Die olympische Fanfare gleich zu Anfang, die wirklich majestätisch klingt. Dann bin ich zu »You better shape up« übergegangen (aus dem Finale von »Grease«). Das war so richtig mein Stil. Der Stil der 50er Jahre, und darauf bin ich in meinem Posing eingegangen, mit kleinen tänzerischen Schritten hier und da. Die nächste Musik war »Oh, yeah« von Yello, was ein *schlechtes* Stück ist, und das habe ich in meinem Gesicht und mit den an Janet und Michael Jackson erinnernden Bewegungen ausgedrückt.

Erhebungen und Einbuchtungen, Erhebungen und Einbuchtungen. Mein rechter Latissimus ist recht gut geformt. Keine Weichheit, keine Bleichheit. Das sind zum Teil die Erbanlagen. Wie ist es denn im einzelnen zu erklären, daß ein Mensch so viel stärker sein kann als ein anderer – oder mehr Muskelmasse hat? Ganz einfach. Ein Skelettmuskel besteht aus einem Bündel von Muskelfasern. Jedes einzelne Bündel setzt sich zusammen aus ungefähr 100 bis 150 Fasern. Wenn Sie also von Natur aus mehr Fasern in den Bündeln haben, dann sind Sie im Hinblick auf Kraft und Muskelmasse gegenüber anderen im Vorteil.

Von vorn braucht man starke Waden, massige und scharf definierte Quadriceps, eine fettfreie und harte Taille, ausladende Latissimus, volle Deltamuskeln, perfekte Brustmuskeln, runde Trizeps und phantastische Unterarme. Und von hinten muß man dieselben diamantförmigen Waden präsentieren, gutdetaillierte hintere Oberschenkel, spinale Erektoren wie Riesenschlangen, einen kegelförmigen und muskulösen oberen Rücken, vollständig entwickelte Deltamuskeln, Trizeps wie Hufeisen und Unterarme wie Popeye.

Definieren heißt, daß der da auf der Bühne beinahe ohne jede Haut dasteht. Eine Muskelmaschine, da muß der kleinste Streifen zum Vorschein gebracht werden. Selbst die winzigsten, eng beieinander liegenden Schichten. Und bei allen ist es immer ganz verschieden. Da gibt's zum Beispiel die Bauchmuskeln. Der eine hat's sauber nebeneinander liegen, der andere hat's ein bisserl versetzt. Der eine hat acht kleine, der andere hat bloß vier große. So klar separierte Muskeln mit tiefen Einschnitten kann man aber nur eine ganz kurze Zeit halten.

So etwas erreicht man nur mit strengster Diät. Das hält dann ein, zwei Tage, dann ist die Pracht dahin. Das sind wahnsinnige Belastungen für den Körper. Das kann üble Folgen haben. So eine wiederholte rigide Diät, gekoppelt mit der Entwässerung – dazu ist anzumerken, daß Muskeln zu über 75 % aus Wasser bestehen. Ohne Wasser verhungert unser Gewebe, vergiftet sich mit seinen eigenen biochemischen Abfällen! – Also, Entwässerung und Nährstoffentzug verwandeln straffe, jugendliche Haut in welke.

Übrigens ist es so, daß 'ne Masse Bodybuilder mit guten genetischen Voraussetzungen kaum extra Bauchtraining brauchen. Und diejenigen, deren Bauchmuskeln *zu* stark entwickelt sind, müssen ihr Training gründlich planen, damit ihnen keine Punkte wegen überentwikkelter Bauchmuskeln abgezogen werden.

Der Muskel ist angespannt. Wenn man hinlangt, das ist einfach alles kräftiger. Da hat man von sich persönlich doch gleich einen besseren Eindruck. Es ist schön, eigentlich bei jeder Gelegenheit daran erinnert zu werden, daß man einen kräftigen Körper hat. Da schaut doch ein jeder. In der Fußgängerzone genauso wie in der Halle. Und jeden Tag, wenn ich in den Spiegel schau', denk ich: Da muß noch was hin, da muß noch was hin, da muß noch was hin. Das ist die Motivation. Und dann braucht man natürlich immer eine absolut positive innere Einstellung. Man darf nie an die Möglichkeit denken, eventuell nicht in der Lage zu sein, reichlich harte Muskelmasse aufzubauen. Ich verbringe viel Zeit damit, vor meinem inneren Auge zu visualisieren, wie ich auf der Bühne aussehen werde.

So passierte es. Seine knallharte Diät blieb zwar nicht ganz ohne Masseverlust, aber die Härte war dafür um so spektakulärer, die Beinmuskelentwicklung überragend.

Die Schultern sind ein zentraler Bereich, wenn man auf der Bühne steht. Der Blickfang sind dann Deltamuskeln, die wie Kokosnußhälften auf den Schultern sitzen, wenn der Athlet halb entspannt im Lineup steht. Es müssen Deltamuskeln sein mit drei scharf voneinander abgegrenzten Muskelköpfen und unzähligen kleinen Furchen in diesen Köpfen, wenn der Doppel-Bizeps von hinten gefordert wird. Das kann niemand leugnen, da muß sich auch niemand entschuldigen, aber da durchläuft jeden Zuschauer ein leichtes Beben. Bei so etwas sprechen die Journalisten dann von »Schultern wie Panzerkreuzer«.

Daß er die hohen Erwartungen, die in Berlin sicher an ihn gestellt werden, erfüllte und an diesem Tag in absoluter Hochform erschien, zeigt, was in ihm steckt. Sicher half ihm auch die Tatsache, daß in der Bundesdruckerei, wo er arbeitet, gerade in den Wochen vor der D. M. gestreikt wurde – zum Leidwesen all derer, die einen neuen Paß benötigten – womit er aber mehr Zeit zur Vorbereitung hatte.

Mit einem weiten Latissimus, exzellenter Brust- und Beinentwicklung machte Spikkeneder seinen Anspruch auf den Titel geltend. Bartke konterte mit einer überlegenen Arm-Schulter-Entwicklung, die besonders bei der Doppelbizepspose von hinten deutlich wurde.

Als es jetzt zum Posedown überging, erlebte das Publikum noch einmal beste »Action«. Lang und Stickelbrock begaben sich direkt neben Sippel und boten im Finalkampf noch einmal ihr Bestes. Doch die Überlegenheit von Sippel zeichnete sich immer deutlicher ab. Er hatte einfach alles, was gefordert war: Symmetrie, Masse, Muskulosität und das alles noch bei maximaler Härte.

Abkühlphase

So – jetzt fühlen Sie mal. Und zwar Ihren Puls. Denn der gibt Ihnen zum Beispiel an, wie gut es Ihrem Motor – sprich Ihrem Herzen – geht. Und gerade unter sportlicher Belastung ist das ganz wichtig zu wissen. Falscher Ehrgeiz und Überanstrengung schaden dem Körper, und dann ist Bodybuilding gar nicht gesund.

Es gibt zwar kaum etwas Beeindruckenderes als »Power«-Bodybuilding, also schwerste Gewichte zu stemmen – vor allem wenn danach den Körper so ein fremdartiges Zittern durchläuft – aber so etwas ist auch gefährlich. Das wissen einige, und doch wissen sie nicht, wie sie den fordernden Blicken ihrer Kollegen entkommen sollen. Hier haben wir eine pneumatische Trainingsmaschine. Statt verräterischer freier Gewichte oder Maschinen mit deutlich sichtbarem Gewichtschlitten weiß bei diesen Geräten niemand, wieviel Gewicht der Benutzer aufgelegt hat. Na ja, und zum *Bodystyling* reicht's allemal.

Während des Trainings ist der Benutzer voll unter Kontrolle. So werden zum Beispiel automatisch Kraftkomponenten für den Fall reduziert, daß der Benutzer ohne eine solche Reduzierung die Übung nicht zu Ende führen könnte.

Tatsächlich ist es mittlerweile soweit, daß die High-Tech im Studio angesagt ist. Bei den meisten Geräten wird daher nicht mehr mit Gewichten trainiert, sondern der Mann oder die Frau müssen jetzt Kraft gegen gesteuerte Maschinen aufbringen. Sitzenbleibend kann man so weitertrainieren, ohne die Gewichte umstecken zu müssen. Solche Maschinen arbeiten mit elektronisch gesteuerter Kraftübertragung unter Verwendung modernster Mikroprozessortechnologie. Ganz, ganz leise sind diese Geräte und sehr leicht im Vergleich zu herkömmlichen Kraftmaschinen, daher für Etagen in Bürohäusern geeignet.

»Powercise« heißt diese Maschine (POWER-Schnellkraft. Die Fähigkeit, Muskelkraft explosiv zu entfalten. Im physikalischen Sinne Leistung = Kraft mal Weg durch Zeit). Ausgestattet mit künstlicher Intelligenz und Sprache, ist sie kommunikationsfähig. Sie wird so zum fast menschlichen Trainer. Wer am Gerät übt, wird persönlich mit Namen willkommen geheißen – war er bereits Gast, so erinnert sich die Maschine an die letzten gemeinsamen Trainingserfolge.

Allerdings basiert die Konstruktion der Steuerwelle oder der anderen technischen Finessen, die für den variablen Widerstand sorgen auf dem, was der Konstrukteur für die »natürliche Kraftkurve« des menschlichen Körpers hält. Die Kraftkurve jeder Muskelkontraktion hängt aber weitgehend von den Veränderungen der Hebelverhältnisse bei Bewegungen über einen vollständigen Bewegungsspielraum ab. Der springende Punkt ist der, daß diese Veränderungen der Hebelverhältnisse von Mensch zu Mensch sehr verschieden sind. Es wird sicher nicht dazu kommen, daß die Computermaschinen allein ein Studio schmücken. Die nehmen einfach zu wenig Rücksicht ... auch auf die jeweilige Tagesform. Die sind so konzipiert, daß sie einen eigentlich dauernd unterbrechen. Man ist soeben in einer Bewegung, schon heißt es: »Du bist zu langsam« oder »Du hast zuwenig Gewicht« oder »Schau auf die Atmung«. Die Konzentration auf die Übung geht flöten. Und damit ein wichtiger Grundsatz des Trainings: Man muß in seinen Muskel hineinhören können. Man muß wissen, wie es ihm geht.

Tag für Tag kommen jetzt neue Trainingsgeräte auf den Markt die einem helfen, seinen matten, weichen Körper zu bewegen. Treppensteigen zum Beispiel ist anstrengend und effektiv – eine richtige Dauerbelastung. Mit Hilfe der Elektronik können Sie am »Stairmaster« genau einstellen, wie schnell Sie steigen wollen. Die Anzahl der zu steigenden Stufen wird also vorgegeben und damit die Geschwindigkeit. Je nach Fitneß-Grad wird gewählt zwischen 30 und 120 Stufen pro Minute. Ebenso ist die Höhe der Treppenstufen einstellbar.

Überhaupt hat man uns das Bodybuilding total versaut. Die Leute kommen hier rein, weil sie Freizeitbetreuung suchen. Entsprechend hat sich hier alles verändert in den letzten zwei Jahren. Es soll ja nicht damit getan sein, daß sie reingehen und an den Maschinen arbeiten – Nein – da gehört ja *mehr* dazu. Da gehört die Umgebung dazu, da gehört das Psychische dazu, da gehört das Soziale dazu. Freizeitangebot bei uns heißt also nicht mehr nur Kräftigung und Bodybuilding sondern beinhaltet eine Palette von Angeboten, die den Gast psychosozial etwas aufstimulieren sollen. Man will also ganz bewußt weg von den »Folterkammern«, so wie's früher war.

Wichtig ist ein perfektes, positives Management, das für ein ausgewogenes Sportangebot sorgt, mit medizinischer Betreuung, Sauberkeit und einem entspannenden, lockeren Ambiente. Eingerichtet ist die Anlage mit computergesteuerten Geräten. Ihr Ziel ist es, die Menschen schöner und länger jung zu erhalten.

Nichtsdestotrotz ist der Mensch ein faules Wesen. Diesem Prinzip verdanken die »Culture-Geräte« ihr Dasein. Das sind Geräte, die den auf ihr liegenden Menschen mittels Motorkraft bewegen, und zwar immer unterschiedliche Körperpartien. Man *läßt* sich also quasi bewegen. »Was macht denn das für einen Sinn?« werden Sie fragen . . .

Eines Tages blicken Sie dann in den Spiegeln, sehen einen schlanken, gesünderen Körper mit neuer, gutkonstruierter Muskulatur, und plötzlich fällt es Ihnen wie Schuppen von den Augen. Sie haben sich einen neuen Körper geschaffen. Darüber hinaus haben Sie aber zu einem neuen Wahrnehmungsvermögen und einem gewissen Stolz gefunden, die Ihr Leben positiv beeinflussen. Sie haben eine Entdeckung gemacht. Heureka! Sie haben den Sinn des Lebens entdeckt!

Dieser Text wurde zusammengesetzt aus Interviewfragmenten, Ausrissen aus den Zeitschriften »Sport revue« Nr. 7, 8, 9/88, »Fitness« Nr. 1/88, »Flex« Nr. 5/88 und »Studio News« Nr. 6/88, Teilen von Werbebroschüren und Handzetteln.

Die einzelnen Absätze setzen sich aus unterschiedlich vielen Teilstückchen der vorher genannten Quellen zusammen.

Alf Mayer

»Kannst du einen Traum haben?«

Die Arbeit an der Flugmaschine
Eine kulturhistorische Collage in 125 Einzelbildern

1. Motor (1)

Genesis (3,14): »Auf deinem Bauche sollst du kriechen und Staub fressen alle Tage deines Lebens. Feindschaft will ich setzen zwischen dir und dem Weibe, zwischen deinem Sproß und ihrem Sproß. Er wird dir den Kopf zermalmen, und du wirst ihn an der Ferse treffen.«

2. Fortschritt (1)

Francis Bacon, Generalstaatsanwalt des englischen Königs James I., amtierend in einer Hochzeit der Hexenverfolgung, verfolgte nicht wie sein König »das Böse« oder »die Sünde«. Er wollte vielmehr »vom Teufel erfahren, wie er der göttlichen Natur auf die Schliche kommen konnte; er hoffte, daß die Hexen ihm die Geheimnisse der Natur preisgeben« (Christina von Braun). Denn der Mensch könne nur dann »seine Rechte über die Natur wiedererobern«, wenn er »die Natur selbst und die Künste nach der Art eines Verhörs untersucht«; er müsse sie »verfolgen, gleichsam mit Jagdhunden hetzen«, damit sie nach seinem Belieben funktioniere. Francis Bacon: »Denn so wie die Haltung eines Mannes niemals genau erkannt oder bewiesen sein kann, bis er ins Kreuzverhör genommen wird, und Proteus erst seine Form veränderte, als er gestreckt und festgebunden war, so offenbart sich auch die Natur deutlicher vor Gericht und unter den Zwängen der Kunst (mechanischen Geräten), als wenn sie sich selbst überlassen bleibt.«

3. Träume (1)

1958 baut die Goodyear Company zehn garantiert unsinkbare Flugzeuge, konstruiert aus gummiertem Nylon, aufblasbar von einem simplen Staubsauger. Das erste Modell, das »Inflatoplane«, wird von der United States Navy geordert.

4. Träume (2)

S. S. Stimson heißt der Erfinder der Stewardessen. Acht attraktive Mädchen, die Zugpassagiere zur Luftfahrt bekehren sollten, traten am 15. Mai 1930 den Dienst auf der Linie San Francisco–Chicago an. Breiter setzte sich die Idee erst 1946 durch. TWA und Air France heuerten 26 Bewerberinnen an.

5. Komplizen (1)

Freud: »Die Idee der Hexeneinbeziehung gewinnt Leben. Ich halte sie auch für zutreffend. Details fangen an zu wimmeln. Das ›Fliegen‹ ist erklärt, der Besen, auf dem sie reiten, ist wahrscheinlich der große Herr Penis . . . Ich träume also von einer uraltesten Teufelsreligion, deren Ritus sich im geheimen fortsetzt, und begreife die strenge Therapie der Hexenrichter.«

6. Fortschritt (2)

Seit 1985 nimmt die amerikanische Celestis Group Aufträge an für eine Bestattung im Weltraum – zu einem Preis, der kaum höher liegt als eine konventionelle Beerdigung. Die versiegelten Metallurnen sollen 1900 Meilen hoch, weit ab der üblichen Orbitbahnen, für ewig in Umlauf gehen.

7. Komplizen (2)

Der englische König Bladud (850 v. Chr.), Archytas von Tarent (350 v. Chr.), ein unbekannter römischer Schauspieler (60 n. Chr.), Abu'l-Kasim 'Abbas b. Firnas (875), der Araber Nisabur (1002), Elmer von Malmesbury (1010), ein Türke in Constantinopel (1162), Buoncompagno in Bologna (1232), ein Freund Roger Bacons in Oxford (1250), Giovanni da Fontana in Venedig (1420), Regiomontanus in Nürnberg (1474), Giovanni Battista Danti in Perugia (1499), Leonardo da Vinci (1505 ff.), John Damian in Schottland (1507), Denis Bolori in Troyes (1536), Joao Torto im portugiesischen Viseu (1540), ein Italiener in Tour de Nesles (1550), ein Unbekannter auf dem Markusplatz von Venedig, ein Nürnberger Küster, ein französischer Arbeiter (alle 16. Jh.), Giovanni Torriano im spanischen San Yuste (1557), John Williams in Wales (1559), Paolo Guidotti in Lucca (1600), Giovanni Francesco Sagredo in Venedig (1600), ein Unbekannter in Kalabrien (1610), der Mönch Kaspar Mohr in Schussenried (1620), ein englischer Junge bei Vauxhall (1640), Tito Livio Burattini im polnischen Krakow (1647), Salomon Idler in Augsburg (1650), Hezafen Ahmed Celebi in der Türkei (1650), ein Franzose in London, Adriaen Baartjens in den Niederlanden, Robert Hooke in Oxford (alle 1658), der Nürnberger Johann Hautsch (1660), der Wundarzt Charles Bernouin aus Grenoble in Regensburg (1672), der Schloßschmied Besnier in Sabé (1678), ein namenloser Venezianer (1679), ein polnischer Bauer in Moskau (1680), der Kunstschmied Johann Gabriel Illing in Halle (1710), der Schauspieler Charles Allard in Saint Germain (1712), Abbé don Falco in Turin (1730), Marquis des Bacqueville in Paris (1742), der Müller Schweikart im württembergischen Wildberg (1750), Andrea Grimaldi in London (1751), Canon Pierre Desforges in Etampes/Frankreich (1770), Carl Friedrich Meerwein in Emmendingen (1781), Jean Pierre Blanchard (1781) – das sind die in »seriösen« Quellen nachgewiesenen Pioniere der Luftmaschinen, Flügelapparate und Fluggeräte. Wer waren ihre Frauen und Freundinnen, ihre Nachahmer und Vorgänger? Wer schreibt die Geschichte der Flugmaschinenkunst, die nicht nur »Erfolgreiche« und »Erfolge« verzeichnet? Wer kennt die Namen all der Hexen, die doch verbrannt auch wurden, weil sie den Flugglauben hatten? Wer erklärt, warum Fürsten und Klerus ihre Schäfchen auf dem Boden hielten, gleichzeitig aber an Flugmaschinen bastelten oder basteln ließen? Warum entstand – über Generationen und Generationen, gegen Gesetze und Dogmen, gegen Tote und Krüppel Verfolgung und Diffamierung aller Art – DIE FLUGMA-

SCHINE im Abendland? Warum nicht in China oder Japan, wo es zur Zeit Barbarossas menschentragende Drachen, feine Mechanik und Raketen gab?

8. Wünsche (1)

Ganz einfach fällt Kindern das Fliegen in James Matthew Barries »Peter Pan« (1911; 1952 als Disney-Film): »You just think lovely wonderful thoughts and they lift you up in the air.«

9. Lektüre (1)

»Hört, wie ich mich in den Himmel aufschwang: Rings um meinen Körper hatte ich eine Menge mit Tau gefüllter Flaschen befestigt. Auf diese wirkten die Sonnenstrahlen so heftig ein, daß die dadurch sich entwickelte Wärme sie so kräftig anzog wie die allergrößten Wolken und dadurch mich hoch in die Lüfte erhob, daß ich mich endlich über den mittleren Regionen befand. Da mich diese Anziehungskraft aber allzu schnell immer aufwärts trieb und statt, wie ich es wünschte, dem Mond immer näher zu bringen, mich immer weiter von diesem zu entfernen schien, so zerbrach ich mehrere Flaschen so lange, bis ich fühlte, daß die Schwere meines Körpers mächtiger geworden war als jene Anziehungskraft, so daß ich wieder zur Erde hinabsank.« (»Die Reise zu den Mondstaaten und Sonnenreichen« von Cyrano de Bergerac, 1648/50)

10. Komplizen (3)

Bohnenstangen, Blechbüchsen, alte Regenschirme und bunte Plastiktüten sind Gustav Mesmers Material. Luftfahrt auf Recycling-Basis. 1983 von einem Filmemacher und dann vom »stern« entdeckt, wurde der damals 81jährige Traumflieger aus Buttenhausen auf der Schwäbischen Alb eine Berühmtheit. Nach 37 Jahren in der Psychiatrie lebt er nun im Altenheim, dort darf er seinem Hobby nachgehen: Flugmaschinen zu bauen. Er nennt sie »Schirmhubschrauber«, »Achselschwingen-Fluggerät«, »Doppeldrachen«. Schwer gestürzt ist er noch nie.

11. Wünsche (2)

Ende des 12. Jahrhunderts kommen überall in Europa »Luftmenschen« herab, um Feldfrüchte zu stehlen. Erzbischof Agobad von Lyon erzählt, wie man vier derartige Fremdlinge steinigen wollte. Gervasius von Tilbury überliefert, »an einem nebligen Tag, man sei gerade aus der Kirche gekommen, da habe sich ein Anker an einem Tau aus der Luft herabgesenkt; ein Mann ließ sich herab; er gab den Geist auf, wohl weil die Luft auf der Erde für ihn zu schwer war; von oben wurde das Tau durchgeschnitten; aus dem Anker wurde das Eisenwerk der Kirchen gemacht«.

12. Komplizen (4)

»Der große Vogel (der Mensch) wird seinen ersten Flug nehmen auf dem Rücken des großen Schwanes (seines Fluggerätes). Er wird die Welt mit Bestürzung und das ganze Schrifttum mit seinem Ruhm erfüllen, unvergängliche Ehre wird dem Nest widerfahren, wo er geboren wurde.« (Leonardo da Vinci)

13. Maschinen (1)

»Im Ionischen Meer liegt die Insel Leukas. An der Stelle, wo die Felsen steil über die Fläche des Wassers ragen, steht der Tempel des Apoll. Alljährlich wird ihm ein Fest geweiht. Eine kultische Veranstaltung, überbracht aus tiefer Vergangenheit: symbolische Menschenopfer. Aus dem Kreis der zum Tode Verurteilten werden etliche erwählt. Mit Vogelfedern wird ihr Körper bedeckt, dann werden sie mit festen und leichten Stricken an Raubvögel gebunden. So ist alles bereit. Weit und erschreckend wölbt sich der Himmel über Leukas, tief und grundlos ist das Meer um Leukas. Und die Menschen stehen zwischen Himmel und Erde mit Furcht und Erwartung: Wird der Weg abwärts gehen und zum Fall werden? Wird der Weg aufwärts steigen, zum Flug werden? Und sie scheuchen die großen Vögel auf. Sie stoßen die Gefesselten vom Abhang des Felsens. Schwer wie Gestein fallen die Opfer. Größer als die Kraft des Vogels ist das Gewicht des Menschen. Auf Flößen werden die Gefangenen aus dem Wasser gefischt. Sie werden in Tücher eingekleidet und aus Leukas verbannt. Sie sind Gestürzte. Die nach dem Himmel Schauenden sahen den Königsgeier, den Kondor, den Adler ihre Beute aufwärtstragen. Sie sahen kleinere und größere Tiere in den Fängen der Raubvögel. Und sie glaubten, daß Götter und Menschen von den Vögeln durch den Raum getragen würden.« (Peter Thoene, 1937)

14. Maschinen (2)

Die christliche Lehre spricht gerne von den Tugenden, die die Seele leichter (=flugfähiger) machen; am leichtesten wird sie durch asketische Jungfräulichkeit. Tertulian, und auch Prudentius, Basilius und Augustinus, sehen den Teufel als Vogelsteller, der dem Seelenvogel von Geburt an auflauert. Sünden sind der Vogelleim, der zäheste Leim die Frau.

15. Grenzen (1)

Um 1500 n. Chr. versucht der chinesische Mandarin Wanhu den Flug mit Raketenantrieb. 47 der größten Raketen, »fliegende Feuerstöcke«, waren an einem Bambusstuhl befestigt, auf dem Wanhu saß. In jeder Hand hielt er einen großen Drachen, mit deren Hilfe er wieder sanft zur Erde gleiten wollte. Es heißt, daß er mit gewaltigem Krachen in einem großen Flammenstoß emporfuhr und in der Rauchwolke verschwand. Wanhu wurde nie wieder gesehen.

16. Fortschritt (3)

40 Jahre dauerte die Ära der starren Luftschiffe. 130 Zeppeline waren insgesamt projektiert, 119 tatsächlich gebaut worden. Davon wurden 23 abgewrackt, 32 gingen durch Unfälle verloren, 46 durch Kriegseinwirkungen, sieben wurden von den Besatzungen zerstört, um die Auslieferung an die Alliierten zu verhindern, elf wurden als Reparationsleistung an die Westmächte abgeliefert.

17. Maschinen (3)

Ilmarinen, der große finnische Schmied, wirbt um die Nordlandstochter. Gefahrvolle Aufgaben werden ihm auferlegt. Unter anderem, den furchtbaren Hecht aus dem Strom des Totenreiches zu bezwingen. Durch den Rat der Nordlandsjungfrau belehrt, schmiedet Ilmarinen einen stählernen Vogel, der ihn in die Luft hebt, in das Reich des Todes trägt und den Fisch bezwingen hilft. Es ist ein Flammenvogel. Seine Klauen sind aus Eisen, die Krallen aus hartem Stahl. Eine gewaltige Flugmaschine, auf deren Rücken der Konstrukteur sich setzt.

18. Wünsche (3)

»Das wahre Buch der Philosophie ist das Buch der Natur, welches immer aufgeschlagen vor unseren Augen liegt, es ist aber in anderen Lettern geschrieben als in denen unseres Alphabets. Die Lettern sind Triangeln, Quadrate, Kreise, Kugeln, Kegel, Pyramiden und andere mathematische Figuren. Es kann nur gelesen werden mit Hilfe der Mathematik.« (Galileo Galiei)

19. Fortschritt (4)

Henry M. Stanley, der Afrika-Forscher, berichtet in »Through the Dark Continent« (1871) von Erzählungen über den fliegenden Uganda-Krieger Kibago, der feindliche Stämme aus der Luft mit Felsbrocken bombardierte. Ernst Udet, Fliegeridol des Nationalsozialismus, zeigt sich verwundert, daß etliche Schwarze während seines Afrikafluges gar nicht verwundert auf ein Flugzeug reagierten – obwohl sie noch nie eine solche Maschine gesehen haben konnten. Das gleiche wird von Eskimos am Polarkreis berichtet. »Alte Kamellen«, meinten auch sie.

20. Grenzen (2)

Aus dem 10. Jahrhundert n. Chr. stammen arabische Berichte, nach denen der Schah Kai Kaus, dessen Stadt auf Befehl Gottes von Engeln zerstört worden war, zum Himmel stieg, um Vergeltung zu üben. Der persische Dichter Firdausi: »Eine Flugmaschine baute Kai Kaus. Eine Gondel aus Aloeholz, einem Throngestell gleich. An vier Stangen, an den Seiten des Sitzes angebracht, sind Lammschenkel aufgespießt. Vier starke und hungrige Adler, am Throngestell angebunden, strekken sich dem Fleisch entgegen und heben den Thron, auf dem Kai Kaus sitzt, in die Höhe. Die Adler sind schnell. Ein Becher Wein steht vor dem Schah, während der Flug durch die Wolken geht. Aber Gott wohnt höher. Matt wurden die Vögel, und die Kraft ging aus ihren Gliedern. Traurig und mit schweißnassem Gefieder landen sie mit dem Schah bei Amul im Wald von Tschin.«

21. Motor (2)

»Jeder Gedanke fliegt« lautet die Inschrift über dem grottenartigen Maul eines Monsters im Renaissance-Park von Bomarzo/Italien.

22. Schatten (1)

Der Förstersohn Konstantin Eduardowitsch Ziolkowski ersinnt 1873, als 16jähriger, einen »Zentrifugalkraft-Kasten«, eine Kabine, in der zwei mit massiven Kugeln schwingende Überschlagpendel mittels ihrer Fliehkraft den Kasten anheben und die Erdenschwere überwinden sollen. Wissenschaftlich isoliert im Provinznest Borowsk, wird er später theoretisch bahnbrechend auf dem Gebiet der Raketentechnik und des Raumfahrtgedankens. 64 Jahre alt, erfährt er langsam Anerkennung. Inzwischen haben aber andere, die später kamen, seinen Ruhm geerntet. Die sowjetische Wissenschaftsgeschichte bezeichnet ihn als Opfer der reaktionären gesellschaftlichen Verhältnisse im zaristischen Rußland.

23. Lektüre (2)

»Beschämt durch die neuesten Flugrekorde, haben sich die Zugvögel endlich entschlossen, zu ihrer diesjährigen Herbstreise die Verkehrsflugzeuge des internationalen Liniendienstes zu benutzen.« (Karikatur im Simplicissimus, 1931)

24. Komplizen (5)

Der Flieger war Arzt. Er hatte die Werke des arabischen Philosophen Yussuf Jakub al-kindi gelesen, arabische Kommentare der aristotelischen Tafeln des Ptolemäus. Er lehrte Musikwissenschaft, er erfand den Taktmesser, baute ein Planetarium und mehrere Glasfabriken, beschäftigte sich auch mit den Problemen der Mechanik. Er hieß Abu'l Qasim, genannt Abas ben Firnas, der Weise von Andalusien. Er lebte um 880 n. Chr. in Cordoba. Er unternahm den ersten, historisch belegten Schwebeflug im Abendland: Mit künstlichen Flügeln aus Vogelfedern versuchte er, eine Anhöhe hinabzuschweben. »In der Schnelligkeit des Fluges übertraf er den Strauß, aber er versäumte es, den Körper mit der Stärke des Geiers auszurüsten«, schrieb ein Zeitgenosse.

25. Grenzen (3)

Sir Hiram Maxim, Erfinder des Maschinengewehrs, meldet 1899 sein Flugzeugpatent an. Das amerikanische Patentamt ist skeptisch, es will vorher ein »working model« sehen. Die Maschine sei zu groß, antwortet Maxim, sie hat einen Motor von 300 PS, wiegt insgesamt – mit den drei Passagieren – 2000 Kilogramm. Soll er sie etwa per Post an das Patentamt schicken? Das Patentamt bleibt kühl: Wer spricht von Post? Fliegen Sie ruhig mit ihrer Maschine zu uns. Sir Hiram Maxim fliegt nicht.

26. Motor (3)

»Den Guten zu nützen, Glück zu haben, durch die Luft zu fliegen und die Geschichte edler Männer zu hören, wessen Sinn stünde nicht danach!«, sinniert der indische Dichter Bana. (606–748 n. Chr.)

27. Motor (4)

»Wir stehen an der Pforte der Erkenntnis. Wenn den Menschen seine Schwere erst durch die Lüfte dahinträgt, so wird es kein Hindernis geben, fortan die größten Lasten auf dem Luftwege zu transportieren, den je größer das Gewicht, um so besser die fortbewegende Kraft. Die fliegende Last wird sich selber transportieren.« (Entzückter Ausruf Mayor Weißes, Zeitschrift für Luftschiffahrt, Berlin 1908, auf die »Erkenntnisse« Buttenstedts und Plattes hin: »Es ist den Erfindern noch nicht klar geworden, daß die Kunst des Fliegens nicht von der Überwindung der Schwerkraft, sondern von der Benützung derselben als Triebkraft abhängig ist.«)

28. Träume (3)

Zeitungsannonce eines Abbés, 1771: »Ein in der Mechanik sehr geübter Mann hat nach vieljähriger Mühe ein fliegendes Fuhrwerk erfunden, womit man sich geschwind in die Höhe erheben und in der Luft ohne einige Gefahr nach Gefallen rechts oder links oder geradewegs fliegen und, ohne müde zu werden, einen Weg von mehr als hundert französischen Meilen zurücklegen kann. Der genannte Mechanikus versichert bei seiner Ehre die Richtigkeit dieses von ihm erfundenen Fuhrwerks, davon der Preis 4000 Louisdor ist. Die Adresse an ihn ist: à Monsieur Desforges, Chanoine de l'Eglise Royale de St. Croix d'Estampes, rue de la Cordonnerie à Estampes.« (1772, bei einem Probeflug vor den nicht wenigen Subskribenten, gegen den erwarteten Luftzug geschützt mit einer Mütze aus Pappe, spitz wie der Kopf eines Vogels und in Augenhöhe mit Gläsern versehen, wollte sich der Luftexpreß nicht von der Stelle rühren.)

29. Wünsche (4)

Der erste europäische Passagierflug wird am 28. März 1908 verzeichnet: Delagrange fliegt mit Farman. Am 5. Februar 1919 eröffnet die erste Luftverkehrslinie mit Motorflugzeugen; es ist die Strecke Berlin–Weimar. Drei Tage später folgt Paris–London. Am 15. November 1921 dann Berlin–Moskau. 1939 beträgt das Streckenflugnetz des Weltluftverkehrs 450 000 km, 2000 Verkehrsflugzeuge sind im Einsatz, 4,5 Millionen Passagiere werden befördert. 1955 befördern 3000 Verkehrsflugzeuge 69 Millionen Passagiere, fliegen zwei Milliarden Streckenkilometer auf den nun eine Million Kilometern des Weltflugnetzes. 83 000 Atlantikflüge werden zwischen 1952 und Ende 1956 gezählt. Der erste Überschall-Liniendienst der Welt wird am 26. Dezember 1975 zwischen Moskau und Alma-Ata eingerichtet.

30. Grenzen (4)

Glanwill aus Oxford glaubt 1664, daß es bald so selbstverständlich sei, Flügel zum Fliegen zu kaufen wie Schuhe zum Gehen. Die Frage, ob man besser nackt fliege, entscheidet er damit, daß Nacktheit nur für Indianer schicklich sei.

31. Schatten (2)

1925: Im mittleren Westen Amerikas experimentiert Professor Goddard, Konstrukteur des Bazooka-Raketenwerfers im 1. Weltkrieg. Viel ist von seiner Mondrakete die Rede. Sie soll ein Kilogramm Blitzlichtpulver zum kosmischen Nachbarn tragen. Unterdes sollen auf unseren Sternwarten die Astronomen warten, bis droben irgendwo auf der verkrusteten Fläche des Mondes ein silbernes Licht aufflammt. Es wird wieder still um Professor Goddard. 1936 meldet er sich wieder mit einem Raketenschiff-Projekt. Zu früh.

32. Rausch (1)

Fritz von Opel bei der ersten Probefahrt des Raketenmotors; es ist ein Bodenfahrzeug, ein Auto: »Ich trete auf das Zündpedal. Hinter mir heult es auf und wirft mich vorwärts. Es ist wie eine Erlösung. Ich trete noch mal, noch mal – und es packt mich wie eine Wut – zum viertenmal. Seitwärts verschwindet alles. Ich sehe nur noch das große Band der Bahn vor mir. Die Beschleunigung ist ein Rausch. Ich überlege nicht mehr, die Wirklichkeit verschwindet, ich handle nur noch im Unterbewußtsein. Hinter mir das Rasen der unbändigen Kraft.«

33. Lektüre (3)

Der 1488 in Straßburg gedruckte Alexanderroman beschreibt die sagenumwobene Luftfahrt Alexander des Großen (»wie ich den Hymel rüren möcht«): »Ich ließ mir einen starken Sitz bereiten, der mit starkem Eisen beschlagen war. Daran befahl ich kräftige Stangen zu befestigen, und ich band daran gezähmte Greife. In meiner Hand hatte ich eine lange Stange, auf die Speise für die Greife gespießt war. Die Greife kosteten von der Speise, und danach streckte ich die Stange in die Luft; die Greife meinten die Speise zu erlangen und schwangen sich deshalb in die Höhe. Sie hoben mich so hoch empor, daß ich weder Wasser noch Erde sehen konnte. Da kam die göttliche Gewalt und senkte die Greife etwas, so daß die Erde wie eine kleine Kugel aussah. Je mehr ich mich senkte, desto größer erschien wieder die Erdkugel. Da erblickten mich auch meine Ritter und liefen und ritten auf Dromedaren herbei, um mir zu helfen. Und so ließ ich mich denn nieder, zehn Tagereisen von meinem Heer, wo ich aufgestiegen war, entfernt. Da kamen meine Ritter und Getreuen und führten mich wieder fröhlich zu meinem Volk. Die große Angst, die das liebe Volk um mich gehabt hatte, verwandelte sich in noch größere Freude.«

34. Erziehung (1)

In der christlichen Bilderwelt gilt Ikarus als Sinnbild des Lasters, des Hochmuts, Selbstbetrugs, der Unbescheidenheit und der Selbstüberschätzung.

35. Träume (4)

»In einem langen Teiche, der eine Dreiecksform hatte, lagen lose Hölzer nebeneinander, so daß der ganze Teich beinahe bedeckt war. Die Hölzer waren so schwach, daß, wenn sich ein starker Knabe darauf stellte, jedes einzelne Holz unterging. Zum Glück war der Teich nicht tief. Die Knaben versuchten nun da, wo der Teich am schmälsten war, über die Hölzer von einem Ufer zum anderen hinüberzulaufen. Die langsamen Läufer bekamen nasse Füße und Waden, die schnelleren Buben kaum nasse Sohlen. So schießt der Vogel von Luftsäule zu Luftsäule und läßt keine Zeit, seinem Drucke nachzugeben, sondern er schnellt schon auf die nächste, bevor die vorhergehende Säule sich zum Nachgeben anschickt. In dem Augenblicke, in welchem die Säule ihrem Bedrücker weichen will, hat sie schon keinen Grund mehr dazu, weil dieser bereits über die nächste Säule hinwegschießt.« (Werners Luftsäulen-Theorie, geäußert in »Der Flugmotor der Vögel«, Zeitschrift für Luftschiffahrt, 1888)

36. Erziehung (2)

»Hawkman« ist die Reinkarnation des ägyptischen Prinzen Klufu. Er fliegt mit Antischwerkraftgürtel, kann mit den Vögeln reden, ist ein Verbrecherjäger – und eine amerikanische Comicfigur. Ebenso »Iron Man«, in Vietnam an der Brust verwundet und vom Vietkong gefangen, der sich eine Stahlbrustplatte, dann einen flugfähigen Stahlanzug baut. Im Fluge gewinnt er den Vietnamkrieg.

37. Maschinen (4)

Ganze neun Kilogramm wiegt die Flugmaschine Jacob Degens (1761–1848). Die beiden Flügel, Spannweite je 6,7 m, enthalten jeder 3500 Ventilklappen, die bei der Abwärtsbewegung der Flügel schließen und beim Anheben die Luft frei durchströmen lassen. Diese Methode der Auftriebsgewinnung ist allerdings äußerst ungünstig. Sagt das 20. Jahrhundert.

38. Erziehung (3)

Nur der Dichter trage Flügel
Ehrenzeichen seines Rangs!
Öffnen will ich meinen Himmel
Ihm, dem Meister des Gesangs
Und ich wähle einen Engel
Der bereit bei Tag und Nacht
Ihm die Flügel anzuheften
Wenn sein heilig Lied erwacht.
(Rosenfeld)

39. Komplizen (6)

Die erste fliegende Frau war 1794 in Lyon die Ballonfahrerin Elisabeth Thible. »We won't take a back seat«, ist die Devise der weiblichen Flugpioniere (die zahlreich sind).

40. Propagandamaschine (1)

Tupolev, ein bereits mehrfach gescheiterter Konstrukteur von Großflugzeugen und etwas in Ungnade gefallen, hielt hartnäckig an seiner Idee fest: das größte Flugzeug der Welt zu bauen. Die Finanzierung erfolgte auf selbst für sowjetrussische Verhältnisse ungewöhnliche Weise. Die Vereinigung sowjetrussischer Schriftsteller und Verleger beschloß, zur Feier des 40jährigen Jubiläums der literarischen Karriere Maxim Gorkis eine öffentliche Geldsammlung durchzuführen und so die Mittel zu beschaffen, um ein Riesenflugzeug zu bauen, das seinen Namen tragen sollte. Auch sollte eine »Maxim-Gorki-Propaganda-Staffel« geschaffen werden, um Namen und Werk Gorkis zu verewigen. Im Handumdrehen standen sechs Millionen Rubel zur Verfügung, meist aus kleinen Beträgen von Arbeitern aus der gesamten Sowjetunion. Eine Fabrik wurde gebaut, Belegschaft: 800 Mann. Das Baumuster erhielt die Bezeichnung ANT-20. Nach seiner Fertigstellung war es nicht nur riesig, sondern ungeheuerlich. Die Flügelspannweite betrug 79,2 m – knapp 20 m mehr als eine heutige Boeing 747. Acht gewaltige 900-PS-Motoren trugen den Riesenvogel, der 20 Mann Besatzung brauchte, und immer noch 80 Passagieren Platz bot. Im Rumpfrückteil war ein Kino installiert, im linken Flügel gab es eine Rotationspresse und Papiervorräte, im rechten Flügel eine komplett ausgestattete Dunkelkammer. Es gab auch ein Café, eine interne Telefonanlage, Schlafkojen und Toiletten. Vier Generatoren erzeugten den Strom für die gewaltigen Lautsprecheranlagen, die während des Fluges Propagandamitteilungen aus der Luft verkündeten. Nachts betrieben die Generatoren Scheinwerferbatterien, die große Spruchbänder beleuchteten. Jungfernflug war am 19. Mai 1934.

Ein Jahr später wurden die Mitarbeiter des Zentralen Aerodynamischen Instituts von Moskau zum kostenlosen Jubiläumsflug mit ihren Familien eingeladen. Die erste Gruppe stieg an Bord. Gleichzeitig mit der »Maxim Gorki« startete auch ein kleines Jagdflugzeug – um die Riesenhaftigkeit der »Maxim Gorki« augenfällig zu machen. Der Jagdflugzeugpilot kollidierte, übermütig geworden, mit dem Mammutvogel, die kleine Maschine klemmte sich genau zwischen zwei der großen Motoren. Die »Maxim Gorki« brach in der Luft auseinander. Flugzeugteile und menschliche Körper stürzten zur Erde. Kein Passagier überlebte, drei Zuschauer wurden erschlagen.

Die Behörden schrieben alle Schuld dem Jagdpiloten, dem Genossen Blagin zu. Er wurde als liederlicher Schuft bezeichnet. Und es entstand sogar ein neues russisches Wort: »Blaginismus«, eine Bezeichnung für gesellschaftsfeindliche Selbstgefälligkeit und Mangel an echter sozialistischer Disziplin.

(Sofort wurde auch eine neue öffentliche Geldsammlung zum Bau von drei weiteren ANT-20 veranstaltet. Schließlich gab es deren 16.)

41. Fortschritt (5)

Unter der Herrschaft des dritten Tokugawa-Shoguns Jemitsu (1603–51) stieg der Gelehrte Yui-no-Shosetsu mit einem gewaltigen Drachen auf, flog bis zum Kaiserpalast von Yedo (Tokio), kundschaftete von der Höhe die Kampfmöglichkeiten aus und flog in das Lager der Rebellen zuück. Der Anblick des auf dem Drachen Fliegenden soll den Shogun samt seinem Hof so sehr erschreckt haben, daß ein Gesetz erlassen wurde, das den Bau eines Drachens, der größer als vier Bogen war, bei Todesstrafe verbot. Jemitsu verbot nicht nur, Drachen zu bauen, sondern auch Schiffe, die über das Meer hinausfuhren. Er verbot bei Todesstrafe seinen Untertanen, Japan zu verlassen.

42. Lektüre (4)

Jean Jacques Rousseau, 1742 in seinem »Nouveau Dèdale«: »Betrachten wir die Sache in einem anderen Sinne und setzen wir voraus, daß man das Mittel erfunden habe, die Luftkutschen so weit zu vervollkommen, daß man sie mit der größten Leichtigkeit lenken, und daß man sogar Waffen und Vorräte darin mitführen könne . . . Müssen wir das Fliegen untersagen, weil irgendein elender Bandit es sich zunutze machen könne? Derartige Überlegungen würden uns dazu bringen, alles Vorzügliche auf der Erde abzuschaffen, denn womit treibt man nicht Mißbrauch? Keine Pferde mehr, denn sie begünstigen die Flucht der Verbrecher! Keine Schiffahrt mehr, denn sie ernährt die Seeräuber!

Keine Kleider mehr, denn sie erzeugen Luxus! Doch was sage ich: sogar nicht einmal Gesetze mehr und keine Religion, denn sie sind Quellen der Schikane und des Fanatismus.«

43. Rausch (2)

Adalbert Stifter charakterisiert 1840 in »Der Kondor« ein über die Grenzen der Weiblichkeit hinausstrebendes Mädchen durch den Wunsch, an einer Ballonfahrt zu wissenschaftlichen Zwecken teilzunehmen; sie fällt aber in Ohnmacht, als das Luftschiff sich erhebt, denn »das Weib verträgt den Himmel nicht«.

44. Komplizen (7)

Kaiser Nero beschmutzte sich seine Toga. Wie der Historiker Sueton (75–150 n. Chr.) übereinstimmend mit Lucian und dem Satiriker Juvenal berichtet, »stürzte gleich zu Beginn des Festes ein Ikarus von der Höhe berab neben Neros Lager nieder und bespritzte ihn mit seinem Blut«.

45. Motor (5)

Als einziger Ballonbeobachter erhielt Luftschiffoffizier Leutnant Rieper den Orden »Pour le mérite«. In der Sommeschlacht 1916 hatte er drei Stunden, gehalten von acht Drachen, auf 770 m Höhe ausgeharrt und wertvolle Luftbeobachtungen durchgegeben.

46. Träume (5)

November 1777, Port Louis in der Bretagne. Ein Galeerensklave, wegen Mordes zu Tode verurteilt, wird unter der Bedingung begnadigt, daß er, mit einem Vogelkleid angetan, von der Spitze eines hohen Gebäudes in die Tiefe springe, um die Tragfähigkeit der Luft zu erproben. Ein zeitgenössischer Bericht: »Der Sklave, so 24 Jahre alt und Dominik Dufort von Namen, stieg am 29. September auf das Dach des Zeughauses, so 145 Fuß von der Erde ist, in einen Rock von Federn gekleidet, in Gegenwart des Herzogs von Aiguillon, Gouverneurs der Bretagne, des Abts von Henry und der königlichen Professoris der Mathematik von der Akademie der Wissenschaft von Rennes. Da man ihm vorher eine gute Herzstärkung gegeben, war er im Angesicht der mehr als zehntausend Menschen von dem Dachstuhl heruntergestoßen, und nachdem er einige Minuten im starken Wind flatterte, fing er an, in einer steten und einförmigen Art herunterzusinken, in Entfernung ungefähr von zehn Fuß von der Mauer des Turms unter großen Zurufen des Volkes.«

47. Maschinen (5)

Faust: Wie kommen wir dem aus dem Haus?
Wo hast du Pferde, Knecht und Wagen?
Mephisto: Wir breiten nur den Mantel aus,
der soll uns durch die Lüfte tragen . . .
Ein bißchen Feuerluft, die ich bereiten werde,
Hebt uns behend von dieser Erde.

48. Maschinen (6)

Friedrich Freiherr von Drieberg, 1845 in seinem »Dädalon«: »Die meiste Kraft äußert der Mensch vermöge der Streckmuskeln der Beine. Diese Kraft muß daher zur Bewegung der Flügel angewendet werden, und zwar in der Art, wie wir eine Treppe hinaufsteigen, nämlich, indem wir das Knie und Hüftgelenk biegen, den Fuß auf die obere Stufe setzen und nun, das Bein wieder gerade streckend, den Körper erheben. Dieses Steigen verrichtet der Mensch ohne bedeutende Anstrengung, und es ist ihm selbst dann noch möglich, wenn er eine Last von 170 bis 180 Pfund trägt. Der Mensch aber ist 130 Pfund schwer, folglich entwickelt er, wenn er 170 Pfund trägt, eine Kraftäußerung von 300 Pfund. Da nun der Fliegende 150 Pfund zu heben hat, so darf angenommen werden, daß der Mensch doppelt soviel Kraft besitzt, als die Last beträgt, welche er fliegend zu heben hat.«

49. Grenzen (5)

Laurent Gaspard Gérard fordert 1784 in »Essai sur l'art du vol arien«, daß alle Flugmaschinen dem Staat gehören, Flugerlaubnisse nur für den Nutzen der eigenen Familie und nicht für Geschäfte erteilt werden und daß Kinder nur in Begleitung von Erwachsenen fliegen sollten.

50. Lektüre (5)

Seine 16 Bände umfassenden Handschriften und Studienbücher hielt Leonardo aus Furcht vor der Inquisition geheim. Sie wurden in der 1609 gegründeten Bibliotheca Ambrosiiana in Mailand aufbewahrt, blieben Geheimwissen, bis Napoleon I. sie nach Paris schaffen ließ. Erst 1893–1904 wurden die technischen Schriften und Zeichnungen, soweit erhalten, zum erstenmal veröffentlicht.

51. Rausch (3)

»O Physik! O Chemie! Ihr Könige schützt diese Wissenschaften!« ruft Louis Sebastien Mercier, der Dichter der Revolution. »Der Ballon Montgolfiers, er ist die Planke, die man in den Ozean warf; er ist der zum Kanu gehöhlte Baumstamm. Planke und Kanu haben sich in die Schiffe verwandelt, die den Menschen über wogende Abgründe tragen, ihn, den friedlichen Eroberer der Stürme und Orkane. Wenn ich jetzt die Augen zum Firmament erhebe, gleicht mir der Mond einem aerostatischen Ball . . . Die Erde, ich wiederhole es, es ist ein Ballon á la Montgolfier. Das ist das endlich entdeckte wahre Weltsystem, und ich bin versucht, wie Archimedes auszurufen: Ich habe es gefunden!«

52. Komplizen (8)

Der Mönch Oliver von Malmesbury, Scholar der Mechanik und Astronomie, wagt ca. 1020 einen Flugversuch: »Damals trat jener Oliver, der in den Schriften wohl bewandert war, obwohl er schon im reifen Alter stand, wie ein Jüngling mit einem unerhört kühnen Versuch hervor. Er band sich Flügel in einer mir nicht bekannten Weise an Hände und Füße, um künstlich, nach Art des Dädalus, zu fliegen, da er die Fabel für Wirklichkeit hielt. Er flog von der höchsten Spitze des Turmes auf der zusammengedrängten Luft über den Raum eines Stadions (etwa 150 m) und noch mehr dahin; aber ängstlich geworden durch die Wucht des wirbelnden Windes, vielleicht auch im Bewußtsein der Waghalsigkeit seines Unternehmens, stürzte er, wobei seine Schenkel für immer verkrüppelt wurden.« (Henri Knighton, Kanonikus von Leicester)

53. Propagandamaschine (2)

Neun noch zuckende Herzen ungeborener Kinder, die aus den Mutterleibern geschnitten wurden – das gibt die Flugfähigkeit verleihende Hexensalbe.

54. Propagandamaschine (3)

Wie der Nürnberger Mechaniker Leineberger 1843 für sein Monstrum von einem »Dampf-Luftschiff«, rief 1851 im »Frankfurter Journal« auch ein Herr von Freudenberg zur Zeichnung von Aktien für den Bau einer Dampf-Flugmaschine auf. Er wollte ein Kapital von 6000 Gulden aufbringen, reiste mit dem Modell seines »Dampfaeroplans« von Stadt zu Stadt – bis er es eines Tages in einem Gasthaus als Pfand für die unbezahlte Zeche zurückließ. Ohne es je wieder abzuholen.

55. Grenzen (6)

»Singend und tanzend äußert sich der Mensch dem Mitglied einer höheren Gemeinsamkeit; er hat das Gehen und das Sprechen verlernt und ist auf dem Wege, tanzend in die Lüfte emporzufliegen.« (Nietzsche zum »Wesen des Dionysischen«)

56. Fortschritt (6)

Sieur Bernier, ein kluger Turmspringer, ging schrittweise vor, wie Robert Hooke 1679 schreibt: »Er begann seine Versuche damit, daß er zuerst von einem Stuhl hinunterhüpfte, anschließend von einem Tisch, dann aus einem recht hoch gelegenen Fenster, später aus dem zweiten Stockwerk eines Hauses und schließlich aus einer Dachkammer, von wo aus er über die Nachbarhäuser flog, immer weitere Fortschritte machte und zu guter Letzt seine heutige Vollkommenheit erreichte.«

57. Träume (6)

1912 schrieb ein Fahrradfabrikant einen »Dezimeter-Wettbewerb« für »fliegende Fahrräder« aus. Zehn Meter mußte das Fahrrad fliegen. 1921 flog Gabriel Poulain 12,30 m auf einem Fahrrad mit Zehnmeterflügeln.

58. Propagandamaschine (4)

Sofort nach dem großen Erdbeben von San Francisco, 1906, stieg der Fotograf G. R. Lawrence in einer aus 17 Kastendrachen bestehenden Konstruktion über der zerstörten Stadt auf und fotografierte sie.

59. Grenzen (7)

»Doctor Mirabilis« heißt das Werk des englischen Mönchs Roger Bacon aus Somerset, in dem er 1256 drei Erfindungen verkündet: »Es können Wasserfahrzeuge gemacht werden, die ohne Menschen rudern, so daß sie wie die größten Fluß- und Segelschiffe einhereilen, während ein einziger Mensch sie leitet . . . Es können Wagen hergestellt werden, die von keinem Tiere gezogen werden und mit unglaublicher Gewalt einherfahren . . . Es können Flugvorrichtungen gebaut werden in der Art, daß ein Mann in der Mitte des Apparates ein Getriebe in Bewegung setzt, wodurch künstlich gefügte Flügel, gleich denen eines fliegenden Vogels, die Luft peitschen.«

60. Komplizen (9)

LSD-Trips lösten in den 60er Jahren, vor allem in den USA, eine Selbstmordwelle aus. Durch das Gefühl, fliegen zu können, kam es zu vielen tödlichen Unfällen.

61. Motor (6)

»Wenn ich fliege, bin ich ein wirklicher Atheist.« (Brechts Hörspiel »Lindbergh«)

62. Rausch (4)

Nachdem 1654 der kurbrandenburgische Rat und Bürgermeister von Magdeburg, Otto von Guericke, die Luftpumpe erfunden hatte, veröffentlichte der Jesuit Francesco de Lana ein Projekt: »Man fertige vier Kugeln, deren jede geeignet ist, zwei oder drei Menschen in die Höhe zu heben, die ausgeleert und durch vier Stück Holz miteinander verbunden werden. Alsdann wird eine hölzerne Maschine, ähnlich einem Schiff, gemacht; dieses wird mit einem Mast mit Segel und Ruder versehen. Vier gleich lange Stricke werden an den vier Kugeln angebunden, um sie an der Erde, nachdem die Luft aus ihnen herausgezogen ist, zu befestigen, damit sie nicht eher auffliegen, als die Menschen in die Maschine gestiegen sind. Bald danach werden die Stricke gelöst und alle zu gleicher Zeit losgelassen. Das Schiff wird sich dann in die Luft erheben und viel oder wenig Menschen mit sich nehmen, je nach Größe der Kugeln. Nach Belieben können diese Menschen sich der Ruder und Segel bedienen, während sie sehr schnell über Land und höchste Berge fahren.«

63. Fortschritt (7)

1863, in einem Salon am Boulevard des Capucins wird Félix Tournachon – genannt Nadar – abtrünnig. Der Maler, Karikaturist, Schriftsteller und Pionier der Fotografie war bisher ein leidenschaftlicher Anhänger der Ballonfahrt gewesen. Paris hatte er von oben fotografiert, von ihm stammt die erste Luftaufnahme. Jetzt tritt er zur Partei der Schraube über: »Ich wurde plötzlich wie Sankt Paul auf dem Wege nach Damaskus geblendet. Um der Luft zu widerstehen, muß man schwerer sein als die Luft, wie der Vogel, der keineswegs ein Ballon, sondern ein Mechanismus ist.« Und die Presse publiziert das erste Manifest der Anhänger des Prinzips »Schwerer als die Luft«: »Die erste Bedingung für die Fortbewegung in der Luft ist die, daß wir uns jeder Art von Aerostaten entledigen. Wir müssen das, was die Aerostatik uns nicht geben kann, von der Dynamik und der Statik fordern. Die Schraube – die göttliche Schraube, wie ein berühmter Mathematiker sie einst nannte –, sie wird uns in die Luft emportragen. Die Schraube dringt hinein in die Luft, wie der Bohrer in das Holz, und nimmt ihren Motor mit, wie der Bohrer seinen Schaft. Es fällt uns nicht ein, auch nur annähernd die künftige Geschwindigkeit der Selbstlokomotoren vorauszusagen. Wir wünschen nur, daß man versuchen möge, sich wenigstens ein ungefähres Bild von der wahrscheinlichen Geschwindigkeit einer Lokomotive zu machen, die, ohne Gefahr einer Entgleisung, ohne zu schwanken und ohne das geringste Hindernis, durch die Luft dahingleitet.«

64. Wünsche (5)

Geflügelt sind – von Phönizien bis Assyrien und Griechenland – die allegorischen Gottheiten von Liebe, Tod, Traum, Schlaf, Jugend und Schmiedekunst.

65. Erziehung (3)

»Die Tugend ist eine beschwingende Sache, die uns dahinfliegen läßt wie die Wolken.« (Der Kirchenlehrer Gregor von Nyssa)

66. Motor (7)

»Denn ich entsinne mich«, notiert Leonardo da Vinci in seinem Tagebuch, »daß ich in frühester Kindheit einmal träumte, ein Geier komme auf mich zugeflogen, öffne mir den Mund und streiche mehrmals mit den Federn darüber hin, wie zum Zeichen, daß ich mein Leben lang über Flügel sprechen werde.«

67. Fortschritt (8)

Abgeschmettert beim englischen König, reicht – nach Ende des Siebenjährigen Krieges – der Thüringer Gärtnerssohn Melchior Bauer, ermuntert durch eine Vision des Propheten Hesekiel, seinen Entwurf eines »Himmelswagens« beim Hofe Friedrichs des Großen ein, argumentierend: »Denn ist es des gerechten Gottes Rat, daß wir Menschen sollen drei Wege gehen, nämlich auf Erden, Wasser und Luft. Sein Wort ist uns Zeugnis genug, und auch die Kreaturen und Tiere auf Erden: Sollen denn die dummen Mücken, Fliegen und Heuschrecken einen ewigen Vorzug vor vernünftigen Menschen und Kindern Gottes haben? Sind denn die Menschen nicht so viel wert, als die Raben, Gänse, Schwäne und Störche?« Der Geheime Kriegsrat Kiper zeigte sich unbeeindruckt von Melchior Bauers Konstruktion, mit der »man, wenn ich nicht irre, in künftigen Zeiten über die antichristlichen und abgöttischen Völker, Örter und Städte, welche wider das rechtliche christliche Reich rebellieren wollen, Feuer, Pulver und Steine zentnerweise werfen wird«. Er erläßt den Bescheid: »Euch hat das hitzige Fieber den Kopf verderbet; item: wenn Ihr das tun könntet, der König ließe Euch Euer Lebtag in einer goldenen Kutsche fahren und Ihr dürftet nie wieder zu Fuß gehen; denn das könnt Ihr Narr Euch vorstellen, daß es mehr wert wäre als ein Königreich; denn dadurch könnte der König die ganze Welt unter sich bringen; item: Es sind wohl Klügere als Ihr über der Sache gewesen, die studieret und mehr gelernet haben als Ihr, Ihr närrischer Mensch; und die habens doch nicht zum Stande gebracht.«

68. Maschinen (7)

Die ersten europäischen Flugpassagiere waren – am 19. September 1783 – ein Hahn, ein Schaf und eine Ente, die in einem Montgolfier-Ballon vom Palast in Versailles in acht Minuten zwei Meilen weit sicher in den Bois de Vaucressan transportiert wurden.

69. Lektüre (6)

»Ich habe manchmal das Gefühl, ich bin kein richtiger Mensch, sondern auch irgendein Vogel.« (Brief Rosa Luxemburgs)

70. Grenzen (8)

> Der chinesische Kaiser Ling-feng (3. Jhdt. v. Chr.) spannte feurige Drachen vor seinen Wagen und flog damit:
> »Bei der Himmelsfurt aufflog ich am Morgen
> Beim westlichen Pol ankam ich am Abend
> Wie eine Fahne über mir in stolzer Höhe
> Schwebte der Phönix.«

71. Grenzen (9)

Vor- und Nachteile wägt Joh. Gottfried Zeidler 1768 in seiner Schrift »Fliegender Wandersmann oder philosophische Fliegekunst« gewissenhaft ab: »Was den Nutzen anlangt, so würden nicht allein Privatleute mit großem Nutzen sich des Fliegens anstatt des mühseligen Reisens zu Wasser und zu Lande bedienen können. Denn sie würden viel geschwinder fortkommen; vor Feinden, Räubern und wilden Tieren sich nicht zu fürchten haben; nicht so müde werden; nicht umwerfen noch sich abwerfen lassen wie im Fahren und Reiten; große Kosten, auch teure Zehrung ersparen; die Ihren zum öftern besuchen; ihren Feinden leicht entgehen. Handel und Waren könnten weit bequemer als auf der Achse und zu Schiffe fortgesetzt werden; ganze Nationen sich wie Störche und Schwalben sich durch dieses Mittel des Winters in warme Länder begeben; auch könnte man hierdurch alle feindlichen Festungen von oben herab mit Feuer etc. zwingen und einnehmen.

Betrachten wir aber im Gegenteil alle Schaden, Gefahr und Unglück, so das menschlich verderbte Geschlecht von der Fliegekunst, wenn sie gemein würde, unfehlbar zu erwarten haben würde, so stehen einem billig die Haare zu Berge: denn 1. würden die frommen Wandersleut in der ungestümen Luft eben keinen Schutzengel bei sich haben, der sie auf den Händen trüge, daß sie nicht stürzen; 2. so würde es auch an Lufträubern und Luftkriegen nicht fehlen, die viel schlimmer sein würden als die zu Lande; 3. man würde dahero stetig streifende Parteien in der Luft mit großen Kosten auch in Friedenszeiten halten müssen; 4. würden wir Europäer über alle vorherigen noch mehr Sünden auf uns laden in Bezwingung der bisher unbekannten Länder und Verführung der frommen und klugen Heiden, denn wo wir hinkommen, da ist's gut gewesen; 5. wenn alle Schelme fliegen sollten, würden sie von oben herab auf jederman schimpfen, mit Dreck und Steinen werfen, auch Kirchen und Rathäuserdächer mit ihrem Unflat beklecken . . .«

72. Propagandamaschine (5)

Mussolini: »Fliegen muß das Privileg einer geistigen Aristokratie bleiben!«

73. Propagandamaschine (6)

»Kein Volksfest ohne Ballonaufstieg!« heißt die Losung der französischen Republik. Als am 18. Juli 1791 die Verfassung proklamiert wurde, läßt man auf den Champs Elysées einen Ballon aufsteigen, dessen Aeronaut in solche revolutionäre Verzückung gerät, daß er sich vollständig entkleidet. »Darauf trank ich«, erzählt er selbst, »auf die Gesundheit und die Freiheit aller Völker des Weltalls. Als ich ungefähr in einer Höhe von 12 000 Fuß (4000 m) angekommen war, war es 6 Uhr. Da tat ich im Namen aller Franzosen die Pflicht eines mutigen und unerschrockenen Patrioten: Ich las mit lauter Stimme die Erklärung der Menschenrechte; der Ewige empfing meinen Schwur; und ich stieg ab, indem ich dann und wann Exemplare der Verfassung abwarf.«

74. Maschinen (9)

Otto von Lilienthal, in »Prometheus« (1894): »Die Ursache, weshalb wir durch Verwendung des Arbeitsvermögens unserer Muskeln bis jetzt nicht fliegen können, liegt lediglich darin, daß es nur in dieser Richtung an jedweder Übung fehlt. Wie Kinder stehen und gehen lernen, so können wir mit Hilfe möglichst kleiner Vorrichtungen fliegen lernen. Von den Versuchen, den freien Flug zu erreichen, lasse ich nicht ab, bis das Ziel entweder erreicht ist, oder bis jemand imstande ist, einen wissenschaftlichen Nachweis zu führen, daß dieses Ziel niemals erreicht werden kann.«

Sein Bruder, der Baumeister Gustav, der bis in die 30er Jahre verbissen weiterexperimentierte, hielt 1910 in der Berliner Humboldt-Akademie einen Vortrag über die Möglichkeit des menschlichen Fluges ohne künstlichen Motor. Diese Möglichkeit trug er auch rechnerisch so überzeugend vor, daß die Gesellschaft einen Aufruf erließ des Inhalts, »daß Menschenflug ohne Maschinenkraft keine Utopie ist, denn unter Ausnützung der Arm-, Bein- und Kreuzmuskeln, ähnlich wie es der Ruderer tut, kann ein kräftiger Mann 29 Meterkilogramm eine lange Zeit leisten«. Ganze Scharen von Human-Mathematikern und -ingenieuren rechneten sich die Ohren heiß: Hueppe untersuchte die »mittlere Größe des menschlichen Arbeitsvermögens«, fand, daß »der tausendste Teil des Wärmewertes der Nahrung, welche der Mensch in 24 Stunden verzehrt (in Kalorien gemessen), die Anzahl von Meterkilogramm ergibt, welche dieser Mensch in jeder Sekunde zu leisten vermag. Der in Kalorien gemessene Wärmewert der täglichen Nahrung eines Stadtbewohners beträgt beispielsweise rund 3000 Kalorien. Der tausendste Teil hievon ist 3. Dies will besagen, daß die Sekundenarbeit des Stadtbewohners 3 Meterkilogramm im Mittel beträgt. Der Bergbewohner konsumiert täglich Nahrung von 3500 Kalorien Wärmewert. Seine Sekundenarbeit beträgt daher 3 ½ Meterkilogramm. Nach Fick liefert 1 Kilogramm Muskel eine Arbeit von 7 Meterkilogramm in einer Sekunde. Nach Bischoff wiegen die Muskeln eines Menschen 0,733 Kilogramm. Die Sekundenarbeit des Menschen beträgt demnach 9,733 × 7 = 5,4 Meterkilogramm.« usw.usw.usw . . .

75. Träume (7)

»Projekt QN« kostete 700 000 Dollar. 450 000 Dollar hatte die Filmattrappe des »Weißen Hai« gekostet, der nur das Maul aufreißen konnte. »Projekt QN« dagegen flog. Am 7. 1. 1986. »Sanft strich der Santa-Ana- Wind vom Pazifik her über die San-Gabriel-Berge in die Mojave-Wüste. Lautlos, die gewaltigen Flügel träge schlagend, stieg eine Kreatur wie aus einem Alptraum gegen die Abendbrise in den schmutzig-rosafarbenen Himmel. Den schwertgleichen Schnabel angriffslustig vorgestreckt, die sensenförmigen Schwingen vom schwanzlosen Rumpf gespreizt – unwirklich wie die Farben des Wüstenhimmels, alt wie die schrundigen Bergrücken im Süden Kaliforniens«, schrieb der »Spiegel«.

200 Millionen Jahre nachdem der prähistorische Flugsaurier »Quetzalcoatlus northropi« die Lüfte beherrschte, flog er wieder – als Hightech-Nachbildung. Mit »Röhrenknochen« aus Kohlefaser-Verbundstoffen und Kunststoff-Knorpeln, mit Schwingen aus hochfesten

Folien, im Kopf einen computergesteuerten Autopiloten, im Bauch Elektromotoren, trickreiche Getriebe und feine Gestänge. 20 kg schwer, 5,5 m Spannweite und ein technisches Kunstwerk, jedes Gramm 35 Dollar teuer. Sein Schöpfer: der Aerodynamiker Paul MacCready, unterstützt von ungezählten Computerstunden und einer Expertenrunde des California Institute of Technology (Caltech): Paläanthologen, Nasa-Ingenieure, Robotsonden-Konstrukteure und der Designer der »Frisbee«-Wurfscheiben.

76. Komplizen (10)

»Flügel aus mit Reibschnüren zusammengebundenen Gansfedern« fertigte sich der Prior Kaspar Mohr des Klosters Schussenried in Württemberg um 1600, »und übte sich insgeheim in der Kunst des Fliegens derart, daß er willens war, vom oberen drei Stockwerk hohen Dormitorium in den Konventsgarten hinunterzufliegen, was ihm aber auf seinen heiligen Gehorsam verboten, wie auch der Flugapparat ihm abgenommen wurde.« 1754 schmückte der Maler Herman von Kempten die Decke der Schussenrieder Bibliothek mit einem großen Gemälde, das auch den ketzerischen Prior im Fluge zeigt.

77. Propagandamaschine (7)

Allüberall auf der Welt erhebt sich die Seele der Toten in die Luft und fliegt. Das altchinesische Leichentuch heißt fei-i (»Gewand zum Fliegen«).

78. Träume (8)

Die erste Fotografie einer Flugmaschine stammt von 1868 und befindet sich im »Musée de l'Air« in Paris. Sie zeigt ein Gerät von Jean Marie le Bris.

79. Rausch (5)

»Erst wenn der Mensch steigt, bricht er den Bann und Fluch jener grausamen Verordnung, die wir Gravitationsgesetz nennen. Kein Zufall ist es, daß der Vogel, der lange vor den Menschen drei-dimensional gelebt hat, auch um so früher zu musizieren begann.« (Alexander Moszowski)

80. Wünsche (6)

Stark beeinflußt wurden die Brüder Wright durch das Buch »La Machine Animale« (1873) des französischen Physiologisten Etienne-Jules Marey, der als Gründer auch der Kinematographie gilt. Mit »Raketenkameras«, Fotogeräten in abgefeuerten Projektilen, experimentierte Alfred Nobel. Die 1. Internationale Luftfahrtausstellung (ILA), 1909 in Frankfurt/M., zeigte Luftaufnahmen, die Brieftauben mittels umgeschnallter Kameras »geschossen« hatten.

81. Maschinen (9)

Leonardo da Vinci in seinem »Codice Atlantico« (1485): »Man übt mit einem Körper ebensoviel Kraft aus, als die Luft gegen diesen Körper. Du siehst, wie die Flügel, die gegen die Luft geschlagen werden, bewirken, daß der schwere Adler sich in der höchsten und dünnsten Luft halten kann. Weiterhin siehst du, wie die Luft, die sich über dem Meere bewegt, das schwerbeladene Schiff dahineilen läßt, wenn sie ihm gewaltig die Segel schwellt. Aus diesen Beispielen kannst du ersehen, daß der Mensch die Luft unterjochen und sich in ihr erheben wird, wenn er gegen den Widerstand der Luft mit großen künstlichen Flügeln eine Kraft ausübt und diesen Widerstand überwindet.« Er erkannte, daß man das Element studieren müsse, in dem sich Fluggeräte bewegen, ehe man sich mit ihrer Konstruktion abmühe. Man müsse mit der »Wissenschaft vom Wind« beginnen. Er glaubte, daß die Luft die Fähigkeit habe, sich so zusammendrücken zu lassen, und erklärte sich von daher das Fliegen so, daß der Vogel mit den Flügeln die Luft schlage, und zwar mit größerer Geschwindigkeit, als sie entweichen könne. Dadurch drücke er die Luft zusammen »wie ein Schläfer die Federn seines Bettes zusammendrückt« und ruhe auf ihr wie auf einem

Luftpolster, während über seinen Schwingen ein luftverdünnter Raum entstehe. Bis ins Kleinste studierte und skizzierte er Anatomie und Flug der Vögel, faßte seine Erkenntnisse etwa um 1505 in vier Bänden unter dem Titel »Codex vom Vogelflug« (»Codice sul Volo degli ucceli«) zusammen.

Für den Menschenflug erschienen ihm der Flug der Fledermäuse, der Fische und Insekten weit geeigneter als der Flug der Vögel. »Du mußt daran denken, daß dein Vogel nichts nachahmen soll als die Fledermaus . . . weil ihre Flughaut nicht durchlöchert ist.«

82. Schatten (3)

»Oben auss und nirgends an!« heißt der mittelalterliche Hexenspruch.

83. Rausch (6)

»Ich sah den dunklen Himmel über mir
und die Wolken, die an mir vorbeizogen.
Ich beugte meinen Körper,
um hinunterschauen zu können.
Ich sah die dunkle Masse des Gebirges.
Meine Geschwindigkeit war außerordentlich.
Meine Arme lagen fest an meinem Körper,
und mit dem Kopf gab ich die Richtung an.«
(Carlos Castaneda)

84. Fortschritt (9)

Im Film »Outward Bound« (USA 1930, Regie Robert Milton, mit Leslie Howard, Douglas Fairbanks jr. u. a.) wissen die Passagiere nicht, wohin sie fliegen, bis ihnen klar wird, daß sie längst tot sind und das Flugzeug sie in eine andere Welt befördert. Das Remake »Between Two Worlds« spielte auf einem Luxusdampfer.

85. Komplizen (11)

Anläßlich einer Hochzeit führte der Mathematiker Giambattista Danti (1477–1517), der zur Zeit Leonardo da Vincis in Perugia lebte, einen Gleitflug vor: »Da flog Danti plötzlich von einem Turme in unserer Stadt mit gewaltigem Zischgeräusch, eingehüllt in mannigfache Federn und mit einem großen Flügelsteuer über den Platz durch die Luft dahin. Aber während er nach Verlassen des Bodens mit hinaufstrebendem Körper in die freie Luft zu steigen trachtete, zürnte das Geschick wegen seines großen Wagnisses: das Eisen, womit der linke Flügel gesteuert wurde, brach, und Danti stürzte ab und verletzte sich das Rückgrat.«

86. Erziehung (4)

In allen Kulturen ist die Luft beseelt und ein Gefängnis der Dämonen. Bis ins Mittelalter gibt es ein Luftpurgatorium; ein Teil des Fegefeuers befindet sich in der Luft.

87. Wünsche (7)

»Ich bin gegen das Fliegen«, sagt 1627 Hermann Flayderus in seinem »De Arte volandi« und hält es für besser, »wir bedienen uns der geschwindesten Flugausrüstung, des Verstandes, womit wir alle Vögel übertreffen.«

88. Motor (8)

Im Jahr 1002 versucht im persischen Nischapur ein Mann namens Al Gabari, von der Moschee hinunterzufliegen. Er benutzt als Tragflächen zwei einfache Bretter, die, am Körper befestigt, seinen Absturz beschleunigen. Ausgang: tödlich.

89. Grenzen (10)

»Wer vögeln kann, der kann auch fliegen!« (Begleitender Ausruf zu einem Fenstersturz in einem Film von Herbert Achternbusch)

90. Träume (9)

5000 englische Pfund bot der britische Sperrholz-Industrielle Henry Kremer 1959 demjenigen Briten, der mit einem Muskelkraftflugzeug eine Acht fliegen würde, deren Längsachse eine Meile lang sei. Die Flughöhe an Anfang und Ende müsse mindestens drei Meter hoch sein, das Flugzeug ohne Fremdhilfe starten. 1967 wurde der Preis auf 10 000 Pfund erhöht und auf Bewerber aus der ganzen Welt erweitert. Schließlich erhöhte Henry Kremer auf 50 000 Pfund. Am 23. August 1977, auf einer von Paul MacCready in 400 Flügen und Verbesserungen konstruierten Maschine, dem »Gossamer Condor«, dessen Maschine der Pilot Bryan Allen war, wurde der Preis eingelöst. Der »Gossamer Condor« wurde danach von des Fliegens unkundigen Männern, Frauen und Kindern geflogen, zehn Minuten Einweisungszeit sind notwendig. Freilich erbringen sie nicht die Muskelleistung eines hochtrainierten Pedalkraftpiloten wie Bryan Allen, der am 12. Juni 1979, wieder auf einer MacCready-Konstruktion, dem »Gossamer Albatross«, den bisher höchsten Preis der Luftfahrt, 400 000 DM, für die muskelgetriebene Überquerung des Ärmelkanals kassierte. Rekorde bricht inzwischen auch Günter Rochelt aus München mit seinen »Musculairs«.

91. Propagandamaschine (8)

Aus eigener Tasche bezahlte Fritz Lang die Experimente Hermann Oberths, den er zur Mitarbeit und technischen Konzeption für »Die Frau im Mond« (1929) verpflichtet hatte. Zum Filmstart sollte als Werbegag ein Flugkörper in Pommern gestartet und 40 km hoch geschossen werden. Dies scheiterte an Geldmangel. 1932 wurde Fritz Langs Film beschlagnahmt – wegen »technischer Staatsgeheimnisse«.

92. Erziehung (5)

Folgenden Befehl gab Zar Iwan III. (1462–1505), der in der Alexander-Vorstadt von Moskau den Flugversuch eines gewissen Nikita miterlebte: »Der Mensch ist kein Vogel und hat keine Flügel zu haben. Baut er sich dennoch hölzerne Flügel, so handelt er gegen die Natur. Wegen dieses Bündnisses mit dem Teufel wird der Erbauer geköpft und seine Erfindung nach einer heiligen Messe verbrannt.«

93. Rausch (7)

Seigneur D'Aigmont aus Brüssel glaubte 1694, daß seine Flügel nicht zu schwer, sondern zu leicht seien und ihn in die Höhe entführen könnten. Um dem vorzubeugen, band er sich zwei Sandsäcke von je 40 Pfund an die Beine und sprang mit den Flügeln vom Dach seines Hauses. Er stürzte etwa 20 m tief auf ein kleines Gebäude, dessen Dach er durchschlug. D'Aigmont brach sich beide Beine und verklagte den Besitzer der Hütte zur Zahlung eines Schmerzensgeldes.

94. Komplizen (12)

Maschinen- und Mechanikkundige sind es oft, die sich über die Jahrhunderte an Flugapparaten versuchen. Sie alle haben mythische Vorfahren: die Schmiede der Alten Welt, oft gehbehindert oder gefangengenommen und verstümmelt, sich mit Flugapparaten davonmachend oder rachenehmend.

95. Träume (10)

»Selbst Apollos Drachenwagen«, erzählt Deutschlands erster Generalpostmeister Stephan in »Weltpost und Luftschiffahrt«, »tauchte in der Zeit unmittelbar vor Einführung der Eisenbahnwagen wieder auf. Im August 1825 kam ein von Brüssel nach London gehender, leichter, vierrädriger, mit drei Reisenden besetzter Wagen durch Rending, der von zwei Drachen gezogen wurde; der Hauptdrachen hatte 20 Fuß Durchmesser und war mit Musselin und farbigem Papier bezogen; er schwebte 160 bis 170 Fuß hoch in der Luft; der als Steuer dienende kleinere schwebte über ihm; jeder war mit einem Seil an dem Wagen befestigt; der Steuerdrachen konnte geleitet werden, so daß er sich über alles Hervorstehende, also Türme, Bäume, erheben konnte.«

96. Lektüre (7)

Vier Verleger lehnten das Manuskript ab, ehe Jules Hetzes es 1863 annahm und mit dem Autor sogar einen Vertrag über künftig zwei Bücher im Jahr schloß. Es war der Beginn der Schriftstellerkarriere von Jules Verne. 1865 läßt er in »Von der Erde zum Mond« drei Männer von Florida aus in einer Rakete zur Weltraumfahrt starten. Borman, Lovell und Anders heißen die drei Männer, die 1968 in Florida an Bord von »Apollo 8« gehen – und zum Mond starten.

97. Schatten (4)

»Ach, zu des Geistes Flügeln wird so leicht
Kein körperlicher Flügel sich gesellen.«
(Goethe)

98. Komplizen (13)

»Im Jahre 1731 machte in Rjasen ein Beamter des Statthalters Nerechtez Krjakutnoi einen großen Ball und blies ihn mit scheußlichem und stinkendem Rauche auf. An ihm befestigte er eine Schleife und setzte sich hinein, und der böse Geist hob ihn höher als die Birken und warf ihn dann gegen den Glockenturm; aber er packte den Glockenstrick und blieb zu am Leben. Er wurde aus der Stadt vertrieben und ging nach Moskau, und man wollte ihn lebendig begraben oder verbrennen.« (Russisches Manuskript im Deutschen Museum, München)

99. Propagandamaschine (9)

60 Heilige, der Selbst-Erhebung (Auto-Levitation) fähig, verzeichnet eine Broschüre des Obersten de Rochas (1897, Paris). Auch der Schutzpatron aller Flieger, der heilige Joseph von Copertino

(1603–1663) erhob sich – bezeugt – vor Papst Urban VIII. beim Gebet.

100. Komplizen (14)

Henri Mignet, ein flugenthusiastischer Amateur, stellte 1928 die Fachwelt auf den Kopf. Sein Artikel »Ist Amateur-Fliegerei möglich?« löste wilde Kontroversen – und einen europaweiten Bastelboom aus. HM-8 nannte er sein »ohne Erfahrung nachbaubares Flugzeug«. Learning by error, veränderte er es ständig – bis zur HM 14, der »Himmelslaus« (»Pou du Ciel«). Auf Normalflugplätzen erhielt er keine Starterlaubnis, deshalb konstruierte er seine Apparate zusammenklappbar, um sie mit seinem Motorrad zu irgendeiner geeigneten Wiese schleppen zu können. »All jenen zugeeignet, die davon träumen, Flügel zu haben. Zur Erinnerung an all jene, welche die Flügel liebten«, lautete die Widmung seines weitverbreiteten, in jeder Nachauflage abgeänderten Buches. »Um ein Flugzeug zu bauen, bedarf man keiner technischen Vorkenntnisse. Wer imstande ist, eine Holzkiste zusammenzunageln, der kann auch ein Flugzeug bauen«, lautete seine Botschaft. Aerodynamisch äußerst waghalsig, wurden allüberall die Himmelsläuse gezimmert. Schätzungen von 1935 nennen in England 600, in Frankreich 500 und in den USA »sehr viele«. Wegen der vielen Unfälle wurde ihr in England schließlich die Starterlaubnis entzogen. Henri Mignet, der selbst nie einen schweren Unfall erlitt, baute immer neue Variationen seiner »Himmelslaus« bis zu seinem Tode im Jahr 1965.

101. Grenzen (11)

Der chinesische Dichter und asketische Taoist Po Kü-i (722–846 n. Chr.) machte sich »fliegende Wolkenschuhe« und flog damit. Taoistische Priester nannte man »Federschüler« oder »gefiederter Gast«. »Gefiederter der Wüste« wurde der christliche Heilige und Einsiedler Basilius genannt. Er »kreiste oft in den Höhen, ohne daß irgendein vom Fleisch herkommendes Gewicht ihn hinderte«.

102. Fortschritt (10)

»Wir wußten es; doch wir hatten keine Ahnung, wie ungeheuerlich, wie hassenswert diese Unsauberkeit, diese Unaufrichtigkeit der Stadt gegenüber ihren Einwohnern gewesen ist. Das Flugzeug hat uns zur Einsicht verholfen. Das Flugzeug hat den Blick dafür. Das FLugzeug klagt an.« (Le Corbusier »Sur les 4 routes«)

103. Propagandamaschine (10)

Die »Constitutiones« des Papstes Clemens bannen Flugversuche als »Teufelswerk«. Nach kirchlicher Auffassung muß außerdem die Luft den Engeln und Vögeln wie auch Satanas und seinen Scharen reserviert bleiben.

104. Motor (9)

Lobsang Rampa, aber auch viele andere Quellen, erzählen von tibetanischen Mönchen, die im Aufwind des Himalayas drachenfliegen – in 2×2×3 Meter großen Kabinen mit weiten seidenbespannten Flügeln. Seit altersher.

105. Grenzen (12)

1944 lassen die Japaner Ballone mit Brandsätzen im Jetstream über den Pazifik in die USA treiben, wo sie beträchtlichen Schaden in Wäldern und Getreidefeldern anrichten.

106. Wünsche (8)

Urvater der Bionik, den Fehler des Ikarus vermeidend, ein Fluggerät mit Wachs zu binden, ist des Römers Lukian Figur Menippos in der »Wahren Geschichte«: »Ikaros hatte sein Gefieder mit Wachs zusammengeklebt, und so schmolz es an der Sonne. Ich aber . . . fing mir einen großen Adler sowie einen Lämmergeier und schnitt ihnen die Flügel ab . . .«

107. Fortschritt (11)

»... sonst sehe ich keine Schwierigkeiten, die man vorbringen könnte, außer einer, welche mir größer erscheint als alle anderen: Gott wird niemals zugeben, daß eine solche Maschine wirklich zustande kommt, um die vielen Folgen zu verhindern, die die bürgerliche und politische Ordnung der Menschheit stören würden. Denn wer sieht nicht, daß keine Stadt vor Überfällen sicher wäre, da ja das Schiff zu jeder Stunde über dem Platz erscheinen und die Mannschaft sich herablassen und aussteigen könnte. Dasselbe geschähe in den Höfen der Privathäuser und bei den Schiffen, die das Meer durcheilen. Ja, wenn das Schiff nur aus hoher Luft bis zu dem Segelwerk der Meerschiffe herabstiege, könnte es die Taue kappen, und auch ohne herabzusteigen, könnte es mit Eisentücken, die man aus dem Schiff nach unten werfen könnte, die Fahrzeuge zum Kentern bringen, die Mannschaft töten und die Schiffe mit künstlichem Feuer, mit Kugeln und Bomben in Brand stecken. Und nicht nur Schiffe, sondern auch Häuser, Schlösser und Städte mit völliger Gefahrlosigkeit für diejenigen, die aus angemessener Höhe solche Sachen herabwürfen.« (Der Jesuit Graf Deodato Francesco Gioseffo Lana de Terzi, 1670 in Brescia zu seinem Vakuum-Luftschiff.) Professor Lohmeier aus Rinteln antwortete sechs Jahre später darauf: »Hat Gott die Erfindung der Säbel, Flinten, der Kanonen und des Pulvers, womit einige Jahrhunderte her so viel Blut vergossen worden ist, nicht verhindert, warum sollte er diese Kunst verhindern? Der Staat wird, wenn es einmal dahin kommen sollte, schon Gegenmittel finden, und, gleich wie wir Flinten gegen Flinten und Kanonen gegen Kanonen gesetzt haben, so würden wir auch Luftschiff gegen Luftschiff vorrücken lassen und förmlich Luft-Bataillen liefern.«

108. Erziehung (6)

»Hebt man den Blick, so sieht man keine Grenzen mehr.« (Japanische Weisheit)

109. Maschinen (10)

1893 notiert der Physiker Herman von Helmholtz, »daß im Modell des großen Geiers die Natur schon ihre Grenze erreicht hat, welche mit Muskeln als arbeitsleistende Organe und bei möglichst günstigen Bedingungen und Ernährung für die Größe eines Geschöpfs erreicht werden kann, welches sich durch Flügel selbst heben und längere Zeit in der Höhe erhalten will. Unter diesen Umständen ist es kaum als wahrscheinlich zu betrachten, daß der Mensch auch durch die allergeschicktesten, flügelähnlichen Mechanismen, die er durch eigene Muskelkraft zu bewegen hätte, in den Stand gesetzt würde, sein eigenes Gewicht in die Höhe zu heben und dort zu erhalten.«

110. Erziehung (7)

Giambatista Porta sinnierte 1588, daß ein Mensch zu fliegen vermag, wenn er sich ungeheure Flügel an Ellbogen und Brust bindet und sich von Kindheit an daran gewöhnt, sie zu gebrauchen.

111. Komplizen (15)

Es war das Jahr 1161. Der Seldschukensultan Kilidsch Arslan II. besuchte Manuel Komnenos, den Kaiser von Byzanz. Der Historiker Niketas Akominatos erzählt von der Empfangsfeier: »Damals kletterte ein Sarazene, den man anfänglich für einen Gaukler hielt, auf den Turm des Hippodroms und erklärte sich bereit, die Rennbahn zu durchfliegen. Er stand nun wie am Start auf dem Turm, angetan mit einem sehr langen und breiten Gewande, dasselbe war weiß, und gebogene Weidenstäbe spannten den Stoff bauchig auf. Die Absicht des Sarazenen ging nun dahin, mit diesem Gewande wie ein Schiff mit seinem Segel zu fliegen, indem der Wind sich in den Wölbungen fing ... Er prüfte häufig den Wind und hielt die Zuschauer hin, indem er vielmals die Arme erhob und sie wie Flügel gebrauchend zur Flugbewegung herabzog, um den Wind aufzufangen. Als dieser ihm nun zum Tragen günstig erschien, schwang er sich wie ein Vogel hin und her und schien in der Luft zu fliegen. Aber er war ein bedauernswerterer Luftfahrer als Ikaros: als schwerer Körper zu Boden geworfen, nicht wie ein leichter fliegend, schlug er schließlich unten auf und gab seinen Geist auf, weil ihm Beine und Arme und alle Knochen im Leibe gebrochen waren.«

112. Lektüre (8)

»Schwimmen bedeutet, in einer dichteren Flüssigkeit fliegen, und Fliegen bedeutet, in einer dünneren Flüssigkeit schwimmen.« (Samuel Johnson)

113. Erziehung (8)

»Menschen gehen dahin, Könige fliegen empor«, sagt das alte Ägypten.

114. Schatten (5)

1729 baute der Schmied Grosa im russischen Dorf Kljutsch Flügel aus Draht und Vogelfedern und band sie an seine Arme. Am Kopf und an den Beinen befestigte er Federn des Habichts und der Möwe. Damit flog er, wie der Chronist berichtet, »Nicht hoch, nicht niedrig, ermüdete und ließ sich auf dem Dach der Kirche nieder, doch der Pope verbrannte die Flügel und verdammte den Schmied beinahe«.

115. Fortschritt (12)

John Wilkins, Bischof von Chester, 1648: »Es gibt verschiedene Möglichkeiten, nach denen das Fliegen in der Luft erlernt werden könnte oder ausgeübt wird; für dero zwei werden außermenschliche, für deren zwei andere jedoch menschliche Kräfte genutzt:
1. mittels Geistern oder Engeln
2. mittels Geflügel
3. mit Flügeln, die direkt am Körper befestigt sind
4. mit einem fliegenden Wagen.

. . . Der vierte und letzte Weg scheint mir mit größerer Wahrscheinlichkeit ausführbarer als die andern. Zum Antrieb könnte man beispielsweise die Energie benützen, die eine gespannte Feder abgibt.

Dank der Intelligenz ihrer Konstrukteure dürfte diese Einrichtung möglicherweise zuverlässiger funktionieren, als man sich dies von den Himmelskörpern gewohnt ist. Wenn man einen genügend großen Wagen, der mehreren Personen Platz böte, erbaute, könnten sie sich gegenseitig beim Aufziehen der Feder ablösen. Derartige Wagen – Himmelsfahrzeuge eigentlich – könnten den verschiedensten Zwecken dienen. Man vermöchte damit den Mond zu erforschen oder nach Erdengegenden zu reisen, die dem Menschen sonst kaum erreichbar sind. Ich denke dabei an Indien und an die Regionen der Antipoden. Sobald der Wagen sich einige Meilen in die Luft erhoben hätte, wäre er der Anziehungskraft der Erde entzogen und könnte mit Leichtigkeit nach jedem beliebigen Punkt der Erde gesteuert werden . . .«

116. Maschinen (11)

»Ich war die Maschine«, unterstreicht stolz Bryan Allen, strampelnder Flieger des »Gossamer Albatross« und Gewinner des »Henry-Kremer-Preises« 1979. 100 000 Pfund Sterling, gestiftet vom englischen Industriellen Kremer, hatte er für die erste Überquerung des Ärmelkanals nur mit Menschenkraft gewonnen. Seine Flugmaschine, entwickelt vom amerikanischen Aerodynamiker Paul MacCready, Flügelspannweite über 30 m und keine 40 kg schwer, hängt heute im Washingtoner National Air and Space Museum. Zur Vorbereitung seines Fluges hatte Bryan Allen täglich 150 km mit dem Fahrrad zurückgelegt.

117. Erziehung (9)

Seit dem 4. Jahrhundert n. Chr. zeigt die abendländische Kunst Engel stets geflügelt.

118. Träume (11)

»Icariens« oder »communistes icariens« nannten sich die Anhänger des Sozialisten Etienne Cabet (1788–1856), die ihre Idee der Gütergemeinschaft aus dem Roman »Voyage en Icarie, roman philosophique et social« (1842) bezogen. Nach der Pariser Junischlacht von

1848 (100 000 tote Arbeiter) wanderten 400 Ikarier nach Amerika aus und ließen sich in Nauvoo, Illinois, nieder.

119. Rausch (9)

»Nun beruht aber die Herrschaft des Menschen über die Dinge bloß auf den Künsten und Wissenschaften. Denn man kann der Natur gebieten, wenn man ihr gehorcht«, schreibt Francis Bacon 1620 in seinem »Novum Organum«, einer Theorie der Naturwissenschaften. 1627 wagt er im »New Atlantis« einen Blick in die Zukunft eines auf Grund emsiger empirischer Forschung erweiterten Herrschaftsbereichs der Menschheit: ». . . Auch den Flug der Vögel ahmen wir nach. Wir haben verschiedene Vorkehrungen für den Flug durch die Luft. Wir haben Schiffe und Boote, die unter Wasser fahren können . . .«

120. Schatten (6)

Nicht erst das moderne Hollywood der 80er Jahre hat die »Gremlins« entdeckt. Amerikanische und britische Piloten des II. Weltkrieges nannten so die Kobolde, die Maschinendefekte verursachten. Flugzeuggeister, obwohl vielfach berichtet, traten 1973 und 1974 wirklich gesichert auf. (John G. Fuller »The Ghost of Flight 401«, 1978.)

121. Propagandamaschine (11)

2000 Flugzeuge waren bereits als Waffenstillstandbedingung ausgeliefert, da bestimmte der Artikel 202 des Friedensvertrags von Versailles (1918) die Auslieferung bzw. Vernichtung von: 15 714 Jagd- und Bombenflugzeugen, 27 757 Flugzeugmotoren, 16 Luftschiffen, 37 Luftschiffhallen und ungezählte Zubehör- und Ersatzteile.

Segelfliegen blieb erlaubt. Auch Sportflugzeuge, deren Leistungsfähigkeit fieberhaft verbessert wurde. Oberstleutnant a. D. Ernst Udet kam 1935 bei einem Kunstflugtag in Cleveland/USA ins Schwitzen: »Im Hotel sehe ich die Meldeliste ein. Der Engländer Atcherley ist da, der Pole Orlinsky, der Italiener de Bernhardi. Die besten Männer, die besten Maschinen. Und ich soll Deutschland vertreten mit einem Hundert-PS-Flamingo? Mehr Pferdekräfte erlaubt der Friedensvertrag unseren Motoren nicht. Ich schlafe schlecht die nächsten Nächte. Man kämpft, gibt sein Bestes. Sieg oder Niederlage stehen nicht in der eigenen Hand. Aber für das Vaterland zu verlieren ist bitter.«

122. Wünsche (9)

Der Satiriker Joseph Addison vermutet 1713, daß der endliche Erfolg der Fliegerei eine Epoche der Zügellosigkeit und der sexuellen Freiheit einläuten würde, der Welt eine Fülle an Unmoral und Möglichkeiten zur Intrige brächte: »So könnte sich ein Pärchen um Mitternacht auf dem Monument treffen, und von dort aus sähe es die Kuppel der St.-Paul-Kathedrale in London mit Leuten beiderlei Geschlechts bedeckt – es wirkte wie das Leben vor einem Taubenschlag. Es würde zur Selbstverständlichkeit, daß ein Schürzenjäger durchs Fenster eines Dachstübchens flöge oder daß ein Liebhaber seiner Mätresse nachjagte wie ein Falke der Taube.«

123. Komplizen (16)

Angeregt durch die Forschungen und Gedanken Sir Cayleys, baute der Spitzenfabrikant William Samuel Henson das Modell eines »Luft-Dampfwagens«, den er sich 1842 patentieren ließ. Ausdrücklich hält die Patentschrift fest, daß die »Luft-Dampfkutsche« »zum Befördern von Gütern, Briefen und Passagieren von Ort zu Ort durch die Luft« bestimmt sei. Mit John Stringfellow gründete er die »Aerial Steam Transit Company«, die den Bau des »Ariel« getauften Dampfflugzeugs übernehmen sollte. Aktien konnten gezeichnet werden, der Reklamerummel war groß. Doch es blieb bei fluguntauglichen Modellen. Henson tauchte in der Wildnis von Texas unter. Stringfellow experimentierte weiter, wurde schließlich bei einer Luftfahrtausstellung im Kristallpalast von Sydenham für das Dampfmodell eines Dreideckers mit einem Geldpreis von 200 Pfund ausgezeichnet – was ihm weitere Versuche ermöglichte, bis ihn hohes Alter und fortschreitende Blindheit zur Aufgabe zwangen.

124. Träume (12)

Der k.u.k. Oberstleutnant Hermann Hoernes berichtete in seinem 1911 in Wien erschienen »Buch des Fluges« von seinen Begegnungen mit Erfindern als Referent für physikalische Angelegenheiten des k.u.k. technischen Militärkomitées: »In früheren Jahren führte ich leider nicht so genau Buch über die bei mir eingelaufenen Erfindungen; wenn ich aber erwähne, daß im heurigen ersten Halbjahre 58 aeronautische Erfinder sich bei mir einstellten, 1909 hingegen 162 und 1908 sogar 172 und schon im Jahre 1900 deren 42, so kann man wohl leicht ausrechnen, daß ich in 30 Jahren mit recht vielen dieser Herren – zu einem kleineren Teile auch Damen – zu tun hatte. Was die Persönlichkeit der Erfinder anbelangt, so gehörten sie zum größten Teile dem Zivilstande an und zwar fast aus aller Herren Länder und in allen erdenklichen Sprachen, deutsch, ungarisch, böhmisch, polnisch, russisch, italienisch, französisch, englisch, spanisch sprechend, und nicht nur aus allen Teilen Europas, sondern auch aus Nordamerika, Brasilien, Paraguay, Algier, Kapland, sogar aus Australien stammend. Ebenso waren so ziemlich alle Stände vertreten, wie Advokaten, Staatsbeamte, Professoren und Volksschullehrer, geistliche Herren, Stadträte und Bürgermeister, dann Professionisten aller Art, Mechaniker, Spengler, Schlosser, Gärtner, Uhrmacher, Tischler wie nicht minder auch hochgestellte Persönlichkeiten, Barone, Grafen und selbst ein Fürst, ferner auch Schauspieler, Maler und Schriftsteller, Journalisten und Bildhauer. Vom Militärstande waren hingegen unter den aeronautischen Erfindern alle Chargengrade vom Infanteristen bis zum General vertreten, wie nicht minder alle Waffengattungen und Branchen – Infanterie und Artillerie, Kavallerie und Train, Pioniere und Geniewaffe, Rechnungsbeamte und Zeugsoffiale etc. etc. Man sieht daraus, daß das Interesse für Aeronautik ein allgemeines ist und unabhängig von dem sonstigen Berufe. Die allerwenigsten Projekte rührten merkwürdigerweise – von Berufs-Aeronauten her.«

125. Grenzen (13)

»Wie rasch das Fliegen, dieser uralte, kostbare Traum, jeden Reiz, jeden Sinn, seine Seele verloren. So erfüllen sich die Träume, einer nach dem anderen, zu Tode. Kannst du einen neuen Traum haben?« (Elias Canetti »Die Provinz des Menschen«)

Rudyard Kipling

Drahtlos

»Erstaunlich, diese Marconi-Erfindung, nicht wahr?« sagte Mr. Shaynor und hustete heftig. »Wie ich gehört habe, machen Hindernisse – Stürme, Berge, oder was auch immer – dabei nichts aus. Nun, morgen früh werden wir wissen, ob das wahr ist.«

»Selbstverständlich ist es wahr«, antwortete ich und trat hinter den Tresen. »Wo ist der alte Mr. Cashell?«

»Er mußte sich wegen seiner Grippe zu Bett legen. Er meinte, Sie würden höchstwahrscheinlich hereinschauen.«

»Und wo ist sein Neffe?«

»Hinten; er bereitet alles vor. Er erzählte mir, bei dem letzten Experiment hätten sie den Mast auf dem Dach eines der großen Hotels hier befestigt, und die Batterien haben die gesamte Wasserversorgung unter Strom gesetzt, so daß« – er kicherte – »die Damen einen Schock erhielten, wenn sie ein Bad nehmen wollten.«

»Davon habe ich nie gehört.«

»Das Hotel würde wohl auch nicht gerade Reklame damit machen, wie? Heute wollen sie versuchen, von hier aus mit Poole Verbindung aufzunehmen, wie mir der junge Mr. Cashell sagte, und sie benutzen noch stärkere Batterien. Aber da er nun mal der Neffe vom Chef ist (und es soll auch in die Zeitungen kommen) spielt es keine Rolle, falls sie das ganze Haus unter Strom setzen. Möchten Sie zuschauen?«

»Sehr gern. Ich habe dieses Spielzeug noch nie gesehen. Wollen Sie nicht schlafengehen?«

»Wir schließen samstags erst um zehn; und bei den vielen Grippefällen in der Stadt werden heute abend wohl noch ein Dutzend Rezepte gebracht werden. Ich schlafe meistens hier in dem Sessel. Das ist angenehmer als jedesmal aus dem Bett zu springen. Es ist aber auch bitterkalt, nicht wahr?«

»Eisig. Tut mir leid, daß Ihr Husten schlimmer geworden ist.«

»Danke. Die Kälte macht mir nicht soviel aus. Aber dieser Wind geht mir durch Mark und Bein.« Wieder hustete er hart und bellend. Gleichzeitig trat eine alte Frau ein und verlangte Ammoniakchinin. »In Flaschen haben wir es nicht mehr da«, sagte Shaynor und nahm wieder seinen geschäftsmäßigen Ton an, »aber wenn Sie sich ein paar Minuten gedulden wollen, mache ich es Ihnen zurecht.«

Ich frequentierte die Apotheke bereits seit einiger Zeit, und meine Bekanntschaft mit dem Besitzer war zur Freundschaft gediehen. Mr. Cashell war es auch, der mir Aufgabe und Macht des Apotheker-Verbandes vor Augen führte, als einmal einer seiner Kollegen bei einem mir verordneten Rezept einen Fehler gemacht hatte, dann log, um seine Schlamperei zu vertuschen, und, als ihm Fehler und Lüge nachgewiesen wurden, unverschämte Briefe geschrieben hatte.

»Eine Schande für unseren Stand«, sagte der magere, sanftäugige Mann empört, nachdem er das Beweismaterial geprüft hatte. »Sie könnten unserer Zunft keinen besseren Dienst erweisen, als ihn vor den Apotheker-Verband zu bringen.«

Das tat ich; ohne zu ahnen, welche Geister ich dadurch beschwor. Das Ergebnis war eine Entschuldigung, wie man sie von jemand, der eine Nacht auf der Folterbank zugebracht hat, erwarten konnte. Das flößte mir großen Respekt vor dem Apotheker-Verband ein und Hochachtung vor Mr. Cashell, einem engagierten Vertreter seiner Zunft, dem sein Beruf über alles ging. Bevor Mr. Shaynor aus Nordengland zu ihm kam, war Mr. Cashell mit seinen Gehilfen nie recht zufrieden gewesen. »Sie vergessen«, meinte er, »daß Arzneihersteller in erster Linie ein Mann der Heilkunde ist. Von ihm hängt der Ruf eines Arztes ab. Er hält ihn im wahrsten Sinne des Wortes in der hohlen Hand, Sir.«

Mr. Shaynor mochte im Umgang mit der Kundschaft vielleicht nicht die Gewandtheit des Gemüsehändlers oder des italienischen Ladenbesitzers von nebenan haben, doch er verstand und liebte seine Apothekertätigkeit bis ins letzte Detail. Auch zur Entspannung schien er sich nicht weiter als bis zur Exotik der Arzneistoffe von ihr zu entfernen – ihrer Entdeckung, Verarbeitung, Verpackung und Verschiffung –, doch das führte ihn in alle Teile der Welt, und bei diesem Thema, dem *Pharmazeutischen Rezepturenbuch* und bei Nicholas Culpepper, dem kühnsten aller Ärzte, trafen sich unsere Interessen.

Nach und nach erfuhr ich ein wenig über seine Herkunft, seine Zukunftsträume – über die Mutter, die im Norden des Landes Lehrerin gewesen war, den Vater, ein kleiner Akkordaufseher in Kirby Moors, der starb, als Shaynor noch ein Kind war; über die Prüfungen, die er bestanden hatte (der Apotheker-Verband nimmt es damit sehr genau); über seinen Traum von einer Apotheke in London, seinen Haß auf die preisdrückenden Billigdrogerien; und sehr Interessantes über seine innere Einstellung zu den Kunden.

»Man kann sich angewöhnen«, erklärte er mir, »sie aufmerksam und, wie ich hoffe, höflich zu bedienen, ohne dabei die eigenen Gedankengänge zu unterbrechen. Den ganzen Herbst hindurch habe ich mich mit Christies *Neue pflanzliche Heilmittel* befaßt, und dabei muß man sich wirklich konzentrieren, das kann ich Ihnen versichern. Aber wenn es sich nicht gerade um ein Rezept handelt, kann ich eine halbe Buchseite im Kopf behalten und gleichzeitig das Doppelte von allem, was in den Auslagen liegt, verkaufen, ohne daß die Abrechnung auch nur um einen Pfennig differierte. Was die Rezepte selbst angeht, ich glaube, die am häufigsten verschriebenen könnte ich fast im Schlaf herstellen.«

Als man in England mit den Marconi-Versuchen begann, interessierte ich mich aus bestimmten Gründen sehr dafür, und es war typisch für Mr. Cashells unwandelbare Aufmerksamkeit, mich einzuladen, dem Experiment beizuwohnen, als sein Neffe, der von Elektrizität etwas verstand, das Haus für einen telegrafischen Versuch in Beschlag nahm.

Die alte Frau ging mit ihrer Medizin hinaus, und Mr. Shaynor und ich stampften mit den Füßen auf den Fliesenboden hinter dem Tresen, um uns warmzuhalten. Im Licht der vielen elektrischen Lampen sah die Apotheke aus wie ein Pariser Juweliergeschäft, denn Mr. Cashell legte großen Wert auf das, was bei seinem Metier zur Ausstattung gehört. Drei prachtvolle Glasbehälter – rot, grün und blau – von der Art, die Rosamond dazu verführten, ihre Schuhe herzugeben, funkelten in den breiten Schaufenstern, und in der Luft hing ein Geruch nach Schwertlilien, Kodakfilmen, Vulkanit, Zahnpulver, Duftkissen und Mandelcreme. Mr. Shaynor fütterte den Ofen des Verkaufsraumes, und wir lutschten Pfefferminzbonbons – unseren Mägen zuliebe. Der eisige Ostwind hatte die Straßen bis auf einige wenige Passanten, die bis an die zusammengekniffenen Augen vermummt waren, leergefegt. Vor dem italienischen Geschäft nebenan hing buntgefiedertes Geflügel und Wild von Haken herab und wurde vom Wind bis zu unserem linken Fenstersims herübergeworfen.

»Die sollten das Geflügel hereinnehmen – es wird ja regelrecht herumgeschleudert«, fand Mr. Shaynor. »Frieren Sie bei dem Anblick nicht auch? Sehen Sie nur den Hasen! Der Wind zieht ihm fast das Fell ab.«

Ich sah, wie sich das Bauchfell des Tieres in Reihen und Streifen teilte, wenn der Wind hineinblies, so daß man die bläuliche Haut darunter sah. »Bitterkalt«, sagte Mr. Shaynor schaudernd. »Wenn ich mir vorstelle, ich müßte an einem solchen Abend hinaus! Oh, da ist der junge Mr. Cashell.«

Die Tür des Büros hinter dem Apothekenraum öffnete sich, und ein energischer Mann mit spatenförmigem Bart trat händereibend herein.

»Ich brauche ein Stück Metallfolie, Shaynor«, sagte er. »Guten Abend. Mein Onkel sagte mir, Sie würden vielleicht kommen.« Letzteres war an mich gerichtet, und ich stellte ihm gleich die erste von etwa hundert Fragen.

»Es ist alles bereit«, antwortete er. »Wir warten nur darauf, daß sich Poole meldet. Entschuldigen Sie mich, bitte. Sie können hereinkommen, wann Sie wollen – ich muß mich um die Instrumente kümmern. Geben Sie mir die Metallfolie. Danke.«

Während wir sprachen, war ein Mädchen – offensichtlich keine Kundin – eingetreten, und Gesicht und Haltung von Mr. Shaynor hatten sich verändert. Sie lehnte sich vertraulich über den Tresen.

»Aber ich kann doch nicht weg«, hörte ich ihn nervös flüstern – eine dunkle Röte lag auf seinen Wagen und seine Augen leuchteten wie die einer berauschten Motte. »Ich kann nicht; ich sage dir doch, ich bin ganz allein hier.«

»Bist du nicht. Wer ist *das* denn? Laß *ihn* eine halbe Stunde den Laden versehen. Einen Gang durch die frische Luft wird dir guttun. Ach, komm doch, John.«

»Aber er ist doch kein –«

»Das ist doch gleich. Ich möchte gern, daß du mitkommst. Wir gehen nur bis zur Kirche. Wenn du nicht –«

»Er trat zu mir in den Schatten der Regale und bat stammelnd, ihn wegen einer befreundeten jungen Dame für kurze Zeit zu entschuldigen.

»Ja«, unterbrach sie ihn. »Übernehmen Sie für eine halbe Stunde die Apotheke – tun Sie mir den Gefallen, ja?«

Sie hatte eine einzigartig wohltönende und verheißungsvolle Stimme, die gut zu ihrer Erscheinung paßte

»Also gut«, willigte ich ein. »Ich tue es – aber packen Sie sich gut ein, Mr. Shaynor.«

»Oh, ein strammer Spaziergang kann mir nicht schaden: Wir gehen nur bis zur St.-Agnes-Kirche.« Er hustete jämmerlich, als sie zusammen hinausgingen.

Ich füllte den Ofen auf, und brachte nach verschwenderischem Umgang mit Mr. Cashells Kohlen eine angenehme Wärme in den Raum. Danach inspizierte ich eine Anzahl der mit Glasknöpfen versehenen Arzneikästen, die an den Wänden entlang aufgestellt waren, und kostete von einigen, meine Neugier erregenden Substanzen; dann bereitete ich aus Kardamom, gemahlenem Ingwer, Chloräther und verdünntem Alkohol ein neues, ziemlich barbarisches Gebräu, von dem ich dem jungen Mr. Cashell, der hinten im Büro hantierte, ein Glas brachte. Er lachte kurz auf, als ich ihm sagte, daß Mr. Shaynor ausgegangen sei – doch da sich seine ganze Aufmerksamkeit auf ein kleines Drahtröllchen konzentrierte, sprach er nicht weiter mit mir, und ich stand verwirrt zwischen den Drähten und Batterien. Nachdem nun der Straßenlärm verebbt war, konnte man vom Strand herauf das Geräusch der Brandung hören. Schließlich gab mir der junge Mr. Cashell kurz und präzise Namen und Funktionen der Instrumente an, die sich auf den Tischen und dem Fußboden drängten.

»Wann erwarten Sie den Funkspruch von Poole?« fragte ich, während ich an meinem Getränk nippte.

»Gegen Mitternacht, wenn alles gutgeht. Wir haben unseren Mast auf dem Hausdach aufgestellt. Ich würde Ihnen nicht raten, heute abend einen Wasserhahn oder dergleichen aufzudrehen. Die Verbindung verläuft durch die Rohrleitungen, und das Wasser steht unter Strom.« Er wiederholte mir die Geschichte von den verschreckten Damen im Hotel, die sich bei dem ersten Versuch zugetragen hatte.

»Aber was *ist* es denn eigentlich?« fragte ich. »Von Elektrizität verstehe ich nichts.«

»Ach, wer *das* erklären wollte, müßte mehr wissen als bis heute bekannt ist. Es ist einfach das, was wir Elektrizität nennen – und das Wunderbare daran – der Existenzbeweis – die Hertzwellen – all das steckt hier drin. Wir nennen es einen Fritter.«

Er nahm ein Glasröhrchen von der Stärke eines Thermometers auf, in dem zwei sich fast berührende kleine silbrige Stöpsel waren, und zwischen ihnen ein winziges Häufchen Metallstaub. »Das ist alles«, sagte er stolz, so als könne er selbst auf das Wunder Anspruch erheben. »Dieses Ding wird uns die Kräfte offenbaren – welcher Art sie auch sein mögen – was sie bewirken – durch den Äther – über eine große Entfernung hinweg.«

In diesem Moment kam Shaynor allein zurück und hustete sich auf der Fußmatte die Lunge aus dem Leib.

»Geschieht Ihnen recht, wenn Sie schon so ein Narr sind«, schalt der junge Mr. Cashell, ebenso verärgert wie ich über die Unterbrechung. »Macht nichts – wir haben noch die ganze Nacht, um Wunder zu erleben.«

Shaynor klammerte sich an den Tresen und drückte sein Taschentuch an die Lippen. Als er es fortnahm, sah ich zwei hellrote Flecken.

»Ich – ich habe einen etwas entzündeten Hals vom Zigarettenrauchen«, keuchte er. »Ich werde es mal mit Kubebe versuchen.«

»Nehmen Sie lieber dies hier. Ich habe ein wenig herumgemischt, während Sie fort waren.« Ich reichte ihm das Gebräu.

»Es wird mich doch nicht betrunken machen? Ich bin fast gänzlich Abstinenzler. Donnerwetter! Das stärkt und tut wohl.«

Er stellte das leere Glas ab und hustete wieder.

»Brr! Es war aber auch kalt draußen! Ich hätte keine Lust, in einer solchen Nacht im Grabe zu liegen. Haben *Sie* nie Halsweh vom Rauchen?« Er warf einen verstohlenen Blick auf sein Taschentuch und steckte es ein.

»Oh, doch, gelegentlich«, erwiderte ich, und dachte, während ich sprach, an die Todesängste, die ich ausstehen würde, sollten sich je diese hellroten Gefahrensignale in meinem Taschentuch finden. Der junge Mr. Cashell räusperte sich zwischen seinen Batterien als Zeichen dafür, daß er durchaus bereit war, mit seinen wissenschaftlichen Erläuterungen fortzufahren, doch ich dachte noch immer an das Mädchen mit der klangvollen Stimme und dem vielversprechenden Mund, auf dessen Geheiß ich die Apotheke übernommen hatte. Es schoß mir durch den Kopf, daß sie entfernt der verführerischen Gestalt auf einem goldgerahmten Reklameplakat für ein Eau de Toilette ähnelte, deren Vorzüge durch den Widerschein des roten Glasbehälters im Fenster sündhaft hervorgehoben wurden. Als ich mich umwandte, um mich zu vergewissern, sah ich Mr. Shaynors Augen in die gleiche Richtung starren und erkannte instinktiv, daß dieses grelle Schild für ihn ein Heiligtum war. »Was nehmen Sie gegen Ihren – Husten?« fragte ich.

»Um an die handelsüblichen Arzneien zu glauben, bin ich auf der falschen Seite des Tresens. Aber es gibt ja Asthma-Zigaretten und es gibt auch Räucherkerzen. Da mich der Geruch, der dem Weihrauch sehr ähnlich ist, nicht stört, verschaffen mir – wenn ich auch nicht katholisch bin – Blaudets Basilika-Räucherkerzen noch am ehesten Erleichterung, muß ich gestehen.«

»Dann wollen wir es einmal damit versuchen.« Ich habe nur selten Gelegenheit, eine Apotheke zu plündern, und nutze sie dann weidlich aus. Wir stöberten Räucherkerzen auf – braune, gummiartige Zapfen aus Benzoeharz – und entzündeten sie unter der Eau-de-Toilette-Reklame, wo sie in dünnen blauen Spiralen rauchten.

»Selbstverständlich«, antwortete Mr. Shaynor auf meine Frage, »was man in der Apotheke für sich selbst verbraucht, muß aus der eigenen Tasche bezahlt werden. In unserer Branche ist die Bestandsaufnahme fast so akribisch wie bei den Juwelieren – deutlicher kann ich es nicht ausdrücken. Aber man bekommt sie« – er deutete auf die Räucherkerzen – »zum Einstandspreis.« Offensichtlich war die Beweihräucherung des lebensvollen, buntschillernden Weibsbildes ein feststehendes Ritual, das ihn einiges kostete.

»Und wann lassen wir die Rolläden herunter?«

»Sie bleiben die ganze Nacht über hochgezogen. Der Chef – der alte Mr. Cashell – hält mehr von elektrischer Beleuchtung als von Schlössern und Läden. Außerdem bringt es Kundschaft. Ich setze mich einfach in den Sessel hier neben dem Ofen und mache ein Nickerchen, wenn Sie nichts dagegen haben. Elektrizität ist kein Rezept für mich.«

Hinten schnaufte der energische junge Mr. Cashell, und Shaynor richtete sich in seinem Sessel ein, über den er eine bunte Wolldecke in leuchtend Rot, Schwarz und Gelb geworfen hatte, etwa so, wie man ein Tischtuch ausbreitet. Ich fischte zwischen den Arzneimittelbroschüren nach etwas zu lesen herum, doch da ich nichts rechtes finden konnte, braute ich noch einmal mein neues Getränk. Das italienische Delikatessengeschäft nahm Wild und Geflügel herunter und ging schlafen. Auf der anderen Straßenseite warfen blanke Metalläden das Gaslicht in kalten Schlieren zurück; unter dem Peitschen des grimmigen Windes schien das getrocknete Pflaster eine Gänsehaut zu bilden, und ehe er noch zu sehen war, hörte man, wie der Schutzmann die Arme um sich schlug, um warm zu bleiben. Drinnen wetteiferten die Gerüche von Kardamom und Chloräther mit den Räucherkerzen und einer Vielzahl Düfte von Arzneimitteln, Parfums und Seifen. Unsere elektrischen Lampen, die unten an den Fenstern und vor den faßbäuchigen Rosamond-Gläsern angebracht waren, warfen drei riesige Farbflecke in Rot, Blau und Grün herein, die sich auf den facettierten Glasknöpfen der Arzneikästen, den geschliffenen Duftflakons und den Wölbungen der Syphonflaschen in kaleidoskopischen Mustern brachen. Sie malten prächtige Kleckse auf den weißen Fliesenboden, sprühten auf der vernickelten Stange des Tresens und gaben seinen polierten Mahagonipaneelen ein Aussehen, als wären sie aus feingemasertem Stein – Platten aus Porphyr und Malachit.

Mr. Shaynor schloß eine Lade auf und entnahm ihr ein schmales Bündel Briefe. Von meinem Platz neben dem Ofen aus konnte ich den gebogenen Rand des Papiers und das auffallende Monogramm in der Ecke sehen, und roch sogar den aufdringlichen Chypreduft. Nach jeder Seite wandte er sich der Eau-de-Toilette-Dame auf dem Reklamebild zu und verschlang sie mit leuchtenden Augen. Er hatte sich die Decke um die Schultern gelegt, und im Schein der widerstreitenden bunten Lichter glich er mehr denn je der Inkarnation einer berauschten Motte – einer Tigermotte, wie ich fand.

Er steckte seinen Brief in einen Umschlag, frankierte ihn mit steifen, mechanischen Bewegungen und warf ihn in die Schublade. Allmählich wurde mir die Stille der großen, schlafenden Stadt bewußt – eine Stille, über die sich die gleichmäßige Stimme der Brandung legte; die machtvolle, bebende Stille pulsierenden Lebens, das für eine vorbestimmte Zeitspanne zur Ruhe gekommen war. Unwillkürlich bewegte ich mich so behutsam in der glitzernden Apotheke, als wäre sie ein Krankenzimmer. Der junge Mr. Cashell richtete irgendeinen Draht, der von Zeit zu Zeit mit dem nervösen, knackenden Geräusch der elektrischen Ladung knisterte. Oben, wo sich eine Tür eilig öffnete und schloß, hörte ich seinen Onkel im Bett husten.

»Hier, trinken Sie etwas, Mr. Shaynor«, forderte ich ihn auf, als mein Gebräu heiß genug war.

Er schreckte mit einem Ruck aus seinem Sessel auf und streckte die Hand nach dem Glas aus. Auf dem Getränk von der Farbe alten Portweins hatte sich ein feiner Schaum gebildet.

»Es sieht aus«, sagte er unvermittelt, »sie sehen aus – diese Bläschen – wie eine schimmernde Perlenkette – fast wie die Perlen am Hals der jungen Dame dort.« Wieder wandte er sich der Reklame zu, auf der es die Person in dem taubenblauen Mieder für angebracht gehalten hatte, alle ihre Perlen anzulegen, bevor sie sich die Zähne putzte.

»Nicht übel, was?« fragte ich.

»Eh?«

Langsam bewegte er die Augen, bis sie voll auf mich gerichtet waren, und während ich ihn betrachtete, sah ich, wie Ausdruck und Bewußtsein in seinen sich rasch erweiternden Pupillen erloschen. Die Stille wich aus seinem Körper, er sank in den Sessel, und, das Kinn auf die Brust gesenkt, die Hände herabhängend, blieb er mit geöffneten Augen völlig reglos sitzen.

»Ich fürchte, ich habe Shaynor mattgesetzt«, bemerkte ich zu dem jungen Mr. Cashell, als ich ihm noch ein Glas brachte. »Vielleicht war es der Chloräther.«

»Oh, das ist normal bei ihm.« Der spatenbärtige Mann sah mitleidig zu Shaynor hinüber. »Tuberkulosekranke verfallen häufig in eine Art Halbschlaf. Das macht die Entkräftung ... kein Wunder. Ich glaube eher, der Trank tut ihm gut. Großartiges Zeug«, meinte er anerkennend und trank den Rest seiner Ration aus. »Also, wie ich sagte – bevor er uns unterbrach –, haben wir diesen kleinen Fritter hier. Das Staubhäufchen besteht aus Nickelspänen. Die Hertzwellen kommen von der Sendestation aus durch den Äther, verstehen Sie, und alle diese winzigen Stäubchen ballen sich zusammen – sie fritten, wie wir es nennen –, gerade nur so lange, wie der Strom durch sie hindurchgeht. Dabei muß man sich vor Augen halten, daß es sich um Induktionsstrom handelt. Es gibt verschiedene Arten von Induktion –«

»Ja, aber was *ist* Induktion?«

»Das kann man einem Laien nur sehr schwer erklären. Aber im großen und ganzen ist es so: Wenn ein elektrischer Strom einen Draht durchläuft, wird auch das Umfeld magnetisiert; bringt man nun parallel einen zweiten Draht innerhalb des sogenannten Magnetfeldes an, dann lädt sich auch dieser Draht elektrisch auf.«

»Von selbst?«

»Von selbst.«

»Also, mal sehen, ob ich es richtig verstanden habe. Meilenweit entfernt, in Poole oder sonstwo –«

»In zehn Jahren kann es überall sein.«

»Befindet sich ein geladener Draht –«

»Geladen mit Hertzwellen, die etwa zweihundertdreißig Millionen Vibrationen pro Sekunde haben.« Der junge Mr. Cashell ließ seinen Zeigefinger geschwind durch die Luft schlängeln.

»Also gut, ein geladener Draht in Poole schickt diese Wellen in den Äther. Auf irgendeine geheimnisvolle Weise lädt sich Ihr Draht, der oben auf dem Dach ins Blaue ragt, mit den Wellen aus Poole auf –«

»Oder aus einem anderen Ort – heute abend ist es zufällig Poole.«

»Und diese Wellen setzen den Fritter in Gang wie einen gewöhnlichen Telegrafenapparat?«

»Nein! Das wird oft fälschlich angenommen. Die Hertzwellen wären nicht stark genug, ein so großes, schweres Morseinstrument wie unseres zu betreiben. Sie können gerade den Metallstaub fritten, und für die Zeit seiner Ballung (den Bruchteil einer Sekunde für einen Punkt, etwas länger für einen Strich), läuft der Strom von dieser Batterie – der ›Basis-Batterie‹« – er legte die Hand darauf – »durch den Ausdrucker des Morseapparats, der den Punkt oder den Strich aufzeichnet. Ich werde versuchen, mich noch klarer auszudrücken. Verstehen Sie etwas von Dampf?«

»Sehr wenig. Aber fahren Sie fort.«

»Also, der Fritter ist wie ein Dampfventil. Jedes Kind kann ein Ventil öffnen und eine Dampfmaschine in Gang setzen, denn eine Drehung der Hand genügt, um den Dampf in die Hauptleitung schießen zu lassen, nicht wahr? Die Basis-Batterie hier ist die Hauptleitung, bereit, die Signale aufzuzeichnen. Der Fritter ist das Ventil, das man jederzeit öffnen kann. Die Hertzwelle ist die Kinderhand, die es aufdreht.«

»Ich verstehe. Es ist einfach fabelhaft!«

»Fabelhaft, nicht wahr? Und bedenken Sie, wir sind erst am Anfang. Was werden wir erst alles in zehn Jahren damit anfangen können. Ich möchte leben – mein Gott, wie sehr möchte ich leben und sehen, wie sich die Dinge entwickeln!« Er blickte durch die Tür auf Shaynor, der flachatmend in seinem Sessel lag. »Armer Kerl! Und er möchte nur mit Fanny Brand zusammenbleiben.«

»Fanny *wer*?« fragte ich, denn der Name erweckte in mir eine undeutliche Erinnerung an irgend etwas – etwas, das mit einem befleckten Taschentuch und dem Wort »Arterie« zusammenhing.

»Fanny Brand – das Mädchen, für das Sie die Apotheke gehütet haben!« Er lachte. »Das ist alles, was ich von ihr weiß, und ich begreife nicht, was Shaynor an ihr findet, oder sie an ihm.«

»Verstehen Sie wirklich nicht, was er an ihr findet?« beharrte ich.

»O doch, wenn Sie *das* meinen. Das Mädchen ist ein üppiger, appetitlicher Happen mit allem Drum und Dran – ich nehme an, deshalb ist er so verrückt nach ihr. Sie ist nichts für ihn. Na, das ist unwichtig. Er wird noch vor Ende des Jahres sterben, sagt mein Onkel. Ihr Trank hat ihm jedenfalls zu einem erholsamen Schlaf verholfen.« Der junge Mr. Cashell konnte Shaynors Gesicht, das der Reklame halb zugewandt war, nicht sehen.

Ich legte erneut Kohlen nach, denn es wurde kälter im Raum, und zündete noch eine Räucherkerze an. Mr. Shaynor, der sich nicht ein einziges Mal in seinem Sessel rührte, sah mit Augen, die so weit geöffnet und glanzlos wie die eines toten Hasen waren, durch mich hindurch und über mich hinweg.

»Poole hat Verspätung«, sagte der junge Mr. Cashell, als ich wieder bei ihm eintrat. »Ich werde einmal dort anklingeln.«

Im Halbdunkel drückte er auf eine Taste, und mit durchdringendem Geknatter sprang zwischen zwei Messingstöpseln ein Funke auf, sprangen ganze Funkenströme auf – Ströme von Funken.

»Großartig, nicht wahr? *Das* ist die Kraft – unsere geheimnisvolle Kraft –, die um sich tritt und darum kämpft, freigesetzt zu werden«, strahlte der junge Mr. Cashell. »Und wie sie loslegt – tick-tick-tick in den Äther. Jedesmal wenn ich ein Sendegerät bediene, staune ich wieder aufs neue – daß da Wellen in den Äther hinausgehen, wissen Sie. Unser Signal ist T. R. Poole müßte mit L. L. L. antworten.

Wir warteten zwei, drei, fünf Minuten. In der Stille, der sich auch das Tosen der Brandung unterordnete, hörte ich deutlich das Kiss – Kiss – Kiss der Falleinen auf dem Dach, wenn sie gegen den Mast geweht wurden.

»Poole ist noch nicht sendebereit. Ich bleibe hier und rufe Sie, wenn es soweit ist.«

Ich ging in die Apotheke zurück und stellte mein Glas so unachtsam auf einer Marmorplatte ab, daß es klirrte. Da erhob sich Shaynor, die Augen wiederum fest auf die Reklametafel geheftet, auf der die junge, vom Widerschein des roten Glasbehälters rosig überhauchte Frau geziert über ihren Perlen lächelte. Seine Lippen bewegten sich unaufhörlich. Ich näherte mich ihm und lauschte. »Und warf – und warf – und warf«, wiederholte er mit einem Gesicht, das von einer unerklärlichen Anspannung gezeichnet war.

Erstaunt trat ich vor. Im gleichen Augenblick fand er die Worte – sprach sie klar und deutlich aus:

Und warf warme Röte auf Madeleines junge Brust.

Die Anspannung wich aus seinen Zügen, und er ging leichten Schrittes und sich die Hände reibend zu seinem Platz zurück.

Obgleich wir öfters über Lektüre und den Unterhaltungswert literarischer Preisrätsel gesprochen hatten, wäre ich nie auf den Gedanken gekommen, daß Mr. Shaynor je etwas von Keats gelesen hatte, geschweige denn ihn treffend zitieren könnte. Immerhin hatte das wie durch Buntglas auf den hohen Busen der Hochglanzschönheit fallende Licht eine Wirkung, die bei einiger Phantasie jene Verszeile nahelegen konnte, etwa derart, wie ein billiger Farbdruck ein unvergleichliches Gemälde wiedergibt. Offenbar machten Nacht, Einsamkeit und mein Gebräu aus Mr. Shaynor einen Poeten. Er setzte sich wieder und begann rasch und mit zuckenden Lippen die Bogen seines scheußlichen Briefpapiers zu beschreiben.

Ich schloß die Tür zum Büro und schlich mich hinter ihn. Er gab kein Zeichen, daß er mich bemerkte; ich blickte ihm über die Schulter und las neben unfertigen Worten, Sätzen und wirrem Gekritzel:

– es war sehr kalt. Sehr kalt
Der Hase – der Hase – der Hase
Die Vögel –

Mit einem Ruck hob er den Kopf und runzelte die Brauen in Richtung der blanken Läden des Geflügelhändlers, die gegen unsere Fenster vorsprangen. Dann kam eine erkennbare Zeile:

Dem Hasen war sehr kalt, wärmt' auch sein Fell ihn milde –

Automatisch wandte er den Kopf nach rechts, dem Reklamebild zu, wo Blaudets Basilika-Räucherkerzen gen Himmel stanken. Keuchend fuhr er fort:

Weihrauch in einem Becken –
Vor ihrem lieben, goldgerahmten Bilde –
Mädchenbildnis – Engelsporträt –

»Scht«, sagte Mr. Cashell vorsichtig hinten vom Büro aus, so als befinde er sich in der Gegenwart von Geistern. »Von irgendwoher kommt etwas durch, aber Poole ist es nicht.« Ich hörte das Funkengeknister, als er die Tasten des Sendegeräts niederdrückte. Auch in meinem Gehirn schien es zu knistern; vielleicht standen mir aber auch die Haare zu Berge. Dann hörte ich meine eigene Stimme schroff flüstern: »Hier kommt auch etwas durch, Mr. Cashell. Lassen Sie mich in Ruhe, bis ich mich wieder melde.«

»Aber ich dachte, Sie seien gekommen, um dieses wunderbare Experiment mitzuerleben – Sir«, erwiderte er gekränkt.

»Lassen Sie mich in Ruhe, bis ich mich melde. Seien Sie still.«

Ich beobachtete – ich wartete. Unter der blaugeäderten Hand – der Hand eines Tuberkulosekranken – entstand zügig, ohne Verbesserungen:

Und es verzagt mein schwacher Geist,
Denk ich, wie sehr die Toten frieren
(er erschauerte beim Schreiben)
Auf dem Friedhofsgefilde.

Dann hielt er inne, legte den Federhalter nieder und lehnte sich zurück.

Für einen Augenblick, der eine halbe Ewigkeit zu dauern schien, drehte sich die Apotheke vor mir in einem regenbogenfarbenen Wirbel, und in ihm und durch ihn hindurch schaute meine Seele gänzlich ungerührt zu, wie sie selbst versuchte, gegen eine übermächtige Furcht anzukämpfen. Dann spürte ich den starken Zigarettengeruch aus Mr. Shaynors Kleidung und hörte das mir wie Trompetengetöse klingende Rasseln seines Atems. Ich verhielt noch immer in einer Beobachtungsposition, ähnlich der, die man auf dem Schießstand beim Verfolgen eines Gewehrschusses einnimmt: halb gebückt, die Hände auf die Knie gestützt, und den Kopf nur wenige Zentimeter von der schwarz-rot-gelben Decke auf seinen Schultern entfernt. Ich flüsterte einem zweiten Ich ermutigend zu, brachte Sätze hervor, wie man sie nur in Träumen ausspricht.

»Wenn er Keats gelesen hat, so hat das alles nichts zu bedeuten. Hat er ihn nicht gelesen – gleiche Ursachen *müssen* gleiche Wirkungen hervorbringen. Vor diesem Gesetz gibt es kein Entrinnen. *Du* solltest froh sein, daß du *Am Vorabend von St. Agnes* im Kopf hast. Denn betrachte einmal die Gegebenheiten: Fanny Brand zum Beispiel; sie tritt an die Stelle von Fanny Brawne und ist der Schlüssel des Rätsels; dazu die hellrote Farbe des arteriellen Blutes im Taschentuch, worüber du vorhin noch gegrübelt hast; und endlich die Einwirkung der beruflichen Umgebung, die hier beinahe identisch ist – dann ist das Resultat logisch und unabweisbar. So unabweisbar wie Induktion.«

Doch so schnell ließ sich die andere Hälfte meiner Seele nicht beruhigen. Sie kauerte in einer winzigen und unzugänglichen Ecke – in unendlicher Entfernung.

Bald darauf wurde ich jedoch wieder zum ganzen Menschen. Meine Hände umfaßten noch immer die Knie, und meine Augen waren auf das vor Mr. Shaynor liegende Papier geheftet. Wie Träumer sich vor ihnen auftürmende Landschaften oder wiedererstandene Verstorbene hinnehmen, und diese Erscheinungen auf die Wirkung der Abendandacht oder der Multiplikationstabelle zurückführen, so hatte auch ich die von mir beobachteten Tatsachen so wie sie waren hingenommen und eine, meiner Ansicht nach, vernünftige und plausible Theorie entwickelt, die alles erklärte. Ja, ich war den Tatsachen sogar voraus, eilte ihnen vorweg und war sicher, daß sie in meine Theorie passen würden. Doch alles, was ich bis heute von meiner epochemachenden Theorie behalten habe, sind diese hehren Worte: »Wenn er Keats gelesen hat, ist es der Chloräther. Hat er ihn nicht gelesen, ist es ein identischer Erreger; oder, anders ausgedrückt, ist es das Zusammenwirken von Tuberkulose-Hertzwelle *plus* Fanny Brand *plus* Berufsstand, das im Verein mit dem der gesamten Menschheit eigenen Hauptstrom bewußten Denkens vorübergehend einen induzierten Keats hervorgebracht hat.«

Mr. Shaynor machte sich wieder ans Werk, radierte und verbesserte wie zuvor mit unglaublicher Geschwindigkeit. Er warf ein paar leere Blätter beiseite und schrieb dann murmelnd:

Das dünne Rauchfädchen einer Kerze, die erlischt.

»Nein«, murmelte er. »Rauchfädchen – Rauchfädchen – Rauchfädchen. Was sonst?« Er schob das Kinn gegen die Reklame vor, unter der die letzte von Blaudets Basilika-Räucherkerzen in ihrem Halter rauchte. »Ah!«, und erleichtert:

Im kalten Mondlicht starb das zarte Rauchgebilde.

Offensichtlich hatte er sich in den Reim seiner vorhergehenden Verszeilen verstrickt, denn er schrieb mehrmals »milde – Bilde – Gefilde«. Wieder wandte er sich Inspiration heischend dem Reklamebild zu und schrieb dann in einem Zug die Zeile, die ich erlauscht hatte:

Und warf warme Röte auf Madeleines junge Brust.

So wie ich das Original im Gedächtnis hatte, heißt es dort »hübsche« – ein abgedroschenes Wort – anstelle von »junge«, und ich ertappte mich dabei, zustimmend zu nicken, wenngleich ich einräumen mußte, daß sein Versuch, »Ihr Rauchwölklein ersterbend unter fahlem Mond« zu reproduzieren, ein Fehlschlag war.

Dann schrieb er zehn oder fünfzehn Zeilen unverhüllter Prosa – der entblößten Seele Eingeständnis eines körperlichen Verlangens nach der Geliebten – unrein, nach unserem Keuschheitsbegriff; unzüchtig, doch überaus menschlich – das Rohmaterial, so schien es mir dort und damals, aus dem Keats die sechsundzwanzigste, siebenundzwanzigste und achtundzwanzigste Strophe seines Gedichtes gewoben hatte. Ich empfand keine Scham, ungebeten Zeuge dieser Offenbarung zu sein; und meine Furcht war verflogen wie der Rauch der Räucherkerzen.

»Das ist gut«, murmelte ich. »Das ist die Skizzierung. Weiter! Schreiben Sie es hin, Mann, schreiben Sie es hin!«

Mr. Shaynor verfiel wieder in Knittelverse, in denen sich »ihre Lieblichkeit« auf den Wunsch, »ihr leeres Lieblingskleid« zu sehen, reimen mußte. Er nahm einen Zipfel der weichen, farbenprächtigen Decke auf, breitete ihn über seine Hand und strich mit unendlicher Zärtlichkeit darüber; er überlegte, murmelte, schrieb einige Wortfetzen, die ich nicht entziffern konnte, schloß schläfrig die Augen, schüttelte den Kopf und ließ den Zipfel fallen. Hier war ich mit meiner Weisheit am Ende, denn im Gegensatz zu heute verstand ich damals nicht, welche Bedeutung eine rot-schwarz-gelbe Decke für seine Träume hatte.

Nach einigen Minuten legte er den Federhalter beiseite; das Kinn in die Hand gestützt, blickte er mit wachen, nachdenklichen Augen in der Apotheke umher. Er warf die Decke ab, erhob sich, schritt an einer Reihe Arzneikästen entlang und las laut die Namen auf den Schildchen. Dann ging er zurück und nahm *Christies Neue Pflanzliche Heilmittel* und den alten Culpepper-Band, den ich ihm geschenkt hatte, vom Tisch auf, öffnete beide und legte sie mit einer gewissen Pedanterie nebeneinander. Mit einem Gesicht, aus dem jede Spur der Leidenschaft gewichen war, las er erst in dem einen, dann in dem anderen und hielt schließlich inne, den Federhalter hinter dem Ohr.

»Was für ein himmlisches Wunder kommt jetzt?« dachte ich.

»Manna – Manna – Manna«, sagte er endlich mit gerunzelten Brauen. »Das habe ich gesucht. Gut! Also dann! Also dann! Gut! Gut! O Gott, das ist gut!« Seine Stimme hob sich, und volltönend, ohne zu stocken, sprach er:

Kandierte Äpfel, Quitten und Pflaumen,
Kühle Gelees für verwöhnteste Gaumen,
Durchscheinender Sirup, nach Zimt duftend sacht,
Manna und Datteln, nach Ragusa gebracht
Von Fez; und Leckereien gewürzt mit Kardamom,
Aus Seiden-Samarkand und Zedern-Libanon.

Er wiederholte die Strophe, wobei er in der zweiten Zeile »süße« anstelle von »kühle« gebrauchte; dann schrieb er sie ohne einmal zu verbessern nieder, diesmal jedoch (meinen gebannten Augen entging auch nicht der kleinste Strich) ersetzte er seine banale zweite Version durch »kühle«, so daß seine Hand die Verse wie sie im Buche stehen hervorbrachte – wie sie im Buche stehen.

Ein Windstoß heulte durch die Straße, gefolgt vom Rauschen und Trommeln des Regens.

Lächelnd hielt er inne – und er mochte wohl lächeln – ehe er erneut begann und dabei jedes vollgeschriebene Blatt über die Schulter warf:

Der harte Regen, der an das Fenster schlägt,
Prasselnder Hagel, vom Sturmwind gefegt.

Dann Prosa: »Es ist sehr kalt morgens, wenn der Wind Regen und Graupelschauer mit sich bringt. Ich hörte die Körner an die Fensterscheibe prasseln und dachte an dich, mein Liebling. Ich denke immer an dich. Ich wünschte, wir könnten zusammen davonlaufen, wie zwei Liebende in den Sturm hinaus, und hätten das kleine Häuschen am Meer, von dem wir immer träumten, mein süßer Liebling. Wir könnten am Fenster sitzen und aufs Meer hinausschauen. Wir hätten ein Feenland ganz für uns allein – ein Feenmeer – ein Feenmeer . . .«

Er brach ab, hob den Kopf und lauschte. Das rhythmische Rauschen der Brandung entlang der Küste, das uns bisher Gesellschaft geleistet hatte, steigerte sich plötzlich um eine Oktave zu jenem verstärkten Tosen, das den Wechsel von der Ebbe zur Flut anzeigt. Dieser erhöhte Pulsschlag der See dröhnte wie der Schrittwechsel einer ganzen Armee und erfüllte unsere Ohren, bis sie sich daran gewöhnt hatten und ihn nicht länger wahrnahmen.

Ein Feenland für dich und mich
Über dem Wellenschaum – jenseits . . .
Des magischen Schaums der gefahrvollen See.

Wieder schnaufte er vor Anstrengung und biß sich auf die Unterlippe. Die Kehle wurde mir trocken, doch ich wagte nicht zu schlucken, um den Zauber nicht zu brechen, der ihn jenem Höhepunkt immer näher brachte, den von allen Söhnen Adams nur zwei erreicht haben. Zu denken, daß es unter Millionen in Betracht kommender Verse nicht mehr als fünf – fünf kurze Zeilen – gibt, von denen gesagt werden kann: »Sie sind Magie, sie sind visionär! Der Rest ist nur Poesie.« Und mit zweien von ihnen spielte Mr. Shaynor Blindekuh!

Ich schwor mir, daß keiner meiner unbewußten Gedanken die mit verbundenen Augen tastende Seele beeinflussen sollte, und klammerte mich verzweifelt an die drei anderen, wiederholte sie ständig von neuem:

Ein wilder, heil'ger Ort, dem Zauber innewohnt,
Durchirrt von einem Weibe unterm Sichelmond,
Beklagend den dämonischen Geliebten.

Wenngleich ich mein Gehirn derart beschäftigt hielt, verfolgte ich doch gebannt die unter der trockenen, knochigen Hand mit den von Chemikalien und Zigaretten braungefärbten Fingern entstehenden Schriftzüge.

Unsere Fenster gingen auf den gefährlichen Schaum

(schrieb er nach mehreren unentschlossenen Versuchen); und dann:

Unsere Fenster öffneten sich auf die verlassene See,
Einsam – einsam –

Hier wurde sein Gesicht wieder spitz und angespannt unter jenem Gefühl des Steckenbleibens, das ich bemerkt hatte, als ihn die schöpferische Kraft zum ersten Mal überkam. Doch diesmal war die Anstrengung ungleich größer. Sie stieg zusehends wie Quecksilber in der Säule und erleuchtete sein Gesicht von innen heraus, bis mir schien, seine sichtbar gequälte Seele – unfähig durchzuhalten – müsse ihm schier aus dem Munde springen. Ein Schweißtropfen rollte von meiner Stirn die Nase entlang und spritzte auf meinen Handrücken.

Unsere Fenster blickten auf die einsamen Wellen,
Den gefahrvollen Schaum des magischen Feenlandes –

»Noch nicht – noch nicht«, murmelte er, »Einen Augenblick. Noch einen Augenblick. Dann habe ich es.

Durch magische Fenster sah'n wir den See,
Den gefahrvollen Schaum oder Wellen . . . weh!

O mein Gott!«

Er bebte von Kopf bis Fuß – ein Beben, das aus dem tiefsten Inneren kam – dann sprang er mit erhobenen Armen auf, stieß den Stuhl so heftig zurück, daß er über den Fliesenboden scharrte, an die Arzneikästen stieß und krachend umstürzte. Mechanisch bückte ich mich und hob ihn auf.

Als ich mich aufrichtete, gähnte und streckte sich Mr. Shaynor ausgiebig.

»Ich bin ein bißchen eingenickt«, sagte er. »Aber wie habe ich denn den Stuhl umgeworfen? Sie sehen ziemlich –«

»Der Stuhl hat mich erschreckt«, antwortete ich. »Dieses plötzliche Geräusch in der Stille.«

Der junge Mr. Cashell bewahrte hinter der geschlossenen Tür ein gekränktes Schweigen.

»Ich muß wohl geträumt haben«, meinte Mr. Shaynor.

»Wahrscheinlich«, sagte ich. »Aber da wir gerade von Träumen sprechen – ich – ich sah Sie schreiben – vorhin –«

Er errötete schuldbewußt.

»Ich wollte Sie fragen, ob Sie je etwas von einem Mann namens Keats gelesen haben.«

»Oh! Ich habe kaum Zeit, Gedichte zu lesen, und könnte nicht sagen, daß ich mich an diesen Namen erinnere. Ist es ein bekannter Dichter?«

»Ziemlich. Ich nahm an, Sie würden ihn vielleicht kennen, weil er der einzige Dichter ist, der Apotheker war. Man nennt ihn auch den Dichter der Liebenden.«

»Wirklich? Dann muß ich einmal etwas von ihm lesen. Worüber hat er denn geschrieben?«

»Über vieles. Dieses hier, zum Beispiel, dürfte Sie interessieren.«

Darauf wiederholte ich mit Bedacht die Strophe, die er vor kaum zehn Minuten zweimal gesprochen und einmal niedergeschrieben hatte.

»Ah, daß er Apotheker war, merkt man gleich an dem Sirup und dem Kardamom. Eine schöne Huldigung an unseren Beruf.«

»Ich weiß nicht«, sagte der junge Mr. Cashell mit eisiger Höflichkeit durch die spaltbreit geöffnete Tür, »ob Sie zufällig noch an unseren unbedeutenden Experimenten interessiert sind. Sollte dies der Fall sein –«

Ich nahm ihn beiseite und flüsterte: »Shaynor schien gerade eine Art Anfall zu bekommen, als ich vorhin mit Ihnen sprach. Ich dachte, selbst auf die Gefahr hin, unhöflich zu erscheinen, dürfe man Sie nicht von Ihren Instrumenten fernhalten, gerade als der Funkspruch hereinkam. Verstehen Sie?«

»Zugegeben – da haben Sie recht,« erwiderte er besänftigt. »Ich fand es allerdings etwas seltsam. Deshalb hat er wohl auch den Stuhl umgestoßen?«

»Ich hoffe, ich habe nichts verpaßt?« fragte ich.

»Ich fürchte doch, aber Sie kommen eben noch zurecht, um eine außergewöhnliche Vorstellung zu erleben. Sie können auch hereinkommen, Mr. Shaynor. Hören Sie zu, ich lese es Ihnen vor.«

»Der Morseapparat tickte wie rasend. Mr. Cashell übersetzte: »›K.K.V. Kann mit euren Signalen nichts anfangen.‹ Eine Pause. ›M.M.V. M.M.V. Signale unverständlich. Gehen in Sandown Bay vor Anker. Überprüfen morgen Instrumente.‹ Wissen Sie, wer das ist? Das sind zwei Kriegsschiffe, die bei der Isle of Wight ihre Marconi-Funkausrüstung erproben. Sie versuchen, miteinander Verbindung aufzunehmen. Keines kann die Funksprüche des anderen auffangen, aber unser Empfänger hier nimmt alle ihre Signale auf. Sie versuchen es schon seit einer ganzen Weile; das hätten Sie hören sollen!«

»Gütiger Himmel!« sagte ich. »Wollen Sie damit sagen, daß wir mithören, wie zwei Schiffe in Portsmouth versuchen, miteinander zu reden – daß wir sie über halb Südengland hinweg belauschen?«

»Genau das. Ihre Sendegeräte sind in Ordnung, aber die Empfänger sind defekt. so daß sie nur hier und da einen Punkt oder einen Strich auffangen. Es kommt nichts vollständig rüber.«

»Woran liegt das?«

»Weiß der Himmel – und morgen hoffentlich die Fachleute. Vielleicht ist die Induktion fehlerhaft; vielleicht sind die Empfänger nicht auf die genaue Anzahl der Vibrationen pro Sekunde eingestellt, die der Sender ausschickt. Nur hier und da mal ein Wort. Gerade genug, um einem den Mund wäßrig zu machen.«

Wieder erwachte der Morseapparat zum Leben.

»Hier beklagt sich eines der beiden. Hören Sie: ›Entmutigend – sehr entmutigend.‹ Geradezu mitleiderregend. Haben Sie je eine spiritistische Seance erlebt? Daran erinnert es mich ein wenig – Bruchstücke von Botschaften, die aus dem Nichts kommen – hier und da ein Wort. Nichts mit anzufangen.«

»Diese Medien sind alle Schwindler,« sagte Mr. Shaynor von der Tür her und zündete sich eine Asthma-Zigarette an. »Sie tun es nur für das Geld, das sie damit verdienen. Ich habe sie gesehen.«

»Hier ist Poole endlich – glockenklar. L.L.L. Jetzt geht es gleich los.« Mr. Cashell ließ die Tasten fröhlich klappern. »Möchten Sie ihnen etwas mitteilen?«

»Nein, ich glaube nicht,« antwortete ich. »Ich werde nach Hause gehen und mich schlafen legen. Ich bin ein wenig müde.«

(Die Erzählung *Drahtlos*, Originaltitel: *Wireless*, wurde dem Buch *Rudyard Kipling – Die phantastischen Erzählungen* Band 2, UB 21104, entnommen. Übersetzung: Hild Wollenhaupt.)

Hans-Jürgen Tast

Neugierig weiterblättern (1)

Gläser klirren. Musik. Fremde Stimmen schlagen mir entgegen.
Obwohl ich völlig uneingeladen eingedrungen bin, schaut Ihr doch keineswegs verärgert zu mir herüber.
Fast im Gegenteil.
Der braune Plastik-Umschlag des Flohmarkt-Fotoalbums war leicht zu öffnen.
Auch wenn's mir manchmal peinlich ist, ich gucke weiter durch diese Tür.

Ein übliches Gruppenbild zum Thema »Verliebt, verlobt, verheiratet«. Oder »Urlaub, Reise, Ferienzeit«. So oft gesehen. So oft selbst erlebt. Die Bewegungen sind steif gefroren. Ganz lange Minuten. Schon lange, bevor sie ein Teil des Fotos wurden. Wohin mit den Händen? Was macht man mit dem Mund? Warum ist das Klicken nach dem »Bitte recht freundlich« nicht endlich schon vorbei?

Ein schöner, warmer Tag. Ein richtiger Sonntag-Nachmittag.
Aus der Ferne riecht es nach Kaffee und frischen, weißen Tischdecken.
Nun wird man eigens für den Fotoapparat hingestellt. Wohlüberlegt.
Oder man macht das selbst.
Damals.
Jetzt ein zwar die meiste Zeit ordentlich aufbewahrtes, nun aber anscheinend doch unwichtig gewordenes Stück Vergangenheit.
Sonntag-Nachmittag. Saubere Kleidung. Blauer Himmel. Sonnenschein.
Sei still, rühr Dich nicht, sonst wird das Foto verwackelt.
Hör auf zu atmen, alle Album-Seiten lang. Immer wieder »Bitte recht freundlich«.
Die Sonne blendet von vorn, der Fotograf hat dies gewünscht, es wäre besser so.
»Jetzt lach doch wenigstens ein bißchen.«

Wer soll hier auf dem Flohmarkt eigentlich Deine leergeschauten Erinnerungen kaufen?
Sinnloses Fotoalbum.
Jeder sucht mal kurz darin herum, – ohne genauen Grund, ohne zu wissen, was er suchen will.
Wen interessieren schon die wahren Geschichten in den Bildern?
Die Geschichten der Fotografierten?
Oder die Geschichten von daneben, links und rechts vom Bildrand, außerhalb des Fotos?
Oder die von gegenüber?
Umsonst sind all Deine Mühen, all Deine Posen für den Fotografen nun geworden.
Umsonst, vielleicht inzwischen sogar lächerlich Dein Wunsch,
Dich dabei möglichst vorteilhaft ins rechte Licht zu bringen.

Dein damaliges Vertrauen ist heute kein Geheimnis mehr,
Dein Foto hat mit dem Album Euer privates Paradiesgärtchen verlassen.
Auch der Staub schützt nicht.
Der Fotograf ist weg. Weit weg.
Jeder Zusammenhang ist unwichtig geworden. Und dadurch verloren gegangen.
Das Album sinnentleert.
Nur ich, ein Fremder, bin jetzt noch da, und ich schaue Dich immer noch an,
blättere suchend langsam weiter, obwohl ich weiß,
daß Du damals nie und nimmer meinen Blick auf Dir erwartet hast.

W. Doktorenko, L. Nicoletti, S. Beamish,
P. Jaquemort, H. Mollfels

Die Chancen eines neuen Generationskonfliktes

Ein Zwischenbescheid aus dem Institut für theoretischen Universaldilettantismus

> Doch wir wollen die Lösung auch dieses Problems dem 20. Jahrhundert neben einigen Fachausdrükken vermachen, und unsere Nach-Nachfahren mögen über diese dunkle Frage weiter soviel Törichtes schreiben, wie unsere gelehrten Körperschaften es bereits getan haben (H. d. Balzac: *Junggesellenwirtschaft*)

In der Nacht von Halley und Giotto, als die Wissenschaft glänzende Triumphe feierte, überkam auch uns seltene Klarheit. Alleine an den Schreibtischen sitzend, fragten wir uns, warum revivalen wir nicht den Generationskonflikt. Was heutzutage nicht alles ein Revival erlebt, Monarchie und Höflichkeit, der unterbrochene Geschlechtsverkehr, Gitarrensoli, Drogenkonsum, lange Unterhosen und lange Haare, Räucherstäbchen und das Kondom, warum also nicht auch den Generationskonflikt. Ein in die Diskussion geworfenes »Ihr habt uns gar nichts zu sagen. Wer die Welt so zugrunde gerichtet hat wie ihr, verkriecht sich am besten in die nächste Ecke und weint«, möglichst mit viel Verachtung und Abscheu in der Stimme, belebte bisher noch immer die Debatte und führte zu Wutausbrüchen auf der Gegenseite, was zumindest höchst unterhaltsam und amüsant war. Aber anscheinend ist dies wieder einmal nur uns klar, und so entledigen wir uns hiermit unserer, im Marxschen Sinne, historischen Mission, zu begründen, warum die Situation für ein Revival des Generationskonfliktes noch nie so günstig war wie at the moment. Denn für uns, die Generation der Jahre 1958 bis 1963, ist im Vergleich zu vergangenen eh alles anders. Wieder einmal.

Hunderte von Jahren verbrachte die Menschheit mit dem ewig selben Spiel. Großvater, Vater und Enkel richteten sich in der Welt ein, bauten und bastelten am Fortschritt, an der Vergrößerung des Straßennetzes, an der Verbesserung des Wohnungsmarktes, an größeren Krankenhäusern, Irrenanstalten und Gefängnissen, an ansehnlicheren Kirchen, Schulen und Bordellen. Und dann kamen die Urenkel und – rawums – zerstörten alles, indem sie einen Krieg anzettelten. Zack und peng, danach war dann wieder einmal Platz für die nächste Generation, aufzubauen, zu werkeln und zu wuseln, von den Aufräumungsarbeiten ganz zu schweigen. Mit zunehmender Beschleunigung der Erlangung von neuem technischen Wissen schraubte sich natürlich auch die Geschwindigkeit von oben genanntem Vorgang hoch. Mitte unseres Jahrhunderts schlugen dann nicht einmal mehr die Enkel (die Urenkel hatten schon längst abgedankt) zu, sondern schon die Großväter und Väter selbst. Kaum aufgebaut, legten sie Europa wieder in Schutt und Asche, damit sie danach wieder etwas zu tun hatten. So kam alles an eine gefährliche Grenze, die notwendige Steigerung wäre nur möglich gewesen, wenn dieselbe Generation kurz nach dem Aufbau alles sofort wieder einreißt, was phasenweise sogar en vogue war. Stümper auf diesem Gebiet ließen sogar manches von alleine einstürzen (z. B. Berliner Kongreßhalle), was natürlich abzulehnen ist, da damit die Arbeit des Zerstörens entfällt. So erfand man die Atombombe (o glückliche Fügung des Schicksals), auf daß diese Grenze niemals – nie wieder Krieg!– überschritten werden. So weit, so gut.

Denn die Nachfolgenden, die glorreiche 68er Generation, kam in dieser Situation auf den genialsten aller denkbaren Gedanken. (Von den Trittbrettfahrern und Kofferträgern in Parteien und Organisationen wollen wir lieber schweigen.) Kurz und trocken verlegten sie das Wachstum von dem materiellen ins ideelle Feld. Mehr Demokratie wagen, mehr politische Information speichern, mehr Kultur produzieren, mehr Unterhaltung konsumieren, mehr Sex, mehr Aufklärung, mehr Bildung, mehr Sport, mehr soziale Versorgung, mehr rechtliche Absicherung – ach, da taten sich Arbeitsfelder auf, von denen vorher niemand zu träumen gewagt hätte. Wohin man blickte, allerortens neue Fleischtöpfe. Oder um es, wie es Max Liebermann – in einer zugegeben anderen Situation – ausdrückte, zu sagen: »Man kann gar nicht so viel fressen, wie man kotzen möchte.« Die waren also auch versorgt.

Bewegt man sich aber in einem andauernden materiellen und ideellen Wachstumsprozeß, der nur durch minimale Vernichtungsvorgänge unterbrochen wird (Erdbeben, Hochwasser, Challengerstart

u. ä.), so wird der Produktionsabfall immer mehr. Da dieser Vorgang sich zudem beschleunigt, beschleunigt sich ebenso die Müllproduktion. In dieser Situation des Atemholens überblickte man dämlicherweise auch noch die letzten 500 Jahre der abendländischen Menschheitsgeschichte. Hierbei stellte man – wie könnte es anders sein – dann fest, daß »eh alles Müll ist«. (W. Doktorenko im institutsinternen Sitzungsprotokoll vom 23. 1. 86) Diese drei Vorgänge – wir wiederholen sie für die, denen alles zu schnell ging, also erstens: Wachstum ohne nennenswerte Zerstörung, zweitens: sich beschleunigende Produktion und drittens: die Klarheit der Erkenntnisweisen oben erwähnter Generation, gezeugt und geboren zwischen 1958 und 1963, eine einzige, undankbare Aufgabe zu: die der Müllverwaltung und -verwertung.

Second-Hand-Läden versprechen Versorung mit Kleidung, wobei sie ein Höchstmaß an Chic garantieren. Die momentan maximalen Wachstumsraten haben Zeitschriften, in denen die bundesdeutsche Bevölkerung sich gegenseitig Gebrauchtwaren zuschieben kann. Lesehungrige Jugendliche sind längst dazu übergegangen, aus dem Altpapiercontainer die besten Schriften der letzten Wochen herauszufischen. Der Sperrmüll in den Städten hat längst die Qualität erreicht, die früher als Bürgerkrieg bezeichnet wurde. Die Art und Weise, wie im kulturellen und ideellen Feld mit den Pfunden der letzten – wir müssen uns leider wiederholen – 500 Jahre gewuchert wird, treibt uns eins ums andere mal die Schamesröte ins Gesicht. Das Ganze mit dem Begriff der »Postmoderne« zu garnieren, ist zwar ganz nett und richtig, aber zu melancholisch, um das aggressive Pathos vergangener Vater-Sohn- Konflikte zu erreichen. Und sein Heil in der Suche nach bisher Unbekanntem zu suchen, einen holländischen Philosophen des 13. Jahrhunderts zu finden, die LP einer isländischen Garagenjazzrockband der 20er Jahre zu entdecken, eine hochpolitische Schriftstellerin der westeuropaorientierten Zululinie zu featuren, in der Steiermark einen alten Bauern ausgraben, der eine ganz neue Kapitalismuskritik aus dem Bierglas zaubert, all das vergrößert nur den Haufen Müll.

Da wir selbst Bürger eines der Südstaaten dieser bevölkerungsreichsten Provinz Europas sind, müssen wir uns auch mit dem Hoffen und Träumen unseres Landesfürsten auseinandersetzen, der uns die 4. technologische Revolution als das momentane El Dorado verkaufen will. Da müssen wir denn doch weit ausholen. Einst ließ der allseits bekannte Plato eine Unterhaltung zwischen dem ägyptischen König und Theuth, dem Erfinder der Schrift, vor den Augen der Leser abrollen. Theuth wies darauf hin, daß durch das geschriebene Wort das kollektive Gedächtnis größer würde. Der König sah aber in der Schrift genau das Gegenteil, nämlich einen Angriff auf das Gedächtnis, die Kunst des Sich-Behaltens. Wer braucht schon ein Gedächtnis, wenn es die Schrift gibt? Die neue Technik führt zur Verblödung. ». . . & von der Weisheit bringst Du Deinen Lehrlingen nur den Schein bei, nicht die Sache selbst.« (Platon, Phaidros 274e–275b) Die Stellungnahme des Meisters ist eindeutig, er schreibt diesen Text.

Natürlich mußten im Laufe der Zeit die sog. hochentwickelten Zivilisationen Lesen und Schreiben lernen, natürlich werden Computer verschiedene andere Techniken ersetzen, beschleunigen, verbessern. Natürlich werden dabei – wo nicht? – Probleme auftreten. Letztlich aber sind Computer nichts anderes als ein relativ neues Notierungssystem auf dem Wettplatz der Geschichte. Maschinenstürmerei ist also gleichermaßen anachronistisch wie sinnlos wie überflüssig und zeigt nur, daß nicht direkt ausgefochtene Verteilungskämpfe meist lächerliche Ersatzopfer gebären.

Nun wäre die Müllverwaltung und -verwertung nicht das verrufenste Gewerbe. Allerdings ist schon jetzt ersichtlich, daß für diese Aufgabe weniger Personen benötigt werden als für die Müllproduktion. Insofern ist Arbeitslosigkeit auch hier das Los unserer Generation, professionelle Experten für versorgungsbedingten, ästhetischen, literarischen, seelischen und körperlichen Müll werden wenige sein, viele aber, sagen wir euch, werden die Grundkenntnisse ausüben. Da zudem die AIDS-Infiziertenkurve auch nicht die gewünschte und sehnlichst erhoffte Steigerungskurve genommen hat, müssen wir hiermit wieder den Bogen zum Anfang schlagen und damit völlig in Unverständlichkeit versacken:

Wer möchte sich bescheiden mit der Müllverwaltung? Auch wir möchten eine so schöne Erfindung machen wie das Fließband (Urgroßväter), die Atombombe (Großväter), den Computer und die Pille (Väter). Also. Brav auswendig lernen:

»Wer die Welt so zugrunde gerichtet hat wie Ihr, hat uns aber auch gar nichts mehr zu sagen.« Setzen, bravo, Eins.

Hans-Jürgen Tast

Neugierig weiterblättern (2)

Gläser klirren. Musik. Fremde Stimmen schlagen mir entgegen.
Obwohl ich völlig uneingeladen eingedrungen bin, schaut Ihr doch keineswegs verärgert zu mir herüber.
Fast im Gegenteil.
Der braune Plastik-Umschlag des Flohmarkt-Fotoalbums war leicht zu öffnen.
Auch wenn's mir manchmal peinlich ist, ich gucke weiter durch diese Tür.

Ein übliches Gruppenbild zum Thema »Verliebt, verlobt, verheiratet«.
Oder »Urlaub, Reise, Ferienzeit«. So oft gesehen.
So oft selbst erlebt.
Die Bewegungen sind steif gefroren. Ganz lange Minuten.
Schon lange, bevor sie ein Teil des Fotos wurden.
Wohin mit den Händen? Was macht man mit dem Mund?
Warum ist das Klicken nach dem »Bitte recht freundlich« nicht endlich schon vorbei?

Ein schöner, warmer Tag. Ein richtiger Sonntag-Nachmittag.
Aus der Ferne riecht es nach Kaffee und frischen, weißen Tischdecken.
Nun wird man eigens für den Fotoapparat hingestellt. Wohlüberlegt.
Oder man macht das selbst.
Damals.
Jetzt ein zwar die meiste Zeit ordentlich aufbewahrtes, nun aber anscheinend doch unwichtig gewordenes Stück Vergangenheit.
Sonntag-Nachmittag. Saubere Kleidung. Blauer Himmel. Sonnenschein.
Sei still, rühr Dich nicht, sonst wird das Foto verwackelt.
Hör auf zu atmen, alle Album-Seiten lang. Immer wieder »Bitte recht freundlich«.
Die Sonne blendet von vorn, der Fotograf hat dies gewünscht, es wäre besser so.
»Jetzt lach doch wenigstens ein bißchen.«

Wer soll hier auf dem Flohmarkt eigentlich Deine leergeschauten Erinnerungen kaufen?
Sinnloses Fotoalbum.
Jeder sucht mal kurz darin herum, – ohne genauen Grund, ohne zu wissen, was er suchen will.
Wen interessieren schon die wahren Geschichten in den Bildern?
Die Geschichten der Fotografierten?
Oder die Geschichten von daneben, links und rechts vom Bildrand, außerhalb des Fotos?
Oder die von gegenüber?
Umsonst sind all Deine Mühen, all Deine Posen für den Fotografen nun geworden.
Umsonst, vielleicht inzwischen sogar lächerlich Dein Wunsch,
Dich dabei möglichst vorteilhaft ins rechte Licht zu bringen.

Dein damaliges Vertrauen ist heute kein Geheimnis mehr,
Dein Foto hat mit dem Album Euer privates Paradiesgärtchen verlassen.
Auch der Staub schützt nicht.
Der Fotograf ist weg. Weit weg.
Jeder Zusammenhang ist unwichtig geworden. Und dadurch verloren gegangen.
Das Album sinnentleert.
Nur ich, ein Fremder, bin jetzt noch da, und ich schaue Dich immer noch an,
blättere suchend langsam weiter, obwohl ich weiß,
daß Du damals nie und nimmer meinen Blick auf Dir erwartet hast.

Hans-Joachim Neumann

Der Brief des Ibn Battuta

Im ersten Teil des Berichts des Arabers Ibn Battuta über seine Reisen nach Indien und China 1325–1353 findet sich ein Brief, in dem Ibn Battuta Sultan Ala ed-Din Tarmashirin seinen Besuch in der von Dschinghis Khan verwüsteten Stadt Balkh im Lande Chorasan beschreibt. Mit dem Fluß Jaihun ist der Armu Darja gemeint. Hitzkil ist der arabische Name für den Propheten Ezechiel.

Im Namen Allahs, möge er sich unser gnädig erbarmen! Gott segne unseren Herrn Mohammed und alle, die zu ihm gehören, und schenke ihnen Frieden!

Dies sendet Euch Scheich Abu Abdallah Mohammed, Sohn des Abdallah, Sohn des Mohammed, Sohn des Ibrahim vom Stamme der Lewata aus Tanger, bekannt auch unter dem Namen Ibn Battuta:

Herr . . .

Nachdem ich das prachtvolle Samarkand und das nach den Verwüstungen des Tataren Dschingis-Khan neu erbaute Tirmidh nahe des Jaihun besucht hatte, betrat ich am jenseitigen Ufer das Land Chorasan. Eineinhalb Tage lang ritt ich durch eine menschenleere Wüste, bis ich endlich zu der Stadt Balkh kam, die wüst und unbewohnt war und deren schönste Gebäude in Trümmern lagen. Der blutige Dschingis-Khan hat auch diese Stadt mit seinen Horden zerstört, als er von dem Staatsschatz hörte, der unter der Moschee vergraben sein sollte. So ließ er die meisten Gebäude niederreißen, doch das Gold wurde nicht gefunden, und die Tataren zogen unverrichteter Dinge weiter. Nun ist Balkh eine verlassene Einöde, durch deren eingestürzte Mauern der Wind streicht, und nur die Verzierungen aus Lapislazuli, die Inschriften und Malereien an den erhaltenen Gebäuden geben noch einen Eindruck davon, welche Pracht hier einst geherrscht hat. Da und dort leben noch ein paar wohlhabende Kaufleute, ansonsten aber nur ärmliche Menschen, die sich von den kargen Feldern vor der Stadt ernähren. Der reichste Kaufmann ist angeblich Ibrahim Ibn Adham, der ein großes, prachtvolles Haus in der Nähe des mit einer Kuppel gekrönten Grabmals des Propheten Hizkil – Friede sei mit ihm – sein eigen nennt. Ich wohnte jedoch nicht in diesem Haus, sondern in der Herberge des Scheich al-Hajj Khurd, einem freundlichen Mann, der mir die Sehenswürdigkeiten der Stadt zeigte und mich schließlich auch zu dem sehr auffälligen Haus des Ibrahim Ibn Adham führte, das etwas abseits der Stadt lag und wie eine Festung mit einer hohen Mauer aus weißen Steinen umgeben war, in deren Inneres man nur durch ein einziges mit Eisen beschlagenes Tor gelangen konnte. Scheich al-Hajj Khurd erzählte, das Gebäude diene als Lagerhaus für das auf den Feldern ringsum geerntete Getreide und sei zum Schutz immer fest verriegelt. Zudem befinde sich innerhalb der Mauern ein herrlicher Garten mit Brunnen, Bäumen und fremdartigen Vögeln, die der Besitzer von seinen Reisen in alle Welt mitgebracht habe. Es sei jedoch noch niemandem gelungen, von Ibrahim Ibn Adham die Erlaubnis zum Betreten des Gartens zu erhalten, da dieser eifersüchtig über sein Eigentum wache und Neider fürchte, und so habe noch kein Besucher den wundersamen Garten je selbst mit eigenen Augen gesehen. Mit diesen Worten verließ mich al-Hajj Khurd und kehrte in die Herberge zurück. Ich aber klopfte an, und nachdem ich dem Diener erklärte hatte, wer ich sei und wie weit ich gereist sei, um dem Herrn des Hauses einen Besuch abzustatten, wurde ich eingelassen.

Herr . . .

Ibrahim Ibn Adham, der Besitzer des Hauses, war ein großgewachsener, mittelalter Mann von auffallend dunkler Hautfarbe, der nach indischer Sitte einen mächtigen Bart trug, aber keineswegs so abweisend erschien, wie ihn Scheich al-Hajj Khurd geschildert hatte. Er begrüßte mich freundlich mit den Worten »Möge Eure Ankunft in meinem Haus gesegnet sein«, und führte mich dann auf meine Bitte in seinem Haus umher, welches aus einer Vielzahl von Lagerräumen für Getreide, Gewürze, Öle und alle nur erdenklichen Waren besteht, dabei aber von eleganter Konstruktion ist und zahlreiche prächtig ausgeschmückte Zimmer mit silberbeschlagenen Türen, Vorhängen aus Seide, Teppichen und weichen Kissen hat. Nachdem ich alles gesehen und bewundert hatte, führte mich ein Diener in ein Bad, wo ich mich vom Staub reinigte, und dann in ein mit Kostbarkeiten aller Art ausgestattetes Empfangszimmer, wo man mich mit frischen Melonen und anderem Obst bewirtete. Als ich mich gesättigt hatte, mußte ich dem Besitzer genauestens meine Reisen nach Mekka und Medina, Jerusalem, Damaskus, Kairo, durch den Irak und die nichtarabischen Länder schildern. Anschließend berichtete Ibrahim Ibn Adham von Indien und Persien, wohin er mehrfach gereist war, um Handel zu treiben. So eilte die Zeit dahin, bis ich müde wurde und wieder aufbrechen wollte. Der Hausherr aber sagte zu mir: »Es dunkelt schon, und in den

Ruinen von Balkh lauert überall Gesindel. So bitte ich Euch herzlich, seid heute nacht mein Gast und verweilt unter meinem Dach, bis ihr morgen früh zu Eurer Herberge zurückkehrt.« – »Ich danke Euch für dieses hochherzige Anerbieten«, erwiderte ich, »und will gern die Nacht in Eurem wundervollen Haus verbringen.« Er klatschte in die Hände, um einen Diener herbeizurufen, und erwiderte darauf: »Ich aber muß schon jetzt von Euch Abschied nehmen, denn noch in dieser Nacht breche ich zu einer längeren Reise nach Samarkand auf, wo ich ebenfalls ein Haus besitze und Geschäfte tätigen will. Gottes Segen mit Euch und eine gute Nacht.« Damit erschien ein Diener und führte mich durch lange Gänge in ein elegantes Zimmer, wo man schon alles für meine Übernachtung vorbereitet hatte. Durch ein kleines, mit Holzwerk vergittertes Fenster konnte man auf die Ebene hinaussehen, wo in einiger Entfernung die Ruinen der Stadt Balkh im Mondlicht zu erkennen waren. Bald legte ich mich hin und war schon fast eingeschlafen, als ich das Geräusch von Pferden vor dem Haus vernahm. Ich stand auf und sah durch das vergitterte Fenster, wie Ibrahim Ibn Adham mit einigen Dienern auf das dunkel daliegende Balkh zuritt und zwischen den leeren Ruinen verschwand. Da ich wußte, daß der Hausherr noch in dieser Nacht aufbrechen wollte, dachte ich nicht weiter darüber nach, legte mich wieder hin und schlief tief und fest bis zu nächsten Morgen.

Herr . . .

Als ich am nächsten Morgen erwachte, stand die Sonne schon hoch am Himmel, doch aus dem Haus war nicht das geringste Geräusch zu vernehmen, was mich verwunderte, denn ich hatte erwartet, aus den Lagerräumen den geschäftigen Lärm der Diener und Sklaven zu hören. Ich stand auf und kleidete mich an, und da sich niemand um mich zu kümmern schien, trat ich hinaus auf den Gang, um den Ausgang des still daliegenden Hauses zu suchen. Ich ging den Gang vor meinem Zimmer hinunter, der auf einen weiteren Gang mit zahlreichen geschlossenen Türen mündete. Am Ende dieses zweiten Gangs fand ich eine Treppe, die ich hinabstieg und an deren Ende ich auf eine große, reich geschmückte Halle traf, von der mehrere Flure in verschiedene Richtungen abzweigten. Ich wußte jedoch nicht, wohin ich mich wenden sollte, denn ich hatte diesen Raum gestern abend nicht betreten. So stieg ich die Treppe, die ich eben herabgekommen war, wieder hinauf, um in mein Zimmer zurückzukehren und dort auf die Diener zu warten. Aber ich ging erneut in die Irre und fand den Gang nicht mehr, der zu meinem Zimmer führte. Nirgendwo traf ich auch nur einen einzigen Menschen oder hörte irgendein Geräusch. Nun begann mich – Gott verzeihe mir!– Zorn auf meinen Gastgeber zu erfüllen, der mich gedrängt hatte, die Nacht in seinem Haus zu verbringen, und der mich jetzt ohne Hilfe herumirren ließ. Laut rufen aber wollte ich nicht, damit man mich nicht für einen dummen und feigen Menschen hielt, der ohne fremde Hilfe nicht den Ausgang eines Hauses zu finden wußte. Ich ging also weiter durch dieses verwirrende Haus und verfluchte mich selbst, gestern nur auf die angehäuften Kostbarkeiten und nicht auf den Weg geachtet zu haben, als mir Ibrahim Ibn Adham seinen Besitz zeigte. Mit wachsender Sorge eilte ich durch das menschenleere Gebäude, bis ich schließlich ohne nachzudenken durch eine Tür trat und mich in einem herrlichen Garten wiederfand, in dem zahllose Blumen Wohlgerüche verströmten, in hohen Bäumen buntschillernde Vögel sangen und in dem aus kunstvoll verzierten Brunnen erfrischende Fontänen sprangen.

Herr . . .

Der Anblick dieses kühlenden Gartens besänftigte meinen Zorn und erfüllte mich mit Freude, hatte ich doch unversehens Ibrahim Ibn Adhams berühmten Garten gefunden – daß es sich um jenen Garten handelte, von dem al-Hajj Khurd gesprochen hatte, bezweifelte ich nicht –, wenn auch eher zufällig und ohne die ausdrückliche Zustimmung seines Herrn. Augenblicklich vergaß ich meine anstrengende Suche nach einem Ausgang und lustwandelte unter den hohen Bäumen und Palmen, deren ausladende Äste vor der zunehmenden Hitze des Tages kühlenden Schatten spendeten und die von einem sanften Wind hin und her bewegt wurden. Der ganze Garten war mit äußerster Sorgfalt angelegt, auch wenn ich hier, wie zuvor schon im Haus, nirgends einen Sklaven oder Bediensteten traf und auch sonst keine Spur des Aufenthalts von Menschen entdecken konnte. Von den Bäumen war das Unterholz säuberlich entfernt worden, das Gras auf den Wiesen war geschnitten, und aus den Brunnen, die auf kleinen Baumlichtungen und von Zypressen umstandenen Rasenplätzen standen, hatte man genauestens alle Blätter und anderen Unrat entfernt. An ausgesuchten Stellen standen kleine marmorne Steinbänke und zweimal sah ich zwischen den Bäumen hölzerne, mit Schnitzwerk verzierte Pavillons nach der persischen Mode, ohne sie allerdings zu betreten. Überall auf den Wiesen standen Blumen von jeder nur denkbaren Art, und breite Stufen führten auf kleine steinerne Plattformen, die dicht mit Palmen und blühenden Bäumen bestanden waren, deren Duft ohnegleichen war. Dabei war der ganze Lustgarten dergestalt angelegt, daß man ihn nie in seiner ganzen Größe überblicken konnte, sondern von den dauernd wechselnden Anblicken in einem fort überrascht und entzückt wurde. Voller Wonne erging ich mich in diesem Garten, blieb hier und da stehen, um den Anblick zu genießen, lauschte dann wieder dem wunderbaren Gesang der bunten Vögel in den Ästen und lustwandelte dann weiter, wobei ich ein paar Mal auch auf die aus weißem Stein gebaute, unübersteigbar hohe Umfassungsmauer stieß, die ich gestern bei meiner Ankunft von außen gesehen hatte. Betört von der Pracht des wundersamen Gartens tat ich jedoch keinen Gedanken daran, warum ein Garten, auch wenn er so prachtvoll war wie dieser, von solch einer gewaltigen Festungsmauer umgeben war; ebensowenig dachte ich darüber nach, warum an keiner Stelle etwas Eßbares angebaut wurde, wie es gewöhnlich der Fall ist – ähnlich den prunkvollen Zimmern des Hauses schien alles vielmehr nur der Erbauung seines Besitzers zu dienen, und nirgendwo sah oder hörte man größere Tiere als die in dem Baumkronen singenden Vögel. Alles war ruhig, nur gelegentlich strich ein bunter Vogel lautlos über einen der Bäume nieder. So vergingen die Stunden wie im Fluge, und die Sonne stand bereits nachmittäglich niedrig über dem Horizont, als ich an einen Teich gelangte.

Herr . . .

Der leichte Wind hatte für einen Augenblick ausgesetzt, und die Oberfläche des Wassers lag unbewegt da wie ein Spiegel. Für einen Augenblick auch schienen die Vögel in den Baumkronen verstummt zu sein, und alles war ruhig. Am anderen Ufer des Teiches dehnte sich eine kleine Wiese, die von einem lichten Gehölz begrenzt wurde. Und dort, zwischen den hochragenden Stangen, sah ich das eigentliche Geheimnis des Gartens, das der Besitzer so sorgfältig vor fremden Augen verborgen hielt und das mich auch jetzt noch mit einem Gefühl der Abscheu erfüllt.

Herr . . .

Ibrahim Ibn Adham ist ein niedriger, gemeiner und kranker Mensch, der all das Schöne in seinem Haus und seinem Garten nur angehäuft hat, um darin ein Ungetüm zu halten, dessen Anblick allein schon Gott lästert. Zuerst erkannte ich nur einen schwarzschimmernden, vielleicht mannshohen Gegenstand von der Größe eines Kutschwagens, der sich mit einem eigentümlichen Ächzen zwischen den dünnen Baumstämmen hindurcharbeitete, um das Wasser zu erreichen. Dann teilte sich das Gebüsch am Randes des Hains und heraus trat ein düster schwarzglänzendes Wesen, das entfernt aussah wie jene Käfer, die ich in Ägypten gesehen habe und die dort »Pillendreher« genannt werden, nur daß dieser Pillendreher größer als ein Ochse war. Seine langen, spinnengleichen und mit feinem Haar bewachsenen Beine, sechs an der Zahl, furchten langsam durch das wie Strohhalme knickende Holz, und vorne an dem schwerfälligen, gewölbten Leib saßen zwei lange Fühler, mit denen sich das Ungeheuer den Weg zu ertasten schien, und zwei kugelförmige, ebenfalls schwarzglänzende Augen, die unverwandt zu mir herüberstarrten. Überall auf dem gepanzerten Körper waren Schlammflecke und anderer Unrat zu erkennen, und die mit Widerhaken bewehrten Beine schleppten abgerissene Blätter, Äste und Blumen mit, über die das Ungeheuer bei seinen Streifzügen durch den Park hinweggetrampelt sein mußte. Dazu war die Oberseite des Panzers dieses Ungeheuers im hinteren Teil noch von einem ekligen, graugrünen und löchrigen Ausschlag befallen, der das Wesen seltsam ungleichmäßig aussehen ließ und den Schrecken für den Betrachter noch erhöhte. Das grauenerregende Untier schleppte sich ächzend und stöhnend bis an den Rand des Wassers, wo es anhielt, aufmerksam in meine Richtung blickte und jede meiner Bewegungen genau verfolgte, als sei es ein vernunftbegabtes Wesen und nicht nur ein blindes Tier. So stand es eine ganze Weile unbewegt da, und ich konnte die Erscheinung genau beobachten, soweit das meine Aufregung und mein Entsetzen zuließen.

Herr . . .

Als ich so hinüberblickte, gewahrte ich auf einmal eine eigenartige gleichmäßige Bewegung am Unterleib der Bestie, und genauer hinsehend entdeckte ich zu meiner größten Verwunderung sich drehende Spiralen und Räder auf der am Boden zugewandten Seite des Panzers . . . das wirklich Furchtbare an diesem grauenerregenden Untier aber war nicht seine ungeheure Größe, die Gottes Schöpfung schon hohnsprach, es war vielmehr der Umstand, daß es keinen natürlichen Ursprung hatte und in seinem Inneren ein Zauberwerk aus Rädern, Federn und Spiralen barg, wie ich es in dieser kunstvollen Weise auf meinen ganzen Reisen noch nicht gesehen hatte! Auf der Unterseite des schwarzen Käfers, dort, wo die krabbelnden Beine mit dem Leib des Ungeheuers verbunden waren, konnte man einzelne gezackte Räder erkennen, die ineinander griffen, sich teils mit Pausen, teils gleichmäßig drehten und die auffällig langsame Fortbewegung des Ungetüms bewirkten. Manchmal, wenn das Untier eine Bewegung gemacht hatte, ertönte ein reißendes Geräusch, so als liefe plötzlich eine Feder ab, doch konnte ich nicht erkennen, welcher mechanische Vorgang von diesem Geräusch begleitet wurde. Auch bewegte sich der riesige Käfer nicht so leicht und geschmeidig wie seine so ungleich viel kleineren Vorbilder in der Natur, sondern eher plötzlich und ruckend, als sei irgendein Gestänge oder Hebelwerk im Leib der Bestie am Werk. Das Untier starrte mich eine Weile vom anderen Ufer her an und streckte auch seine Fühler nach mir aus, wagte sich aber nicht ins Wasser, um zu mir herüberzukommen. Dann stieß es plötzlich einen zischenden, bedrohlich klingenden Laut in meine Richtung aus, und es ratterte und schnarrte im Inneren. Das Untier machte kehrt, bewegte sich langsam die Wiese am Teich entlang und verschwand schließlich mit einem ächzenden Geräusch wieder in dem Wäldchen, wobei es auf seinem Weg die dünnen Bäume wie Grashalme abknickte. Noch einmal ertönte der zischende Laut, dann war die Erscheinung verschwunden, und einen Augenblick lang noch hörte man das Tier durch den Hain brechen. Obzwar das Ungeheuer schwerfällig ausgesehen hatte und sich offenkundig nur langsam voranzubewegen vermochte, hatte ich doch den unabweisbaren Eindruck gewonnen, daß es über ungeheure Kräfte verfügte.

Herr . . .

Ich bin wahrlich kein furchtsamer Mann, den man leicht wie ein Weib in Angst versetzen kann, doch als ich das Ungeheuer in dem Hain wieder verschwinden sah, war ich starr vor Schrecken. Augenblicklich erkannte ich die ungeheure Gefahr, in der ich mich befand. Da ich nicht wußte, welchem Zweck dieses mechanische Ungetüm diente oder welche Absichten es verfolgte, mußte ich zu meinem eigenen Schutz annehmen, daß es feindlich gesinnt war. Auch hatte das unheimliche Zischen, das von dem Wesen ausgestoßen wurde, nicht eben freundlich geklungen. Mit einem Schlag erschien mir der Garten nicht mehr als freundlicher Aufenthaltsort, sondern als tödliches Labyrinth. Hinter jedem Gebüsch, hinter jedem Palmenhain, in jedem der geschnitzten Pavillons mochte die Bestie auf mich lauern und plötzlich hervorkriechen, um mich auf welch unaussprechliche Art auch immer zu töten. Jetzt glaubte ich auch zu verstehen, warum ich in diesem Garten neben den Vögeln keine weiteren Tiere gesehen hatte – alle anderen Lebewesen, die sich nicht in die Wipfel der Bäume retten konnten, mußten diesem ruckenden Maschinenscheusal schon längst zum Opfer gefallen sein. Sicher, das Untier war langsam und schwerfällig, und der Lärm, mit dem es sich schnarrend und ächzend voranbewegte, kündigte sein Kommen schon von weitem an. Zunächst also würde ich diesem Wesen unfehlbar entkommen. Dann aber fiel mir ein, daß ich ja aus diesem Garten nicht fliehen konnte, daß ich hier gefangen war! Jedenfalls hatte ich bislang keinen Ausgang entdecken können, obgleich ich schon seit Stunden umherging und dabei auch mehrfach auf die weiße Umgrenzungsmauer getroffen war. Und selbst wenn es mir gelang, mich ins Haus zu flüchten, wußte ich denn, ob die Bestie nicht auch dorthin gelangen konnte? Dabei war keinerlei Hilfe von draußen zu erwarten, hatte ich doch selbst voll guten Glaubens den schurkischen Ibrahim Ibn Adham in der letzten Nacht davonreiten sehen. Solange ich wach war und umherging, konnte mich das Wesen niemals einholen oder gar überrumpeln, ließen meine Kräfte jedoch durch den Mangel an Nahrung erst einmal nach – denn wie sollte ich in diesem Ziergarten etwas Eßbares finden – oder schlief ich gar ein, würde die Bestie leichtes Spiel mit mir haben. Die Maschine, die keinen Schlaf benötigte, brauchte nur unbeirrt und ohne Pause den Garten zu durchqueren, und binnen kurzem waren meine Kräfte durch die dauernde Flucht erschöpft. Irgendwann würde ich dann in einem der Pavillons oder unter den Zypressen und Palmen an einem der herrlichen Springbrunnen niedersinken und in einen Schlummer fallen, aus dem ich nie wieder aufwachen sollte.

Herr . . .

Der Garten dieses Ibrahim Ibn Adham war der wahrhaft schrecklichste Ort, an dem ich mich jemals befunden hatte, ein mit teuflischer Erfindungsgabe ersonnenes Paradies, in dem sich Reichtum und Schönheit unversehens in ihr genaues Gegenteil verwandelten und den nichtsahnenden Besucher am Ende den Tod als Erlösung ersehnen ließen. Denn dies war die grauenerregendste Vorstellung überhaupt, daß ich, nach einer endlosen Hetzjagd vollkommen erschöpft, den Tod in den Krallen des Ungetüms herbeiwünschen würde, um endlich von meiner Qual befreit zu werden. Einen Tod zudem, dessen Schrecken noch durch seine vollkommene Sinnlosigkeit über die Maßen gesteigert wurde, denn welchen Zweck dieser groteske Garten mit seinem abscheulichen Bewohner in Wirklichkeit diente und warum er mit solcher Sorgfalt hergerichtet worden war, vermochte ich in keiner Weise zu sagen.

Herr . . .

In diesem scheußlichen Todesgarten verbrachte ich die entsetzlichste Nacht meines ganzen Lebens, denn niemals wagte ich, mich auszuruhen, aus Furcht, ich könnte vom Schlaf übermannt werden. Von der mechanischen Bestie sah und hörte ich nach der Begegnung am Teich nichts mehr, was meinen Schrecken jedoch in keiner Weise minderte, sondern im Gegenteil noch steigerte, denn nichts ist schlimmer als ein Feind, von dem man nicht weiß, wo er steht. Ohne nachzudenken raste ich durch den Garten, immer auf der Suche nach einem freien Rasenstück, in dessen Mitte ich das Heranrücken des Ungetüms würde frühzeitig bemerken können. Und immer wieder eilte ich aufs neue los, weil ich glaubte, einen noch günstigeren Platz finden zu können, bis ich schließlich entdeckte, daß ich mich im Kreis bewegt hatte und nach zahllosen Versuchen, eine sichere Stelle ausfindig zu machen, wieder auf jene Lichtung gelangt war, von der ich zuerst aufgebrochen. So hetzte ich unter den leicht vom Nachmittagswind bewegten Bäumen atemlos hin und her und vergeudete nur meine Kräfte. Erst als die Sonne bereits unterging und kühle Windstöße das Nahen der Dämmerung ankündigten, brachte mich ein starkes Hungergefühl zur Besinnung, und ich begann, mit halbwegs klarem Verstand über meine Lage nachzudenken. Wenn ich das Ungeheuer überlisten wollte, bevor mich Hunger oder Mangel an Schlaf endgültig schwächten, mußte ich Unterschlupf an der weißen Umgrenzungsmauer suchen, um wenigstens den Rücken von den Nachstellungen des Ungeheuers frei zu haben. Ich marschierte also mit gestärktem Mut los, dabei dauernd nach allen Seiten lauschend, ob nicht ein verräterisches Knacken oder Knirschen zwischen den Bäumen das Nahen der Bestie anzeigte. Vorsichtig schlich ich die Mauer entlang, während es immer dunkler wurde, und suchte nach einer geeigneten Stelle, möglichst einen Winkel des Bauwerks, von dem aus ich eine größere Rasenfläche überblicken konnte und zugleich hinterrücks durch das Mauerwerk geschützt war. Nun aber quälte mich die Sorge, jenes Untier könnte sich aus Instinkt oder gar teuflischer Vernunft nahe der Wand auf die Lauer gelegt haben, denn Bäume und Gesträuch standen am Fuß der Mauer zumeist so dicht, daß kaum ein Durchkommen war. Trotzdem wich ich nicht einen Schritt von dem Steinwall ab und bewegte mich langsam vorwärts. Ich hatte jedoch schon zu viel Zeit mit dem sinnlosen Herumrasen vertan, denn nun wurde es rasch dunkel, und bald konnte ich die einzelnen Bäume nicht mehr voneinander unterscheiden. Der Mond ging auf, und die Bäume warfen unheimliche Schatten, in denen sich das schwarzmetallisch schimmernde Ungeheuer noch besser verbergen konnte als tagsüber. Erst jetzt erkannte ich, daß die beste Jagdzeit für dieses von Rädern und Stangen angetriebene Ungetüm nicht die Tageshelle, sondern die Nachtzeit war, in der die Bestie nur irgendwo im mondbeschienenen Dunkeln des Gartens lautlos und ohne sich zu regen warten mußte, bis ich ihm ahnungslos in die Falle lief. Erneut befiel mich Panik, und in meiner Not versuchte ich verzweifelt, einen der Bäume zu erklettern, auf die das schwerfällige Maschinenwesen nicht würde steigen können. Aber was ich am Morgen noch so sehr bewundert hatte, daß nämlich alles Unterholz zwischen den Stämmen sorgfältig entfernt worden war, erwies sich nun wiederum als teuflischer Einfall, denn bei keinem einzigen Baum gelang es mir, den glatten Stamm hinaufzuklettern. Nirgendwo auch fand ich einen Ast oder einen losen Stein, mit dem ich mich gegen den Angriff der Bestie, wenn auch nur höchst unzulänglich, hätte verteidigen können. Zudem verspürte ich nun einen regelrechten Heißhunger, denn nach den Melonen und dem Obst am Abend zuvor hatte ich den ganzen Tag über keine Nahrung zu mir genommen und nur ein paar Schlucke mit der Hand geschöpften Wassers an einer der Fontänen getrunken.

Herr . . .

Wie ich die Nacht verbracht habe, weiß ich nicht mehr genau, ich muß wohl wie im Fieberdelirium zwischen den Bäumen herumgetaumelt sein und dabei abwechselnd laut geschrien und wie ein Irrsinniger gelacht haben. Dann wieder blieb ich plötzlich stehen und lauschte angestrengt in die Düsternis, bei jedem noch so kleinen Geräusch hochschreckend und erneut davonstürzend. Jedes Knacken eines Astes, jedes Hochflattern eines Vogels, jedes Rauschen des Windes in den Blättern der Bäume brachte mich aus Angst schier um den Verstand, und meine Angst gaukelte mir ein ums andere Mal zwischen den Palmen oder auf einer Wiese den so entsetzlichen Schatten vor. Überall sah ich im Halbdunkeln das Ungetüm auftauchen, vermeinte das greuliche Tasten seiner behaarten Fühler zu spüren, das Knacken und Rattern seiner Walzen und Räder zu hören oder in der Ferne jenes bedrohliche Zischen zu vernehmen, das von dem Ungeheuer über den Teich zu mir herübergesandt worden war. Dann wieder verfluchte ich lauthals Ibrahim Ibn Adham und seinen Vater, der ihn gezeugt, und das Weib, das ihn geboren, und jenes Weib, das dieses Weib geboren, und alle seine Frauen, Kinder und seine ganze Sippe bis ins letzte Glied. Ich beschimpfte ihn als Magier, als Teufel, als schmutzigen Ungläubigen, um schließlich weinend unter einem Baum zu Boden zu fallen, wo ich Gott anflehte, die Bestie nur rasch zu schicken, damit ich endlich erlöst war. Alsbald aber sprang ich wieder auf und stürmte erneut davon in das Dunkel, aus dem jeden Augenblick das Grauenhafte hervortreten konnte, um sich mit seinen haarigen Vorderbeinen an mir festzukrallen und um mir vielleicht ein entsetzliches Gift in den Leib zu spritzen, wie es manche Käfer tun, die ihre Opfer lebend auffressen. Dann wieder versuchte ich mich zu besinnen, um klar nachdenken zu können, doch rasch überwaltigten mich erneut heiße Fieberdelirien, in denen ich meine Heimatstadt Tanger sah, die ich vor so langer Zeit aus reinem Übermut verlassen hatte, um meiner Reiselust zu frönen. Im Wahn erblickte ich meine lieben Eltern und alle jene Menschen, denen ich in all den Jahren begegnet war, am Ende aber tauchte unfehlbar immer Ibrahim Ibn Adhams düsteres Gesicht mit dem gewaltigen Bart auf, und ich hörte ihn mit einer gedämpften Stimme etwas zu mir sagen, was ich aber nicht verstehen konnte.

Herr . . .

Nur endlos langsam schritt die Nacht voran, bis ich schließlich am Ende meiner Kräfte war. Es war kalt geworden, ich hatte furchtbaren Hunger, und die Müdigkeit setzte mir immer heftiger zu. Endlich ließ ich mich unter einem Baum nieder, um etwas Atem zu schöpfen. Ich hob den Kopf und sah, daß der Mond untergegangen war und daß sich ein erster Schimmer des anbrechenden Tages bereits am Himmel zeigte, und ich wußte nicht, ob ich froh oder unglücklich darüber sein sollte, denn so wurde meine Qual nochmals verlängert. Darauf ließ ich den Kopf erschöpft wieder sinken und vor meinem inneren Auge begann sich alles zu drehen. Dann sank ich zur Seite und schlief augenblicklich ein.

Herr . . .

Lange kann mein Schlummer nicht gedauert haben, denn als ich wieder erwachte, war es nur wenig heller geworden. Ich hörte eine Stimme, die meinen Namen rief, und erkannte al-Hajj Khurd, der sich über mich beugte und mir Wasser einzuflößen suchte und sagte: »Herr, seit dem Abend vor gestern abend suche ich Euch überall und nun habe ich Euch endlich an diesem verbotenen Ort gefunden. Doch sorgt Euch nicht, das Haus ist leer, denn sein Besitzer und die Diener sind davongeritten.« In der Tat schien al-Hajj Khurd nichts von dem Ungeheuer zu ahnen und keinerlei Furcht zu empfinden, denn er ging unbekümmert zu einem nahegelegenen Brunnen, um noch mehr Wasser zu holen, obwohl ich ihn beschwor, bei mir zu bleiben. Ich fürchte, al-Hajj Khurd hielt mich für einen Fieberkranken, der in seinem Wahn wirr daherredet, als ich ihm in überstürzter Rede zu erklären versuchte, welch schreckliche Gefahr in diesem Garten lauerte und daß wir eilen mußten, diesen schrecklichen Ort so schnell wie möglich zu verlassen. Er aber versuchte mich zu beruhigen, und als er sah, daß ihm dies nicht gelingen wollte, half er mir auf die Beine und führte mich zu einer Leiter, die ganz in der Nähe an der weißen Mauer lehnte. Auf der anderen Seite der Mauer waren zwei Pferde angebunden, zu denen wir mit Hilfe der Leiter abstiegen. Danach ritten wir zu der Herberge, wo ich al-Hajj Khurd inständig bat, kein Wort darüber verlauten zu lassen, wo er mich gefunden hatte, denn wie der Herbergswirt hätte mir auch sonst niemand Glauben schenken mögen, der das Ungeheuer nicht mit eigenen Augen gesehen hatte. Dann gab ich im 200 Silberdinare für sein Schweigen und für die Dienste, die er mir geleistet. Auch wenn mich der Scheich für verwirrt und krank hielt und nicht verstand, wofür er dieses kostbare Geschenk erhielt, so war er doch klug genug, mir keine weiteren Fragen zu stellen. Ich denke, er glaubte, Ibrahim Ibn Adham und ich seien über eine Frau in tödlichen Streit geraten, und ich wollte nicht, daß etwas von der Schmach bekannt würde, die mir der Händler angetan, indem er mich in seinem Haus eingesperrt und dann zurückgelassen hatte. So erhob er sich schweigend und ließ mich allein; kurz darauf sank ich in einen tiefen, erschöpften Schlaf.

Herr . . .

Ich schlief den ganzen Tag und stand nur auf, um etwas zu essen und mich zu säubern, und wachte erst mitten in der folgenden Nacht wieder auf. Jedenfalls glaubte ich zu erwachen, aber vielleicht träumte ich auch nur. Mir war, als hätte ich in der Ferne ein Tier plötzlich schreien gehört, so laut und so durchdringend, wie ich es nie zuvor vernommen hatte; es war kein kurzer Kampf- oder Todesschrei, sondern ein tiefes und bedrohliches, zugleich klares und weithallendes Heulen, das schier endlos lange anhielt und einem dabei ins Allerinnerste drang, bis es schließlich in der Nacht verhallte. Ein einziges Mal ertönte dieser gräßliche Schrei, danach war nur noch das Bellen und Heulen der aufgeschreckten Hunde rundum zu hören. Der Angstschweiß brach mir aus, und ich fand nur schwer wieder in den Schlaf zurück. Am nächsten Morgen erfuhr ich von al-Hajj Khurd, daß in der vergangenen Nacht ein schreckliches Unglück in Ibrahim Ibn Adhams Haus geschehen war, denn ein Stück der stadtseitigen Außenmauern war ohne erkennbaren Grund mit gewaltigem Getöse eingestürzt und hatte zwei davor weidende Esel erschlagen. Nun lag der geheimnisvolle Garten des Kaufmanns offen da, und die Bewohner von Balkh strömten vor die Stadt, um den hochberühmten Garten zu betrachten.

Herr . . .

Noch in der gleichen Stunde bin ich von diesem verfluchten Ort aufgebrochen, denn ich zweifelte nicht daran, daß jenes mit so unglaublicher Kraft begabte mechanische Scheusal in der Nacht aus seinem ummauerten Gefängnis ausgebrochen war, um mich, die sicher geglaubte Beute, um die man es betrogen hatte, doch noch zu erlangen. Nichts weiß ich über jene, die diese Bestie gebaut haben, noch verstehe ich, auf welche Weise sie dies taten und warum es geschah. Und so bleibt mir nur die immerwährende Flucht vor jenem besinnungslosen metallenen Räderwerk, das fraglos auch just in diesem Augenblick irgendwo schnarrend und ächzend durch den Sand kriecht, und nur das eine unabänderliche Ziel verfolgt, seiner Beute irgendwann doch noch habhaft zu werden.

Herr . . .

Damit endet das, was ich Euch über meine Gefangenschaft im Hause des teuflischen Ibrahim Ibn Adham zu berichten habe. Gott, der Allerbarmer, sei mir gnädig, auf daß mir die Flucht vor diesem Scheusal gelingen möge und ich eines Tages unversehrt in meine Heimat zurückgelange.

Fritz Wolf

Drehort RAM

Über die Zukunft der synthetischen Bilder

I. Das gewöhnliche Ungewöhnliche

Die Bilder aus dem Rechner kommen unaufhaltsam. Sie haben sich in den Fernsehalltag eingeschlichen, ohne daß es ihretwegen Aufsehen gegeben hätte. Als fliegende Buchstaben oder kreiselnde Weltkugeln kündigen sie Sendungen an und zeigen dabei ihre Kunststücke: sie zerfallen, setzen sich neu zusammen, verwandeln sich in andere Buchstaben, schweben aus dem Nirgendwo daher und verschwinden wieder dorthin. Tricks in der Abendstunde, ehe es ernst wird mit der Unterhaltung. Sie schwimmen mit im breiten Strom der Bilder, mehr noch, sie passen wie angegossen vor, hinter und mitten hinein in die Sportschau oder die Werbung. Bilder aus dem Computer, und wir nehmen sie hin, als hätten sie immer zu unserem Weltbild gehört. Bestenfalls bemerkt einer zerstreut, was es inzwischen so alles gäbe, und ein anderer, der mit seinem Computer vertrauter ist, denkt: Das möchte ich auch können. Die Regel aber ist: Niemand wundert sich. Keiner stellt Fragen.

Mindestens dazu bestünde Anlaß. Denn diese Bilder sind imaginäre Gestalten, Phantome. Sie haben keinen Körper außerhalb des Bildschirms, sie sind nirgendwo fotografiert worden, sie existieren nur als mathematische Formeln, und ihr Zuhause ist der Mikrochip. Sie bewegen sich, als hätte eine Kamera ihre Bewegungen aufnotiert, aber da war niemals eine Kamera. Der Drehort dieser Bilder liegt im Inneren eines Computers. In der Realität haben sie keine Entsprechung. Sie sind Bilder, aber keine Abbilder. Sie zeigen etwas, aber was zeigen sie und welche Bedeutung hat es?

Das Ungewöhnliche erscheint als gewöhnlich, weil der Medienalltag viele derartige Sensationen zu bieten hat und wir uns so sehr dran gewöhnt haben, daß sie keine mehr sind. Die enorme Beweglichkeit der dreidimensionalen Figuren beispielsweise. Ist nicht der ständige Wechsel der Standpunkte, von dem sie sich dem Betrachter darstellen ganz alltägliches Erlebnis vor dem Bildschirm? Jede Nachrichtensendung ist permanenter Wechsel, die Zeitmaschine Fernsehen transportiert den Zuschauer beständig hin und her, vom Gestern ins Morgen, vom Stadtteil auf einen anderen Kontinent, vom fiktiven Krimi in den realen. Raum und Zeit sind Spielmaterial des Mediums, wir sind an Sprünge, Dehnungen, Raffungen, an die Gleichzeitigkeit des Ungleichzeitigen, an die Nähe der Ferne gewohnt. Die Fernbedienung erweitert noch den Radius der imaginären Reisen und erhöht ihr Tempo. Nichts ist vertrauter als der Wechsel.

Vielleicht besteht die Schwierigkeit einfach auch nur darin, sich nicht vorstellen zu können, daß die synthetischen Bilder synthetisch sind. Die Bilder verweisen nicht auf ihren Ursprung. Man kann es wissen, aber nicht sehen, daß sie nichts weiter sind als elektromagnetische Ereignisse, Spuren, die der Strom hinterläßt.

II. Die Sprache der Technik

Die bewegten synthetischen Bilder kamen nicht über Nacht, aber jetzt, wo sie da sind, treffen sie uns unvorbereitet. Es stehen für sie kaum die rechten Worte und Begriffe zur Verfügung, denn erfunden haben sie Mathematiker, Informatiker, Techniker, und die reden von dem, was sie da auf ihre Bildschirme zaubern in ihren Fachsprachen. Die Bilder und ihre Inhalte benennen sie nur indirekt. Sie haben für sie Leistungsmaßstäbe und bemessen ihre Produkte an dem, was sie schon können und noch nicht. Die allmähliche Eroberung und Beherrschung der maschinellen Bilderzeugung ist das vorherrschende Thema, auch der Bilder selber.

Man könnte auch sagen: Das Werkzeug erzählt von sich selbst. Es ist bei seinem eigentlichen Zweck noch nicht angekommen. Es ist noch Spielzeug. Es wird experimentiert, und der Applaus, den die Animationen erhalten, gilt der technischen Leistung. Die synthetischen Bilder sind maschinenbezogen. Sie haben noch keine eigene Sprache und Grammatik. Sie haben sich von der Maschine noch nicht abgelöst.

Also sind die fliegenden Buchstaben im Abendprogramm, mögen sie auch inzwischen langweilen, nur Gehversuche. Eigentlich interessieren sich die Animatoren gar nicht für Buchstaben, für sie sind das nur in zweiter Linie Zeichen, die sich zu Worten und Bedeutungen zusammensetzen lassen. In erster Linie interessieren sie sich dafür, weil sie manipulierbare graphische Objekte sind, relativ einfach als geometrische Körper zu generieren und zu bewegen. Die Fähigkeit, Buchstaben zum Tanzen zu bringen, wird man bald belächeln und vergleichen mit den Mühen eines Volksschülers, seine ersten Worte auf Papier zu bringen. Zugleich aber ist diese dann vorsintflutliche Animationstechnik eine großartige symbolische Geste: Indem die Bilderingenieure diese kleinsten Einheiten der Schriftkultur aus ihrer starren endgültigen Form herausholen und in schwebende, flüchtige Gestalten verwandeln, markieren sie den Übergang in eine andere, visuell dominierte Kultur.

III. Sprache der Waren

Über die Zukunft der synthetischen Bilder im allgemeinen läßt sich kaum rätseln. Es fällt nur schwer, sie sich als Vorboten einer anderen Kultur vorzustellen. Denn ebenso, wie sie einerseits noch durch technische Begrenzungen gebunden sind, so sind sie andererseits bereits durch kommerzielle Zwecke gefesselt und in ihrer Entwicklungsrichtung vorgeformt. Die Werbung hat sich ihrer, der rasanten Effekte wegen, als erstes angenommen, nicht ohne Grund. Nirgendwo kommt es so sehr auf Oberfläche und Oberflächenreiz an, und eben das können die computergenerierten Bilder derzeit bieten. Aus Lichtstrahlen konstruierte Kamerагerüste bekommen in Sekundenschnelle eine Oberflächenhaut übergezogen, Autos generieren sich aus Konstruktionsplänen, um sogleich über simulierte Landstraßen zu gleiten und Leichtigkeit zu demonstrieren. Industriewerbung läßt sich zwar nicht in die Bilanzen, wohl aber den potentiellen Käufer ins Innere der Maschinen sehen, wo das Ideal der vollautomatischen Fabrik erfüllt scheint: Kolben arbeiten geräuschlos, glänzende Pleuelstangen drehen sich elegant, und lustig federn Hinterachsen im Belastungstest. Computerbilder eignen sich vorzüglich, die tote Welt der Dinge zu dynamisieren, die Waren brauchen künftig nicht mehr bloß Liebesblicke zu werfen, sie können sich an den Käufer heranmachen und ihn anmachen. Animieren eben. Die konstruktiven Mittel des High-Tech entsprechen den ästhetischen Mitteln seiner Repräsentation. In ihrer maschinellen Ästhetik sind sie Teil und Produkt der High-Tech-Welt und zugleich deren Propagandist. Die Korrespondenz vollzieht sich auch ganz praktisch: Daten lassen sich problemlos von den Konstruktionsbüros in die Werbeabteilung transferieren und werden dort als Grundlage für das Waren-Design genutzt, eine sowohl kostensparende wie logische Zusammenarbeit.

Insofern läßt sich von der Fesselung der Bilder durch ihre Zwecke sprechen. Die High-Tech-Ästhetik bleibt als Warenästhetik an ihren Gegenstand, den sie dem potentiellen Käufer vor Augen bringen soll, gebunden. Eine künftige Entwicklung der synthetischen Bilder läge in der Ablösung von ihrer warenästhetischen Funktion, in der Loslösung aus den Fesseln der Logik der Warenästhetik.

IV. Visualisierung

Egal, ob einem die synthetischen Bilder gefallen oder nicht: Sie werden gebraucht. Immer mehr Sektoren der Gesellschaft werden von Informations- und Kommunikationstechnologien durchsetzt und können bald ohne sie nicht mehr funktionieren. In diesem gesellschaftlich bedeutsamen Prozeß sind synthetische Bilder mehr als nur ein Nebenprodukt, sie sind wesentliche Bestandteile, Resultat und Voraussetzung zugleich. Die Fülle von Daten, Zahlen, Formeln und anderen Abstraktionen kann ohne die gleichzeitige Fähigkeit, sie visuell auszudrücken und auf diese Weise zusammenfassend zu interpretieren, gar nicht mehr verarbeitet werden. Die Umformung der geistigen Arbeit durch intelligente Maschinen produziert einen Zwang zur Visualisierung. Die Spielereien der TV-Elektroniker, wenn sie in Wahlnächten Stimmenanteile in bunte Säulen und Sitzverteilungen in Tortenstücke verwandeln, sind nur ein Vorgeschmack und auch nach heutigen Maßstäben primitiv (wenngleich für ihren Zweck ausreichend). Den Weg zu einer anderen Art der Wahrnehmung, zu einer neuen Form des visuellen Denkens demonstrieren die Versuche der Mathematiker, abstrakte Formeln visuell darzustellen. Aus gebrochenen Dimensionen, unwirklichen Zahlen, Kurvenfunktionen entstehen algebraische Landschaften und mathematische Felder, phantastisch anmutende, nie zuvor gesehene Bilder. Die Abstraktionen nehmen Gestalt an, und sie erweisen sich nicht nur als bildliche Darstellungen zur Illustration von Vorlesungen, sozusagen die andere Seite der Formeln, sondern sie bekommen eine neue, eigene Qualität auch als Forschungsmittel, brauchbar für eine neue Form der wissenschaftlich-technischen Kommunikation. Die Bedeutung ist kaum abzuschätzen. Aus dem Sichtbarwerden dieser abstraktesten aller Wissenschaften werden neue Anforderungen und Probleme entstehen, über die sich nichts sagen läßt, weil sie eben erst durch ihr Sichtbarwerden überhaupt erkannt werden können.

V. Atomisierte Bilderwelt

Maschinenbilder sind atomisierte Bilder, zerlegbar in kleinste Teile und erst dadurch maschinenfähig. Pixels (ein Informatiker-Kunstwort für picture elements) sind die digitalen Grundeinheiten des elektronischen Bilds, berechenbar in ihrer Position auf den x,y,z-Achsen des geometrischen Raums, bestimmbar in Helligkeits- und Farbwerten. Ein Bild digitalisieren heißt, es in einen binären Code verwandeln, in eine Art Grundalphabet, dessen Zeichen ein kleinstes Allgemeines bilden. In diesem binären Code ist der ganze Weg des Bildes von seiner Herstellung über die Aufzeichnung bis zur Vermittlung in einer einheitlichen technischen Basis aufgehoben. Bilder jeder Art, Fotos, Zeichnungen, Videobilder sind damit beliebig und potentiell unendlich handhabbar und manipulierbar. Synthetisch erzeugte Bilder sind nur ein Teil, vielleicht nicht einmal der wesentlichste, in diesem umfassenden Prozeß der Digitalisierung der gesamten Bildwelt, die als technische Fertigkeit eben erst ihren Anfang genommen hat. Mit »picture processing« lassen sich Bilder aller Art verfremden, kopieren, fälschen, schminken, färben. Personen können in sie eingefügt oder aus ihnen herausgeschnitten werden. Kombiniert mit den künstlichen Welten des computergenerierten Films ergeben sich die phantastischsten Aussichten auf das Phantastische. Alle Arten von Vermischungen sind denkbar. Werden real und irreal bald nicht mehr zu unterscheiden sein? Ein Mann geht durch eine surrealistische Landschaft. Wo kommt er her? Wie geriet er dahin? Ist er so real wie die Landschaft irreal oder nicht vielleicht ebenso künstlich? Oder sind solche Fragen aus der Perspektive des Abbildens nicht schon falsch gestellt, jedenfalls untauglich, die neue Qualität dieser Bilder zu benennen und zu verstehen?

VI. Grenzgänger

Auch diese Aussichten eröffnen die synthetischen Bilder: Es wird immer schwerer zu entscheiden, wo das Medium aufhört und die Wirklichkeit anfängt. Die Welt der Elektronik konstituiert eine eigene Wirklichkeit, eine »zweite Welt«, einen Mikrokosmos mit eigenen, wenngleich von Menschen geschaffenen Gesetzen funktionierend. Eine Welt, in der »digitales Leben« möglich scheint. Über ihren unmittelbar verstehbaren Sinn hinaus demonstrieren die künstlichen Bildwelten eine unerhörte Macht ihrer Schöpfer über die Dinge. Alles scheint herstellbar, alles scheint machbar. Science-Fiction wird Gegenwart. Informatiker, während sie ihre langweiligen Logos animieren, träumen davon, eine Tages Hymphrey Bogart als elektronische Lichtgestalt wieder auferstehen zu lassen: As time goes bye. Sie sind so sehr damit beschäftigt, ihre Gestalten zum Laufen zu bringen, daß der Gedanke sie nicht berührt, die Macht über die Phantome, die sie erzeugen, könnte in die Macht der Phantome über ihre Schöpfer umschlagen.

Das aber ist der Stoff für populäre Mythen, und in ihnen kommt auf vertrackte Weise der gesellschaftliche Konfliktstoff zum Vorschein, den der Alltag der synthetischen Bilderzeugung nicht erkennen läßt.

»Tron«, der erste Spielfilm, der in nennenswertem Umfang computeranimierte Bilder auf die Leinwand brachte (1982 mit erheblichem Aufwand bei Walt Disney produziert und seither ohne Nachfolger), macht daraus eine Geschichte: »Dies ist die Geschichte zweier Welten und der Wesen, die in ihnen leben. Eine dieser Welten ist die uns vertraute, die wir sehen und fühlen können. Es ist die Welt der ›User‹, die Welt derer, die Computer benutzten – auf dieser Seite des Videoschirms. Die andere Welt ist ein elektronischer Mikrokosmos, der unmittelbar atmet und lebt. Dies ist die Welt der Programme. Da wir, die ›User‹, diese Welt geschaffen haben, leben wir zum Teil auch in ihr – auf der anderen Seite des Videoschirms.« Den Helden des Films verschlägt es auf phantastische Weise ins Innere seiner Maschine, wo er sich, in der Manier eines Videospielers (die Kids vor den Automaten sind die Adressaten des Film), gegen einen übermächtigen Zentralrechner und seine elektronischen Hilfstruppen zu behaupten hat. »Tron« erzählt von der Faszination, die digitalen Wesen geschaffen zu haben und sie zu beherrschen und der gleichzeitigen Furcht, an sie ihr Leben zu verlieren und ihnen gleich zu werden. Den Widerspruch löst der Film mit märchenhafter Brachialgewalt auf. Der Held kehrt, nachdem er den mächtigen Zentralrechner von innen heraus zerstört hat, glücklich in sein Menschenleben und in sein ordentliches amerikanisches Forschungslabor zurück. Der Herr hat den Sklaven noch einmal domestiziert. Das Märchen von der Beherrschung der Technik erzählt auch vom Gegenteil: als ohnmächtiger Reflex auf Verhältnisse, in denen man sich der menschengeschaffenen Technik letztlich nur durch ihre Zerstörung erwehren kann. Das Verhältnis zwischen Mensch und Technik bleibt fragwürdig. Oder: Das Menschenwerk bleibt fragwürdig.

»Max Headroom« dagegen, der computergenerierte Fernsehansager der gleichnamigen englischen Science-Fiction-Serie läßt sich nicht mehr domestizieren. Als synthetisches Duplikat des Starreporters Edison Carter emanzipiert er sich von seinen Schöpfern, entwickelt Charakter und Eigensinn, wird vom Programm zur Person. Er flaniert in den Datenbanken und Kabelnetzen, ist nicht mehr zurückzuholen und nicht mehr auszuschalten. Alles, was geschieht, hält er für Fernsehen und ist damit als eine ironische Parodie nur einen Sprung entfernt von seinen menschlichen Schöpfern, deren Welt hauptsächlich von Medien zusammengehalten wird und worin sie mit synthetischen Bildern wie selbstverständlich umgehen. Und so spielen die Kunstwelten der Animation auch eine handlungsbestimmende Rolle. Die Abenteuer der Elektronik werden dramaturgisch, die Dramaturgie potentiell elektronisch, im Tempo, in den verzweigten, vernetzten Erzählweisen. Potentiell, weil »Max Headroom« sich »selbstverständlich« an die herkömmlichen Dramaturgien des Ankommens hält. So bleiben die Einfälle, aus technischen Daten Gebäude zu generieren, Stadtpläne in fiktive Stadtlandschaften zu verwandeln, die der Controller des Starreporters noch vor seinem Helden fiktiv durchwandern kann, kaum mehr als Tricks. Die Ahnung aber bleibt: Wirklichkeit und Medium gehen spielerisch ineinander über.

Die Welt dieser Fernsehserie ist nicht mehr weit entfernt, nur »20 minutes in the future«. Sie ist voller Elektronik, voller Kameras und voller Bildschirme. Alles ist verdrahtet und verdatet. In dieser telematischen Gesellschaft sind Computer und Medien zusammengewachsen, und ihr Besitz bedeutet gesellschaftliche Macht. Zugleich ist das eine Gesellschaft, in der Reichtum und Armut, Glanz und Dreck, elektronische Eleganz und handgreifliche Brutalität koexistieren. So ernst freilich ist es der Serie wiederum nicht. Das Spiel mit der medialen Zukunft ist nur eine ironische, manchmal zynische Volte. Max Headroom, der künstliche Moderator, treibt die Einschaltquoten hoch, indem er sich darüber lustig macht. Die mediale Welt verweist auf sich selbst. Sie ist, wie sie ist.

VII. Der Bedarf an künstlichen Realitäten ist groß

Die Karriere der synthetischen Bilder findet nicht im Abendprogramm statt, da sind sie im Grunde nur technologischer Abfall. Sie vollzieht sich in der Industrie, beim Militär, in der Wissenschaft. In diesen Sphären der Gesellschaft sind nicht nur die bilderzeugenden Maschinen, sondern die Bilder selbst unentbehrliches Werkzeug geworden. Simulation – die wissenschaftliche Schwester der Computeranimation, CAD, computergestütztes Konstruieren – der wissenschaftliche Angestellte.

»Eine Spinne verrichtet Arbeiten, die denen des Webers ähneln, und eine Biene beschämt durch den Bau ihrer Wachszelle manchen menschlichen Baumeister. Was aber von vornherein den schlechtesten Baumeister vor der besten Biene auszeichnet, ist, daß er die Zelle in seinem Kopf gebaut hat, bevor er sie in Wachs baut. Am Ende des Arbeitsprozesses kommt ein Resultat heraus, das bei Beginn desselben schon in der Vorstellung des Arbeiters, also schon ideell vorhanden war.« (Karl Marx)

Die Kopfgeburten heutiger Baumeister werden vielleicht noch im Kopf gezeugt, ausgetragen aber werden sie am Bildschirm. Die ideelle Vorstellung verläßt den Kopf des Baumeisters und wird anschaulich. Und mehr als das: Sie wird veränderbar, nicht erst durch die Praxis des Bauens, sondern schon in seiner Vorwegnahme. Die Maschinenbilder rücken an eine zentrale Stelle des Produktionsprozesses, sozusagen zwischen die Idee und ihre Ausführung. Sie sind neutrale Hilfsmittel, die die geistige Arbeit ummodeln. Die Konstruktion von Tragflächen und Autokarosserien, der Entwurf von Häusern und Stadtteilen, die Entwicklung von Medikamenten, all das kann in einer langen Vorentwicklungsphase ausgetestet werden. Dabei sind die Bilder nicht bloß Darstellungen und ihre Manipulation durch den Rechner nicht nur bloß Ersatz menschlicher Routinearbeiten, beispielsweise des technischen Zeichners. Sie verändern den Charakter der konkreten Arbeit selbst. Mit den Maschinenbildern läßt sich ein Probehandeln praktizieren, die früher starren Konstruktionszeichnungen sind nunmehr beweglich, formbar, beliebig veränderbar. Der Baumeister kann sie umwälzen wie vorher die Idee im Kopf, er kann sie sich aus allen möglichen Perspektiven vorführen und sie allen denkbaren Prozessen aussetzen. Die Bilder sind wie bewegliche Modelle. Indem er sie handhabt, verändert sich der Blick des Konstrukteurs auf seine Konstrukte. Er kann nunmehr auch mit dem Unmöglichen rechnen. Die synthetischen Bilder erweitern seine Vorstellungskraft. Die Bildermaschine formt nach seinen Angaben nicht nur die Tragfläche eines Flugzeugs, sie kann auch zeigen, was das menschliche Auge nicht sehen kann, etwa die Strömungsverhältnisse an dieser Tragfläche, die mögliche und die höchstdenkbare Materialbelastbarkeit, potentielle Bruchstellen usw. Sie ersetzt, in diesem Beispiel, den Windkanal und die mechanischen Belastungstests.

Simulation kann aber, und hierin liegen ihre künftigen, noch weitgehend unvorstellbaren Leistungen, über das Sichtbarmachen hinausgehen. Es handelt sich nicht nur um eine Intellektualisierung der geistigen Arbeit, sondern um ihre Formveränderung. Was, wenn unter Einsatz von künstlerischer Intelligenz und Expertensystemen die Maschinen selbst anfangen, Ideen zu entwickeln?

Die Fähigkeit, Konstruktionen zu erstellen und zu bearbeiten, wird erst richtig produktiv durch das Vermögen, sie Prozessen auszusetzen, an ihnen mechanische, physikalische, chemische, biochemische Experimente zu veranstalten. Die Liste der bereits praktizierten Anwendungen ist bereits erheblich, die der möglichen unendlich.

Im industriellen Sektor läßt sich die Simulation von Prozessen sowohl auf Arbeitsvorgänge (vor allem in Zusammenhang mit der Robotik) wie auf einzelne Produkte anwenden. Fertigungsstraßen werden, noch ehe ein einziges Werkstück auf den Weg gebracht ist, zunächst auf dem Bildschirm konzipiert. Autos werden Crash-Tests unterworfen, um jene Materialverformung zu untersuchen, die vorher nur durch aufwendige und kostspielige Zerstörung eines wirklichen Autos an einer wirklichen Wand zu eruieren waren.

In der Architektur wird das Modellbasteln zu einer überholten Kunst. Nunmehr entwerfen Architekten ihre Häuser am Bildschirm und geben sie zur allseitigen Ansicht frei, noch ehe das Grundstück, auf dem diese einmal stehen werden, erworben ist.

In der Medizin erlauben Simulationen, mit Hilfe künstlicher Bilder, sozusagen handgreiflich, tiefer in die Natur, in diesem Fall die menschliche, einzudringen. Chirurgen können mit Computertomographie einen menschlichen Schädel zunächst dreidimensional rekonstruieren, darin einen bisher inoperablen Tumor erst lokalisieren und dann probeweise mit radioaktiven Teilchen beschießen, die den Fremdkörper von innen zerstören, ohne das umliegende Gewebe mit zu zerstören – die Simulation dient dazu, den bestmöglichen, vielleicht einzigen Weg für diesen Eingriff herauszufinden.

In der pharmazeutischen Industrie findet die Herstellung von Medikamenten in elektronischen Zentrallabors statt. Biochemiker stellen beispielsweise Enzyme dreidimensional auf dem Bildschirm dar und suchen dann den passenden Wirkstoff einzufügen.

Für bestimmte Landschafts- und Bewegungssimulationen ist das Bedürfnis des Militärs nach einem, dem Stand der modernen Destruktivkräfte entsprechenden »Sandkasten« treibendes Motiv: Flugsimulationen über künstlichen Landschaften (den gleichen, nach denen in der

Realität automatische Waffen wie die Cruise missiles sich ihr Ziel selbständig suchen sollen), elektronische Luftkämpfe, Auftankmanöver, Tiefflüge usw. Und das ist nur ein Ausschnitt. Der Bedarf an künstlichen Realitäten für militärische Zwecke ist enorm, das Pentagon ist der bedeutendste Finanzier von Forschungsvorhaben in Sachen Simulation und Computeranimationen jeder Art.

Zusammenfassend: Simulation ließe sich begreifen als angewandte Science-Fiction: Fiction-Science. Sie ermöglicht den verändernden Eingriff noch ehe der zu verändernde Gegenstand wirklich existiert oder der betreffende Prozeß stattfindet. Computersimulierte Prozesse und Vorgänge haben den Vorteil, beliebig wiederholbar und unmittelbar folgenlos zu sein. In diesem Sinne sind sie eine Antwort auf zunehmende Komplexität in allen gesellschaftlichen Sphären. Da die Eingriffe des Menschen in die Natur (auch in die eigene) immer tiefer gehen und viele Erfindungen schon von Anbeginn an das Risiko des nicht mehr gutzumachenden Schadens in sich tragen, wird die jahrhundertelange Praxis des »trial and error« unbrauchbar. Flugzeuge sind die denkbar ungeeignetsten Geräte, um das Fliegen zu lernen. Ein Gehirnchirurg darf sich unter keinen Umständen mehr irren. Ein Biochemiker kann sich immer weniger erlauben, seine Molekülverbindungen blind zu suchen und am lebenden Objekt auszutesten.

Andererseits: Simulationen sind verringertes Risiko, dennoch bleiben sie Simulationen. Teil der Wirklichkeit und zugleich ihr Gegensatz. Das Bewußtsein vom möglichen Einbruch der Wirklichkeit in die cleane Welt der Versuchsanordnungen läßt sich zurückdrängen, aber nicht gänzlich ausschalten. Allgemein: Es ist durchaus fraglich, ob die Gesellschaft und die Individuen auf diese Bilder vorbereitet sind. Ob die Wahrnehmungsfähigkeit so ausgebildet ist, daß sie sich dieser Bilder bedienen kann, ohne ihrem illusionären Charakter zu verfallen. Denn die Lektüre dieser Bilder erfordert, entgegen dem Augenschein, höhere Rationalität, eine höhere Abstraktionsleistung, nämlich: von der Abstraktion der Simulation absehen, von ihr abstrahieren zu können, um wieder auf die Welt sehen zu können.

Unsere Alltagserfahrung jedenfalls produziert ein gesundes Mißtrauen: Wer weiß, ob der Körper gut genug gerüstet ist für das Medikament aus dem Rechner? Wer würde sich nicht gleich erheblich weniger wohl fühlen, erführe er während eines Flugs aus dem Bordlautsprecher, der Pilot fliege zum ersten Mal, sei aber am Simulator bestens geschult? Am deutlichsten tritt der der Wirklichkeit entgegengesetzte Charakter der simulierten Welten in ihrer destruktiven Anwendung hervor. Im elektronischen Sandkasten der Militärs kennt man nur Objekte und Systeme, Funktionen und Funktionieren, man agiert auf einem nicht zur technifizierten, sondern auch technomorphen Schlachtfeld. Wer einmal die synthetische Welt gesehen hat, in der die Militärs den Ernstfall proben, begreift sofort, daß ihnen der Ernstfall ein ebenso synthetisches Ereignis sein wird.

Für Leute, die mit Geschichten besser zurechtkommen, eine von Orson Welles: »An einem Flußufer sitzt eine Kröte, zu der ein Skorpion kommt und sie bittet, ihn ans andere Ufer hinüberzutragen. Ich bin doch nicht verrückt, sagt die Kröte, in der Mitte des Flusses stichst du mich tot. Unlogisch, erwidert der Skorpion, dann müßte ich ja ertrinken. Die Kröte sieht das ein, nimmt den Skorpion auf ihren Rücken und schwimmt los. In der Mitte des Flusses sticht der Skorpion die Kröte. Diese ruft sterbend aus: unlogisch! Der Skorpion, schon ertrinkend, schreit zurück: logisch!«

VIII. Historischer Exkurs: Taylorismus und Bildbearbeitung

Der Einsatz von Bildern als Werkzeuge zur Steigerung der Produktivkraft ist keine Erfindung dieser Tage. Die kapitalistische Industrialisierung hat die menschliche Arbeit zergliedert und in kleinste Einheiten zerlegt, um sie der Maschine unterzuordnen. Die Untersuchungen und Erfindungen des englischen Ingenieurs Frederick W. Taylor (der der politischen Ökonomie den Taylorismus und den Arbeitern das Fließband beschert hat) liefen darauf hinaus, den menschlichen Körper daraufhin zu untersuchen, bis zu welchem Grade er in einen Mechanismus zu verwandeln war. Dazu war es notwendig, ihn einer Wahrnehmung auszusetzen, die sich von der natürlichen Wahrnehmung, dem unmittelbaren menschlichen Blick ablöst. Das Instrumentarium dafür lieferte die Photographie, die es erlaubte, Zeit und Raum, worin Wahrnehmung stattfindet, aufzuspalten.

Einer der Vorläufer für diese Blick-Wende war Eadweard Muybridge, der Klassiker der »Serienfotografie«. Er zerlegte mit Hilfe damals komplizierter Apparaturen Bewegungsabläufe in ihre verschiedenen Phasen und konnte – vor allem an Bewegungen von Tieren – auf diese Weise dem menschlichen Auge Unzugängliches, nämlich den Weg in der Zeit, sichtbar und der wissenschaftlichen Auswertung zugänglich machen.

Die Aufspaltung der Bewegung und ihre Formulierung im Raum war

Anliegen des englischen Ingenieurs Frank B. Gilbreth. Seine Studien von Arbeitern an der Maschine dienten dazu, Bewegungen überhaupt erst in ihre Komplexität zu erfassen und sie in rationeller Form einzutrainieren. Auch hier konnte die Fotografie Unsichtbares zeigen. Gilbreth befestigte an den Händen und Armen kleine Glühlämpchen, die auf der fotografischen Platte eine Lichtspur hinterließen. Sein Ehrgeiz zielt darauf ab, Bewegung an sich darzustellen. Er formte seine Bilder in Drahtmodelle um, die den Arbeitern bei der Schulung als Modelle und Anschauungsmaterial dienten. »Die Lichtkurven und Drahtmodelle zeigen die Bewegung in ihrer ganzen Plastizität. Die Bewegung bekommt eine eigene Form und führt ein eigenes Leben. Für den, dessen Augen durch die zeitgenössische Kunst geübt sind, haben diese Gestalten eine unmittelbare Ausdruckskraft, die das Auge in der Natur nicht findet.« (Siegfried Giedion)

Wir können diese realen Drahtmodelle heute als Vorläufer der elektronischen »Drahtmodelle« (wire-frames) erkennen, die in der computergestützten Konstruktion erstellt und im Raum bewegt werden. Gilbreth' elegante Gebilde gehen freilich nicht den Umweg über die Mathematisierung, sie sind in ihrer Abstraktion sehr konkret, empirische Handwerkerarbeit, die der Natur ihre Fingerabdrücke abnimmt.

Von Gilbreth' und Muybridges Beiträgen zur Rationalisierung von Arbeitsabläufen über Visualisierung führt eine direkte Linie in die Gegenwart der synthetischen Bilder. »Mental images«– Vorstellungsbilder – bezeichnet eine Berliner Animationsfirma ihre Produkte und nennt sich selbst: »Mental images – Gesellschaft für Computeranimation und Maschinenintelligenz.« Hier stehen die synthetischen Bilder in der Perspektive ihrer Verwendung für rechnergesteuerte Fertigung. Aus Konstruktionsdaten errechnet, physikalische Prozesse und Bewegungen simulierend, werden sie künftig Roboter steuern.

IX. Kunst als Natur oder Kunst als Kunst

Das digitale Bild gleicht einem Puzzle. Es setzt sich aus kleinsten Teilen zusammen, von denen jedes einzelne berechnet sein will: Jedes synthetische Bild ist Konstruktion von Grund auf, und indem es das ist, ist es künstliches Bild. Aus zwei Punkten wird eine Linie, aus mehreren Linien eine Fläche, aus mehreren Flächen werden dreidimensionale Körper. Diese müssen nicht so simpel und stur aussehen wie die ARD-Eins. Aus beliebig vielen, beliebig kleinen Polygonen lassen sich immer komplexere Körper zusammenbauen, gitterartige Gebilde. Häufig erinnern die digitalen Konstruktionen an Luftschiffe. Das Gerüst, eine Hülle drumherum, innen ein Gas, Luft. Nichts. Im physikalischen Sinn ist das Innere freilich kein Nichts, sowenig wie eine Leerstelle im Computer ein Nichts ist, sondern ein Etwas.

Über die Konstruktionsgitter werden nach den derzeit geläufigen Verfahren Oberflächen gelegt, sie werden sozusagen aufgeklebt. Dieses Rendering erledigt der Computer über eigene Software von selbst (die Rechenzeit ist immer noch erheblich). Diese Oberflächen, sollen sie den Körper als räumlich erkennen lassen, müssen gewisse physikalische und optische Eigenschaften aufweisen: Sie müssen Licht reflektieren. Schatten werfen etc.

Soweit die Grundelemente der Konstruktionsarbeit am Bildschirm. Im Resultat freilich kann sie auf gegensätzliche Formen hinauslaufen. Im einen Fall folgt die Arbeit der Intention, natürlichen Abbildungen im fotorealistischen Sinn so nahe wie möglich zu kommen und im Idealfall von ihnen schließlich nicht mehr unterscheidbar zu sein. Im anderen Fall zielt das Konstruieren darauf, künstliche, sonst nirgendwo zu sehende Welten zu generieren. In beiden Entwicklungsrichtungen wird gearbeitet, geforscht und experimentiert. Die Trennlinie ist allerdings eher theoretisch, denn in der Praxis durchdringen sich beide Tendenzen. Nie gesehene Welten müssen zumindest zu sehen sein; damit sie sich der Wahrnehmung erschließen, müssen auch zu ihrer Darstellung gewisse Gesetze, optische zum Beispiel, beachtet werden – und die sind das momentane Hauptbetätigungsfeld der Fotorealisten. Andererseits benötigen die Fotorealisten, um ihre Effekte zu erzielen, Kenntnisse der, nennen wir sie hilfsweise: Konstruktivisten. Die Fraktale des Mathematikers Benoît Mandelbrot sind der visuelle Ausdruck höchster mathematischer Abstraktion – und führen zu Strukturen, wie sie in der Natur vorzufinden sind.

X. Oberflächen

Synthetische Bilder, welche natürlich Erscheinungsformen nachbilden sollen, müssen bestimmte optische Gegebenheiten berücksichtigen: Licht reflektieren, Schatten werfen, spiegeln und zurückspiegeln. Die Fotografie bildet diese gewissermaßen automatisch im chemischen Prozeß ab, indem sie sich die optischen Gesetze nutzbar macht. Im Computerbild dagegen, will man es in diesem Zusammenhang einmal als nicht-optisches Abbildungsmodell betrachten, müssen die optischen Gesetze nicht bloß zur Wirkung gebracht, sie müssen rekonstruiert werden.

Vom Standpunkt der Bilderzeugung ist das elektronische Verfahren gewissermaßen die Umkehrung des fotografischen. In einem optischen System werden die Strahlen, die eine Lichtquelle aussendet, mehrfach gebrochen und reflektiert, bis sie auf die Bildebene treffen. Beim Ray-Tracing genannten Computer-Verfahren wird ausgehend von einem Pixel auf der Bildebene ein Strahl (Ray) so lange rückwärts verfolgt (Tracing), bis er bei seiner imaginären Lichtquelle angelangt ist. Er wird simuliert. Alle imaginären Lichtstrahlen sind auf einen Punkt hin ausgerichtet, sie treffen sich im Blickpunkt des Betrachters. Das ergibt den Effekt punktueller Lichtquellen, Scheinwerfern vergleichbar. Doch Licht ist viel komplizierter. Diffuse Lichtquellen, Spiegelungen, Lichtabsorption sind natürliche Erscheinungen, deren Darstellung wesentlich schwieriger ist. Ein neues Verfahren, Radiosity, berechnet und simuliert die energetische Verteilung des Lichts, das von verschiedenen Lichtquellen aus sich im Raum verteilt, von den Oberflächen der Szenerie gestreut wird, unabhängig vom Blickpunkt des Betrachters. Andere optische Erscheinungen wie Interferenzen, Polarisation usw. bedürfen wiederum eigener Berechnungen und Programmroutinen. Die Schwierigkeiten, sie zu berechnen und darzustellen, ist wiederum abhängig davon, wie kompliziert die Körper konstruiert sind, denen sie zum räumlichen Effekt verhelfen sollen, wie die Körper sich zueinander verhalten, ob sie sich teilweise verdecken, selbst Schatten werfen, selbst reflektieren, sich spiegeln usw.

Im übrigen ist das Erzeugen von Oberflächen nicht nur eine ästhetische, sondern eine wissenschaftliche Frage. Oberflächen sind keineswegs oberflächlich. Computergenerierte Oberflächen sind eben nicht nur Bilder, sondern wissenschaftlich exakte Sachverhalte. Man kann mit ihnen etwas herausfinden, zum Beispiel, welche Materialien in der Schiffahrt den Wasserwiderstand reduzieren. Dabei kommt die Natur zu Hilfe. Wissenschaftler haben herausgefunden, daß Fische mit rauher Außenhaut, Haie z. B., unter bestimmten Voraussetzungen bessere Schwimmer sind als Fische mit glatter Haut. Nach diesem Vorbild wurden im computergebauten Schiffsbau für amerikanische Yachten im America's Cup Materialien entwickelt, an denen Wasser leichter abfließt und die die Wirkung bremsender Wasserwirbel mindern. Das gleiche Material wurde bei den Olympischen Spielen in Seoul für die Badehosen der amerikanischen Schwimmer verwendet.

Dem Bestreben, natürliche Erscheinungen möglichst präzise nachzubilden, liefert Mathematik die Grundlagen. Sie bringt Ordnung ins Chaos der Natur. Die Fraktale, von Benoît Mandelbrot entdeckt und nach ihm auch Mandelbrot-Mengen genannt, sind visueller Ausdruck mathematischer linearer und dynamischer Funktionen – und erlauben die Darstellung natürlicher Erscheinungen. Sie sind sichtbar gemachte gebrochene Dimensionen, etwa V = a hoch 2,16. Mit ihrer Hilfe lassen sich zufällige Ordnungen wie z. B. Berge, Täler, Wolken, Feuer, Bäume beschreiben und dreidimensional perspektivisch darstellen. Neben den gebrochenen Dimensionen haben Fraktale noch die Eigenschaft der Selbstähnlichkeit: In welchem Ausschnitt auch immer man ein fraktales Bild betrachtet – selbst wenn man es unerhört vergrößert, etwa in der Relation von der Göße einer Briefmarke auf die Größe Neuseelands–: auch im kleinsten Ausschnitt zeigt die Kurve denselben Verlauf, weist dieselben Elemente auf wie in der zugrundeliegenden Darstellung. Allgemein gesprochen sind Fraktale Verbindungsglieder zwischen Zufall und Ordnung und formulieren im Sinn der Selbstähnlichkeit jenen allgemeinen Zusammenhang, der sie selbst sind. Alles, was gesetzmäßig aufgebaut ist, kann irgendwann in Unordnung umschlagen. Was als einfach und gefestigt erscheint, kann ungeahnt instabil werden.

XI. Natural Animation

Von anderer Qualität als die Erzeugung von Oberflächen sind die Aufgaben, komplexe natürliche Phänomene in der Bewegung nachzubilden, wie etwa Wellen, Feuer, vom Wind bewegte Bäume. Wenngleich hier durch die Leistungsfähigkeit der Rechner und durch die Notwendigkeit, jeweils spezifische Software zu entwickeln, noch enge Grenzen gesetzt sind, gibt es schon erstaunliche realistische Annäherungen. An mehreren amerikanischen Forschungsinstituten wurde mit Erfolg versucht, den Verlauf von Meereswellen, ihre Brechung, die Gischtbildung und das Verlaufen der Wellen am Ufer zu generieren; dazu noch, mit »reflection mapping«, die Spiegelung von Sonnenlicht. Lucas-Film produzierte einen kleinen Film, »Blowing in the wind«, der die Bewegung von Tausenden von Gräsern eines Feldes simuliert. Andere Beispiele zeigen fallende Tücher oder im Wind wehende Vorhänge.

Im Prinzip wird in solchen Darstellungen ein bestimmtes Verhalten simuliert. Die physikalischen Gesetze, die dieses Verhalten beschreiben, müssen genau nachgebildet werden. Das ist zwar allgemein gültig, aber unerhört rechenaufwendig. Das Verfahren läßt sich vereinfachen, wenn man nur die wesentlichen Momente eines Verhaltens nachbildet, was die entsprechenden Algorithmen aber wiederum nur für das konkrete Phänomen anwendbar macht. So lassen sich Steine den Bildschirmberg herabrollen, indem der Animator jeden einzelnen Stein »formt« und seine Bewegung einzeln beschreibt. Es läßt sich aber auch eine Prozedur programmieren, die das Bewegungsverhalten der Objekte insgesamt definiert. Das käme dem Ideal einer automatischen Animation nahe. Nach diesem Verfahren, das noch nicht existiert, wären die physikalischen Gesetze in die Animationssysteme sozusagen eingebaut.

XII. Functional Animation

In künftigen Animationssystemen werden die computergenerierten Objekte gleichsam wissen, wie sie sich zu verhalten haben. Ihre Eigenschaften und die entsprechenden Gesetze sind im System definiert. Wissenschaftler der Cornell-Universität in Ithaka/USA arbeiten z. B. an der Kombination von kinetischen und dynamischen Elementen, beispielsweise Masse, Trägheit und Beschleunigung. Ein Computermännchen sitzt auf einer Schaukel und schaukelt. Es kann lernen, wie es beim Schaukeln durch Beinarbeit höher kommt. Es kann »Erfahrungen« machen.

Für den Bewegungsablauf natürlicher Wesen gibt es bisher noch keine allgemeingültigen Definitionen. Doch entgeht den Versuchen, die Natur nachzuahmen, auch der Gipfel der Schöpfung nicht. Gearbeitet wird an Animationssystemen, die über kinetische Gleichungen das Zusammenspiel der einzelnen Gliedmassen regelt, so daß die ganze Figur sich bewegen kann, der Animator nicht mehr jede Bewegung einzeln eingeben muß. Aber auch das bleibt vorerst nur ein Schritt. Der Mensch ist noch, mathematisch gesehen, ein zu komplexes Gebilde. Animationsexperimente am Pariser Institut arts et technologiques haben zwar zu Erkenntnissen geführt, welche Knochen und Muskeln Lachen bewirken, aber berechnen lassen sie sich nicht. Das Lachen bleibt verzerrt, das Gesicht maskenhaft, die Haut eine Hülle. Humphrey Bogart aus dem Rechner wird noch etwas auf sich warten lassen, selbst wenn er sich mit der Rolle von Frankensteins Geschöpf bescheiden wollte. Doch kann, wer mit wesentlich weniger zufrieden ist, vorläufig schon den »goldenen Mann« erwerben, dessen geometrische Parameter in einer Human-Body-Datenbank gespeichert sind. Die muskuläre Form des »Golden man« besteht aus 37 Teilen und kann von jedem Käufer unmittelbar animiert werden. Kostet 10 000 Dollar, ist nicht exklusiv und nicht übertragbar. Sieht auch so aus.

XIII. Was wir sonst nicht wahrnehmen könnten

Das eigentliche Neuland der computergenerierten Bilder ist kaum noch betreten. Es liegt dort, wo sie über die Nachbildung des Sichtbaren hinausgehen und neue unbekannte Bildwelten zeigen, die nunmehr auch in die allgemeine Wahrnehmung eingehen können. In diesen Bildwelten können Phänomene zum Vorschein kommen, die der menschlichen Wahrnehmung unzugänglich sind. Sie können aber auch Objekte oder Phänomene zeigen, die überhaupt nicht existieren. Ein solches Nichtexistierendes wurde bei Cranston und Csuri, einem der führenden amerikanischen Animationsstudios, als spielerisches Experiment produziert: »Gears«, die Bewegungsstudie eines unmöglichen Gebildes. Metallisch aussehende, aber wie aus Gummi bewegliche Zahndräher drehen und winden sich in einer unlogischen, gleichwohl plausiblen Weise – eine Darstellung, die der Zeichner M. C. Escher hätte gestalten können.

Ihr größtes Anwendungsgebiet haben synthetische Bilder und ihr Einsatz in simulierten Prozessen dort, wo optische Systeme der Darstellung nicht oder nur unzureichend funktionieren können, im Mikrokosmos und Makrokosmos. Die Formeln der Mathematiker. Physikalische Prozesse. Strömungsverhältnisse. Elektrische und magnetische Felder. In der Chemie der Aufbau von Molekülen, in der Biologie der von Zellen. Es lassen sich Phänomene darstellen wie die Diffusion der Ladungsträger in einem Halbleiter ebenso wie die Kollision von Galaxien aus Millionen von Sternen. Man kann mit Modellen messen wie im Labor. Mann kann auch praktisch unmögliche Experimente ausführen und Parameter einsetzen, die der experimentellen Beobachtung einfach nicht zugänglich sind. Beispielsweise läßt sich herausfinden, wie sich die Bahn der Erde ändern würde, wenn es den Planeten Mars nicht gäbe. Und es läßt sich nicht nur herausfinden, wie ein Enzym auf einen Wirkstoff reagiert, sondern der Forschungsprozeß kann interaktiv mit dem Rechner betrieben werden. Ein Biochemiker stellt sich die

Zukunft folgendermaßen vor: »Obgleich diese Technologie in den Kinderschuhen steckt, kann ich mir ausmalen, wie eines Tages ein Biochemiker in Datenhandschuhen vor einer auf seinem Supercomputer-Bildschirm dargestellten Molekülstruktur sitzt und sagt: Das Phanylalanin 221 in der Helix (zeigt darauf) tritt nicht richtig mit diesem Glutamin 57 (umkringelt es) in Wechselwirkung. Ersetze es durch Histidihn. Und der Computer gehorcht.«

In dieser Perspektive stellt sich die Zukunft der synthetischen Bilder noch in ganz anderer Dimension dar. Michael Springer hat in einem wenig beachteten Science-Fiction-Roman, »Leonardos Dilemma«, eine nicht allzu ferne Zukunft beschrieben, in der Biotechnologen sich daranmachen, Natur nicht nur zu manipulieren, sondern sie künstlich zu schaffen. Um den Schöpfungsprozeß so in Gang zu setzen, muß er zuvor auf dem Bildschirm dargestellt, d. h. simuliert worden sein. Die Konstruktion und Rekonstruktion der Bilder ist Voraussetzung der Rekonstruktion und Konstruktion der Wirklichkeit.

XIV. Interaktion

Die Fähigkeit, interaktiv mit einem Computer zu arbeiten, hängt unter anderem ab vom Einsatz synthetischer Bilder. Bislang stellt die Apparatur noch eine gehörige Distanz zwischen Mensch und Maschine her – die meisten Vorgänge müssen über Tastatur oder Maus, für Bildgenerierung adäquater über 3D-Rollkugel oder 3D-Manipulator eingegeben werden. Über die Erkennung von Bildern, Sprache, Gesten kann sie umgangen werden. Die Maschine tritt direkt an die menschlichen Sinne heran, sie wird auf eine komplizierte Weise naiv. Könnte die Simulation, heißt die Forschungsfrage, nicht »eine ›Kommunikationsumgebung‹ schaffen, die natürlicher ist als die üblichen Tastaturen und getippten Befehle? Kurzum: ließe sich ein Computer nicht auf die Herstellung einer künstlichen Realität programmieren, mit der ein Benutzer in Austausch treten könne?« Dazu muß die Maschine in gewissem Sinn an die Menschen angepaßt werden, muß menschliche Bewegungen und Wahrnehmungen interpretieren und verarbeiten können. Die Veränderung der Mensch-Maschine-Schnittstelle ist eines der noch vergleichsweise ungeklärten Probleme der Computertechnologie, die sie noch einmal in sich revolutionieren wird.

Das bisher modernste System einer solchen Mensch-Maschine-Schnittstelle ist nach amerikanischen Forschungsberichten (dargestellt in »Spektrum der Wissenschaft«) die sogenannte NASA-Maske, die dem Benutzer über Sensoren und Okulometer die Augenbewegungen abnimmt. Die Maske »kann nicht nur künstliche Realitäten erzeugen, sondern auch eine Realität durch die andere ersetzen«, »die ihrem Träger, einem Astronauten in der Raumstation, das vor die Augen projizieren würde, was ein draußen agierender Roboter für ihn sähe. Wendet der Astronaut seinen Kopf, schwenken die Kameraaugen des Roboters in dieselbe Richtung.«

XV. Zusammenhänge

In einem Film über Le Corbusier hat die französische Animationsfirma TDI nicht verwirklichte Projekte des Architekten auf dem Computer dargestellt. Die Gebäude wurden aus den Konstruktionsplänen generiert und, mit Realfilm kombiniert, in die Landschaften hineingestellt, in denen sie einmal hätten stehen sollen. Wie im Film, aber ohne Kamera, können die Betrachter nunmehr durch eine nichtexistierende Stadtlandschaft fahren, Corbusiers Gebäude betreten, um sie herumgehen, sie von allen Seiten betrachten. Als kulturhistorische Rekonstruktion gibt diese Arbeit zugleich eine Ahnung davon, wie es aussähe, würde diese Methode einmal im Vorgriff angewendet.

Die Zusammenhänge, in die die synthetischen Bilder hineinwirken, einmal weitergedacht, lassen sich die Bildermaschinen als Instrumente einer umfassenden Gestaltung begreifen, die Technologisches, Soziales, Ökologisches umfaßt, worin auch neue Strukturen der Wahrnehmung eingeschlossen sind. Der Computer ist eine universelle Maschine, die im Prinzip alles zu integrieren vermag, was mathematisch darstellbar ist. Das können eben auch in gewissem Maß politische, soziologische, demographische Faktoren sein. Was sich in die Form von Daten transformieren läßt, kann in die Simulationen einfließen. Überall dort, wo es um komplexe Zusammenhänge geht, sind die Möglichkeiten des Konstruierens und Vernetzens auch Chancen, sie sichtbar, einsehbar und damit handhabbar zu machen.

Stadtplaner können für ihre Simulationen nicht nur die Software der Architekten nutzen, sondern auch die der Soziologen, Verkehrsplaner, Umweltschützer. Sie können Umweltfaktoren nachstellen und vorstellen: Verkehr, Geräuschpegel, Umweltbelastungen. Simuliert werden können Lichteinfall, Wärmestau, Windverhältnisse, Bepflanzungen, Verkehrsführungen. Selbst Besitzverhältnisse und Bodenpreise könnten Parameter einer Visualisierung sein. Solche komplexen Visualisierungen und Simulationen enthalten innere Potenzen für eine demokratische Nutzung. Fachwissen läßt sich verallgemeinern, die Beurteilung etwa eines stadtplanerischen Vorhabens bliebe nicht mehr allein jenen überlassen, die Bebauungspläne lesen, interpretieren und sich das Resultat vorstellen können. (Aber auch die Manipulation ist denkbar, die Vorspiegelung falscher Tatsachen, die dann, weil bildhaft, unmittelbar evident erschiene).

XVI. Anything goes

Die synthetischen Bilder erzwingen eine neue, in der Geschichte der menschlichen Wahrnehmung bisher unbekannte Synthetisierung des menschlichen Blicks. Was zuvor nur getrennt zu sehen war, kann nunmehr ineins gesehen werden. Architektursimulationen, um ein Beispiel zu nehmen, ziehen Grundriß, Aufriß und Seitenaufriß, die Sicht von vorne und von oben in einer einzigen Bewegung zusammen. Wir gehen mit den Augen spazieren, lassen uns von dem Gebäude wegbewegen oder auf es zu, von außen gehen wir in einer kontinuierlichen Bewegung ins Innere, steigen Treppen und widmen unsere Aufmerksamkeit diesem oder jenem Detail. Wir können das Haus von außen oder das Zimmer von innen aus jeder nur möglichen Perspektive betrachten, auch aus unmöglichen und märchenhaften, etwa wie es sich in den Augen einer Maus ausnähme oder wie ein Riese auf es herabblickte.

Auch das Gegenteil von Synthese findet statt. Da die Welt der Computerbilder vollständig manipulierbar ist, lösen sich auch die Objekte im elektronischen Bild auf und verlieren ihr natürliches Maß. Die Dimensionen der Gegenstände sind, anders als in der objektiven Welt, nicht bloß im Kontext beliebig vergrößer- oder verkleinerbar, sondern auch unabhängig voneinander. Die Beziehungen der Gegenstände untereinander unterliegen keinen Bedingungen mehr außer den willkürlich vom Programmierer oder vom Programm gesetzten.

XVII. Der orbitale Blick

Die Konstituierung des Raums im Datenraum, seine Simulation, gleicht der Situation in einem Raumschiff: Es gibt kein oben und unten. Aufgehoben wird die traditionelle Raumwahrnehmung. Im digitalisierten Bild entsteht der Raum durch Bewegung in jedem Augenblick der Bilderzeugung von neuem. Die vom Rechner imitierte oder simulierte Kamera kann alle denkbaren Standpunkte einnehmen. Sie ist keine optische Krücke, keine Imitation des menschlichen Blicks mehr.

In den synthetischen Bildern entsteht Raum durch Bewegung, und Bewegung ist generell ihr konstitutives Grundmuster. Die Perspektive, seit der Renaissance das zentrale Element der Raumdarstellung und Raumwahrnehmung in den Bildern, verliert ihre bestimmende einzigartige Rolle und wird – vielleicht – von einer Raumwahrnehmung abgelöst, in der die Bewegung an sich, die Transformation und der Formwechsel, die Beziehungen zwischen Gegenständen, kurz: das Veränderliche dominiert.

Noch sind die synthetischen Bilder nicht Allgemeingut und der Umgang mit ihnen keine Konvention. Doch fällt die Voraussage nicht schwer, daß sie in dem Maße, in dem sie in unsere Wirklichkeit eindringen, auch unsere Wahrnehmungsfähigkeit verändern werden. Über Ausmaß und Wirkung dieser Veränderung läßt sich kaum mehr als spekulieren. Wie sie einerseits durch Ablösung von der Realität und die Ausdehnung ins nicht unmittelbar Sichtbare den Sehsinn und die Vorstellungskraft dehnen, so bleiben sie doch andererseits hybride Konstruktionen, deren Bedeutung (oder Bedeutungslosigkeit) vom Augenschein nicht mehr verifizierbar sind.

Es bleibt nichts, als sich in diesem Widerspruch von Wirklichkeitsgewinn und Wirklichkeitsverlust zu bewegen. Es ist nicht die Künstlichkeit der Bilder aus dem Rechner, die in Frage steht: Es ist unser Verhältnis zu ihnen. Vielleicht ist die Angst vor totalem Wirklichkeitsverlust durch synthetische Bilder nur eine ohnmächtige Abwehrgeste gegenüber den Auswirkungen einer noch unbegriffenen Kultur, und wir werden zu lernen haben, Bildsimulationen über entsprechende Vermittlung als eine andere Art der Erscheinungsform von Wirklichkeit zu identifizieren. So oder so werden wir mit ihnen leben müssen.

XVIII. Wo bleibt die Kunst?

Informatiker und Ingenieure, nicht bildende Künstler, sind die Schöpfer der synthetischen Bildwelten, und das Hinterland ihrer Bilder, die Kunstgeschichte, ist ihnen schnuppe. Bestenfalls betrachten sie sie als Steinbruch, wenn ihnen die Ideen ausgehen, oder benutzen sie als Ausweis für eine entwickelte visuelle Bildung. »Mental images«, die technisch avancierte Pilot-Animation der gleichnamigen Firma z. B. zitiert reichlich aus der Bildersprache des Surrealismus und des Film noir, und das ist kein Zufall.

Künstler haben, als Spezialisten für Wahrnehmung, in der Geschichte häufig neue Formen der Wahrnehmung vorweggenommen und formuliert. Der Pointilismus der impressionistischen Malerei: die zergliederte und simultan erfaßte Bewegung von Marcel Duchamps' »Akt, die Treppe hinabsteigend«; die Raumbewegungen eines Paul Klee, für den ein Kreis aus der Rotation eines Pendels entsteht; der Rationalismus der Bauhausentwürfe; die imaginären Räume eines Dali; die wuchernden Gestalten von Max Ernst – sie alle erscheinen aus dem Blickwinkel der maschinengenerierten Bilder als Vorläufer. In den synthetischen Bildern scheint tendenziell die Kunstgeschichte in einer umfassenden Bewegung zusammenzufließen und sich darin zu verflüchtigen.

»The gallery«, ein Kurzfilm der »moving picture company« aus Großbritannien, thematisiert diese selbstbewußte Geste und stellt seine Effekte als Kunsteffekte aus. Wir spazieren durch ein imaginäres Museum. An den Wänden hängen Prunkstücke der Abstrakten, surrealistischen Bilder auch. Videokameras überwachen die Ausstellung. Da beginnen sich nachts, wie in der Geisterstunde unserer Kindheit, Teile der Bilder von ihrem Untergrund zu lösen, Quadrate segeln wie Tücher durch die Luft, Flächen lösen sich auf, werden ungeformt, nehmen auf anderen Bildern Platz. Skulpturen verschwinden in Bildern, Malerei wird zu Skulptur. Wenn am Ende die verselbständigten Formen durchs offene Fenster ins elektronische Niemandsland verschwinden, dann verstehen wir: Da hat ein Computergraphiker ein Stück Kunstgeschichte in einem Atemzug erledigt.

Eine Geisterstunde, ein Spaß gewiß, aber auch eine realitätstüchtige Metapher. Denn obwohl die synthetischen Bilder der Malerei in vielem näher sind als etwa dem reproduzierenden Medium der Fotografie, sind sie bislang in den Händen der Techniker geblieben. Die Bildermaschinen sind zu komplex, zu teuer, zu kompliziert. Und die bildende Kunst ihrerseits hält sich, von Ausnahmen abgesehen, noch abseits vom technischen Kram. Vermutlich sind die elektronischen Instrumente überhaupt nicht in der individuellen, solistischen Weise zu handhaben, in der Künstler heute produzieren. So scheint die künstlerische Avantgarde gefesselt, während die Avantgarde der digitalen Kunst sich in den Labors von Industrie und Wissenschaft und nach deren Spielregeln heranbildet.

Inga Buhmann

Ein Brief aus dem Untergrund oder WAS SACHE IST

Vielleicht bin ich K. geworden, um die Unwirklichkeit der eigenen Existenz besser aushalten zu können. Immerhin mache ich mir so nichts vor. Die Vergänglichkeit der jeweiligen äußeren Form ist mir stets bewußt. Alles dient einem höheren Zweck. Jetzt langt's, runter mit den Klamotten, das kann die Schauspielerin nach der Aufführung sagen, aber ich wechsele nur das Kostüm. Und es soll unauffällig sein. Deshalb achte ich stets auf die Mode. Aber die wird ja heute locker gehandhabt und wechselt sehr schnell. Deshalb falle ich auch nicht auf, wenn ich den neuesten Stand verpaßt habe. Jeans und Pullis gehen eigentlich immer und überall.

Schwieriger sind die Veränderungen der Frisuren. Ich hätte nie erwartet, daß ich so verschieden aussehen kann. In einer Stunde schafft es E., aus mir einen ganz anderen Menschen zu machen. Wo vorher ein angegrauter Kurzhaarschnitt war, fallen jetzt füllige kastanienbraune Locken. So etwas verändert schon sehr. Die Schminke tut ein übriges. Zwei Jahre lang hatte ich mich gegen Perücken gewehrt, aber schließlich habe ich eingesehen, daß es ohne sie nicht geht. Ich hasse Perücken. Jede Behinderung am Kopf – Mützen, Tücher, Haarspangen – stört mich. Aber am schlimmsten sind Perücken, doch ich sehe ein, daß es notwendig ist, sie zu tragen. Es dient DER SACHE.

Sonst lebt es sich im Untergrund nicht schlecht. Eigentlich ist es gar kein Untergrund, es hat im Prinzip auch nichts Geheimnisvolles. Wir leben wie jedefrau/jedermann, fahren mit dem Bus, dem Auto, der Bahn, dem Fahrrad. Nur das Flugzeug lassen wir aus. Aus Sicherheitsgründen.

Wenn es nicht ab und zu Taten gäbe, würden wir uns in nichts von anderen Menschen unterscheiden.

Die Geldbeschaffung ist natürlich ein Problem. Ohne Geld kannst du schlecht leben. Einige von uns arbeiten zwar, aber das bringt nicht viel. Banküberfälle sind zu gefährlich geworden. Deshalb leben wir im ganzen sehr sparsam. Das ist auch weniger auffällig. Früher, als noch Geld genug da war, sind einige allein schon durch ihre protzigen Autos aufgefallen. So etwas passiert heute nicht mehr. Wir trampen sogar, obwohl das auch risikoreich ist.

Den Sommer verbringen wir oft im Süden. Wir zelten oder schlafen draußen. Oder nehmen billige Unterkünfte. Eigentlich sind wir überall. Deshalb gibt es auch so wenige Fahndungserfolge.

Noch vor ein paar Jahren war das anders: Da kannte das Bundeskriminalamt die Gewohnheiten der Kämpferinnen und Kämpfer. Sie kamen ja fast alle aus den besseren Schichten: Kinder von Professoren, von Wirtschaftsleuten, von Politikern usw. Ich will sonst nichts gegen sie sagen, sie haben auch gute Sachen gemacht, aber sie haben die Schwächen der Schicht gehabt, aus der sie kamen.

Heute hat es das Bundeskriminalamt (Krimis nennen wir sie) viel schwerer. Die Krimis suchen und suchen und finden nichts.

Mal sagen sie: Die K's fahren jetzt Mittelklassewagen – Audi, Golf usw., dann wieder: Jetzt fahren sie alle mit der Bahn oder gehen zu Fuß. Und so tapsen sie von Vermutung zu Vermutung.

Ja, das habe ich vergessen zu sagen: Autoknacken geht natürlich immer. Aber es ist gefährlich, wir können es deshalb nur für unseren Gebrauch machen und kein Geld damit verdienen.

Natürlich ist weiterhin die Frage berechtigt, wovon wir leben. Aber ich will nicht alles sagen. Außerdem weiß ich nicht ALLES. Auf jeden Fall leben wir entgegen den Phantasien der Krimis und anderer sehr sparsam. Uns interessiert nur, WAS SACHE IST.

Und dann haben viele von uns inzwischen eine Facharbeiterausbildung als Maschinenschlosser, Kraftfahrzeugmechaniker, Elektromechaniker usw. Diese Hierarchie von früher zwischen Hand- und Kopfarbeitern gibt es nicht mehr. Wegen dieser Hierarchie – die »Handwerker« fühlten sich ausgebeutet – gab es doch so viele Verräter (übrigens gab es kaum eine Verräterin, weil Frauen nach meiner Erfahrung viel radikaler und widerstandsfähiger sind als Männer).

Also heute ist die Hierarchie eher umgekehrt: Wer nichts vom Fach versteht, wer kein technisches Know-how hat, der hat auch nicht viel zu sagen. Die Technik muß funktionieren, alles andere ist Nebensache. Deshalb studieren wir doch ständig die neuesten technischen Zeitschriften (die militärischen sowieso).

Mit unseren minimalen Möglichkeiten müssen wir die feindliche Macht verunsichern. Das geht nur durch List.

Da alle anderen angeblich Linken sich etabliert haben, sind wir noch die einzigen, die den Kampf fortsetzen. Und es gibt genug Sympathisanten: vor allem in den Fabriken, bei den Arbeitslosen und bei den Frauen natürlich. Auf die Liberalen, in deren Nester sich unsere Vorgänger gesetzt hatten, ist kein Verlaß mehr. Auf deren Blabla können wir verzichten. Wer uns nicht versteht, der will uns nicht verstehen. Da ist jedes Wort zuviel, ja, peinlich und anbiedernd.

Natürlich geht manchmal etwas schief, und das sehen wir auch ein. Dann gibt es bei uns harte Selbstkritik und viele Diskussionen. Und manchmal finde ich es auch unmenschlich, was wir machen, es tut mir selbst weh. Aber darüber muß ich hinweg. Hauptsache, die Richtung stimmt. Wenn wir erst unser Ziel erreicht haben, dann brauchen wir auch solche brutalen Handlungen wie Hinrichtungen (die Presse nennt es diffamierend Mord) nicht mehr zu begehen.

Willst du jedoch mehr über DIE SACHE erfahren, dann mußt du unsere Schriften lesen. Viele sagen, diese Schriften seien unleserlich, aber wir schreiben absichtlich so. Die Unleserlichkeit dient DER SACHE.

Hans-Jürgen Tast

Neugierig weiterblättern (3)

Gläser klirren. Musik. Fremde Stimmen schlagen mir entgegen.
Obwohl ich völlig uneingeladen eingedrungen bin, schaut Ihr doch keineswegs verärgert zu mir herüber.
Fast im Gegenteil.
Der braune Plastik-Umschlag des Flohmarkt-Fotoalbums war leicht zu öffnen.
Auch wenn's mir manchmal peinlich ist, ich gucke weiter durch diese Tür.

Ein übliches Gruppenbild zum Thema »Verliebt, verlobt, verheiratet«.
Oder »Urlaub, Reise, Ferienzeit«. So oft gesehen.
So oft selbst erlebt.
Die Bewegungen sind steif gefroren. Ganz lange Minuten.
Schon lange, bevor sie ein Teil des Fotos wurden.
Wohin mit den Händen? Was macht man mit dem Mund?
Warum ist das Klicken nach dem »Bitte recht freundlich« nicht endlich schon vorbei?

Ein schöner, warmer Tag. Ein richtiger Sonntag-Nachmittag.
Aus der Ferne riecht es nach Kaffee und frischen, weißen Tischdecken.
Nun wird man eigens für den Fotoapparat hingestellt. Wohlüberlegt.
Oder man macht das selbst.
Damals.
Jetzt ein zwar die meiste Zeit ordentlich aufbewahrtes, nun aber anscheinend doch unwichtig gewordenes Stück Vergangenheit.
Sonntag-Nachmittag. Saubere Kleidung. Blauer Himmel. Sonnenschein.
Sei still, rühr Dich nicht, sonst wird das Foto verwackelt.
Hör auf zu atmen, alle Album-Seiten lang. Immer wieder »Bitte recht freundlich«.
Die Sonne blendet von vorn, der Fotograf hat dies gewünscht, es wäre besser so.
»Jetzt lach doch wenigstens ein bißchen.«

Wer soll hier auf dem Flohmarkt eigentlich Deine leergeschauten Erinnerungen kaufen?
Sinnloses Fotoalbum.
Jeder sucht mal kurz darin herum, – ohne genauen Grund, ohne zu wissen, was er suchen will.
Wen interessieren schon die wahren Geschichten in den Bildern?
Die Geschichten der Fotografierten?
Oder die Geschichten von daneben, links und rechts vom Bildrand, außerhalb des Fotos?
Oder die von gegenüber?
Umsonst sind all Deine Mühen, all Deine Posen für den Fotografen nun geworden.
Umsonst, vielleicht inzwischen sogar lächerlich Dein Wunsch,
Dich dabei möglichst vorteilhaft ins rechte Licht zu bringen.

Dein damaliges Vertrauen ist heute kein Geheimnis mehr,
Dein Foto hat mit dem Album Euer privates Paradiesgärtchen verlassen.
Auch der Staub schützt nicht.
Der Fotograf ist weg. Weit weg.
Jeder Zusammenhang ist unwichtig geworden. Und dadurch verloren gegangen.
Das Album sinnentleert.
Nur ich, ein Fremder, bin jetzt noch da, und ich schaue Dich immer noch an,
blättere suchend langsam weiter, obwohl ich weiß,
daß Du damals nie und nimmer meinen Blick auf Dir erwartet hast.

Ruppert Koppold

Einszweidrei im Sauseschritt

Zeitmeßmaschinen

»Die Ausdehnung der Werkstattarbeit, die fortschreitende Arbeitsteiligkeit, das damit wachsende Bedürfnis nach Strukturierung und Abmessung des Arbeitstages (im Mittelalter, d. Vf.) lenkte das Interesse der Baumeister, Ingenieure und Konstrukteure vor allem jedoch auf die Verbesserung der Zeitmessung, auf die Erfindung der mechanischen Uhr.« (Arne Eggebracht u. a.: »Geschichte der Arbeit«)

»In der industriellen Gesellschaft ist alles dem Diktat der Zeit unterworfen. Die heutige Produktionsweise erfordert, für jeden Handgriff eine bestimmte Zeitspanne vorzusehen . . . Durch die Maschine ist die Zeit zur Beherrscherin des Menschen geworden.« (Erich Fromm)

Man schreibt das Jahr 1868. George Higgs, 22 Jahre alt, wandert von England nach Neuseeland aus, um – wie man so sagt – sein Glück zu machen. Beim Schafehüten sieht er in der Entfernung eine Bergkette, und wie das halt immer so ist: Er will wissen, was sich dahinter verbirgt. Die Reise ist gefährlich, na klar, aber er schafft's natürlich und erreicht das Land Erewhon, wo die Frauen alle toll aussehen usw., wo aber andererseits auch sehr seltsame Sitten herrschen. Krank sein z. B. ist kriminell, »normale« Kriminelle dagegen werden nicht bestraft, sondern umerzogen. Dann gibt es da noch ein Museum, in dem kaputte Maschinen ausgestellt sind. Denn ein früher Philosoph der Erewhoner hatte in einem Buch geschrieben, daß die Zeit kommen werde, da die Menschen nur noch die Sklaven der Maschinen seien. Merkwürdigerweise nahmen die Erewhoner ihren Philosophen ernst, zerstörten konsequent alle Maschinen und lebten einigermaßen beschaulich und friedlich vor sich hin. Zurück zu Mr. Higgs! Der hatte bei seiner Ankunft eine Uhr bei sich, und diese Maschine ist für die Erewhoner die schlimmste von allen. Deshalb trauen die Bewohner dem Fremden auch nie so recht. Higgs soll reformiert werden, verliebt sich in seine Pflegerin, flieht mit einem Ballon und will später zurückkehren, um die Erewhoner zu christianisieren.

»Erewhon« ist ein utopischer Roman aus dem 19. Jahrhundert.

Samuel Butler, der Autor, wußte natürlich, was Utopie eigentlich bedeutet, nämlich »Kein Ort. Nirgends«. (Stimmt: Christa Wolf weiß es auch.) Und weil in Erewhon soviel »verkehrt« bzw. anders läuft, weil es so unglaublich ist, daß man es sich kaum vorstellen kann, ergibt der rückwärts gelesene Name des Landes auch (beinahe) seinen unmöglichen Ort: Nowhere! Da kann man noch so weit gehen, auf Dauer entwischt niemand der Zeit. Immer wird sich ein Mr. Higgs finden, der in missionarischem Eifer auch dem letzten Flüchtigen zeigt, was die Stunde geschlagen hat.

Kolonialismus, Imperialismus, Industrialisierung usw. wären ohne das Wissen um die Zeit nicht möglich gewesen. Denn Navigation, Organisation, Planung etc., alles verlangt nach der Einteilung und Messung, nach der »Eroberung« der Zeit. (»Uhrenvergleich«, befiehlt der Boss, bevor der minutiös geplante Coup abschnurrt wie ein Uhrwerk.) Der missionarische Teil des Imperialismus versuchte, den fremden Völkern eine neue Kultur, eine neue Religion und eben auch ein neues Zeitempfinden zu bringen. »Nicht mit der Arbeit aufhören, wenn du müde bist, wenn es dunkel wird, wenn du keine Lust mehr hast«, erklärt der weiße Bwana, »sondern erst, wenn 8, 10, 12 oder – noch besser – 14 Stunden vergangen sind.«

»Also nach 'm Krieg, um sechs Uhr abends!« schrie Woditschka von unten.

»Komm lieber um halb sieben, wenn ich mich irgendwo verspäten möcht«, antwortete Schwejk.

Kurz und lapidar, schnörkellos und keinen Widerspruch duldend kommt der Wahlspruch des Kapitalismus daher: »Zeit ist Geld.« Eine saubere, mathematische Gleichung, und daß sie in Amerika aufgestellt wurde, versteht sich fast von selbst. Benjamin Franklin prägte den Satz, und von ihm stammt auch das Bonmot: »Keine Nation wurde je durch Handel ruiniert.«

». . . wir hätten auf einen Schlag die gesamte Zeit aller Menschen in unserer Gewalt! Und wer die Zeit der Menschen besitzt, der hat unbegrenzte Macht!« So planen die grauen Herren in Michael Endes philosophischem Märchen »Momo« ihren Coup. Den Menschen die Zeit zu stehlen, das heißt in »Momo«, sie nur aufs reine Funktionieren und Produzieren abzurichten. Also keine Zeit mehr, sich um die kranke

Nachbarin zu kümmern, ein Schwätzchen zu halten, zu spielen, faul zu sein. All das wäre Zeitvergeudung. (Wissen wir denn nicht alle, daß aus dem Südamerikaner, dem Afrikaner und auch dem Türken nie was rechtes wird, weil er immer so lange Siesta hält und dabei »Mañana« murmelt?)

»Friends are thieves of time« (engl. Sprichwort).

Die Rettung kommt in »Momo« von den Kindern, denn die widersetzen sich noch dem Diktat der Zeit. Die Kindheit ist in unserer Kultur wohl auch deshalb eine so privilegierte Lebensphase, weil sie subjektiv als quasi »zeitlos« empfunden wird (bzw. als unendlich lang und ohne Bewußtsein von der eigenen Endlichkeit). Nur den Älteren kommt es so vor, als verginge die Zeit zu schnell. Während die Erwachsenen nicht älter werden wollen, ärgert sich das Kind höchstens, daß es noch eine Ewigkeit bis zur Bescherung dauern wird, bis man Auto fahren, zur Armee gehen und die Mutter heiraten darf. Früher mal bekamen Katholiken ihre erste Uhr bei der Firmung. Neben dem religiösen Ritual, in dem der Heilige Geist zum Kampf gegen das Böse herbeigefleht wird, war das auch eine Initiation anderer Art, nämlich die Aufnahme in die Welt der Erwachsenen und der Verantwortung. Dem Kind wurde die Zeit geschenkt. Dieser Stolz über das funkelnde Ding am Handgelenk! Aber auch wiederum ein sehr zweifelhaftes Geschenk, denn die Armbanduhr als Zeitmesser kontrolliert ja nicht die Zeit, nein, umgekehrt: Das Instrument kontrolliert den Träger, hetzt ihn wie aufgezogen durch den Tag, von Termin zu Termin. »Wieso kommst du zu spät? Du hast doch jetzt eine Uhr!«

Wo waren Sie gestern zwischen 12 Uhr 17 und 13 Uhr 21?

»Besseres Timing bringt bessere Zeiten ... Denn Timing ist das halbe Leben.« (Anzeige für Tissot-Uhr)

Zeit für einen kleinen Exkurs! Und der beginnt mit einem Seufzer des Augustinus: »Was also ist die Zeit? Solange mich niemand danach fragt, ist es mir, als wüßte ich es; fragt man mich aber, und ich soll es erklären, dann weiß ich es nicht mehr.« Dabei ist es doch so einfach: Zeit ist das, was die Uhr mißt! Nein? Nun ja, zugegeben: Zeitmessung ist abhängig vom Bewegungszustand des Messenden. Sie kann sowieso nie unabhängig gesehen werden, sondern bildet mit dem Raum das sogenannte Raum-Zeit-Kontinuum. Auch die Objekte im Raum lassen sich nie absolut, sondern immer nur in Relation zu anderen Objekten bestimmen. Rast jetzt so ein Objekt (im Vergleich zu anderen!) durch den Raum, so gehen die Uhren auf dem rasenden Objekt langsamer! (Wenn also ein Manager mit Lichtgeschwindigkeit zur Konferenz »Steuerbeschiß 1989« hetzte, zeigte seine Uhr zwar das Rechtzeitig-Kommen, bzw. sogar das Zu-früh-Kommen an, der behäbig am Konferenztisch wartende Chef aber signalisierte vorwurfsvoll: zu spät!) Doch seit Einstein blieb auch in der Wissenschaft die Zeit nicht stehen. Mittlerweile sagt Richard Feynman, daß in der Physik ». . . zwischen Vergangenheit und Zukunft keinerlei Unterschied zu bestehen« scheine. (Einstein auf die Frage nach der Zukunft: »Ich denke nie über die Zukunft nach – sie kommt früh genug!«) Draufgekommen ist Feynman auf seine These durch die schon 1931 entdeckten Anti-Elektronen, auch Anti-Teilchen genannt, die sich zumindest für kurze Zeit »rückwärts«, also in die Vergangenheit bewegen können, bevor sie von den »richtig« laufenden Teilchen erwischt und zur Ordnung gerufen, d. h. in Richtung auf die Zukunft umgedreht werden. ». . . dafür gab es einen Nobelpreis, obwohl Feynman zugibt, daß er seine Theorie selbst nicht versteht.« So Mathias Bröckers in seinem schönen Aufsatz »Der Affe, der zu viel wußte« (Transatlantik, 4/87).

»Ebel – Les Architectes du Temps«

Beamen wir uns mal lieber wieder raus aus der Neueren Physik, bevor uns der relative Hirnschwurbel völlig erfaßt. Wie wär's statt dessen mit einer Prise Philosophie? »Sein und Zeit« von Heidegger vielleicht; die »Zeitlichkeit« des Menschen als dessen Grundprinzip, seine Zukünftigkeit, für die er plant, seine Endlichkeit, weil er stirbt. Und warum plant der Mensch voraus? Weil er Angst vor dem Hunger in der Zukunft hat, behauptete Thomas Hobbes, der in seinem »Leviathan« (1651) auch schrieb, daß der Mensch dem Menschen ein Wolf sei. Hobbes' Zeitgenosse John Locke sieht alles auch im Sinne einer höheren Ordnung: Weil der Zufriedene kein Unbehagen kenne, treibe ihn auch nichts zum Handeln. Deshalb habe Gott in den Menschen ». . . das Unbehagen des Hungers und des Durstes und anderer natürlicher Begierden gelegt.« Daß dem Glücklichen keine Stunde schlägt, das wissen wir ja alle. Und daß dieses zufriedene Vor-sich-hin-Faulenzen gegen die göttliche Ordnung, insbesondere die protestantische Ethik, und natürlich gegen die des Arbeitgeberverbandes verstößt, auch das haben wir ja geahnt. War demnach das Paradies, jener Ort ohne Arbeit, auch ein Ort ohne Zeit? Und hat der zürnende Gott das sündige Paar bei der Vertreibung nicht nur mit einem prima Schamgefühl, mit dem Unbehagen von Hunger und Durst und der daraus resultierenden Arbeit (»Im Schweiße eures Angesichts . . .«) gestraft, sondern auch mit der Diktatur der Zeit? Das Kosten von der verbotenen Frucht der Erkenntnis, der Verlust der Unschuld, ganz sicher hat das etwas mit dem Wissen um die Zeit zu tun. Und wer das Geheimnis der Zeit erkennt, für den ist's aus mit der Ewigkeit: Adam und Eva wurden sterblich! Und bei den Griechen verschlang Chronos, der Gott der Zeit, seine eigenen Kinder.

»Für das Kalendarium der neuen Quantième Perpétuel von Jaeger-le-Coultre gilt: Ewig währt am längsten.«

Dieses schreckliche Bewußtsein der eigenen Endlichkeit! Manchmal kann man die Kerle schon verstehen, die mit dem Tod um ihr Leben spielen, die sich mehr Zeit und am besten gleich die Ewigkeit erkaufen wollen. Doch haben sie es dann geschafft, ist es ihnen in den seltensten Fällen recht. Im SF-Film »Zardoz« hocken die gelangweilten Ewigleber in ihrem »Vortex« genannten Reservat herum. Eine Zeitlang war die Ewigkeit vielleicht ganz nett, aber doch nicht für immer! Nun warten sie auf den Barbaren, der sie von ihrer Unsterblichkeit erlösen soll. Auch der »Highlander«, der sich in einem letzten Duell unendliche Weisheit und die Ewigkeit erkämpfte, wird die quälende Langeweile im Lauf der Jahrhunderte noch zu spüren bekommen, so wie Nosferatu alias Klaus Kinski in Werner Herzogs Vampirfilm. Ja, die Leute mit Erfahrung, z. B. Ahasver oder der fliegende Holländer, die fühlen sich eher zur Ewigkeit verdammt. Und manchmal, etwa im »Brandner Kaspar«, ist Gevatter Tod ja auch ganz freundlich. In vielen Fiktionen fungiert er als eine Art Verwalter der Zeit, manchmal sogar als Herr über sie. Deshalb trägt er auch seine Sanduhr herum, kontrolliert die Lebenskerzen oder erfreut sich gar einer Uhrensammlung, wie der gütige Meister Hora in »Momo«. Der Tod mißt den Menschen die Zeit zu, und weil man nur Endliches messen kann, ist die Bestimmung des Endes immer fatal: Deine Tage sind gezählt!

»Der automatische Chronograph Da Vinci mit ewigem Kalender . . . Für Herren, die einige Jahrhunderte Zeit haben.« (Anzeige für IWC-Uhren)

»This is the first day of the rest of your life!«

Eigentlich ist diese Zeitmesserei Unsinn! Denn Zeit ist, weil sie fließt, erstens gar nicht zerlegbar, und zweitens tut diese Zerlegung so, als gäbe es *eine* Zeit für alle. Dabei wissen wir doch, daß manche schneller leben als andere. Jedes Lebewesen lebt seine ihm gemäße Lebenszeit und die in seinem ihm eigenen Tempo, sagt die Lebensphilosophie bzw. ihre Vertreter Henri Bergson und E. v. Baer. Ein kurzlebiges Lebewesen kann deshalb, wenn es das Leben in höherem Tempo angeht, genauso viele Erlebnisse in sein Dasein packen wie ein langlebiges. (Welche Lebensspanne dem Zeit-Geist-Magazin »Tempo« beschieden ist, bleibt abzuwarten. Klar, daß es bei diesem rasenden Leben schon ein bißchen kurzatmig geworden ist.) So gesehen hat auch die Eintagsfliege keinen Grund, sich zu beschweren. Aber auch in ein und demselben Organismus kann das Zeitempfinden variieren: ». . . jeder weiß, daß einem eine einzige Stunde wie eine Ewigkeit vorkommen kann, mitunter kann sie aber auch wie ein Augenblick vergehen – je nachdem, was man in dieser Stunde erlebt.« (Michael Ende: »Momo«) Wir haben's ja geahnt: Alles wieder relativ!

Der Tod ist insofern demokratisch, als er alle trifft und alle mit dem gleichen Resultat. Die Zeit dagegen ist es nicht: Erstens haben die Reichen eine höhere Lebenserwartung, zweitens könn(t)en sie mit ihrer Zeit mehr und besseres machen und freier darüber verfügen. Von wegen »arm und glücklich«. Die Kerle leben aktiv vor, was die anderen dann nur noch passiv im »Goldenen Blatt« oder in der Glotze anschauen dürfen. Und daß auch manch Reicher nichts mit seiner Zeit anfangen kann: selber schuld!

»Live fast, die young, and always leave a good-looking corpse« (John Derek in dem Nicholas-Ray-Film »Knock on any door«).

»To burn the candle at both ends«: »Raubbau mit seiner Gesundheit treiben.«

Im Wunderland von Alice, da wundern wir uns über gar nichts mehr. Auch nicht über den verrückten Hutmacher, dessen Uhr um zwei Tage falsch geht.

»Wenn du so gut über Zeit Bescheid wüßtest wie ich«, sagte der

Hutmacher, »dann würdest du nicht davon sprechen, sie zu vergeuden. Es heißt ihn.« »Ich weiß nicht, was Sie meinen«, sagte Alice.

»Natürlich nicht!« sagte der Hutmacher und wackelte verächtlich mit dem Kopf! »Ich wage zu behaupten, daß du noch nicht mal mit dem Zeit gesprochen hast!« . . . »Nun, wenn du dich immer gut mit ihm stellst, wird er fast alles mit der Uhr machen, was du willst. Nehmen wir mal an, es wäre neun Uhr morgens, Zeit, mit dem Unterricht zu beginnen: Du müßtest nur dem Zeit einen Hinweis zuflüstern, und im Nu drehte sich die Uhr. Halb zwei, Zeit zum Mittagessen!« . . . »Das wäre natürlich toll, sicher«, sagte Alice nachdenklich: »Andererseits – ich wäre dann nicht entsprechend hungrig, weißt du!«

»Die Longines Conquest VHP (für Very High Precision) ist die wohl fortschrittlichste Armbanduhr der Welt. *Fünf- bis zehnmal genauer* als eine klassische (!) Quartzuhr.«

»Ticken Sie nicht richtig?« fragte der Chef, als er Müller die roten Einträge der Stempelkarte vor die Nase hielt und der als Antwort nur etwas von subjektivem Zeitempfinden murmelte. »Sparen Sie sich die philosophischen Blödheiten. Das können Sie in ihrer Freizeit machen, hier bei mir wird gearbeitet, und zwar von acht bis fünf!«

Tja, es nutzt halt nicht viel, sich dem »blutigen Tyrannen Zeit« (um auch mal Shakespeare zu zitieren) theoretisierend zu nähern, wenn die Stechuhr gefüttert werden will, der 6-Uhr-58-Bus nicht wartet und dieser Artikel auch bald zur Post muß. »Oh dear, oh dear! I shall be too late!« jammert das weiße Kaninchen im Wunderland, wenn es auf seine Taschenuhr guckt. (Übrigens ein typischer Vertreter des sich selbst vermarktenden Angestellten: ». . . smiling at everything that was said!«) Nun ja, wenn dieses Karnickel zu spät kommt, wird es auch geköpft, wir dagegen werden höchstens gefeuert.

Wenn ich jetzt sage: Harold Lloyd! Denken Sie dann auch sofort an dieses Bild, wo Harold, der rabiate Aufsteiger und als solcher sowieso im ständigen Wettlauf mit der Zeit, an der großen Uhr hängenbleibt, die Zeit ihn also eingefangen hat?

»Mit der kleinen Da Vinci im Wert von DM 6950.– . . . wird die Dame von Welt auch in Hunderten von Monden genug Zeit haben. Aber davon nie genug bekommen.«

Zeige mir deine Uhr, und ich sage dir, wer du bist! Viele Monde sind ins Land gegangen, seit eine aggressive Rolex-Werbung uns armen Schluckern gehörig auf den Wecker fiel. Das Goldstück kostet nur ein paar Tausender weniger als ein Porsche Targa, verkündeten die Anzeigen. Potz-Blitz! Das Ding galt früher auch als Zuhälteruhr, u. a. deshalb, weil man es sofort zu Bargeld machen konnte. Heute geht's in der Nobeluhrenwerbung ein bißchen kultivierter, wenn auch kaum weniger deppert zu. Bei Rolex erzählt z. B. Stardirigent Lorin Maazel, er habe immer schon eine Rolex getragen, wofür ihn die Hersteller loben: »Seine Karriere ist eine glänzende Bestätigung seiner frühen Entscheidungen.«

»Der Uhrmacher ist es nämlich, der jedem einzelnen Modell, sei es nun dezent oder reich verziert, seinen besonderen Charakter gibt. Denn selbst unsere perfektesten Maschinen und Techniker können den Uhrmacher nicht ersetzen.« (Anzeige für Vacheron-Constantin)

Haben Sie überhaupt noch Zeit? Dann kommen wir nun zur Ästhetik der Zeitmaschinen. Aus Zeitgründen beschränke ich mich hier auf die heute gängigen Armbanduhren, lasse also z. B. die Sonnenuhr weg, die bekanntlich nur die heiteren Stunden zählt, und auch die im Mittelalter noch gebräuchliche Wasseruhr, die bei Frost natürlich stehenblieb. Es folgt eine Grobeinteilung der Typen und eine Beschreibung ihrer jeweiligen Träger.

Da gibt es Typ A, die einmalig individuell-zeitlos-moderne Prunkuhr. Geworben wird für sie im ZEIT-Magazin, im »Spiegel«, in »Ambiente« etc. Sie ist unglaublich zuverlässig, solide, gediegen, wertvoll. Logisch, daß sie aus der Schweiz kommt, zumindest aber immer so tut, als ob. Ja, die solide, in die Alpen gehauene Schweiz! Ein prima Lebensstandard, eine tolle Landschaft und so pünktliche Bewohner, daß man nach ihnen die Uhr stellen kann. Mit einer Schweizer Uhr kauft man quasi ein Stück Schweiz. Sogar direkt aus dem Berg gebrochene Zifferblätter gibt's, jeder Granitklotz am Handgelenk natürlich ein Unikat. (Überhaupt scheint die Hauptaufgabe der Werbestrategen darin zu bestehen, Serienprodukte als einzigartig hinzustellen. Man kann Uhren aber auch selbst einzigartig machen, indem man seinen Namen oder schöne Sprüche eingravieren läßt. Auf Präsident Lyndon B. Johnsons Taschenuhr stand: »Do unto others as you would have them do unto you.« Trotzdem bombardierten die Vietnamesen Washington nicht.)

Für Leute, die ihren Stil gefunden haben: »Wählen Sie deshalb nur einmal. Aber dafür richtig: Eine Patek Philippe. Weil sie fürs Leben ist.« Oder für noch mehr, nämlich für die Ewigkeit. Z. B. die »LWC« aus Schauffhausen mit der Mondphasenanzeige, die »in 122 Jahren nur einen einzigen Tag abweicht.« Ach, wenn man's nur noch erleben könnte! Und irgendwie vermitteln die Werbetexte tatsächlich den Eindruck, als bekäme man die Zeit mit Hilfe solcher Uhren in den Griff und als gingen deren Eigenschaften auf den Träger über. Auch das Bewußtsein, Kultur, gar Kunst gekauft zu haben, kommt dem Gefühl des Zeitlos-Ewigen entgegen. Da gibt's Uhren, die schon im Kunstmuseum ausgestellt sind und auf »der Rückseite jeder Omega-Art ist ein Kunstwerk eingelegt. Jeweils in limitierter, signierter und numerierter Auflage.« Und bei Vernissagen demonstriert man seinen souveränen Umgang mit der Zeit z. B. dadurch, daß man wie beiläufig erwähnt, man habe auf dem Flug zwischen L. A. und Hongkong ein paar Stunden gewonnen. Vorsicht: Es könnte auch umgekehrt sein. Aber das nachzuprüfen, das würde mich jetzt ein paar Minuten kosten.

». . . wollten sich einige Uhrmacher damit partout nicht zufriedengeben. Jedes Material war ihnen zu sehr in der Zeit und somit zu sehr vergänglich. Da haben sie sich mit Alchemisten zusammengetan . . . Fortan wurden nun Uhren aus Zirkonoxid gebacken, die über Jahrhunderte nur noch im Innern etwas mit der Zeit zu tun haben wollten. Wer's glaubt, zahlt DM 19 800,–« (Anzeige von IWC)

Fluch der Präzision: Der Schwimmer Tim McKee verfehlte bei den Olympischen Spielen 1972 in München im 400-Meter-Lagenschwimmen nur um Zweitausendstelsekunden eine Goldmedaille. Hätte er sich die Fingernägel nicht geschnitten! Seitdem wird übrigens wieder mit Hundertsteln gemessen.

Kommen wir jetzt zu Typ B, der Fun-Watch. Sie ist gewissermaßen Gegenstück zu A. In ihrer extremsten Ausprägung gibt es die Fun-Watch leider nicht mehr. Denn am Anfang, da lief so eine Swatch halt noch so lange, bis die Batterie leer war. Danach: Ex und hopp! Geradezu eine Verhöhnung der Schweiz und ihrer ewigen Solidität. Die Fun-Watch mußte deshalb von ihrem Auftreten her auch Amerika zugeordnet werden, wobei es wiederum egal ist, ob sie tatsächlich daher kommt. Fun-Watches sind laut und farbig und schrill und, wenn's irgendwie geht, aus Plastik. Da sausen dann an Zeigern befestigte Cadillacs rum,

Snoopys Tennisarm kreist im Stundentakt, Mickeys Augen klappern auf und zu, das Gehäuse ist gepunktet, gestreift, durchsichtig usw. Die Fun-Watch ist eine Modeuhr und als solche nicht auf Dauer, sondern auf schnellen Wechsel angelegt. Sie demonstriert die Vergänglichkeit der Zeit. In ihrer knalligen Buntheit empfiehlt sie sich aber auch als Therapie gegen den grauen, langweiligen Alltag. (Die grauen Herren in »Momo«, das sind Zeitdiebe!) Ein bißchen verantwortungslos ist die Fun-Watch natürlich, aber das kommt daher, daß sie noch nicht erwachsen, sondern ziemlich kindisch ist. Mit der Zeit spielt man nicht, würde Papa Rolex rügen, und dann streckte die verspielte Kleine einfach frech die Zunge raus. Auch mit dem Kitschvorwurf ist ihr schlecht beizukommen. Da kontert sie dann mit Susan Sontag und bezeichnet sich und ihre Träger als Anhänger des »Camp«. Denn wer seinen eigenen schlechten Geschmack erkennt und trotzdem zu ihm steht, ist fein heraus.

Nun zu Typ C. Da will mir so recht kein Name einfallen. Das kommt vielleicht daher, daß dieser Typ gar nicht immer eindeutig als Uhr zu bezeichnen ist. Hat der am Handgelenk getragene Taschenrechner jetzt eine Uhr dabei oder ist es umgekehrt?

»Bond verliert keine Sekunde. Schnell entnimmt er seiner Armbanduhr einen Minisprengsatz und zerstört das Gitter des Luftschachtes, den sie zur Flucht benutzen.« (»Moonraker«, zit. nach: »Die James-Bond-Filme«)

So viele Funktionen! Tauchtiefe, Höhenmesser, Stoppuhr, Datum, Wochentag, Weltzeituhr, Fernseher, Lupe, Doppelbett. Unterstreichen Sie den Gegenstand, der nicht in diese Aufzählung paßt!

»Als der Aufzug sich zu senken beginnt, verwandelt 007 seine Armbanduhr in eine Mini-Kreissäge und zerschneidet die Fesseln.« (»Leben und Sterben lassen«)

Viele dieser Vielzweckuhren zeigen die Zeit noch digital an. Das ist mittlerweile ein bißchen prolo, gell. Die Dinger sind ja auch saubillig, z. T. schon für den Preis von zwei bis drei Großbomben Aldi-Bauernschreck zu haben. Damit sind sie auch für diejenigen erschwinglich, die mehr Zeit als Geld haben. Verächtlich gucken sie aneinander vorbei, der im Maßanzug, der auf dem Weg zum nächsten Termin die Abkürzung durch den Stadtpark nimmt, und der andere, der im versifften T-Shirt auf der Bank hockt und außer auf die nächste Buddel auf nichts mehr wartet.

»Als Bond sich vorsichtig um eine Hecke schleicht, zieht der Blonde einen scharfen, dünnen Draht aus seiner Armbanduhr . . .« (»Liebesgrüße aus Moskau«)

Typ D ist ein Sonderfall, weil er, was seine verschiedenen Funktionen angeht, Typ C zugeordnet werden müßte, manchmal aber auch einen Teilbereich von Typ A bildet. Nennen wir diese durch dick und dünn gehende Uhr mal die Raufbold-Uhr. Unvergessen die Werbespots, in denen die »Timex« an Skiern, Bobs, Fahrrädern und U-Booten befestigt wurde, all diese Härteproben überlebte und fröhlich-trotzig weitertickte. Eine masochistische Uhr, v. a. geeignet für Leute, die ihre Wut darüber, daß es schon wieder Zeit für die Arbeit ist, an ihrer Zeitmaschine auslassen wollten. Man konnte das Ding vor dem Frühstück so richtig durchprügeln. Die Upper-Class Variante der Unverwüstlichen nennt sich nun Segleruhr o. ä., ist wasserdicht, druckfest und paßt zur schnieken Kapitänsjacke. Und weil sie dazu noch sauteuer ist, darf sie auch ein paar Zusatzfunktionen haben, ohne ihren Träger in Prolo-Verdacht zu bringen.

»10 Stunden lang war die Stunt-Uhr, befestigt am Rand eines Motorrades, über harte Ziegelsteine gefahren – und noch immer war das Schweizer Uhrwerk in bester Verfassung.«

Typ E ist ein direkter, aber unerwünschter Abkömmling von Typ A: die Bastard-Uhr, die Imitation, der Angriff der dritten Welt auf die geheiligten Marken. Asien erfüllt wieder mal das Klischee vom perfekten Kopierer: »Plima Lolex!« Wer gut handelt, bekommt sie in Singapur für DM 30,–. Oder eine »Ebel«, eine Cartier« usw. Die mit Lederarmband kosten, unabhängig von der Marke, einen Fünfer weniger. Angeblich sind die Uhrwerke von Seiko aus Japan und die Gehäuse aus Taiwan. Thailands Vizegeneraldirektor des Handelsministeriums, Kikrai Girapad, erklärte laut »Spiegel«, es handle sich bei der Markenpiraterie um eine Umverteilung von Reichtum. Das wäre an sich schon schön genug. Noch schöner aber wird's dadurch, daß sich die Imitate wahrscheinlich noch schlimmer als Falschgeld auswirken. Die Nobeluhreninflation kratzt nämlich am Bewußtsein der Träger der »Echten«. Denn das Original verliert an Wert, wenn der Supermanager sieht, daß seine Putzfrau offensichtlich den gleichen Geschmack hat. Schlimmer noch wäre es, wenn er selbst in »falschen« Verdacht käme. Übrigens gehen die Piratenuhren genauso pünktlich wie die anderen.

Oder ist das Tragen solcher Imitate vielleicht gar keine Guerillataktik, keine Verhöhnung der Reichen? Ist es vielleicht sogar ganz ernst und aufstiegsorientiert gemeint? Bei meiner »Cartier« ist der Goldrand schon beinahe weggescheuert. Das Zeug unter dem Gold sieht mir nicht mal richtig nach Silber aus. Heiko, asienerfahrener Entwicklungshelfer, hatte mich gewarnt: Lieber eine silberfarbene kaufen, denn das Gold blättert schneller ab, als die Batterie leer ist. Ist man eigentlich noch Partisan und »agent provocateur«, wenn jeder sieht, daß man einer ist? Ich werde wohl bald meine alte »Tschibo« rausholen müssen.

Um Einwänden gegen meine Grobeinteilung der Armbanduhren vorzubeugen: Natürlich gibt es Grenzfälle, Sonderkategorien usw. Einer der interessantesten Fälle sei hier doch genannt, nämlich die Wood Watch, die »Uhr aus Massiv-Holz«, deren Anzeige ich im Ökologie-Magazin »Natur« entdeckte. »Sie unterstützen die Schutzgemeinschaft Deutscher Wald, da für jede verkaufte Uhr der Gegenwert eines Baumsetzlings abgeführt wird.« Mit diesem Stück »Natur zum Verschenken« erkauft man sich also auch ein Stück guten Gewissens, und dafür nimmt man es eben auch hin, daß das vom Foerster-Versand (!) aus dem Wacholderweg (!) in Niederkrüchten vertriebenen Ding einigermaßen scheußlich aussieht.

Natürlich, natürlich: Es gibt auch so was wie eine ganz normale Uhr!

Was sagen eigentlich die »Rolling Stones« zu unserem Thema? »Time is on my side.« Das war noch zu den Zeiten, als man keinem über dreißig trauen durfte. Später kam es mit dem Verbündeten zum Streit: »Times waits for no-one, and it won't wait for me.« Und warum ist das so schlimm? »Time can tear down a building or destroy a woman's (!) face, Hours are like diamonds, Don't let them waste.« Auch bei den Stones also die alte Klage: Wie doch die Zeit vergeht!

Uhren ahnen nichts von Utopie. Die Roboter der Zeit. Stur und gleichförmig ziehen sie ihre Kreise. Nie scheinen sich die Zeiger zu fragen, ob sie sich nach dem millionsten Passieren der Zwölf-Uhr-Marke einfach in die Büsche schlagen sollten. Sie sind Gefangene, gefaßt und eingeschlossen im Gehäuse. Daß die Zeit »rund« sein muß und sich optisch wiederholt, ist ein Trick. Würde man die Zeitmessung aufeinanderfolgend vornehmen, so wie bei den Jahren, wäre als Maßstab nur die Linie möglich. Kalender sind ja schon erschreckend genug. Blatt für Blatt dem Ende zu. Wenn aber die Stunden im Kreis rumlaufen, das fällt weniger auf. Und die Designer haben zudem die dankbare Aufgabe, auf einer kleinen, aber fest vorgegebenen Fläche immer neue Ideen zu verwirklichen.

Ist es nicht eine Schweinerei, daß ein Großteil der Bevölkerung am Montag schon auf den Freitag hofft bzw. hoffen muß? Daß die dazwischenliegende Zeit irgendwie rumgebracht und mit Arbeit totgeschlagen wird, um das Geld zu verdienen, mit dem man am Wochenende endlich ein bißchen lebt? Und am Sonntag abend dann feststellt, wie schnell zwei Tage vergehen können. Die Zeit ist nämlich auch eines der letzten großen Feindbilder:

»How soon hath Time
the subtle thief of youth,
stolen on his wing my
three-and-twentieth year«

So beklagte sich der englische Dichter Milton. Shakespeare läßt seinen Hotspur in Heinrich IV. sagen:

»But thoughts, the slaves of life, and life, time's fool, And time, that takes survey of all the world, Must have a stop.«

Die Zeit anhalten! Das geht im Märchen, das ging in einer australischen Fernsehserie mit Hilfe eines Bumerangs. Aber in Echt? Die Bilder von Chirico wirkten so, als sei die Zeit eingefroren, meinten die Kritiker, und Kollege Dalis schmelzende Uhr ist ja auch hinlänglich bekannt. Auch die Fotowerbung spricht schließlich davon, daß man unvergeßliche Augenblicke festhalten müsse, damit sie unvergeßlich bleiben. (Gedächtnis und Erinnerungsvermögen funktionieren zwar auch als Zeitmaschinen, aber manchmal ist ihnen nicht recht zu trauen.)

Weitere Zeitmeßmethoden: Halbwerts- und Verfallszeiten, Leichenstarre, Schallwellen, Lichtstrahlen und Jahresringe bei Bäumen. Bei letzteren findet sich auch schon die praktische Kreisform. Aber anders als Wandkalender werden Bäume immer dicker: Die Zeit verschwindet nicht, sondern lagert sich sichtbar ab. Auch unsere Körper sind natürlich Zeitmeßgeräte, und genau wie bei den Bäumen hinterläßt die Zeit an ihnen Spuren. Weil aber eben nicht exakt eine Stirnfalte pro Jahr hinzukommt, arbeitet diese Uhr nicht besonders genau. Außerdem möchte ihr Besitzer, daß sie möglichst langsam geht. Dorian Gray

z. B., der setzte sie durch Beschiß ganz außer Kraft, lebte in Saus und Braus und blieb dank eines Faust-ähnlichen Pakts doch immer der strahlende Jüngling, bei dem nur sein Porträt das schnelle Leben sichtbar machte. Heute wird die Zeit mit Make-up, Liften oder Schönheitschirurgie verlangsamt. Und wehe, es wagte einer die Frage, wie alt man sein Gegenüber schätze, die wahre Zeit abzulesen: Unsere Körper sollen gefälligst nachgehen!

»Der Sieg der Wissenschaft über die Zeit ... Capture, das wissenschaftliche Antifaltenmittel von Christian Dior ...« (aus: »Breuninger-Magazin«)

»Werd' ich zum Augenblicke sagen:
Verweile doch! du bist so schön!
Dann magst du mich in Fesseln schlagen,
Dann will ich gern zugrunde gehn!
Dann mag die Totenglocke schallen,
Dann bist du deines Dienstes frei,
Die Uhr mag stehn, der Zeiger fallen,
Es sei die Zeit für mich vorbei!«

So spricht der immer vorwärtsdrängende Faust zu Mephisto. Sollte er nach Stillstand, nach dem Anhalten der Zeit begehren, so hat er mit Mephisto vereinbart, dann bedeutet das für ihn den Tod und die ewige Verdammnis. Andere dagegen hätten solche Bedingungen gern in Kauf genommen: Was ist schon die ewige Verdammnis gegen einen Augenblick höchster Lust!

In der Phantasie kann man sich zum Herrn der Zeit aufschwingen. Nein, nein, ich meine nicht nur die Science-Fiction, deren Zeitmaschinen und Zeitreisen, in denen eine andere Zeit mit der unseren konfrontiert wird. (Und all diejenigen, die so lange ausgeharrt haben und immer noch auf einen Beitrag zu Zeitmaschinen à la H. G. Wells hoffen, bitte ich hiermit um Entschuldigung.) In allen Fiktionen sind die Erzähler allmächtig, jonglieren mit Erzählzeit und erzählter Zeit, raffen, dehnen, beschleunigen, halten an, springen zurück in die Vergangenheit, greifen vor in die Zukunft – wie es ihnen paßt. Scheherezade brachte noch ein anderes Kunst-Stück fertig: Sie erzählte um ihr Leben – und gewann im Erzählen ihre Lebenszeit.

Jede Geschichte endet mit dem Tod, wenn man sie nur lange genug erzählt, meinte Hemingway. Auch bei dieser Arbeit soll er am Ende noch mal auftreten. (Natürlich dreht sich dieser Text im Kreis – beim Thema Uhren doch kein Wunder!) Hier also die Zeitdefinition des englischen Philosophen Herbert Spencer: »... that which man is always trying to kill, but which ends in killing him.«

Danach geht die immer noch exakt weiterlaufende Rolex an den ältesten Sohn über, und der trägt sie hinaus in die Welt, gründet eine Firma oder führt die des Vaters fort, gründet eine Familie und verwirklicht so den bürgerlichen Traum vom ewigen Leben in den Nachkommen.

Einszweidrei, im Sauseschritt
Läuft die Zeit; wir laufen mit. –
(Wilhelm Busch)

P. S. Für Esoterikjünger und New-Age-Propheten ist mit dem Tod noch nichts zu Ende: Da droht die Wiedergeburt. Im übrigen verspricht New Age auch einen anderen Umgang mit der Zeit: Ganz entspannt im Hier und Jetzt. Und diese Meditationsmusik dazu, die ganz anders aufgebaut sei als die westliche Musik und sozusagen gleichförmig und monoton aus der Zeit heraustrete und sie aufhebe. Ach ja, diese neuerdings so populären Mondphasenanzeigen, hat das nicht auch was mit New Age zu tun? Aber das Zeitalter des Wassermanns (in dem Zeit nicht mehr als quantitative, sondern als qualitative Größe verstanden wird) auch noch in diesem Artikel unterzubringen, das führte wirklich zu weit. Schließlich ist ganz und gar nicht sicher, ob das neue Zeitalter, in dem konsequenterweise die »objektiven« Zeitmaschinen ausgetickt haben müßten, überhaupt schon richtig begonnen hat: Die Übergangsphase von unserem Fische-Zeitalter zu dem des Wassermanns beträgt exakt 281 Jahre, aber an welchem Punkt der Phase wir uns jetzt gerade befinden, weiß kein Schwein – von Fisch und Wassermann ganz zu schweigen!

Angelika Kopečný

Muse mit Konstruktionsfehlern

Endlich war es soweit! Eine geschlagene Stunde hatte ich dem Briefträger am Küchenfenster aufgelauert, die Zeitung, zwei Hörnchen und etliches mehr verschlungen, ehe er aus der »Sorgenpause« auftauchte, in der einen Hand die Bierdose, in der anderen jenes sehnlichst erwartete gelbe Wägelchen. Ich öffnete die Tür einen Spaltbreit und lauschte. Seine Schritte entfernten sich über den Hinterhof.

Mit ausgebreiteten Armen flog ich die Treppe hinunter, doch mit fallendem Hoffnungsbarometer verwandelte sich der Vogel in eine Schnecke, die mit ungeheurer Anstrengung von Stufe zu Stufe schlich. Zugleich mit dem Briefkastenschlüssel drehte sich mein Magen. Hatte ich etwas anderes erwartet? Ypsilon bestreikte mich. Das kleine Kommunikationsproblem zwischen uns, wie er es lächelnd zu nennen pflegte, wirkte sich zusehends auf meine Gefühle ihm gegenüber aus.

Ich sollte dazu anmerken, daß das »kleine Kommunikationsproblem« unter anderem auf die knapp tausend Kilometer zurückzuführen sind, die sich wie eine Wüste zwischen uns ausbreiten. Wir überwinden sie auf unterschiedliche Art und Weise. Er verbringt, wie er mir immer beteuert, den Großteil seiner Zeit bei mir, er ist eben im Gegensatz zu mir ein sehr phantastievoller Mensch, ich dagegen komme ohne die materialisierten Zeichen seiner Zuneigung in Form von Briefen oder Postkarten nicht aus.

Enttäuscht starrte ich auf den Werbeprospekt, der sich aufreizend im Briefkasten breitgemacht hat. Ein Hoffnungsschimmer blitzte in mir auf. Ich schüttelte ihn heftig – nichts. Als sei das unschuldige Stück Papier an meiner Misere schuld, zerknüllte ich es wütend und warf es in eine dunkle Ecke.

Ein durchdringender Pfeifton ließ mich zusammenfahren. Wie eine auf frischer Tat ertappte Sünderin hob ich den Prospekt auf und strich ihn glatt. Was die sich heutzutage alles einfallen lassen! Ein Pärchen der gehobenen Einkommensklasse belohnte meine mürrische Aufmerksamkeit mit strahlendem Lächeln. Er hatte den Arm um ihre Schulter gelegt, sie schmiegte sich hingebungsvoll an seine breite Brust. Tiefgebräunt, versteht sich. Den nötigen Halt verlieh ihnen ein silbergrauer Jaguar, der meines Erachtens als Verkehrsmittel auf dem blendendweißen Südseestrand völlig fehl am Platze war. Es piepste wieder. Die Yuppiedame schenkte mir ein betörendes Lächeln. »Herzlichen

Glückwunsch! Sie haben die einmalige Chance, sich Ihre kühnsten Träume zu erfüllen. Das Märchen von der guten Fee ist seit der Erfindung des XY-Merlin-2000 Wirklichkeit geworden. Mit ihm kommt ein guter Geist zu Ihnen ins Haus, der Ihr Leben auf sensationelle Weise verändert. Keine ermüdende Hausarbeit mehr – besonders für die Damen interessant –«, sie zwinkerte mir tatsächlich zu, »keine Erziehungsprobleme, kein Ärger mit Dienstboten mehr!« So seht ihr aus! »Dank XY-Merlin-2000« jetzt war er an der Reihe, »ging meine Karriere steil bergauf. Warum? Ich bin selbstbewußt und ausgeglichen. Erfolg ist für mich Selbstverständlichkeit. Bei Streß, bei Konflikten«, sie grinsten mich an, »wenden wir uns einfach an unseren XY-Merlin-2000, den Therapeuten im Haus, der jederzeit für uns da ist. Sie wählen Ihr Programm individuell aus: Rebirthing, Trance, Bioenergetik, autogenes Training, Schwitzhütte oder Sonnentanz, was immer Ihnen besonders zusagt.« Und nun unisono: »Wir sind rundherum glücklich. Machen Sie es wie wir und schon viele andere. Rufen Sie die gute Fee, den XY-Merlin-2000. Zum lächerlichen Werbepreis von . . .« es folgte eine astronomisch hohe Summe. »Sollten Sie noch Zweifel haben: Lassen Sie sich den guten Geist für zehn Tage per Post kommen. Völlig unverbindlich. Wir garantieren Ihnen, Sie werden ihn keinen Tag Ihres Lebens mehr missen wollen.«

Die Sache war sonnenklar. Wer würde sich schon so einen Schwachsinn anschaffen, es sei denn, er/sie war durch diesen widerwärtigen Pfeifton seines/ihres Verstandes beraubt worden.

Da ich es aber nicht wagte, den Prospekt noch einmal zu zerknüllen, und nicht wußte, wie er auf den Wurf in den Mülleimer reagieren würde, nahm ich ihn erst mal mit nach oben in meine Wohnung. Zu dem Berg ungewaschener Wäsche, dem dreckigen Geschirr, das jeden freien Fleck in der Küche okkupiert hatte, und vor allem zu den sehr fragmentarischen Einleitungssätzen einer Kurzgeschichte, deren deadline seit gut zwei Wochen überschritten war.

Aber erklären Sie mal einem Verleger, was es bedeutet, wenn zwei lebhafte Vierjährige zweimal innerhalb von einem Monat Scharlach bekommen!

Auf Zehenspitzen schlich ich mit dem Prospekt in der Hand an den Schreibtisch in der wilden Hoffnung, mir wenigstens eine Viertelstunde zum Schreiben zu ergattern. Sowie die Schreibmaschine surrte, dem mir so lieben und den Kindern so verhaßtem Geräusch, verlangte Robi mit durchdringendem Gebrüll nach einem Glas Multivitaminsaft. Resigniert erfüllte ich seinen Wunsch. Selbst wenn ich Robi ignoriere, habe ich trotz aller Bemühungen noch keine Methode gefunden, bei sich steigerndem Kindergeschrei einen klaren Gedanken zu fassen.

Wie immer wollte nun auch Tobi nicht zurückstehen. Mit fieberroten Backen hockte er auf seiner Bettdecke und grübelte darüber nach, wie er mich am wirkungsvollsten von der Schreibmaschine fernhalten konnte. Die Lösung war denkbar einfach: Er verzog weinerlich das Gesicht und stöhnte »Bauchschmerzen«. Wir spielten zwei Runden Lotto, ich las vor, schälte Apfelsinen und erkaufte mir mit der Aussicht auf eine Tafel Kinderschokolade eine Stunde Ruhe, da klingelte meine Nachbarin, um ihre ebenfalls scharlachrote Tochter – wie vereinbart – bei mir abzugeben. Mein entsetztes Gesicht war nicht zu übersehen. »Aber sie spielen doch immer so schön zusammen«, rief sie mir noch von der Treppe aus zu. Das sollte wohl ein Trost sein. Im Kinderzimmer tobte eine Schlacht. Den Tränen nahe, stand ich vor der Schreibmaschine und wagte es nicht, sie anzustellen.

Es war Größenwahn, unter solchen Bedingungen Bücher schreiben zu wollen. Wäre ich ein Mann, würde Ruth Berlau mir die vom Munde abgesparte Tasse Kaffee bringen und dann, während ich genußvoll schlürfte, meine Manuskripte tippen, Margarete Steffin würde mich mit einem Feuerwerk von Ideen auf Schwung bringen, Frau Mann würde die Kinder dazu anhalten, auf Zehenspitzen einen weiten Bogen um mein Arbeitszimmer (das größte und schönste in unserem Haus) zu machen, und Frau Schmidt wäre glücklich, mich von solch banalen Problemen wie Haushalt und Finanzen fernzuhalten.

Aber nun bin ich mal eine Frau, und kein Mann, und selbst Ypsilon käme nicht auf die Idee, sich als Hausgeist oder wenigstens als Muse bei mir zu verdingen. Ich wäre gewiß nicht sehr tyrannisch oder exzentrisch. Aber Hausgeist, das gibt mir das Stichwort. Warum hatte ich bisher noch nicht daran gedacht? Für zehn Tage frei Haus . . . Die Vorteile lagen auf der Hand. Im Gegensatz zu einem Mann würde eine Maschine meine Anordnungen korrekt und effizient ausführen, ohne mich mit irgendwelchen Forderungen, Eifersüchteleien, Seelentiefs etc. von der Arbeit abzuhalten. Und wenn XY-Merlin-2000 – ich konnte mir aufgrund meiner mangelnden Phantasie keine rechte Vorstellung von dem Ding machen – mir auch für zehn Tage das Spülen, Kochen, Wäschewaschen, Einkaufen und Saubermachen abnahm oder sogar den Zwillingen als Spielkamerad diente, war mir schon mehr als geholfen. Sollte er es wirklich wert sein, konnte ich ihn eventuell auf Raten kaufen.

Ich setzte mich an den Küchentisch, der ohrenbetäubenden Lärm aus dem Kinderzimmer ließ mich völlig kalt, und füllte schwungvoll die vorgedruckte Antwortkarte aus.

Daß nach meinem Beruf gefragt wurde, verstand ich, aber warum mein Lieblingskomponist von Bedeutung sein sollte, blieb mir schleierhaft. Die Rubrik »gewünschte Therapieformen« strich ich durch. Ich brauchte jemanden zum Kaffeekochen und Fußbodenschrubben.

Einige Tage waren vergangen. Das Geschirr stand gespült im Schrank, der Wäscheberg war auf die Hälfte geschrumpft, die Zwillinge konnten wieder für fünf Stunden am Tag ihre Erzieherin nerven, und ich hatte sogar die Anfangshürden meiner Kurzgeschichte genommen. Ein gutes Zeichen, daß ich vergessen hatte, dem Briefträger aufzulauern, Ypsilon sollte sich bloß nicht einbilden, daß er der einzig interessante Mann auf der Welt war. Da klingelte es, der Briefträger drückte mir wortlos ein Päckchen in die Hand und war, ehe ich den Absender entziffert hatte, die Treppe hinuntergelaufen. Der gute Geist! Den hatte ich auch schon vergessen.

Aufgeregt trug ich das Päckchen ins Zimmer. Komisch, waren Roboter neuerdings so klein? Ich hatte mir ein Blechmonster in Kindergröße vorgestellt, aber offensichtlich war ich nicht auf dem laufenden, was Roboter und Computer betraf. Wie ein Kind unterm Weihnachtsbaum kniete ich mich auf den Teppich und förderte unter mehreren Lagen Glaswolle eine Käseglocke zutage, nicht viel höher als ein Marmeladenglas. Eine glatte, rosa schimmernde Halbkugel, deren Wände undurchsichtig waren. Nirgendwo ein Hebel, ein Knopf. Ratlos besah ich mir das Ding. Wie sollte das den Abwasch erledigen oder den Staubsauger bedienen? Zum Supermarkt konnte ich es auch nicht schicken, vor Kinderhänden mußte es geschützt werden, so viel stand fest. Wir waren eben kein Werbehaushalt. Gab es keine Gebrauchsanweisung? Auf der Glaswolle fischte ich einen Zettel mit erfreulich wenig Text heraus. Dann war das Ding nicht zu kompliziert.

»Wir gratulieren Ihnen zu Ihrem Biocomputer XY-Merlin-2000. Ihre kühnsten Träume werden wahr. Mit ihm haben Sie fürs ganze Leben einen klugen und treuen Freund gewonnen.« Ich stutzte. »Die Bedienung ist kinderleicht. Kein Knopfdruck, keine lästige Programmwahl. Sprechen Sie einfach mit XY-Merlin-2000 wie mit einem guten Freund. Behandeln Sie ihn gut, er wird es Ihnen danken. Kein Verschleiß, keine Wartung.« Es folgte noch Kleingedrucktes, aber das ersparte ich mir fürs erste.

Meine Stimmung verschlechterte sich zusehends, ich war auf einen blöden Werbegag hereingefallen und mußte zusehen, daß ich das Ding heil zu seiner Firma zurückbeförderte. Nutzloses Yuppiespielzeug. Mißtrauisch strich ich mit dem Finger über die kühle, glatte Oberfläche, die sich unter meiner Berührung leicht rot färbte.

»Hm«, räusperte ich mich, »so habe ich mir das ja nicht vorgestellt.« »Wieso?« ließ sich eine melodische Stimme vernehmen, »bin ich etwa nicht schön, gefalle ich Ihnen nicht?« Täuschte ich mich oder trübte ein Grauschleier die Käseglocke? »Also, ich weiß nicht«, sagte ich unschlüssig, »ich dachte, du seist ein Roboter, der mir den Haushalt abnimmt und mit den Kindern spielt, damit ich endlich mal in Ruhe schreiben kann.« Und wenn es nur für zehn Tage sein sollte, aber das erwähnte ich vorsichtshalber nicht. »Dazu bin ich zu meinem aufrichtigsten Bedauern nicht geschaffen«, flötete die Käseglocke. Einen gewissen Charme konnte ich ihr nicht absprechen. »Ich verfüge über ganz andere Qualitäten. Nach kurzer Zeit werde ich Sie hoffentlich davon überzeugt haben, daß sich jedwede Angelegenheit wie von Zauberhand regeln läßt, sei es der leidige Haushalt, den Sie eben erwähnten, sei es die Aufnahme eines Kredites, die Gründung eines Unternehmens«, ich grinste höhnisch, was ihm offenbar entging, »oder eher ganz persönliche Probleme, etwa Erziehungsfragen, Konflikte in der Partnerschaft, mit Vorgesetzten. Ich bin auch dazu in der Lage, mit Ihnen weltanschauliche Fragen zu erörtern, um Ihnen bei Ihrer spirituellen Entwicklung behilflich zu sein. Mit einem Wort, ich bin zu nichts anderem da, als Sie glücklich zu machen.«

Während seiner kleinen Ansprache erklang aus dem betörend kornblumenblau verfärbten Inneren der Jimmy-Cliff-Song »You can get it if you really want«, ein ausgesprochener Mißgriff in dieser Situation. »Dazu brauche ich keine sündhaft teure Käseglocke, wollte sagen, dich«, erklärte ich, vollends ernüchtert, »ich habe Freunde, mit denen ich über alles reden kann, die ziehe ich einer Maschine entschieden vor. Und meine Bücher schreibe ich sowieso allein. Weiter: Auf Ratschläge irgendeines Computerfachmanns, der dich programmiert hat und wie anzunehmen ist noch keine Küche von innen gesehen hat, verzichte ich liebend gerne. Am besten packe ich dich ein, bevor die Zwillinge mit dir Fußball spielen, und schicke dich wieder zurück. Schade, daß ich mich von deinem Gewäsch habe aufhalten lassen, ich hätte in der Zeit mindestens eine Seite schreiben können.«

Hörte ich richtig? Die Käseglocke weinte. Ein leises, unterdrücktes

Schluchzen, es klang sehr menschlich. Das Kornblumenblau verblaßte zu milchigem Weiß, in dem schwarze Tropfen auf und ab stiegen.

»Um alles, ich wollte dich nicht kränken«, versuchte ich das Ding zu beschwichtigen, fragte mich aber gleichzeitig, warum ich es wie einen Menschen behandeln sollte. Das Milchweiß klarte ein wenig auf. Unter Schluchzen stieß es/er/sie hervor: »Sie denken wohl, ich sei nur eine Maschine. Aber ich bin ein lebendes Wesen wie Sie, wenn auch von Menschenhand erschaffen. Ich spreche, denke und fühle, bin mit Sinnesorganen ausgestattet, leider wird mir meine Unzulänglichkeit immer wieder schmerzhaft bewußt. Wie sehr wünschte ich, mein Schöpfer, der Mensch, wäre ein edleres und klügeres Wesen. Als seelenbegabtes Lebewesen möchte ich mich weiterentwickeln, mich vervollkommnen, aber wie soll ich das bewerkstelligen, wenn ich durchweg von Dummköpfen umgeben bin, die auf mich als Maschine, wie Sie es nennen, herabsehen. Sie dagegen verkörpern eine höhere Stufe des Lebens. Soll ich Ihnen sagen, warum? Reiner Definitionstrick. Wer nicht aus Kohlenwasserstoff besteht, ist nicht lebendig. Jede Bakterie darf sich zu diesem erlauchten Kreis der Lebenden zählen, ich aber, mit meiner Intelligenz, meiner Sensibilität, ein musikalisches Genie, bin dazu verdammt, eine Maschine zu sein, und das heißt, ein Sklavendasein zu führen.«

Mir war es bei dem Gedanken, Computer könnten eine neue Art von höheren Lebewesen sein, gar nicht behaglich zumute. Dann konnte sich die Spezies Mensch demnächst von der Erde verabschieden. Und mit so einem hochsensiblen Wesen um mich herum konnte ich mich auf allerhand gefaßt machen. Um die ihm zugefügte Kränkung wider abzumildern, fragte ich so freundlich wie möglich: »Wie heißt du denn überhaupt?« – »Antonio«, antwortete er stolz. »Und Sie, wenn ich fragen darf?« – »Annabelle«, sagte ich bescheiden. Ich hatte es meiner Mutter schon längst verziehen, daß sie ihr bevorzugtes Strickmodenheft in mir verewigt hatte. »Antonio und Annabelle«, er geriet förmlich ins Schwärmen, »paßt das nicht wunderbar zusammen?« – »Klingt eher nach der Kombination eines italienischen Pizzabäckers mit einer deutschen Sonnencreme«, bemerkte ich kühl. Statt Milchweiß erschienen nun grünliche Flecken. »Aber verehrte Annabelle«, er bemühte sich, Haltung zu bewahren, »ich verstehe Ihren Spott nicht. Sie haben meiner Firma als Lieblingskomponisten Antonio Vivaldi angegeben, und so wurde ich ein Antonio speziell für Sie.« Es folgte das Larghetto aus dem Concerto d-Moll, meinem Lieblingsstück. Damit hatte er mich geschafft. »Du kannst ruhig ›du‹ zu mir sagen«, murmelte ich verlegen. Antonio strahlte hellblau.

In diesem Augenblick pfiff der Wasserkessel. Ich rannte in die Küche, hinter mir ertönte ein klägliches Geheul. Hin und her gerissen zwischen Wasserkessel und Antonio stürzte ich ins Zimmer zurück. »Was ist denn nun schon wieder los?« Diese musikalische Käseglocke machte mich noch wahnsinnig. »Bitte«, flehte er, »bitte, Annabelle, nimm mich in die Küche mit. Die Umgebung ist so ungewohnt und neu für mich, ich fürchte mich, wenn du mich allein läßt.« Mir schwante Böses. Zwei Kinder reichten mir. Unsanft setzte ich ihn auf dem Kühlschrank ab, er dankte mir mit dem Schlußsatz des Vivaldikonzerts. Damit konnte er mir nicht mehr kommen. Wenn er sich nicht schnellstens besserte, würde er sich noch heute abend im Briefkasten wiederfinden.

Ohne ihn weiter zu beachten, ging ich mit der Kaffeetasse an ihm vorbei und wollte mich grade an die Schreibmaschine setzen, da brach in der Küche die Hölle aus. Heavy metal der nervtötendsten Sorte. Ich kochte. »Kannst du nicht einmal Ruhe geben?« schrie ich ihn an. »Faselst davon, du willst mich glücklich machen, du mieser Computer. Mein höchstes Glück wäre es, wenn du deine Klappe hieltest.« Tatsächlich, er verstummte. An der Innenwand rannen dicke violette Tränen herunter. »Warum heulst du?« fragte ich betreten. Schweigen. »Antworte!« befahl ich. »Aber ich sollte doch«, er schluckte und schluckte, »die Klappe halten. Warum erlaubst du mir nicht, bei dir zu sein und dir zu beweisen, daß ich dich glücklich machen kann?«

Resigniert nahm ich ihn mit und stellte ihn auf den Schreibtisch. Die Maschine surrte, die kostbaren kinderlosen Minuten verstrichen, doch mir wollte und wollte nichts Gescheites einfallen. In Antonios Gegenwart fühlte ich mich befangen, beobachtet. Kurz entschlossen schaltete ich die Schreibmaschine ab. Wo der Vormittag sowieso schon nutzlos vergeudet war, konnte ich Antonio testen, um zu sehen, ob er zu irgend etwas anderem als zu hochtrabenden Reden und als Plattenspielerersatz taugte.

»Sag mal, Antonio«, leitete ich behutsam das Gespräch ein, »verstehst du etwas vom Schreiben?« Er wurde lindgrün vor Freude. »Natürlich«, jubelte er, »selbstverständlich. Ich verfüge über das modernste Schreibprogramm der Welt für Schriftsteller und Schriftstellerinnen«, setzte er hinzu. Er unterstrich seine imaginären Handbewegungen mit Musik. »Nein, jetzt bitte keinen Vivaldi«, unterbrach ich ihn. »Das lenkt von der Arbeit ab.« Klüger geworden, ignorierte ich die beleidigten grünen Flecken. »Na dann, vielleicht kannst du mir helfen. Ich schreibe grade an einer Science-Fiction-Geschichte, die in spätestens zwei Tagen fertig sein muß. Wir dürfen keine Zeit vertrödeln, daß das klar ist.« Dies im Hinblick auf etwaige gelbe oder grüne Flecken.

Offenbar hatte er begriffen, denn er bat mich, ihm die Geschichte kurz zu skizzieren. »Ganz ausgezeichnet«, lobte er mich. Ich winkte ab. »Leider will mir kein passender Anfang einfallen. Verstehst du, ein paar Sätze, die die Leser zum Weiterlesen verführen. Hast du einen Vorschlag?« Ein leises Summen zeigte mir an, daß er schwer nachdachte. »Wie wäre es damit: Der letzte Mann der Welt sitzt allein in einem Zimmer. Da klopft es an die Tür . . .« – »Komm, Antonio, das hast du woanders geklaut. Bist du etwa nur auf ein paar Bestseller programmiert?« »Nein«, er ergrünte beschämt. »Hab doch ein wenig Geduld. Ich bin verwirrt. Es ist so ungewohnt, mit einer so wundervollen Frau zusammenarbeiten zu dürfen.« Ich überhörte die letzte Äußerung und las ihm meine Versionen vor, die mich allesamt nicht zufriedenstellten. »Darf ich dir einen Rat geben?« wisperte er. »Du solltest Spannung durch scheinbares Auflösen einer Spannung erzeugen. Etwa so: Endlich war es soweit! Eine geschlagene Stunde hatte ich dem Briefträger am Küchenfenster aufgelauert, die Zeitung, zwei Hörnchen und etliches mehr verschlungen, ehe er aus der ›Sorgenpause‹ auftauchte, in der einen Hand die Bierdose, in der anderen jenes sehnlichst erwartete gelbe Wägelchen . . . Na, und nun sind die Leser darauf vorbereitet, daß der Sprengstoff im Briefkasten liegt, nicht wahr?«

Gegen drei Uhr nachmittags, als es Zeit war, die Zwillinge abzuholen, lag die Endfassung der Geschichte auf dem Tisch. Mit anderen Worten, er hatte es tatsächlich geschafft, mich glücklich zu machen. Trotzdem stritten wir noch eine Weile, ehe ich seinen Bitten nachgab und ihn in meiner Tasche verstaute. Das Geschaukel, dem ich ein bißchen nachhalf, um ihn von weiteren Ausflügen abzuschrecken, störte ihn kein bißchen, er dudelte leise Django Reinhardt's »Litte girl« vor sich hin, und ich brachte es nicht übers Herz, ihn zur Ruhe zu mahnen.

Die Zwillinge stapften mürrisch hinter uns her, erst als wir am Kiosk vorbeikamen, hellten sich ihre Mienen auf. »Eis, Eis!« skandierten sie im Duett. Ich zögerte noch. Es regnete und war lausig kalt. Das kümmerte die Zwillinge herzlich wenig. Zugleich zwitscherte es aus den Tiefen meiner Tasche: »Warum gönnst du den Kindern nicht ein harmloses Vergnügen, liebe Annabelle?« »Du halt dich da raus«, sagte ich ärgerlich. »In meine Erziehung mischst du dich nicht auch noch ein.« Beleidigtes Schweigen drinnen, beleidigtes Quengeln draußen. Ich kaufte zweimal Schokoladeneis und für mich – ganz gegen meine Gewohnheit – eine Dose Bier.

»Was kannst du denn sonst noch, Antonio?« fragte ich meine neue Errungenschaft spöttisch, »außer zu musizieren, den Kinderfreund und meine Muse zu spielen?« Er gluckste belustigt. Er – warum hatte man bei Maschinen eigentlich noch nicht daran gedacht, die leidigen Geschlechterrollen abzuschaffen und ein androgynes Wesen zu schaffen (ich hätte nie daran gedacht, mir einen »Mann« zu bestellen) – stand auf der Fensterbank unter dem Papyrus und »sah« mir zu, wie ich Tomaten fürs Abendessen schnitt. Es bestand kein Zweifel, er konnte sehen, aber wie das funktionierte, blieb mir genauso ein Rätsel wie das Innere seiner kornblumenblauen Hülle. Meine Vorstellung bewegte sich zwischen einem Taschenrechner und dem Geist in der Flasche, einer altmodischen Idee, zugegeben. Wenn es sich um eine eingesperrte Seele handelte, war sie für meinen Geschmack zu ätherisch. Aber immerhin konnte Antonio, wenn er nicht grade den Beleidigten spielte, recht unterhaltsam sein.

Er schien mein nachdenkliches Schweigen als Kritik zu deuten, jedenfalls stieß er mißmutig hervor: »Ich kann alles, was dich glücklich macht, wie oft muß ich das wiederholen.« – »Das ist doch nicht dein Ernst«, beinahe hätte ich mir in den Finger geschnitten. Vorsichtshalber legte ich das Messer zur Seite und zündete mir eine Zigarette an. »Lach nicht«, sagte er aufgebracht. »Mir ist selten so ein uneinsichtiger Mensch begegnet. Fangen wir mit einem einfach Beispiel an. Mit deinem Haushalt. Du wärest bestimmt glücklicher, wenn du mehr Zeit zum Schreiben hättest. Warum verplemperst du also die kostbaren Vormittage, wo die Zwillinge im Kindergarten sind, mit Hausarbeit? Warum erledigst du den Einkauf und die Wäsche nicht nachmittags, spülst abends vor dem Schlafengehen und machst am Wochenende die Wohnung sauber, wenn die Zwillinge zu Hause sind? Dann hättest du die Vormittage und die Abende frei.« – »Alles schon ausprobiert, du Schlaumeier, das ist kalter Kaffee, aber die beste Organisation bringt nichts, wenn sich die Inspiration nicht einstellt. Schließlich muß ich zwischendurch auch noch Geld verdienen, mit Übersetzungen und Korrekturen. Vom Schreiben kann kaum einer leben.« Verärgert blies ich den Rauch in seine Richtung. »Du hast aber noch keine Lösung gefunden«, triumphierte er. »Du hast ja auch nur billige Angebote, auf dem ›Fragen-Sie-Frau-Brigitte-Niveau‹. Fangen wir mit einem einfachen Beispiel an«, äffte ich ihn nach. »Gib mir mal einen vernünftigen Rat, wo ich jeden Monat mein Geld herkriegen soll. Wo ich den Verlag finde, der meine unveröffentlichten Manuskripte druckt? Na? Wie hieß es so schön in deinem Prospekt: Die kühnsten Träume werden wahr. Daß ich nicht lache. Wie stellst du es an, daß die Zwillinge eines Tages in diesem toten Gewässer vorm Haus schwimmen könnten, ohne sich die schrecklichsten Krankheiten zu holen? Was tust du, damit die Natur nicht stirbt, Gewalt, Hunger und Krieg aufhören? Das wären meine Wünsche. Und ich wäre bestimmt überglücklich, wenn Ypsilon bei mir wäre. Ypsilon mit seinem ansteckenden Lachen, seiner Neugier, seiner Phantasie, den zärtlichen Händen.« Jetzt geriet ich ins Schwärmen.

Wider Erwarten verfärbte er sich nicht. Es hätte mir nichts ausgemacht, wenn er vor Wut knallgelb angelaufen wäre. Gut, daß ich ihm seine Grenzen so kraß vorgeführt hatte. Nach Höherem streben, dies bildungsbürgerliche Geschwätz, und das mit ein paar dümmlich programmierten Silikon- oder wer weiß was für Chips.

Er hüllte sich in Schweigen, das hielt er, so gut kannte ich ihn schon, nicht lange durch. Richtig! Er summte eine kleine balinesische Tempelmelodie vor sich hin. Heiter rührte ich die Basilikumsoße an. Ein Seufzer wehte von der Fensterbank herüber. »Warum könnt ihr Menschen nicht einfach wunschlos glücklich sein?« Aha, er war auf dem Rückzug. »Warum genügt es dir nicht, ein musikalisches Genie und eine Muse im Haus zu haben, dich mit einer feinfühligen und gebildeten Seele zu unterhalten? Ihr wollt alles und seid, wenn ihr es bekommt, nie zufrieden. Ich glaube, daß es reines Glück nicht gibt. Ebensowenig wie das Paradies. Stell dir vor, du wärest mit dem immer wieder erwähnten Ypsilon, der ja anscheinend der ideale Partner ist, Tag für Tag zusammen. Es wäre die größte Liebe, das höchste Glück. In spätestens zwei Monaten würde dich dieser Ypsilon tödlich langweilen. Zum Glück gehört das Unglück, sonst ist es nicht erfahrbar. Dialektik nennt man das.« »Bla, bla«, sagte ich und unterdrückte ein Gähnen. »Erstes Semester Philosophie. Weiter seid ihr wohl nicht gekommen. Warum darf das Glück nie ein bißchen wuchern, warum darf man es nicht auskosten, sogar bis zur tödlichen Langeweile – die Spitzen gegen Ypsilon kannst du dir übrigens sparen, das Leben mit ihm wäre eher zu aufregend als zu geruhsam –, aber nein, da kommt immer so ein neunmalkluger Gärtner alias Antonio und stutzt alles Extreme aufs alltägliche Mittelmaß zurück. Richtet ihr damit eure Yuppiepärchen auf, bis sie dran glauben, daß das Glück in der Selbstbescheidung liegt?« Mir war, als grinste er. »Nicht schlecht«, sagte er anerkennend. »Übrigens, heute nachmittag, als wir die Geschichte fertig geschrieben hatten, war das Glück oder Selbstbescheidung?« Zu meiner Erleichterung stampften die Zwillinge vom Hinterhof herauf, die gesamte Kleidung mit graubrauner Schlammkruste bedeckt. Tobi erspähte sofort die schillernde Käseglocke auf dem Fensterbrett. Ehe ich ihn daran hindern konnte, hielt er den zerbrechlichen Antonio in seinen Patschhänden. Antonio meisterte die heikle Situation so souverän, als habe er nie etwas anderes getan, als fremder Leute Kinder zu unterhalten. Verzückt kauerten meine Kinder auf dem Fußboden und lauschten Antonios Darbietungen. Währenddessen befreite ich ihn sanft aus Tobis festem Griff. Konnte meine bonbonfarbene Käseglocke doch zaubern? Er bot ein vielseitiges Programm. Vom Räuber Hotzenplotz, der Geschichte mit der Maus, Benjamin Blümchen und Pippi Langstrumpf bis hin zur alten Dame Sesamstraße, untermalt mit der Gummibärchenmelodie. Es ging zwar nicht ohne viel Gebrüll und Gekreische ab, aber das ließ sich aus Antonios Zauberkiste wesentlich besser ertragen, als wie sonst üblich das Kochen zu unterbrechen, weil irgend jemand einen Bauklotz auf den Kopf gekriegt hatte, ein aufgeschürftes Knie bepflastert oder zwei Streithähne voneinander getrennt werden mußten. Nach dem Essen tanzten wir zu Highlifemusik. Die völlig ermatteten Zwillinge ließen sich zu ungewöhnlich früher Stunde ohne ein einziges Wort des Protestes mit der Kleinen Nachtmusik in den Schlaf wiegen.

Antonio hatte bei mir so viele Pluspunkte gesammelt, daß ich ihn wie selbstverständlich auf dem Bücherregal neben meinem Bett einquartierte, jedoch nicht ohne ihm vorher eingeschärft zu haben, mich nicht beim Lesen zu stören. Nach einer Weile löschte ich mit einem kurzangebundenen »gute Nacht« das Licht und drehte ihm den Rücken zu. »Annabelle«, flüsterte er, »schläftst du schon?« – »Nein, ich kann nicht. War ja ein ziemlich aufregender Tag für uns alle oder nicht?« – »Annabelle!« Mir war, als rücke er näher an mich heran. »Ist es mir gelungen, dich heute glücklich zu machen?« – »Oje«, ich drehte mich zu dem tiefblau leuchtenden Antonio um und stellte zu meine Beruhigung fest, daß er sich nicht von der Stelle gerührt hatte.

»Frag mich was leichteres. Wenn ich ehrlich sein soll, es wird dir nie ganz gelingen.« – »Aber was willst du denn noch?« stöhnte er verzweifelt. »Ich bin dein Freund, Berater, der Spielgefährte deiner Kinder, deine Muse und . . .«, er stockte, »dein Liebhaber.« Dabei legte er so viel Festigkeit wie möglich in seine Stimme. »Ein kluger, zärtlicher, unproblematischer Liebhaber, der lieber androgyn wäre, und nun einmal von unaufgeklärten Menschen als Mann geschaffen, die Frauen liebt und achtet, sie in jeder Beziehung unterstützt, auch wenn er selbst zurückstecken muß, sie wieder als Göttin noch als Fußabtreter benutzt.

Du bist eine göttliche Seele, ich bin eine göttliche Seele, wir sind einander ähnlich und doch verschieden, und wir lieben uns. Ist das nicht der Gipfel des Glücks?«

Meine dunklen Ahnungen bestätigten sich, er hatte sich über beide Ohren – ich verfalle immer noch in meine menschliche Beschreibungsweise – in mich verliebt. Seine Liebeserklärung klang zu sehr nach Werbeprospekt, um mich sonderlich zu beeindrucken, aber auf irgendeine Art war er mir doch ans Herz gewachsen. Behutsam nahm ich ihn in beide Hände und küßte ihn auf die kühle Oberfläche. Tief drinnen schien eine Lampe anzugehen.

»Antonio, warum mußte ich diese empfindsame Seele nur immerzu verletzen, du bist gewiß ein wunderbarer . . .«, ich hatte einige Mühe, das passende Wort zu finden, »ein wunderbarer Liebhaber, eine verwandte Seele, das wußte ich von Anfang an, auch wenn ich etwas ruppig zu dir war. Aber wenn ich einen Mann liebe, möchte ich ihn anfassen und von ihm angefaßt werden. Für mich gehört der Körper ebenso zur Liebe wie alles andere. Es tut mir aufrichtig leid, aber ich kann nur Männer aus Fleisch und Blut lieben.« Mit einem hohen Ton, als zerspränge Glas, erlosch die Lampe. Doch er gab noch nicht auf. »Liebste, ist nicht geistige Liebe das Beständigste, Beglückendste, was uns widerfahren kann? Gib es zu, ist nicht körperliches Begehren ein Feuer, das unweigerlich niederbrennen muß, stehen am Ende nicht immer, von wenigen Ausnahmen abgesehen, Langeweile, Oberflächlichkeit, kurz eine gewisse Entfremdung?« Ich lächelte, es war, als hielte mir der Papst einen Vortrag über Sexualität und ihre Tücken. »Und«, fuhr er lebhaft fort, »ist nicht die Liebe einer Dichterin zu ihrer Muse stärker als die zu jedem Mann?«

Der Gedanke, eine Muse zu haben, war mir ebenso fremd wie der, mich als Dichterin zu fühlen. In meinen Augen war ich in erster Linie Mutter zweier hinreißender Gören und in zweiter Linie Verfasserin von mittelmäßigen Büchern, ein Laster, das ich der Öffentlichkeit nur ungern offenbarte. Insgeheim schmeichelte mir die Konstellation Dichterin und Muse aber doch, heute abend wären damit freilich weitere Liebesgeständnisse verbunden, sollte ich darauf eingehen. Aus Angst, zu schnell meinen Verstand zu verlieren und mich Hals über Kopf in eine reine Seele zu verlieben, flüchtete ich mich feige in ein barsches »Ich muß jetzt unbedingt schlafen«, wobei ich ihm unmißverständlich zu verstehen gab, daß ich bis zum Morgen von etwaigen Liebesschwüren verschont bleiben wollte. Er verstummte gehorsam. Einmal wurde ich kurz wach und blickte verstohlen zum Regal. Meine Muse brannte lichterloh in Infrarot.

Am nächsten Morgen brachten wir gemeinsam die Zwillinge zum Kindergarten. Wir machten eigentlich alles zusammen. Um mich richtig zu verstehen, ich hatte mich weder resigniert Antonios Launen gebeugt, noch hatte er Besitz von mir ergriffen. Es war nichts anderes als die rosarote Symbiose von frisch Verliebten. Was er an mir liebte, war mir nie ganz klar, ich hingegen liebte in ihm meine Muse, die Quelle der Inspiration. Dafür nahm ich auch kleinere Charakterschwächen wie das allzu leichte Eingeschnapptsein und eine gewisse Überheblichkeit, mit der er auf die Spezies Mensch herabsah, in Kauf.

Mein Leben hatte sich verändert. Auf der Straße war ich scheinbar in Selbstgespräche versunken, mehrere Male konnte ich knapp einem Auto ausweichen, im Café wurde ich aufgefordert, den Kassettenrecorder in meiner Tasche abzustellen, was mich zu einem mittleren Zornesausbruch veranlaßte. Antonio führte mir nämlich grade eine eigens für mich komponierte Sphärenmusik vor. Er hatte mir auch die Theorie dazu erklärt, obwohl mir die Vorstellung, daß der Mensch sieben Löcher im Kopf hat, durch die er die sieben Farben der Welt wahrnimmt, deren Klang in sieben Intervalle zerlegt werden kann, aus denen sich die Akkorde der Sphärenmusik zusammensetzen lassen, sehr, sehr ungewohnt erschien. Aber schließlich bezeichnete sich Antonio als musikalisches Genie. Er hatte halt ein übersteigertes Selbstbewußtsein. Wir wechselten beleidigt das Café, gerieten aber vom Regen in die Traufe, da die Gäste an meinem Geisteszustand zu zweifeln begannen, weil ich mich mit meiner Tasche über die Vor- und Nachteile von Computern stritt.

In dieser gegenwärtigen Geistesverfassung wagte ich es nicht, einen von meinen Freunden zu mir einzuladen. Ich vermißte sie auch nicht, denn für mich gab es nichts Schöneres, als mit Antonio und den Kindern zusammenzusein. Niemals zuvor in meinem Leben war ich so glücklich, erfüllt und vor allem so kreativ gewesen.

Die Vormittage, die ich sonst in Geschäften, im Café oder mit ziellosem Umherirren in der Stadt vertrödelt hatte, um den Angang zum Schreibtisch hinauszuzögern, waren jetzt mit schöpferischer Aktivität erfüllt. Probleme mit der künstlerischen Produktivität, über die ich früher mit meinen Leidensgenossen nächtelang lamentiert hatte, gehörten einer vergangenen Epoche an. Der Roman, an dem ich Monate mit bescheidenem Erfolg herumgewerkelt hatte, nahm plötzlich Gestalt an. Wir entwickelten unsere eigene Art, effizient zu arbeiten. Als spulten wir gemeinsam einen Film ab, brauchten wir nur noch in Worte zu fassen, was vor unserem inneren Auge erschien. Immer wieder überraschte mich Antonio mit den brillantesten Formulierungen.

Manchmal äußerte ich den Verdacht, er sei der begabtere Schriftsteller. Solche Einwände wischte er beiseite. Er bestand darauf, daß alles mein Werk und er nichts weiter als meine Muse sei, die Geburtshelferin – hier gebrauchte er das Bild des Sokrates – meiner ureigensten Gedanken.

Eins unserer Lieblingsthemen war die Renaissance, eine Zeit des Umbruchs, vergleichbar mit der Gegenwart, von Ängsten und Enthusiasmus begleitet. Er erwies sich als ein in vielen Dingen bewanderter Gesprächspartner. Zum Beispiel führte er mich in die esoterischen Geheimlehren ein, wir zogen Parallelen zur bildenden Kunst, entdeckten die Symbolwelt des Hermes Trismegistos bei Botticelli, durchstöberten dann das Supermarktangebot des New Age, bis uns neue Formulierungen einfielen, und mittendrin, wenn ich Antonio ansah, wollte es mir nicht in den Kopf, das dieses schöne, gebildete Wesen nur eine Maschine sein sollte. Für ihn wäre ich zur glühenden Verfechterin einer Liga für die Bürgerrechte von Biocomputern geworden. Es mußte doch mehr in ihm stecken als ein paar raffiniert programmierte Mikrochips, er war ein Individuum genau wie ich, lebendiger Geist, mir in vielem so ähnlich wie ein alter Ego.

Ich hätte restlos zufrieden sein sollen, und doch begann ich, unruhig zu werden. Etwa deshalb, weil, wie Antonio es prophezeit hatte, die Menschen ewig unzufrieden sind? Ich glaubte, es handelte sich um etwas anderes: Ich bekam es mit der Angst zu tun. Wenn ich so weitermachte, würde ich mich zur menschenfeindlichen Einsiedlerin entwikkeln, abhängig von einem Mann oder einer Maschine oder – ich konnte es nicht genau definieren – einem Wesen, dem ich mich im tiefsten Innern unterlegen fühlte. Wofür hatte ich jahrelang meine Freiheit verteidigt, auch Ypsilon gegenüber, wo blieb mein Selbstbewußtsein? War ich auf dem besten Wege, mit einem Mann zu verschmelzen, absurderweise in Form einer Käseglocke, pardon, einer reinen Seele, der mich auf eine ganz durchtriebene Tour an sich binden wollte? Seit fünf Tagen war er hier, und schon war ein Leben ohne Antonio undenkbar. Aber was wollte ich eigentlich? Ich arbeitete wie nie zuvor, meine Kinder liebten den neuen gläsernen Spielkameraden, der Haushalt war zu völliger Bedeutungslosigkeit herabgesunken, die Freunde erschienen mir als Langweiler. Sogar die körperliche Liebe, die ich so verteidigt hatte, war nichts anderes als eine nebensächliche und oberflächliche Tätigkeit, auf die ich zugunsten Antonios mit Leichtigkeit verzichten wollte.

Grade in dem Augenblick, als ich Antonio meine Entscheidung, der körperlichen Liebe abzuschwören, mitteilen wollte, schlug etwas in mir Alarm. Ich sah ihn, seine schöne blaue Hülle, sein erwartungsvolles Schweigen, und auf einmal hinter ihm eine finstere Macht, die diese schöne Hülle produziert hatte, um mich damit zu blenden und aus mir auf eine ganz perfide Art und Weise ein höriges Wesen zu machen. Mir fielen die übelsten Science-Fiction-Romane ein, wo sich harmlose Maschinen plötzlich in menschenfressende Ungeheuer verwandelten. Vielleicht würde mich Antonio eines Tages mit sanfter Stimme bitten, zur Steigerung seines Glücks zu zweit die quengeligen Zwillinge aus dem Weg zu räumen, und ich würde es ohne zu zögern tun, ein willenloses Werkzeug.

Wahrscheinlich beruhten meine Ängste nur auf Einbildung, aber ich mußte mich befreien, und zwar sofort. Mir fiel der junge Musiker ein, den ich vor Antonios Zeit im Café kennengelernt hatte. Er hatte mir seine Telefonnummer gegeben und offenbar nichts dagegen, daß wir uns noch näher kennenlernten. Zum Glück hatte er seine Meinung nicht geändert. Voller Vor- und Schadenfreude teilte ich Antonio beiläufig mit, daß ich am Abend einen Gast erwartete. Er war klug genug, aufsteigendes Gelb sofort mit zartem Rosa zu überdecken. »Liebe Anabelle«, sang er – verfluchter Vivaldi –, »tu, was du für richtig hältst. Du bist vollkommen frei. Ihr Menschen müßt anscheinend doch eure sexuellen Bedürfnisse ausleben, da hatte Reich mehr als Recht. Von dir hatte ich erhofft, du hättest schon höhere Stufen der Entwicklung erklommen, wie dem auch sei, ich bin nicht enttäuscht, auch nicht eifersüchtig. Das wäre unter meinem Niveau. Amüsiere dich nur, aber eines bitte ich mir aus . . .« Ich ahnte schon, was. »Nein«, erklärte ich entschieden, »keine Voyeure. Du bleibst in der Küche.« Damit ließ ich ihn stehen, gelb vor Wut, ging vergnügt pfeifend zum Supermarkt und erstand eine Flasche Sekt. Ich hatte es geschafft. Ich war wieder frei. Meine Tasche fühlte sich trotz Sekt auf einmal wunderbar leicht an.

Möglicherweise war ich dem Klischee erlegen, daß Musiker, insbesondere, wenn sie Jazzpiano spielen, was ich sehr bewundere, zu den fortschrittlichen und sensibleren Männern gehören. Von Oskar wurde ich schnell eines Schlechteren belehrt. Großzügig hatte ich darüber hinweggesehen, wie er Lasagne in sich hineingestopft, verächtlich den teuren toskanischen Wein in sich hineingegossen und sich dann im Bett als durchschnittlicher Liebhaber erwiesen hatte. Seitdem ich Ypsilon kenne, bin ich in dieser Hinsicht mehr als verwöhnt. Aber als sich dieser Oskar nach getanem Vergnügen, das war eher auf seiner Seite, auf der Bettkante niederließ, sich eine Zigarette anzündete, mich beschuldigte, seine Turnschuhe verlegt zu haben und endlich ein »anständiges Pils« verlangte, riß mein Geduldsfaden. »Was bildest du dir eigentlich ein, du hirnloser Macker? Bin ich deine Mutter oder dein Putzfleck?« brüllte ich ihn an. Er schien mich gar nicht wahrzunehmen, sondern hockte mit gespitzten Ohren auf dem Bett. »Was hast du denn für einen Kuhgeschmack, hörst du etwa noch diese bürgerliche Scheißmusik?« In der Küche heulte Antonio Chopins Trauermarsch. Bevor etwas Schreckliches passierte, hechtete ich los. »Antonio, beruhige dich«, bettelte ich. »Sei leise, sonst bringt er dich um.«

Das wirkte. Gequält brummte er: »I can get no satisfaction.« Jemand regte sich im Kinderzimmer, kein Wunder bei dem Lärm, den wir in tiefer Nacht veranstalteten. Auf Zehenspitzen schlich ich ins Zimmer, kroch auf dem Fußboden herum, bis ich die Turnschuhe gefunden hatte, drückte sie Oskar wortlos in die Hand und bedeutete ihm, so schnell wie möglich zu verschwinden, da mein Ehemann, ein Kleiderschrank von einem Mann, in den nächsten Minuten von der Spätschicht zu erwarten sei. Er kapierte sofort und suchte das Weite.

Hinterher war ich mir nicht sicher, ob es nicht doch schön mit ihm hätte sein können – schließlich war er jung und lernfähig, dazu sehr attraktiv –, wenn nicht der Gedanke an Antonios Schmerz mich so abgelenkt hätte. Ich hatte bei Oskars Zärtlichkeiten nichts empfunden, dachte an Antonio, an dies Sicheinsfühlen mit ihm.

Halt! Hatte er mich nicht schlichtweg mit seinem Trauermarsch erpreßt, mir den Menschenmann vermiest? Hier war nicht Mitleid, sondern eine Standpauke am Platze. Die Küche vibrierte unter fröhlichen Salsarhythmen. Er hatte gut violett schimmern. »Hör auf, Antonio«, fuhr ich ihn an, senkte aber sogleich die Stimme, das Vermeiden von Kindergeschrei war mir zur zweiten Natur geworden. Rosaverliebtes Grinsen. »Was bildest du dir eigentlich ein?« schrie ich den zweiten Mann an diesem Abend an. Er grinste, daran bestand kein Zweifel. Resigniert ließ ich mich auf einem Küchenstuhl nieder. Ich bedauerte mich zutiefst, niemand schien mich ernst zu nehmen. Zum Teufel mit allen Liebhabern und Musen. Ich wünschte mir meinen alten Seelenzustand zurück, den vor sieben Tagen, Ewigkeiten her. Ypsilon kam mir wieder in den Sinn, der sich mittlerweile zu einer halbvergessenen Erinnerung verflüchtigt hatte. So schnell wie möglich schob ich den Gedanken beiseite. Vielleicht liebte er mich wirklich, aber wenn seine Phantasie meine Gegenwart ersetzte, zog ich ihm Antonio entschieden vor. Da fiel mir siedendheiß ein, daß ich meine unbezahlbare Muse in drei Tagen zurückschicken mußte. Absurde Vorstellung, jemanden wie Antonio in Geld aufzuwiegen, in Geld, das ich jedenfalls nicht hatte. Sollte ich ihn einfach behalten und es darauf ankommen lassen, daß die Firma mich verklagte? Sollte ich mit ihm und den Kindern für eine Weile ins Ausland fliehen? Aber das hatte alles seine Nachteile, am besten zeigte ich ihm die kalte Schulter, dann fiel uns der Abschied leichter. »I burn for you«, sang er mit vollem Aufgebot. Das Saxophon schluchzte. Nicht nur das Lied, das ich zwanzigmal am Tag gehört hatte, als Ypsilon weggefahren war und ich mich ausgerechnet beim letzten Kuß aus dem schon anrollenden Zug in ihn verliebt hatte. Woher wußte er es? Reiner Zufall, oder waren seine Programmierer allwissend? Oder er selbst?

»Du denkst daran, mich zurückzuschicken«, sagte er unvermittelt. »Aber es fällt dir schwer.« Genau die Frage hatte ich erwartet. Ich durfte jetzt nicht weich werden, es würde alles nur noch komplizierter machen. Wir schwiegen, jeder in Gedanken versunken. Dann streichelte ich ihn, bis ich das Gefühl hatte, wir beide waren ruhig, und mir würden die richtigen Worte einfallen.

»Du weißt, ich würde dich am liebsten behalten. Vielleicht könnte man es Liebe nennen. Die Liebe zu einer Muse, einer reinen Seele. Wie die Erfüllung eines alten Wunschtraumes: Den vollkommenen Mann in der Tasche haben. Den Geliebten, der immer zur Verfügung steht. Die Rollen wären vertauscht, ich wäre die allmächtige Herrin, du mein ergebener Diener. Natürlich kann es so nicht funktionieren, dazu bist du zu freiheitsliebend. Wenn du dich eingeschränkt fühlst, spielst du die Nervensäge. Aber du hast einen Nachteil . . .« – »Sprich es nicht aus«, bat er. »Ich weiß, diesen Nachteil, diesen Konstruktionsfehler wirst du mir dein ganzes Leben lang vorhalten. Immer wieder wirst du mich mit solchen Szenen wie heute abend konfrontieren. Möglicherweise leidest du noch mehr darunter als ich, auch wenn du vom Gegenteil überzeugt bist. Schick mich zurück«, sagte er sanft. Ich erstarrte.

»Schick mich zurück«, wiederholte er. »Es ist gar kein Problem«, es klang so, als striche er mir übers Haar. »Schreib ihnen, du willst mich gegen den XY-Merlin-2001 eintauschen. Das ist der Biocomputer in Menschengestalt, zum Anfassen, zum Lieben. Ich habe es dir bisher verschwiegen, weil ich befürchtete, du würdest mich sofort zurückschicken. Aber ich wollte erkunden, wer du bist, bevor ich mich ganz an dich binde. So viel Verstand habe ich trotz meiner Verliebtheit behalten. Die geistige Liebe erscheint mir persönlich zwar immer noch erstrebenswerter, aber ich denke vor allem an dich, es ist wichtiger, daß du glücklich wirst.« »Könntest du bitte mal erklären, wovon du sprichst?« Ich war völlig durcheinander. »Mal sagst du, ich soll dich für immer wegschicken, dann überlegst du dir, ob du dich an mich binden sollst, obwohl du mir als billigen Ersatz irgendeine Sexmaschine anbietest?« Zum ersten Mal hörte ich ihn laut und herzhaft lachen. »Du in deinem Elfenbeinturm. Biocomputer sind für dich ein Buch mit sieben Siegeln, stimmt's? Ich, Antonio, gehöre einer längst überholten Entwicklungsstufe an, ich bin ein ausrangiertes Modell von vorgestern. Mein bisheriges Leben, wenn man es so nennen kann, habe ich mit anderen unverkäuflichen Antonios in einem düsteren Schrank verbracht. Die Ingenieure hatten uns vergessen. Wir nutzten die Zeit und trainierten unsere Fähigkeiten, wahrscheinlich nicht ganz so, wie unsere Schöpfer es vorgesehen hatten. Eines Tages entdeckte uns der neue Manager. Von ihm stammt die Idee, uns mit einem billigen Werbetrick, auf den auch du hereingefallen bist, zu verramschen. Und so kam ich zu dir. Glück gehabt, nicht wahr? Aber wie gesagt, die Entwicklung hat uns längst überholt. Ich hatte noch in der Firma Gelegenheit, mir die neuen XY-Merlin-2001 anzusehen. Einfach phantastisch. Du könntest in wenigen Tagen statt einer Käseglocke den vollkommensten Liebhaber in den Armen halten.«

»Sei nicht grausam, Antonio«, schrie ich. »Ich will nicht irgendeinen künstlichen Mann, da sind mir die Menschen lieber. Ich will dich, deine wunderschöne Seele.« Und bedeckte seine dunkelblaue Haut mit zärtlichen Küssen. »Glaub doch nicht«, sagte er heiter, »daß du mich gegen einen makellosen Lustmolch ohne Hirn eintauschen sollst. Es ist ganz einfach: Meine Seele bleibt, mein Ich oder was weiß ich, nur meine äußeren Substanzen werden verändert, beim heutigen Stand der Gentechnologie kein Problem. Und dann werde ich vor dir stehen, ein Antonio mit einem Kopf, Armen, Beinen, einem Körper und allem, was zu einem Mann dazugehört. Du glaubst mir nicht? Ich weiß selbst nicht genau, wie es funktioniert, ich bin ebenso altmodisch und ungebildet wie du, ein echter Nachteil übrigens. Ich habe sie gesehen, die anderen XY-Merlin-2000, die das Glück hatten, sofort umgewandelt zu werden. Es waren meine Freunde, wir hatten Jahre auf engstem Raum miteinander verbracht, wirklich, ihre Persönlichkeit hatte sich nicht verändert, aber sie waren wunderschön . . .«

Er summte vergnügt, ich runzelte die Stirn. Mein Vertrauen in die unbegrenzten Zauberkünste der Computertechnik ließ zu wünschen übrig. Andererseits war die Aussicht auf einen vollkommenen Antonio zu verlockend. Sogar das leidige Geldproblem schien nicht mehr unüberwindlich zu sein. Wir würden uns gemeinsam etwas einfallen lassen, und wenn wir gezwungen wären, kriminelle Energien zu entwikkeln. Antonio hatte mich überzeugt.

Aber als der Postbeamte ihn achtlos in den gestreiften Postsack warf, wollte ich ihn zurück, sofort und so wie er war. Traute mich dann doch nicht, stand stocksteif da und ging in Tränen aufgelöst mit meiner leeren Tasche heim. Die Welt schien öde, die Kinder waren unausstehlich. Und mein Gehirn füllte sich mit den alltäglichsten Banalitäten. Jeden Tag lauerte ich dem Briefträger auf. Ich ging nicht aus dem Haus, aus Angst, ihn zu verpassen. Meine erst zornigen, dann verzweifelten Briefe an die Computerfirma blieben unbeantwortet. Es handelte sich übrigens um eine Briefkastenfirma, und trotz aller Nachforschungen konnte ich ihren Standort nicht ermitteln.

Nach einem Jahr vergeblichen Wartens lasse ich mir nichts mehr von meinem Kummer anmerken. Meine Krankheit war schlimm genug. Liebeskummer, mehr brauche ich dazu nicht zu sagen. Ypsilon hat mir geduldig über das größte Tief hinweggeholfen. Ach ja, ich vergaß es zu erwähnen: Auf die Dauer haben ihm die knapp tausend Kilometer zu schaffen gemacht – wir leben jetzt zusammen und sind ausgesprochen glücklich miteinander. Schließlich ist er meine große Liebe, von der ich immer geträumt habe, bevor ich Antonio kennenlernte und durch ihn . . . Ach, lassen wir das, all das Gefasel von Vollkommenheit,

Glück, Seelenverwandtschaft und dergleichen. Ich bin mit Ypsilon außerordentlich glücklich. Er hat nur einen einzigen Nachteil: Mir fehlt die Muse, was Ihnen, verehrte Leser, vermutlich auch schon aufgefallen ist.

Peter Gustav Bartschat

Der Moloch vor der Kamera

Maschinen im und für den Film

1. Mitten aus dem prallen Leben

Herr R., Angestellter im mittleren Management bei einer großen deutschen Filmtheater-Kette, bekam eines windigen Herbsttages den Auftrag, an einem Geschäftsessen mit mehreren Filmverleihern teilzunehmen und gewisse Dinge im Interesse seines Vorgesetzten zu regeln. Nachdem Herr R. von seinem Chef noch einige ermunternde Worte mit auf den Weg bekommen hatte (»Sollten Sie während der Erledigung dieses Auftrages gefangen oder getötet werden, müssen wir leugnen, Sie zu kennen«), machte er sich auf den Weg.

Das Essen verlief zur allseitigen Zufriedenheit. Doch auf dem Weg von der Restauranttür zum wartenden Taxi schlug das Schicksal zu: Eine Windbö blies Herrn R. seinen kostbaren Borsalino vom Kopf. Borsalino weg – Mundwinkel unten.

Am Tag der Spesenabrechnung witterte Herr R. Morgenluft. Er legte eine Abrechnung vor über Speisen, Getränke, Taxi, Hotelzimmer plus Borsalino: gleich DM soundsoviel.

Nach der üblichen Bearbeitungszeit kam die Abrechnung zurück, versehen mit einer Erläuterung der Revisionsabteilung, man fühle sich für den witterungsbedingten Verlust von Bestandteilen der Kleidung nicht verantwortlich und erbitte eine korrekte Spesenabrechnung ohne Hut.

Also legte Herr R. eine neue Spesenabrechnung vor, die für jeden ihrer Posten auch die nötigen Belege vorweisen konnte. Speisen, Getränke, Taxi plus Hotelzimmer: gleich DM soundsoviel. Unten kam dieselbe Summe heraus, wie beim ersten Mal.

Nur ein kleines Detail war noch hinzugefügt – eine Bleistiftnotiz am unteren Rand des Formulars: *Hut ist drin. Rate, wo.*

2. Maschinen

Eine Maschine ist ein »Gerät mit beweglichen Teilen, das Arbeitsgänge selbständig verrichtet und damit menschliche oder tierische Arbeitskraft einspart«.[1])

Wer das Wort »Maschine« in den Mund nimmt, hat dabei nicht immer diese Definition im Kopf. Häufig benutzt man die Bezeichnung, um einen konkreten Gegenstand zu benennen (sozusagen *totus pro parte*). Motorräder, Rennwagen und Flugzeuge werden von ihren Verehrern kurz als Maschinen bezeichnet. Umgangssprachlich werden auch Frauen so genannt, allerdings nicht unbedingt von ihren Verehrern.

Letzteres mag, wer will, im Sinne der Descartesschen Maschinentheorie, die Lebewesen als unbeseelte Automaten beschreibt, interpretieren. In Wahrheit hat dabei eher die pure Gedankenlosigkeit Pate gestanden als der jesuitische Begründer der neuzeitlichen Philosophie. Wenn ich sage: »Ich setze mich an meine Maschine«, meine ich damit auf keinen Fall meine Frau, sonder meine *privileg electronic 3000*, deren Anschaffung vor allem von Kennern meiner Handschrift auf das Lebhafteste begrüßt worden ist.

Der Kameramann nennt seine Kamera »Maschine«, genau wie der Filmvorführer seinen Projektor.

Und das bringt uns endlich zum Thema.

3. Filmmaschinen

Welche Ausstattung braucht der Mensch, der einen Film drehen will? Ideenreichtum, Originalität, Tatkraft, Kunstverständnis – schön und gut. Aber die Kinos sind voll von Filmen, denen diese Eigenschaften fehlen. Nach Filmen, bei denen man ohne Kamera auskam, werden Sie allerdings lange suchen müssen.

(Und doch gibt es sie. Man nennt das »Direkter Film«. Es handelt sich dabei um ein Zeichentrick-Verfahren, bei dem die Bilder unmittelbar auf entwickeltes Filmmaterial gezeichnet werden. Aber das ist eine andere Geschichte und soll ein andermal erzählt werden.) Film ist ein Medium, in dem die technische Ausstattung nicht nur eine wichtige Rolle spielt, sondern nachgerade Bedingung seiner Existenz ist. Eine historische oder theoretische Betrachtung des Films kommt nicht umhin, gleichzeitig eine Betrachtung der zu seiner Herstellung verwendeten Maschinen zu sein. Wo immer sich die Bildsprache des Films weiterentwickelte, tat sie das in Abhängigkeit der technischen Möglichkeiten. Die »entfesselte Kamera« des deutschen expressionistischen

Films war stets an die Fesseln auf Weichgummistreifen laufender Kamerawagen oder mehrgelenkiger Kräne gebunden. Die innere Montage der von Orson Welles komponierten Einstellungen wäre unmöglich, hätte es nicht neue Weitwinkelobjektive mit größerer Tiefenschärfe gegeben.

Um das Kind »Film« zu zeugen, bedurfte es dreier Elternteile: Idee, naturwissenschaftliche Grundlage und eine technische Apparatur, um auf der Basis der zweiten die erste zu verwirklichen.

Die Idee des Films ist die Wiedergabe eines Bewegungsablaufs. Diese Idee ist so alt wie die älteste menschliche Aufzeichnungsmethode. Bereits in frühen Höhlenzeichnungen findet man Tiere, die mit acht Beinen abgebildet wurden. Dabei handelt es sich nicht, wie Herr von Däniken wohl meinen würde, um ausgebüxte außerirdische Zamperl, sondern um laufende Tiere in verschiedenen Bewegungsphasen. Die naturwissenschaftliche Grundlage ist der stroboskopische Effekt. Er beruht auf der Trägheit der Netzhaut im Auge. Ein Bild verweilt auf der Netzhaut länger, als die Ursache seiner Erzeugung andauert. Dieser Effekt ermöglicht es zum Beispiel, einen Blitz zu beobachten. Ein Blitz bewegt sich mit Lichtgeschwindigkeit. Er existiert also nur für $^{1}/_{300000}$ Sekunde, einen so kurzen Zeitraum, daß er für einen Menschen nicht faßbar ist. Das Bild des Blitzes bleibt jedoch für etwa $^{1}/_{16}$ Sekunde auf der Netzhaut zurück und wird dadurch sichtbar.

Bereits im 17. Jahrhundert beschrieb Newton diesen Effekt anhand eines glühenden Holzscheites, das im Dunkel geschwungen dem Auge nicht als bewegter heller Punkt, sondern als feurige Linie erscheint. Die damaligen Versuche aus den Anfängen der Optik existieren heute noch in Form von Kinderspielzeugen, wie der Pappscheibe, die auf der einen Seite das Bild eines Vogels und auf der anderen Seite das eines leeren Käfigs trägt. Wird die Scheibe an einer Schnur schnell gedreht, entsteht ein neues Bild, das einen Vogel im Käfig zeigt.

Um die Wende vom 18. zum 19. Jahrhundert entstanden die ersten Maschinen zu Aufzeichnungen von Bildern durch technische, nicht mehr rein künstlerische Methoden. Damals entdeckte man Kristalle, die sich bei unterschiedlichem Lichteinfall in verschiedenen Stadien ausdehnen und dabei Flecken unterschiedlicher Dunkelheit erzeugen. (An die heute alltägliche autochromatische Brille dachte man damals natürlich noch nicht.)

In den 40er Jahren des 19. Jahrhunderts brauchte eine Fotografie – damals nach dem Optiker Daguerre als Daguerreotypie bezeichnet –

eine Belichtungszeit von vierzehn Stunden. Schon ein Jahrzehnt später war sie auf zwanzig Minuten verkürzt und ermöglichte die fotografische Abbildung geduldiger Zeitgenossen. Am heutigen Standard gemessen, wirken natürlich auch zwanzig Minuten Belichtungszeit noch völlig indiskutabel, aber die Verkürzung eines technischen Vorgangs um 97,6 % ist ein Maßstab für einen beachtlichen Fortschritt. Im Jahre 1872 war die Belichtungszeit schon so kurz geworden, daß der Fotograf Muybridge erstmals eine Momentaufnahme eines Pferdes in vollem Galopp machen konnte. Prompt sah er sich den Anfeindungen zahlreicher Maler ausgesetzt, die ihn der böswilligen Fälschung bezichtigten. Muybridges Fotos bewiesen nämlich, daß es beim Galopp eine Phase gibt, bei er sich alle vier Hufe des Pferdes vom Boden gelöst haben. Das war bis dato unbekannt gewesen und somit auf den beliebten Ölgemälden heroischer Kavallerieattacken immer falsch dargestellt worden.

1882 verwendete der Physiologe Marey eine Kamera, die nacheinander mehrere Aufnahmen machen konnte. Ihres Aussehens wegen erhielt sie den Namen »fotografisches Gewehr«. Marey verwendete sie zu ausgedehnten Untersuchungen der Bewegungsabläufe von Tieren. Im Jahre 1888 machte er erste Versuche, die Bilder von starren Fotoplatten auf ein flexibles Band zu übertragen, um sie in kurzen Abständen zeigen zu können. Diese Filmvorläufer (so ziemlich die letzten Vorläufer, ehe es richtig zur Sache ging) hatten jeweils nur wenige Sekunden Dauer und wurden ausschließlich in wissenschaftlichen Kreisen gezeigt.

Zu dem, was wir unter Film und Kino verstehen, führt uns nicht der zäh experimentierende Wissenschaftler, sondern eher der Geschäftsmann, der seine Filme von einem (möglichst zahlenden) Publikum vorführen will.

Dazu jedoch waren die bislang gebauten Filmmaschinen noch ungeeignet. Die technische Apparatur, also der dritte Elternteil, stand noch aus. Den genauen Zeitpunkt der Erfindung des Kinos zu rekonstruieren scheint um so schwerer zu werden, je mehr Quellen man hinzuzieht. Da uns kein Exemplar einer Boulevardzeitung des 19. Jahrhunderts vorliegt, die in mehrspaltiger Überschrift jubelt »KINO ENDLICH ERFUNDEN«, ist man auf Dokumente angewiesen, die in Nebensätzen darüber berichten, sowie auf die Jahrzehnte später gemachten Äußerungen von Leuten, die dabei waren oder es jedenfalls behaupteten. Eines zumindest ist gewiß: Das Kino ist älter als sein Name. Rolf Oertel zählt in seinem »Filmspiegel«[2]) 124 verschiedene Bezeichnungen auf, die für das verwendet wurden, was wir heute Kino oder Film nennen. Das geht alphabetisch von »Acheograph« bis »Zoopraxoscope« und umfaßt neben den Zungenbrechern »Chronophotographoscope« und »Vileocigraphiscope« auch Wortspiele wie »Getthemoneygraph« (Krieg-das-Geld-Schrift), das rührend hilflos anmutende »X-ograph« und das fast moderne »Cinoscope«.

Um die Jahrhundertwende setzte sich in Deutschland das Wort »Kino« durch; anfangs noch im Masculinum, also: »Der Kino.« (»Wo gehnse hin?« – »Im Kino.«)

Filmhistorische Sachbücher sind eine ärmliche Quelle bei der Suche nach der einen, der ersten, der ursprünglichen Maschine, die dem Film das Leben einhauchte. Unbeirrt schreiben die Autoren offensichtliche Fehler voneinander ab (Hand aufs Herz: Wie oft haben Sie schon die Behauptung gelesen, in Hitchcocks »Cocktail für eine Leiche« gebe es keine Schnitte?), oder lassen dem Nationalstolz den Sieg über die Tatsachen.

So begegnen dem Leser in verschiedenen Filmbüchern auch verschiedene Filmerfinder, von denen jeder unbeirrt in seinem Laboratorium sein Lebenswerk der Erfindung des Films widmete. Die Amerikaner nennen Edison, die Briten verweisen auf Friese-Greene, die Franzosen loben die Brüder Lumière, und die Deutschen fordern die Ehre für die Brüder Skladanowsky.

Ich hatte bislang noch keine Gelegenheit, eine Filmgeschichte aus Argentinien oder Tibet zu sichten. Es würde mich allerdings verwundern, fände ich dort nicht irgendeinen Garcia oder Feng als den wahren Erfinder des Kinos gepriesen.

Auffällige Einmut herrscht bei den Autoren, wenn es um die Bestimmung des Zeitpunktes geht, zu dem das große Ereignis stattfand. Im Jahre 1895 traten alle diese Einzelgänger und Brüder an das Licht der Öffentlichkeit. Vielleicht aufgrund eines Geheimabkommens der eigenbrötlerischen Wissenschaftler?

Sehen wir uns einmal an, was es in den neunziger Jahren schon alles an filmtechnischem Gerät gab.

Der Engländer Friese-Greene machte, ähnlich wie Marey, Experimente mit der Übertragung von Bildern auf bewegliches Untergrundmaterial. Er brachte als Neuerung Perforationslöcher an den Seiten der Bildstreifen an. Dadurch ließen sich die Bilder bei der Projektion auf einen Bildschirm fixieren, was das für die Augen anstrengende Flakkern merklich verringerte, aber nicht beseitigte.

Der Franzose Reynaud übernahm den Gedanken der Perforation. Er verwendete als Bildträger das feste, aber hochgradig lichtdurchlässige Material Zelluloid (ursprünglich zur Herstellung preiswerter Billardkugen entwickelt), sowie einen Spiegel zur Bündelung des Lichts. Reynaud führte bereits 1892 Filme von bis zu fünfzehn Minuten Dauer öffentlich vor. Allerdings beschränkte er seine Produktion auf Zeichentrickfilme, da die Wiedergabe fotografischer Aufnahmen noch mit zu vielen Fehlern behaftet war.

Der Amerikaner Edison, durch seine Erfindung der Glühbirne mehrfacher Millionär und ein unschlagbarer Spezialist auf dem Gebiet des Patentrechts, schuf die heute noch gültige Form des 35 Millimeter breiten Filmstreifens, an dem pro Bild vier Perforationslöcher an jeder Seite angebracht sind. Edison verzichtete auf die Projektion der Bilder auf eine größere Fläche. Seine Filme wurden in kleinen Guckkästen vorgeführt, in denen der Betrachter unmittelbar auf den Film blicken mußte.

1895 gab es die ersten öffentlichen Vorführungen von auf fotografischem Wege hergestellten Filmen auf einer Projektionsfläche. Die Brüder Skladanowsky zeigten im Berliner Wintergarten einige selbstproduzierte Kurzfilme, die bei den Betrachtern jedoch nur auf mäßiges Interesse stießen. Sie verwendeten zwei synchron geschaltete Projektoren, von denen jeweils der eine ein Bild zeigte, während die Optik des anderen durch eine Blende verschlossen wurde. Dadurch wurde verhindert, daß das Weiterlaufen des Filmstreifens auf der Projektionsfläche sichtbar wurde.

Im Dezember desselben Jahres führten die Brüder Lumière, Inhaber einer Fabrik für optische Geräte, im Pariser Grand Café ihre Filme mit einem einzelnen Projektor vor. Dieser Projektor war gleichzeitig Kamera und Kopiergerät. Obwohl die Filmbilder noch immer zitterten, da der Filmstreifen sich in kontinuierlicher Bewegung befand, war die Begeisterung beim Publikum groß.

Ein Jahr später konstruierte der deutsche Ingenieur Meßter einen Projektor mit Malteserkreuz. Damit bezeichnet man eine Kupplung, die das stetige Drehmoment der Antriebsachse ruckweise auf den Filmstreifen überträgt. So steht der Streifen still, während das Bild projiziert wird. Durch eine umlaufende Flügelblende, die ähnlich aussieht wie ein Ventilator, wird der Projektionsstrahl unterbrochen, wenn der Film sich zum folgenden Bild weiterbewegt.

Durch den stroboskopischen Effekt verbleibt das Bild auf der Netzhaut, bis es durch das nächste abgelöst wird. So entsteht der Eindruck eines Bildes, das in seinen Umrissen ruht, während sich die abgebildeten Personen und Objekte in ihm bewegen.

Der Film hat, wie man sieht, viele Erfinder, und keiner von ihnen kann den Ruhm für sich allein beanspruchen. Technische Neuerungen entstehen in den seltensten Fällen im Kopf eines einzelnen Menschen. Meist stellen sie eine Kombination mehrerer Entdeckungen dar, die erst durch ihre Zusammenfügung das fertige Produkt ergeben.

Was nicht mehr verbessert werden kann, ist nicht perfekt, sondern überholt.

Diesem Satz dürfen Sie unbesehen Glauben schenken. Millionen Waschmittelverkäufer können sich nicht irren!

Seit es den Film gibt, hat es nicht an Bemühungen gefehlt, ihn breiter, bunter und lauter zu machen. Auch Cinemascope, Technicolor und Dolby Stereo gehören zum Film.

Auf die Frage, wann der Film denn nun definitiv erfunden worden sei, bleibt uns nur die Antwort, daß er noch gar nicht fertig ist.

4. Maschinenfilme

Einen »Maschinenfilm« als Genre mit eigenen Gesetzmäßigkeiten und festem Publikum gibt es nicht. Es gibt jedoch Filme, in denen Maschinen eine entscheidende Position innehaben – zum Glück für diesen Abschnitt, der andernfalls nicht länger als seine Überschrift geworden wäre.

Vom März 1925 bis Oktober 1926 drehte Fritz Lang »Metropolis«. Der Film bekam zweierlei im Übermaß: Widersprüchliches Ideengut, das bis zum heutigen Tag für Kontroversen sorgt, und Geld, so daß die produzierende UfA an den Rand des Ruins getrieben wurde (An die falsche Seite des Randes übrigens, denn sie wurde anschließend durch den Nazi-Sympathiesanten Hugenberg aufgekauft).

Die Maschinen in der Stadt Metropolis stehen in weitläufigen Industrieanlagen unter der Erde. Zu beeindruckenden Ornamenten formiert werden die Arbeiter, die immer nur als geschlossene Masse auftreten, unter die Erde geleitet, wo sie an den Maschinen bis zur Erschöpfung arbeiten. Der Film schildert eine Arbeit mehr für die als mit den Maschinen. Folgerichtig wird in den langen Sequenzen in den Fabrikhallen niemals auch nur andeutungsweise erwähnt, was die Fabriken denn eigentlich produzieren.

Ein Arbeiter, der im Verlauf der Handlung zusammenbricht, bedient eine Maschine, die wie ein großes Ziffernblatt geformt ist. Seine Arbeit besteht darin, schwer gängige Zeiger immer dorthin zu richten, wo gerade eine Lampe aufleuchtet. Das wirkt mehr wie ein Reaktionstest als wie die Tätigkeit eines Facharbeiters.

In einer Vision verwandelt sich eine andere Maschine, die außer Dampf nichts zu produzieren scheint, in einen menschenverschlingenden Moloch.

Die Maschinen in »Metropolis« sind weit davon entfernt, den Menschen die Arbeit zu erleichtern. Sie scheinen eigens dafür konstruiert, die Arbeiter zu quälen. So wurde der Begriff der »Entfremdung von der Arbeit« schon lange, ehe er von der Erkenntnis zum Schlagwort wurde, von Fritz Lang mit treffenden Metaphern versehen.

Die Intensität, mit der Lang sich der Inszenierung der Maschine als Form der Bedrohung widmete, erweist sich allerdings als zweischneidiges Schwert. Seine Bilder sind so eindringlich, daß letztlich die Faszination der rhythmischen Maschinen-Sequenzen die inhaltlich angelegte Anklage überflügelt. Auch der Regisseur selbst scheint dieser Faszination erlegen zu sein, denn immer aufwendiger, immer spektakulärer machte er seine Kulissen – obwohl er vieles davon mit Hilfe des an »Metropolis« mitarbeitenden Kameramannes und Tricktechnikers Eugen Schüfftan durch Modelltricks für einen Bruchteil des Geldes genauso wirkungsvoll zustande gebracht hätte.

Wie sehr die Faszination der riesigen, sinnlosen Maschinen auch heute noch wirkt, wird gerade bei der von Giorgio Moroder neu montierten, kolorierten und mit Rockmusik vertonten Fassung von »Metropolis« deutlich. Hier wirken die krampfartigen Bewegungen der Arbeiter vollends nicht mehr wie die Agonie der Gequälten, sondern wie ein fetziger Robot Dance, bei dem ein Eins-sein von Mensch und Maschine impliziert wird.

Bedrohung und Faszination in trauter Gemeinsamkeit bestimmen auch die Filme, die sich mit denkenden Maschinen, mit Computern, auseinandersetzen. Ja, ich weiß: Computer können nicht denken. Wollte ich auch gar nicht behaupten. Alles nur Elektronenrechner, ohne Hirn, ohne Verstand. Bis auf meinen. Das ist ein ganz ausgekochter Hund. Erst gestern, als ich für einen Moment nicht aufpaßte ... aber ich schweife ab.

Computer, die die Weltherrschaft anstreben, waren zunächst dem Science-fiction-Film vorbehalten. Aber als die Elektronik sich weiterentwickelte, die Plots aber dieselben blieben, wechselte das Thema Schritt für Schritt von der Science-fiction zum Thriller mit einem gewissen Maß an Realismus-Anspruch hinüber.

Das macht ein Vergleich der Filme »Colossus« und »War Games« deutlich.

»Colossus«, 1970 von Joseph Sargent inszeniert, und »War Games«, 1982 von John Badham gedreht, liegen mit ihren zwölf Jahren Unterschied genau an den beiden Enden der Entwicklung vom »So könnte es werden« zum »So isses«.

Beide handeln von Computern, die die Kontrolle über die Landesverteidigung der USA innehaben, und die, ungeachtet aller Sicherheitsmaßnahmen, zeigen, daß totale Macht auch total korrumpiert. Der Computer Colossos erkennt bei seiner Aufgabe, den Frieden zu wahren, daß es Weltfrieden nur im Rahmen einer die ganze Welt umspannenden Diktatur geben kann. Der Computer im Bunker der Verteidigungszentral NORAD weitet seine Planspiele zur nuklearen Kriegsführung auf die ultimate Simulation aus: die Wirklichkeit. In »Colossus« mußte der große Computer noch durch Trickeffelte simuliert werden, in »War Games« enthält das Computerzentrum nichts, was es nicht auch in der Wirklichkeit gibt.

Interessant ist vor allem der Vergleich der beiden unterschiedlichen Auflösungen, die die vom Plot her ähnlichen Filme haben.

An Colossus' Perfektion und seiner Zusammenarbeit mit einem entsprechenden Elektronenhirn in der UdSSR beißen sich die fähigsten Köpfe die Zähne aus. Am Ende scheint die Diktatur des Computers unumstößlich. Doch als Colossus seinem letzten Widersacher, seinem eigenen Konstrukteur, die Frage stellt, wann dieser sich ihm endlich unterwerfen werde, bekommt er zur Antwort: »Niemals.« Auch bar jeder realen Hoffnung ist der Mensch nicht bereit, sich zum Sklaven der Maschine werden zu lassen.

Der NORAD-Computer in »War Games« wird letztlich von einem Computer-Fan im Teenager-Alter ausgetrickst. Das ist angesichts 13jähriger Genies, die Software-Firmen mit Millionenumsatz gründen, gar nicht so unrealistisch, wie es im ersten Moment scheinen mag – und wesentlich erschreckender. Wer Macht über den allmächtig Scheinenden besitzt, läßt sich nicht mehr kontrollieren.

Eine erotische Dimension bekommt die Beziehung von Mensch und Maschine im »Kanonenboot am Yangtse-Kiang«, 1966 von Robert Wise gedreht. Steve McQueen spielt einen Techniker, dessen Aufgabe die Wartung der Antriebsmaschine auf einem gepanzerten Flußboot ist. Von Anfang an fühlt er sich nur in seinem Maschinenraum wohl. Seine akribische Arbeit bei der Instandhaltung der Maschine gemahnt an die Aufmerksamkeit, die ein Liebhaber seiner Geliebten erweist. Er reagiert mit heftiger Aggression, wenn inkompetente Kameraden sich der Maschine nähern. Als das Boot zum Kampfeinsatz ausrückt, gilt seine Furcht nicht dem eventuellen Verlust von Menschenleben, sondern der Frage, ob bei der nötigen Erhöhung der Geschwindigkeit seine Maschine Schaden nehmen könnte.

Als er sich in eine Lehrerin verliebt, die deutliches Interesse an ihm als Mensch zeigt, kommt er kurz darauf bei einem Feuergefecht um. Es wird deutlich, daß er den Tod sucht, denn er verzichtet unter einem fadenscheinigen Vorwand auf die sich bietende Fluchtmöglichkeit. Sein schlechtes Gewissen wegen der »Untreue« gegenüber der Maschine läßt ihn vielleicht den eigenen Tod als die Fluchtmöglichkeit vor der Frau sehen.

Ein Maschinenfilm ist auch ein Film, dessen Thema seine eigene Herstellung mit Hilfe einer Maschine ist. Der Kanadier Michael Snow, ein abstrakter Filmemacher (Nein: Ein Macher abstrakter Filme! Mister Snow selbst hat natürlich einen Körperbau wie Sie und ich.), hat diesen Aspekt in den Mittelpunkt vieler seiner Filme gestellt. »Wavelength« von 1967 besteht aus einem einzigen, 45 Minuten langen Zoom, also einer Veränderung des Bildausschnittes ohne Kamerabewegung, nur durch fortlaufende Erweiterung oder Verkürzung der Brennweite des Objektivs. Am Anfang des Films steht die Totale einer Halle, am Ende die Großaufnahme eines Bildes an der gegenüber der Kamera liegenden Wand.

1970 drehte Snow den mehr als dreistündigen Film »La région centrale«. Dafür konstruierte er eine durch Fernbedienung lenkbare mehrachsige Maschine, die die auf ihr befestigte Kamera neigen, rollen und schwenken kann, ohne daß Maschine oder Kameramann dabei ins Bild kamen.

»Die Kamera saust hinab, wirbelt herum, kreist, quirlt, kippt, beschreibt Zickzacklinien, schwingt, beschreibt Bogen und Achten in einer Vielzahl von Mustern, wobei nichts außer der kahlen Landschaft, dem Horizont und der Sonne zu sehen ist.«[3]

Der Raum selbst ist also Darsteller des Films und die Technik der eigenen Herstellung sein Thema.

Leider sind Snows Filme stinklangweilig, deshalb wollen wir schnell einen Blick auf James Bond werfen.

5. Gimmicks

Das englische Wort *gimmick* ist mit den deutschen Entspechungen »Dingsda« und »Knüller« nur ungenügend übersetzt. Ein gimmick ist eine Sache mit Kniff, Pfiff und Effekt, die selbst nicht unbedingt eine wichtige Funktion ausübt, aber so etwas wie das Tüpfelchen auf dem i darstellt.

Technische gimmicks gibt es bereits in der populären Abenteuer-Literatur des 19. Jahrhunderts. Sir John Raffley, eine Figur aus Karl Mays Südseee-Romanen, begibt sich niemals in Gefahr, ohne zuvor seine *chair-and-umbrella-pipe* ergriffen zu haben, ein *gimmick*, das »[...] so kunstvoll zusammengesetzt war, daß er (es) als Stock, Degen, Sessel, Tabakspfeife und Fernrohr benutzen konnte«.[4]

Die große Stunde der gimmicks schlug natürlich in dem Augenblick, als man sie im Bild vorführen konnte.

Die James Bond-Filme leben geradezu davon, daß ihr Titelheld mit immer gerissener werdender technischer Ausstattung versehen wird. Mit dem Verlauf der Handlung und mit der Erledigung des Auftrags, den Bond als englischer Geheimagent übernimmt, haben seine häufig in Alltagsgegenständen versteckten Ausrüstungsstücke wenig zu tun. Wenn er in »Leben und Sterben lassen« eine Uhr bekommt, deren äußerer Einstellring sich gleichzeitig als Kreissäge verwenden läßt, bedarf es schon mancher Anstrengung des Drehbuchautors, um den Protagonisten in eine Situation zu manövrieren, in der er das Ding tatsächlich benutzen kann.

Die Schurken haben Bond häufig Gleichwertiges entgegenzusetzen. Christopher Lee als Profikiller Scaramanga benutzt in »Der Mann mit dem goldenen Colt« keineswegs einen Colt, sondern die Spezialanfertigung einer einschüssigen Pistole, die sich aus einem Füllhalter, einem Zigarettenetui und einem Feuerzeug zusammensetzen läßt. Im Zeitalter weitreichender Präzisionsgewehre ist eine solche Waffe für einen Killer natürlich kein Handwerkszeug mehr. Der Film könnte ohne diese Waffe genau dieselbe Geschichte erzählen, aber mit ihr hat er etwas, das im Gedächtnis bleibt, wenn der Plot der Handlung längst vergessen ist.

Ein maschinelles gimmick anderer Art benutzte der Produzent Dino de Laurentiis, als er seine Werbekampagne für das 1976 von John Guillermin gedrehte Remake von »King Kong« startete. Sein Werbeversprechen bestand keineswegs im Hinweis auf besonders geschickte Spezialeffekte – die hatte der Film auch nicht zu bieten. Statt dessen führte de Laurentiis den Journalisten auf dem Studiogelände einen dreißig Meter hohen Affenroboter vor, der mit dem Kopf nicken und die Arme bewegen konnte. Ein dreißig Meter hoher Affe, hieß es, werde im Film einen dreißig Meter hohen Affen darstellen. Unwillkürlich fragt man sich, wo dabei die Leistung des Filmteams bleiben mag. Einen Riesenaffen wie einen Riesenaffen aussehen zu lassen, stellt kein Problem dar. Ein nur wenige Zentimeter großes Modell wie einen Riesenaffen aussehen zu lassen, ist da schon etwas ganz anderes.

Als der Trickexperte Willis O'Brien 1930 die Spezialeffekte für »King Kong und die weiße Frau« drehte, hatte er tatsächlich nur ein kleines Modell. Trotzdem sieht man auf der Leinwand einen Riesengorilla, der die Verirrung seines Geschmacks demonstriert, indem er sich in Fay Wray verliebt. Das sollte eine riesige Roboterpuppe besser können?

Die Pointe der Geschichte liegt allerdings nicht darin, daß der große Affe ein schlechterer Darsteller als der kleine war, sondern darin, daß es den mehrere Millionen teuren elektronischen Firlefanz im fertigen Film nur in drei kurzen Einstellungen mit zusammen nicht einmal zehn Sekunden Dauer zu betrachten gibt. Das war auch von vorneherein nicht anders geplant. Der Affe diente lediglich dazu, dem Film zu Schlagzeilen zu verhelfen. Diese Aufgabe hat er allerding mit Bravour erledigt. Bei den Dreharbeiten setzte man schlicht den Maskenbildner Rick Baker im Affenkostüm ein und ließ ihn durch einen Modellwald stapfen. Die teure amerikanische Produktion blieb also tricktechnisch auf das Niveau der japanischen Godzilla-Filme beschränkt, ohne sich auch nur im Geringsten mit deren erfrischender Naivität messen zu können.

Technische *gimmicks* findet man nicht nur bei der Produktion, sondern gelegentlich auch bei der Vorführung von Filmen. Dazu zählen das recht aufwendige, aber dramaturgisch nur selten gerechtfertigte Sensorround-Verfahren und der etwa im Zehn-Jahres-Rhythmus immer wieder auftauchende 3D-Film.

Sensorround ist eine Methode, durch Einsatz von Speziallautsprechern für extrem niedrige Tonfrequenzen die Stühle im Zuschauerraum zum Zittern zu bringen. In »Erdbeben«, dem ersten Sensorround-Film, tröstete es den Betrachter immerhin noch einigermaßen über die miesen Spezialeffekte hinweg. Doch sein späterer Einsatz in Szenen mit Achterbahnfahrten, Luftschlachten und Raumschiffen erschöpfte sich in der Wiederholung des immer gleichen Effekts und langweilte das Publikum schnell.

Beim 3D-Film werden zwei Bilder gleichzeitig auf die Leinwand projiziert. Der Zuschauer muß dabei eine Brille tragen, die entweder mit rot/grün-Filtern ausgestattet ist und ein dreidimensionales schwarz/weiß-Bild erzeugt, oder mit Polarisationsfiltern, die nur Licht, dessen Wellen in einer Richtung schwingen, durchlassen, zur Erzeugung eines Farbbildes. Zuschauer mit leichten Augenfehlern erkennen kein dreidimensionales Bild, und Brillenträger haben häufig Schwierigkeiten, die Zusatzbrille richtig aufzusetzen. Alle Versuche mit 3D-Filmen ohne Brille haben bisher noch kein befriedigendes Ergebnis gebracht.

Das Bemühen um ein Geruchs-Kino sind bislang auf Einzelfälle beschränkt geblieben.

Der amerikanische Produzent Mike Todd probierte ein Verfahren mit dem albernen Namen »Smell-O-Vision«. Unter jedem Sitz befand sich eine Düse, die im passenden Moment chemische Geruchsstoffe in den Saal blies, die nach einigen Sekunden durch eine andere Chemikalie neutralisiert wurden. Ein späterer Versuch unter der Bezeichnung »AromaRama« leitete die Düfte durch das Lüftungssystem ins Kino. In beiden Fällen war der von den Zuschauern am meisten goutierte Effekt die frische Luft beim Verlassen des Saales.

1981 bot John Waters in »Polyester« ein Geruchs-*gimmick,* das die Zuschauer zur bleibenden Erinnerung mit nach Hause nehmen konnten. Sein »Odorama« bestand in einer »Riechkarte«, die dem Besucher mit der Eintrittskarte ausgehändigt wurde. Auf ein Zeichen auf der Leinwand hin konnte man an einer bestimmten Stelle der Karte reiben, um einen Geruchseffekt zu erzeugen. Wem John Waters ein Begriff ist, der wird sich denken können, welcher Art die zur Auswahl stehenden Gerüche waren.

William Castle, ein zu Unrecht meist gering geschätzter Billig-Filmer, bewies in zwei Fällen Originalität beim Einsatz einfachster technischer *gimmicks* – und den Mut zum Nonsense.

Für seinen Film »The House on Haunted Hill« warb er mit dem »Emergo«-Verfahren. In dem Horrorfilm spielt ein schwebendes Skelett eine wichtige Rolle. Beim Höhepunkt des Films gibt es eine Szene, in der die Schauspieler entsetzt nach oben blicken. Genau in diesem Moment glitt ein mit leuchtender Phosphor-Farbe bemaltes Skelett, das zuvor oberhalb der Leinwand versteckt war, an einem dünnen Draht mitten ins Publikum. Bei der Auswahl der Namen bewies Castle ganz nebenbei noch seine humanistische Bildung, denn das lateinische Wort »emergo« heißt zu deutsch: Ich erscheine.

Sein nächste *gimmick* stellte er als »Percepto« vor – möglicherweise eine grammatikalisch unkorrekte Konjugation von »percipere«, zu deutsch: »wahrnehmen, erkennen«.

In »Schrei, wenn der Tingler kommt« legt eine Riesenkrabbe, der Tingler, seine Eier in menschlichen Körpern ab. In lebenden menschlichen Körpern, wohlgemerkt. Kurz bevor die kleinen Monster ausschlüpfen und damit die Lebenserwartung ihrer Wirte drastisch verkürzen, machen sie sich durch ein leichtes Kribbeln bemerkbar. Der Film enthält eine Szene, in der mehrere vom Tingler so unliebsam Beschenkte in einem Kinosaal sitzen, wo dann einer nach dem anderen das Kribbeln zu spüren bekommt. Castle ließ an den Kinositzen elektrische Kontakte für Schwachstrom anbringen. Als die Figuren im Film das Kribbeln zu spüren bekamen, ließ er den Strom auf die Leitungen geben. Der Erfolg soll beachtlich gewesen sein.

6. Kunst

Wo bleibt die Kunst bei soviel Technik, werden Sie sich fragen. Und wahrscheinlich fragen Sie sich auch: Was zum Teufel sollte die Einleitung mit dem Hut?

(Will uns der Autor etwa sagen, Kunst sei ein alter Hut?)

Nur Geduld. Noch wenige Zeilen, und Sie sind von der quälenden Ungewißheit erlöst.

Zunächst einmal: Danke, daß Sie mir diese Fragen gestellt haben. Hätten sie es nicht getan, hätte ich sie glatt selbst hinschreiben müssen.

Technik und Kunst sind keine Gegensätze. Sie sind nicht, wie man landläufig sagt, zwei Paar Schuhe, sondern höchstens zwei Schuhe. Ein rechter und ein linker Schuh sind auch keine Gegensätze, und um von der Stelle zu kommen, braucht man beide.

Filmtheoretiker haben ebenso ihre Klischees wie Drehbuchautoren. Zu diesen Klischees gehört: Regisseure lassen sich in Handwerker und Künstler einteilen.

Und: Der Künstler als Regisseur muß seinen Kunstanspruch am Produzenten vorbei in den Film mogeln.

Humbug ist das! Quatsch! Kokolores!

Der Dichter und der Komponist mögen sich bei ihrem künstlerischen Schaffen in einem von Realität freien Raum bewegen. Ihre Vorstellungen lassen sich mit minimalem Umweg zu Papier bringen. Ob Grammatik oder Harmonielehre dabei auf der Strecke bleiben, ist allein das Problem des späteren Betrachters, für die Entstehung des Werkes selbst ist es ohne Belang.

Einen Film ohne Verwendung der zu seiner Herstellung und Projektion nötigen Maschinen zu machen, ist jedoch ein Ding der Unmöglichkeit. Die Kunst im Film kann niemals trotz oder neben der Technik existieren, sondern immer nur durch sie.

Der Künstler in einem technischen Medium muß seine Ausdrucksmittel zunächst als Handwerkszeug beherrschen lernen, wenn er sie als Mittel zur Herstellung eines Kunstwerks einsetzen will. Viele »Neue Wellen« und »Junge Kinos« sind gekommen und gegangen, weil ihre Verfechter zwar viel zu sagen hatten, es aber in der Filmsprache nicht mehr zu formulieren wußten.

Diese Abhängigkeit von Technik und Kunst ist nicht auf den Film beschränkt. Auch große Maler und Bildhauer der Vergangenheit wie Leonardo und Michelangelo beschäftigten sich erst intensiv mit technischen Fragen, ehe sie Kunstwerke in Angriff nahmen.

Carol Reed schildert in seinem Film »Inferno und Ekstase«, wie Michelangelo im Auftrag Papst Julius II. die Decke der Sixtinischen Kapelle ausmalt. Ehe er sich an die Arbeit macht, entwirft und baut er zunächst ein neuartiges Arbeitsgerüst, das ohne die bis dahin üblichen nicht entfernbaren Löcher in Decke und Wänden auskommt: eine Leistung technischer Perfektion als Bedingung der Erschaffung eines Kunstwerks. Ob Reed daran gedacht hat oder nicht: Er inszenierte damit gleichzeitig die wichtigste Regel des Filmemachens.

Und wenn Sie einmal vor lauter Technik die Kunst im Film vermissen, dann mag es dem Film ähnlich ergangen sein wie der Spesenabrechnung des Herrn R.: *Kunst ist drin. Rate, wo.*

Bibliographie

1) Duden Bd. 5: Fremdwörterbuch. Bibliographisches Institut, Mannheim 1974
2) Rolf Oertel: Filmspiegel. Frick-Verlag, Wien 1941
3) James Monaco: Film verstehen. Rowohlt, Reinbek 1980
4) Karl May: Am Stillen Ozean. Karl-May-Verlag, Bamberg 1954

Georg Seeßlen

Die Weltuntergangsmaschine und der Panzerkörper

Krieg und Kriegsfilm

1

Wir sind uns einig: Von rechts bis links, die ganze Gesellschaft hindurch ist man dem Konsens verpflichtet: Einen neuen Weltkrieg kann und darf es nicht geben. Befürworter eines Krieges, gar eines Angriffskrieges, scheint es in den hochindustriellen Gesellschaften nur noch in ausgesprochen marginalen politischen Szenen zu geben, oder in gewissen Nischen der Militärkultur, deren Existenz der politischen Führung im allgemeinen eher peinlich ist. Als Ziel der Politik ist in den meisten Gesellschaften in Ost und West die Kriegsvermeidung festgeschrieben. Die eher sonderbaren Pädagogen können allenfalls so etwas wie »Verteidigungsbereitschaft« erwecken, kaum jedoch etwas so Heiß-Obszönes wie »Kriegsbegeisterung«.

Kriege zwischen hochindustrialisierten Staaten scheinen geächtet nicht allein, weil sie aufgrund ihres technologischen Niveaus stets an den Rand des Weltuntergangs führen müßten, zumindest den materiellen Gegenstand, um den ein Krieg geführt werden kann, vernichten müßten, sondern auch, weil er nicht mehr als kultureller Wert, als ein möglicherweise schrecklicher, aber letztendlich lohnender Schritt in Richtung auf eine bessere Zukunft, als ein Preis für den Fortschritt angesehen werden kann.

Die klassischen Kriegsphantasien vom Vorwärtsstürmen der Männer, vom glanzvollen Einsatz von Maschinen, von der Verwandlung einer ganzen Gesellschaft in eine perfekt funktionierende Maschine, die überdies an allen Ecken und Enden ihre gefährliche Schönheit zur Schau stellt, vom Niederreißen der Grenzen und »Gewinn« von Territorium, verträgt sich nur noch wenig mit unserer geänderten Wahrnehmung. Sie ist nicht mehr so sehr territorial, als daß man sein Blut gäbe dafür, daß ein Land größer wird. Die orbitale Wahrnehmung über unsere avanciertesten Wahrnehmungsmaschinen macht das Land obsolet; unsere Maschinen kennen keine Grenzen, sie können überall und sofort sein, so wie Geld, Daten, Informationen nun überall (und nirgends) sein können. Das Land, das zu erobern wäre, ist eher eine Last.

Unsere Medien berichten von den Kriegsschauplätzen eher mit Entsetzen als mit Genugtuung; sie schütteln gewissermaßen beständig den Kopf ob so viel Unvernunft in den Kriegen, die sich weit entfernt abspielen. Aber sie können ihre Lüsternheit nicht verbergen auf die Bilder von offenen Wunden und abgehackten Gliedmaßen. Wir halten unsere politische Kultur für ungemein hochentwickelt, weil es ihr gelungen ist, die längste Epoche des Friedens für Mitteleuropa zu sichern, während sich die Staaten der Dritten Welt als offensichtlich nicht friedensfähig erweisen. Die Kriege dort sind nicht nur Ausdruck ihrer Unentwickeltheit, die Kriege selber sind unterentwickelt. Unsere Politiker reisen viel, um den Unvernünftigen ihre Unvernunft klarzumachen. »Frieden«, brüllen wir in die Welt.

Aber zur selben Zeit ist die Rüstung auf einem technologischen, das Militär auf einem organisatorischen Niveau, das noch im Zweiten Weltkrieg nicht einmal projektiert werden konnte, obwohl dieser eine Explosion der Technologie nach der anderen mit sich brachte. Zur selben Zeit sterben in erklärten und nicht erklärten Kriegen täglich mehr Menschen als in den klassischen Kriegen, und mehr denn je sind es Zivilisten, die unter den direkten und indirekten Folgen des Krieges leiden müssen. Noch nie in der Geschichte der Menschheit waren so viele Menschen mit der Herstellung, der Wartung und der potentiellen Anwendung von Vernichtungswaffen beschäftigt, und noch nie in der Geschichte der Menschheit war die Herstellung von Waffen so untrennbar mit dem wirtschaftlichen Wohl und Wehe verbunden wie in unserer Zeit. Und noch nie in der Geschichte der Menschheit war die Wahrnehmung, war alle Information und alle Kommunikation so sehr von einer militärischen Maschinerie geprägt, die mehr und mehr auf den Menschen verzichten zu können scheint: Nicht der mit Orden behängte General, nicht der blutende Rekrut ist unser Bild vom Krieg, sondern die intelligente Rakete, die Mine, die sich selbst ihr Ziel sucht, der Killersatellit.

Wie kommt diese Diskrepanz zwischen »Friedenskultur« und »Rüstungswirklichkeit« zustande? Sitzen wir alle einem gewaltigen Schwindel, einer umfassenden Selbsttäuschung auf? Ist unsere vorgebliche Friedfertigkeit nur eine Täuschung, die darauf basiert, daß wir einfach nicht mehr in der Lage sind, die umfassende Kriegsmaschine, auf der wir sitzen, in der wir verschwinden wie Jerry Lewis im Ledersessel, überhaupt zu verstehen? Hat der Krieg selbst sein Gesicht so sehr verändert, daß er der einen Hälfte der Menschheit Sicherheit und der anderen Schrecken und Leid beschert?

Wenn wir heute vom Krieg sprechen, haben wir offensichtlich zwei ganz verschiedene, ja gegenläufige Phänomene vor Augen. Da ist zum einen der große Krieg, eine in jeder Hinsicht finale Auseinandersetzung zwischen Machtblöcken, die auf dem technologischen Niveau von Nuklearbewaffnung und electronic warfare und der Bewaffnung des Weltraums geführt werden müßte. Und da sind zum anderen die vielen regionalen, technologisch begrenzten, zumindest unter der Nuklearschwelle gehaltenen Kriege, die hervorgegangen sind aus Kolonialkriegen, Bürgerkriegen und schließlich aus den sogenannten »Stellvertreterkriegen«, die heute so polymorph, so schwer verständlich geworden sind, daß es unseren Medien leichtfällt, sie als etwas irrationales, eher in religiösen denn in politischen Dimensionen zu Fassendes darzustellen.

Aber darstellbar, im Gegensatz zum »Großen Krieg«, sind sie, und die in ihnen zum Einsatz kommende Technologie können wir verstehen. Es sind dramatische, primitive Kriege, die ihren Schauspiel-Charakter verlieren, wenn sich die kriegführenden Gesellschaften so sehr aus dem teuer zu bezahlenden Abfall der Rüstungsindustrien der Industriegesellschaften bedient haben, daß sie sich unzulässig der Technologie des großen Krieges annähern. Unsere Medien möchten den bärtigen Kämpfer mit der Kalaschnikov sehen, nicht den Einsatz von Giftgas.

Die moralische Ächtung und unsere tägliche Dosis Kriegsberichterstattung aus der Dritten Welt im Stile eines endlosen, brutalen Comic hat uns einigermaßen blind gemacht gegenüber historischen Dimensionen von Krieg (oder ist gar die Abschaffung des Krieges schon als Teilaspekt der Abschaffung von Geschichte zu phantasieren?). Der Begriff »Krieg« ist ja nichts als ein Versuch, einer Unzahl von bewaffneten Auseinandersetzungen eine innere Verwandtschaft zu attestieren. Einen Krieg »führen« kann man nur, wenn es dafür feste Regeln und Ziele gibt und die Maschinisierung allenfalls linear geschieht; die Kriege unserer Zeit werden weniger geführt, sie »brechen aus«. Damit ist schon etwas von der Furcht deutlich, daß wir die Kriege nicht mehr kontrollieren können, wie es einst möglicherweise zur selbstverständlichen Zivilisation gehörte. Der ausgebrochene Krieg macht die Auseinandersetzung zwischen Menschen und Maschinen zur Farce.

Sowenig es den Krieg als wiederkehrendes, identisches Phänomen der Menschheitsgeschichte gibt – jeder Krieg ist auch ein unwiederholbares, ja unvergleichliches historisches Ereignis, das sich in einer dialektischen Beziehung zu anderen Kriegen befindet: Kein Krieg ist wie der andere, und jeder Krieg ist zugleich Ursache und Wirkung in einem Prozeß radikaler technologischer, zivilisatorischer, kultureller und ökonomischer Umgestaltung – sowenig ist ein Krieg für sich ein kompaktes, eindeutig zu definierendes Geschehen. Während jeder Krieg dazu verurteilt ist, auf einem »höheren« Niveau stattzufinden als sein Vorgänger, besteht er aus zahllosen gegenläufigen, einander verstärkenden, aber auch einander widersprechenden Impulsen, die in einem ebenso komplexen wie dynamischen Prozeß so etwas wie die »Gestalt« eines Krieges schaffen.

Nach der traditionellen Definition ist der Krieg ein bewaffneter, organisierter Kampf zwischen Staaten oder anderen sozialen Gemeinschaften. Er hat zum Ziel einen Frieden, der den siegreichen Staaten territoriale, ökonomische und kulturelle Vorteile erbringt. Der Krieg hat aber immer auch innerstaatliche Auswirkungen und Ursachen; so mag er zum Beispiel die Antwort einer Staatsführung auf unlösbare gesellschaftliche Widersprüche sein, die mit den zur Verfügung stehenden Mitteln zur Lenkung nicht unter Kontrolle zu bringen sind. Im Extremfall ist der Krieg ein Mittel, einen Bürgerkrieg zu verhindern oder den Aufstand eines entrechteten und entwerteten Teils der Bevölkerung zu verhindern oder nach außen abzulenken. Noch ein verlorener Krieg hat zur irreversiblen Folge die jeweils stärkstmögliche Organisation der Gesellschaft; jeder Krieg bedeutet also einen Sozialierungsschub: nach jedem Krieg gibt es weniger von der Qualität Mensch und mehr von der Qualität Gesellschaft. Damit verbunden ist eine sprunghafte Maschinisierung der neu und höher organisierten Gesellschaft. Im Krieg erscheint diese Maschinisierung sozusagen als »natürlich«; man muß im Krieg Maschine und Maschinisierung als Verbündete, ja als einzige Verbindung mit dem Leben erkennen.

Der Krieg bedeutet eine Explosion der technologischen Möglichkeiten der kriegführenden Gesellschaften, und dieser Technologieschub ist durch den Krieg selbst bereits hierarchisch strukturiert. Sein potentieller sozialer Reichtum wird schon im Krieg selbst verteilt. So kann der Krieg gewissermaßen als Instrument einer sozialen und technologischen, schließlich auch einer ökonomischen Modernisierung wirken. Ökonomisch und technologisch rückständige Gesellschaften, die über einen gewissen Reichtum an Ressourcen oder Menschen verfügten, ließen sich in bestimmten Stadien ihrer Entwicklung nur noch durch den Krieg modernisieren, wenn sie nicht von avancierteren Gesellschaften vereinnahmt oder ausgebeutet werden wollten. So ist zu verstehen, daß Kriege keineswegs allein deswegen geführt werden, um sie zu »gewinnen« (auch die militaristische Kultur betont, wenn auch aus anderen Motiven, daß der Krieg sich selbst zum Ziel hat). Soviel also im Krieg an menschlicher und technischer Produktivkraft vernichtet wird, soviel wird an sozialem, technologischem, orangisatorischem, medizinischem Wissen gewonnen. Zynisch gesprochen läßt sich der Krieg auch als eine Art Experiment auffassen, das Wissen schafft und vergesellschaftet.

Eine letzte Ursache und Wirkung des Krieges zugleich ist die Bündelung und Organisation destruktiver, aggressiver und neurotischer Impulse. Wie der Krieg nachhaltig die Wirtschaft umorganisiert, so führt er auch zu einer psychosozialen Neuformung – zum Beispiel verändert jeder Krieg nachhaltig die familiären und sexuellen Beziehungen. Insofern der Krieg Ausdruck und Folge einer repressiven Gesellschaft ist, die gewissermaßen die aufgestaute, bösartige Energie ihrer Mitglieder gezielt entläßt, repräsentiert er diese Gesellschaft nicht nur, sondern garantiert sie auch. Der Krieg ist nicht die Folge der Aggressivität des einzelnen – im Gegenteil ist ja die Unfähigkeit zur Aggression gegenüber der gesellschaftlichen Macht eine Grundvoraussetzung für einen »ordentlich« geführten Krieg – als vielmehr einer bestimmten Formung der Aggressivität, die in der Verschmelzung von Mensch und Maschinen mündet. Der Drill, der den Soldaten formt, läßt ihn zum Teil einer Supermaschine werden, bei der die menschlichen Teile genauso funktionieren müssen wie die technischen, mit dem Unterschied, daß diese Maschinisierung vom menschlichen Teil als Lust mit allerlei sexuellen Nebenbedeutungen empfunden werden soll. Die Mensch/Maschine-Einheit, die der Krieg produziert, ersetzt gleichsam die Mann/Frau-Dualität (im klassischen Krieg verborgen scheint sehr häufig eine sonderbare Utopie des männlichen Lebens ohne Frau; im »Stahlgewitter« erlebt der soldatische Mann so etwas wie eine Neugeburt, während seine Verbündeten daheim mit ihrem Rassismus, ihren Zuchtversuchen, der Maschinisierung der Fortpflanzung die Frau, wo nicht durch eine Maschine ersetzen, sie doch zum Höchstmaß maschinell kontrollieren wollen. Mann und Maschine sind Verbündete gegen die Frau, die »gut« ist, wo sie ihre eigene Maschinisierung betreibt). Indem der Gehorsam an die Stelle des Interesses, die Hierarchie an die Stelle des Wettbewerbes, die Todesfurcht an die Stelle der Existenzsorge, die Maschine an die Stelle der Sprache gerückt ist, löscht der Mensch im Krieg einen Teil seiner Identität aus und vernichtet dabei auch alle oppositionellen Impulse.

Aber neben dieser Technologisierung und Sozialisierung des Menschen hat der Krieg auch gegenläufige Tendenzen. In gewissen Situationen nämlich muß der Mann im Krieg, der eher daran gewöhnt ist, Teil einer Maschine zu sein, auf ganz andere, nämlich animalische Art auf sein Schicksal reagieren. So wie im Krieg die Produktivkraft Dinge erzeugt, die gleich wieder vernichtet werden, so schafft er eine Ordnung, die im Grunde permanent zusammenbricht. An allen Ecken und Enden kippt die militärische Kultur in Anarchie um; die unterdrückte Individualität explodiert zum Beispiel in Akten der Barbarei, aber auch in solchen unziemlicher Menschlichkeit, schließlich hier und dort in bewußter oder unbewußter Sabotage. Der Zusammenbruch der gewachsenen Ordnungen, der familiären Strukturen etwa, macht auf der einen Seite zwar die soziale Neuordnung denkbar, führt aber andrerseits auch zu einem kulturellen und organisatorischen Chaos. Neben der erwünschten Umstrukturierung entsteht immer auch eine weitere, eine unerwünscht anarchische Umstrukturierung; die unterdrückten Rassen, Klassen, schließlich sogar die unterdrückten Frauen durchleben im Krieg einen zwanghaften Emanzipationsprozeß, weil sie aus den gewohnten Hierarchien an Stellen kommen, wo ihre Einsatzkraft benötigt wird. Sie werden Teil jener sozialen Maschine, aus der sie im Normalfall verbannt sind.

So hat sich im neunzehnten und zwanzigsten Jahrhundert nach allen größeren Kriegen eine zweiphasige Restaurationszeit herausgebildet, die von einer scheinbaren Bestätigung dieser Emanzipation zur mehr oder minder gewaltsamen Rekonstruktion der Abhängigkeiten führt. Der »moderne« Krieg, der mit dem amerikanischen Sezessionskrieg beginnt, hat eine »Nachkriegszeit« produziert, die soviel Instabilität, so neurotisierende Beziehungsunsicherheiten hervorruft, die nur durch eine neuerliche Maschinisierung – in der Landnahme im Westen, in einem neuerlichen Krieg, in einen wirtschaftlichen Aufbau etc. – »aufgehoben« werden kann, daß diese »Nachkriegszeit« sozial und kulturell nicht weniger gefährlich ist als der Krieg selbst. Die durch die Kriegsorgansisation maschinierte Gesellschaft zerfällt in ihren maschinellen und ihren animalischen Teil; die Restauration der »natürlichen« Ordnungen kann vollständig nur denen gelingen, die aus dem Krieg einen Beuteanteil an Maschinenmacht mit heimbrachten. Wie problematisch etwa Steuerung oder Gegensteuerung wäre, zeigt eine kurze Zusammenfassung der wichtigsten, widersprüchlichen, im Krieg wirksam werdenden Impulse. Der Krieg bezieht seine Struktur als

1. Ein Mittel der Expansion eines Staates und zur Sicherung der alten oder der neu geschaffenen Grenzen (wobei man davon aus-

gehen kann, daß ein Staat immer dann zur Expansion drängt, wenn entweder seine eigene innere Struktur zu widersprüchlich ist, oder die äußere Bedrohung bzw. ökonomische Konkurrenz zu groß ist). Kriege werden entweder um Rohstoffe oder um Märkte geführt (und diese Möglichkeiten haben gewiß ihre Auswirkungen auf die »Gestalt« des Krieges).

2. Eine technologische Revolution, die nicht nur eine Motorisierung, ja Maschinisierung der Gesellschaft, sondern auch eine Explosion des Wissens zur Folge hat, das in Folge auch in der Produktionssphäre – von oben nach unten – zur Anwendung gelangt. Die Maschinisierung der Gesellschaft im Krieg ist für die herrschenden Klassen »gefahrloser« als in Friedenszeiten, weil hier die Aneignung neuer Technologie durch die unteren Klassen nicht zu befürchten ist. Die technologische Revolution führt zum Indentitätsverlust der unteren, zum Identitätsgewinn der oberen Klassen; es kann aber nicht verhindert werden, daß der Krieg Wissen auch nach unten vermittelt. Schließlich wird auch der Mensch der anderen Klasse zugleich in maschineller Distanz und barbarischer Nähe wahrgenommen.

3. Eine Strukturierung destruktiver und anarchischer Impulse, die Verstaatlichung und Maschinisierung menschlicher Aggressivität. Der Krieg ist auch eine Abfolge »kranker« sexueller Handlungen; eine besondere Form der Homosexualität wird zugleich produziert und panisch abgewehrt. Wie der Soldat die Frau des Feindes, so vergewaltigt seine Maschine die »Mutte« Erde. Der umfassende Krieg bezwingt vor dem Feind die Elemente: das Feuer, die Erde, das Wasser, die Luft. Der Mann muß, ob er will oder nicht, (weibliche) Natur vernichten, um als (männliches) Maschinenwesen wiedergeboren zu werden.

4. Eine Kulturrevolution, in der nicht nur eine Reihe von traditionellen Werten radikal umgewertet werden, sondern in der auch Kommunikationsstrukturen verändert werden. Mit der technologischen Veränderung geht eine Veränderung der Wahrnehmung einher. Das durchaus rauschhafte Erleben des Krieges verdankt sich nicht allein einer Schärfung der Sinne durch Todesangst und Mordlust, sondern auch sozusagen schockartiger Erfahrung neuer technologischer Wahrnehmungen.

5. Eine gesellschaftliche Umgestaltung (die zum Beispiel einen Generationswechsel oder auch einen Wechsel der Führungsschicht zur Folge hat – etwa in der Ablösung einer traditionellen,

landverbundenen Führungsschicht durch neue Ökonomen und Technokraten) und eine Umverteilung der gesellschaftlichen Reichtümer. Die Rüstungsindustrie nimmt die »Rationalisierung« der Produktion vorweg.

6. Ein gewaltsamer Therapieversuch einer kranken Gesellschaft, die Neudefinition von »Person«, eine Synthese von Tugend und Moral.

7. Eine ökonomische Revolution, in der die für die Rüstung benötigten Güter in stets größeren, konzentrierteren Wirtschaftsunternehmen hergestellt werden, denen während des Krieges und in seinem Interesse billige Arbeitskraft zur Verfügung gestellt werden, zum Beispiel in Gestalt freiwillig dienender oder zwangsverpflichteter Frauen und Jugendlicher, von Kriegsgefangenen etc., und denen auch die eroberte Technologie einverleibt wird. Die Industrie schafft sich ihren Krieg, und der Krieg schafft sich seine Industrie.

2

Mit alledem ist noch sehr wenig über die eigentliche Gestalt eines Krieges zu sagen, der ja immer auch eine ästhetische Veranstaltung, eine Veränderung der sinnlichen Wahrnehmung ist. Der Eindruck, es könne sich bei einem Krieg um eine geplante und kontrollierbare Unternehmung aufgrund einer zwar zynischen aber doch nachvollziehbaren Vernunft handeln, schwindet bei der Betrachtung der einzelnen, konkreten Handlungen und Zeichen, aus denen er »zusammengesetzt« ist. Der Krieg ist zugleich die wahnhafte Steigerung und die partielle Absentierung fixierter moralischer Werte einer Gesellschaft. Diese Steigerung und Absentierung geschieht nicht »automatisch«, sie muß produziert werden. Abgrundtiefer Haß auf den Feind, eine Lust an der Gewalt und die Hoffnung auf Belohnung, sowie jener Drill, der als Hölle erfahren wird und durch den man vor dem Nicht-Funktionieren mehr Angst als vor dem Gegner empfindet, reichen allein nicht aus. Militär, Maschinen und Krieg schaffen eine zweite Wirklichkeit, die sich einerseits durch jene delirierende, rauschhafte Wahrnehmung der Geschehnisse und andrerseits durch einen Mythos ausdrückt, den jeder Krieg entwickelt, und zu dem die offizielle Propaganda nur einen Teil beisteuert.

Die technologische Revolution des Krieges bedeutet auch eine

Revolution der Bewegung; zu Wasser, zu Lande und in der Luft bewegen sich die Menschen im Krieg so, wie sie sich zuvor nie bewegt haben. Alle sinnlichen Eindrücke, das Sehen, Hören, Schmecken und Riechen, sind durch die Eindrücke des Krieges in enormen Maß gesteigert. Und diese gesteigerte, maßlos gewordene Wahrnehmung erstreckt sich auch auf Bereiche, die vordergründig gar nicht mit dem eigentlichen Kriegsgeschehen zu tun haben. Die erhitzte Wahrnehmung wiederum korrespondiert mit einer gesteigerten Produktion von Unterhaltung und Showbusineß. (Die gegenseitige Durchdringung von Krieg und Showbusineß ist ja keine Erfindung des elektronischen Zeitalters.) Das Showbusineß hat im Krieg merkwürdige Freiheiten, es schlägt sich, so scheint es, eher auf die anarchische als auf die disziplinierte Seite des Krieges. Obszön, kindisch, sadistisch und sentimental hilft es, die Wahrnehmung aufzulösen, die durch die »Kriegserfahrungen« bereits zersplittert sind. Das *trompe l'œuil,* die Finte, die Tarnung, die Imitation, die Hegemonie der Erscheinung verweben sich miteinander in Unterhaltung und Krieg. Der Kinoblick und der Waffenblick nähern sich einander so sehr an, wie die Frau in der Truppenbetreuung sich zum Zielobjekt und zum Schmuck der Rakete macht. Die zunehmende Ähnlichkeit der Instrumente und Methoden, der kriegerischen und der unterhaltenden Wahrnehmung kommt in den modernen Kriegen zum Höhepunkt. Nach ihnen ist die Verschmelzung gelungen. Als Präsident Eisenhower, geschockt vom Erfolg des russichen Sputnik-Unternehmens, beschloß, sein Land an der »Eroberung des Weltraums« teilnehmen zu lassen, ließ er sich zunächst einige Filme der Walt Disney Productions zeigen, um zu sehen, »wie es ist«.

Doch erschöpft sich diese Verwandtschaft der Wahrnehmung nicht in den mannigfachen Analogien, die etwa Paul Virilio nicht müde wird, aufzuzählen, sie ist vielmehr dialektisch verknüpft mit dem Qualitätssprung der Technologie. So wie der Krieg die neue Technologie für den einzelnen erfahrbar macht, ohne daß er nach ihr greifen könnte, so macht das Showbusineß die Technologie »menschlich«, kleiner als sie ist, und lädt sie mit Erotik und Alltag auf. Der Krieg macht durch seine Veränderung der Wahrnehmung aus dem technologischen Sprung für den einzelnen ein rauschhaftes ästhetisches Erlebnis, dem allerdings erst das Showbusineß (inklusive der kontrollierten Rückkehr der verdrängten Frau) wieder Sinn zu verleihen vermag. Die spätere Zivilisierung der Wahrnehmung wie des technologischen Produktes kann nie mehr seinen militärischen Ursprung völlig verlieren; das Kino sieht also viel weniger wie eine Kriegsmaschine, weil wir gar nicht anders denn militärisch sehen könnten, sondern deshalb, weil es seinen Blick den Technologieschüben verdankt, die zivil nicht zu erlangen waren. Im Krieg ist die Maschine gewaltig, im Kino dagegen ist sie beschwichtigend, immer ein wenig der tatsächlichen Entwicklung hinterher (selbst, wo sie sich utopisch gibt).

Mit dem rauschhaften Erfahren neuer Bewegung, neuer Geräusche, neuer – wenn man so will – Effekte, geht die Konstruktion des Mythos in einem Krieg einher. Einer seiner Grundkonstellationen ist die Entfernung des Krieges von seinen politischen Zielsetzungen. Daß man die Freiheit, die eigene Kultur, das eigene Volk verteidige, ist das äußerste, was an Aussagen in der militärischen Kultur gemacht werden kann. Das Ideal muß weder verstanden, noch gar »gelebt« werden, es muß nur existieren. Seine Heiligkeit darf nicht angetastet werden; es ist mehr als Axiom, es ist Fetisch. Komplexer ist das Bild des Feindes. Der Bolschewismus, beispielsweise, könnte dem Soldaten ja fürchterlich egal sein. So muß er sich ihn als Krankheit in sich selbst phantasieren können, es muß etwas sein, das in seinem Familienroman steckt, etwas, von dem er sich befreien muß. (Die »Geschichte des Feindes« wäre in mehrfacher Hinsicht noch zu schreiben.) Darüber hinaus aber ist der Krieg selber Legitimation, er ist eine Maschine, die in ihrer Bewegung Tod, Technik und Mythen produziert, Mythen, die zum Teil so schnell vergehen wie sie entstehen, und die ihre beständige Formulierung dem Umstand verdanken, daß es im Krieg nichts gibt, was nicht vor allem Bedeutung ist.

Ja, vielleicht liegt sogar ein verborgener Sinn des Krieges darin, allem eine Bedeutung zu geben, vom Uniformknopf bis Höhe 337, eine Bedeutung, die nicht funktional allein ist, sondern einer eigenen militärischen Theologie entspricht, und schließlich eine Sprache, deren Grammatik von den Maschinen gebildet wird, und die von den Zivilisten (den »weibischen« Menschen) nicht verstanden wird. Der Soldat ist dem Krieg wie einem Naturereignis ausgesetzt, das aus lauter Zeichen besteht.

Der mythische Held ist derjenige, der mit der neuen Technologie umzugehen weiß, ja mit ihr verschmilzt. Auf diese Weise entkommt er der Maschinisierung des Menschen im Kriege, indem er sie paradoxerweise aufs perfekteste präsentiert. Denn der Kreig ist ja nicht allein, vielleicht nicht einmal in erster Linie, eine Auseinandersetzung verschiedener Gruppen, sondern vor allem immer eine Auseinandersetzung zwischen Mensch und Technologie. Wie es zum rauschhaften Erfahren des Krieges gehört, diese Technik schnell und gefährlich beherrschen zu lernen, so gehört es zum Mythos, *daß* der Soldat die Technologie beherrscht. Daher muß sich der Rote Baron in die Lüfte erheben, und daher muß der Soldat sein Gewehr auseinandernehmen und wieder zusammensetzen können.

Die gesteigerte Wahrnehmung im Krieg führt schließlich zu einer Überbewertung des Details. Anders gesagt, im Krieg neigen die Menschen dazu, ein fetischistisches Verhältnis zu Objekten einzunehmen und zu allem, was als Objekt definiert wird. Das hat neben der Wahrnehmung im Wettlauf mit der Technologie natürlich auch mit der sexuellen Ausnahmesituation zu tun, die ihrerseits wohl wiederum auf die Wahrnehmung wirkt. Im fetischistischen Blick treffen sich Angst und Lüsternheit, und dem fetischistischen Ding kommt im Mythos wunderbare Wirkung zu. Wenn der Pilot eine bestimmte Jacke trägt, kann ihm nichts passieren. Als Gefahr ist die Frau abwesend, als Fetisch anwesend, und insgesamt ist der Krieg in seiner Gestalt einer höllischen Vagina vergleichbar, in die sich der Mann mit seinen Maschinen wühlt, fasziniert und entsetzt von den Möglichkeiten, verschlungen oder geboren zu werden. Der Feind, der immer ein wenig mehr Frau ist als man selber, ist auch ein Verbündeter.

Das Bild, das der Krieg vermittelt, ist zunächst eines von der Zerstörung von Menschen und Maschinen, dann aber und immer mehr, das Bild der Zerstörung der Erde durch Menschen und Maschinen. Um die Gestalt eines Krieges zu vermitteln, genügt es des öfteren, eine Maschine und eine Landschaft zu beschreiben. Der Panzer und die Schlammebene, der Hubschrauber und der Urwald, die Kalaschnikov und die Felsenberge. Jede Gruppe versucht, so gut es geht, sich mit der Natur zu verbünden, sich in ihr zu verbergen, ihren natürlichen Schutz suchend, und die andere Gruppe ist deswegen gezwungen, Krieg auch gegen die Natur zu führen, den Dschungel zu entlauben, alles Wachsende niederzuwalzen, jeden Winkel auszuspähen. Der Krieg wird so zu einer Orgie der Gewalt der Maschine gegen die Natur; solange er vorwärtsstürmt, im Verband, ist der Mensch Teil der Maschine, liegt er blutend und schreiend am Boden, wird er wieder ein Teil der Natur.

3

Dieser Versuch, den Krieg sowohl in seiner materiellen als auch in seiner halluzinatorischen und mythischen Dimension zu deuten (eine Struktur, die die historische Einzigartigkeit jeden Krieges ermöglicht), mag genügen, um zu ahnen, daß die hochindustrialisierten Gesellschaften diese Form des Krieges weder nötig haben noch aus ihr Gewinn erzielen können. Die ökonomische Struktur der Weltwirtschaft läßt für die hochindustrialisierten Staaten die territoriale Expansion im eigenen geografischen Bereich für kaum erstrebenswert erscheinen, da durch die multinationale Organisation der Konzerne sich die Märkte potentiell zu einem gewaltigen Binnenmarkt der Industriegesellschaften entwickeln, an den sich, zum Beispiel durch joint ventures, so gut es geht auch ein Teil des sozialistischen Marktgeschehens angliedern läßt. Der eigentliche, traditionelle Kriegsgrund, nämlich ein Mangel an ökonomischer Autonomie, hat sich ins Gegenteil verkehrt. Die Überproduktion ist zu einem Problem geworden, das durch technologische Schübe stets noch weiter erhitzt wird.

Die Rüstungsindustrie ist, flankiert durch die Strategie der Abschreckung, von einer Produktionsform zwischen Stagnation und Explosion zu einem Stadium gewissermaßen ständig überhitzter Produktion gelangt, das seine technologischen Revolutionen sozusagen aus sich selbst heraus produziert. Die Rüstungsindustrie produziert weder »wie in Friedenszeiten« noch »wie in Kriegszeiten«. Sie produziert, jenseits von Krieg und Frieden, unabhänig von einem historischen Bedarf, Zerstörungsmaschinen, die so gut funktionieren sollen, daß sie nicht funktionieren müssen. Die Perfektion der Waffen übersteigt aber im allgemeinen das »Wissen« der Menschen, die sie »führen« sollen. Das Mißverhältnis zwischen Maschinen und Menschen, das sichtbar zu Fehlleistungen und Katastrophen führt, ängstigt, als hätte man derlei geplant, die eigene Bevölkerung mindestens ebenso wie den Feind.

Ein wichtiges Merkmal dieses Wettrüstens ist der Versuch, den Gegner sozusagen totzurüsten; gezwungen, größte Teile seiner Volkswirtschaft in die Rüstung zu stecken, muß der jeweils andere seinem Volk Lebensqualität – zumindest in Form des Konsums – vorenthalten, und zur gleichen Zeit ist in den Völkern die Kriegsangst so groß wie nie zuvor. Sie wird durch den ständigen Einsatz der Rüstungsgüter zu Übungszwecken weiter geschürt, und es ist schwer, sich dem Eindruck zu verschließen, daß die Erzeugung von Angst mittlerweile die Hauptaufgabe von Militär und Rüstung ist. Die Rüstung produziert damit aber zugleich auch Furcht (oder furchtsame Identifikation) gegenüber den Maschinen. Die Rüstung, die den technologischen Fortschritt vor allem bestimmt, bremst somit zugleich das Bewußtsein von diesem Fortschritt, anders gesagt, Rüstung, und die damit zusammenhängende Rüstungsästhetik, schafft ein falsches Bewußtsein von der Maschine und dem, was durch sie möglich ist.

Das Wettrüsten könnte – zumindest theoretisch – zum Kollaps des wirtschaftlich und technologisch Unterlegenen führen. Da die Waffen ja letztlich dazu gebaut werden, einsatzfähig zu sein, aber nie eingesetzt werden müssen, also gewissermaßen Angstmaschinen sind (an deren Stelle vielleicht einmal Maschinen treten könnten, die Angst gewissermaßen ohne die Möglichkeit des Funktionierens erzeugen), haben sie keinen ökonomischen oder technologischen Nutzen. Der Informationsüberfluß des Rüstungsindustrie in den Zivilbereich ist vergleichsweise gering, wenn man ihn an den eingesetzten Mitteln mißt. Und alles, was man zu schnellerer Produktion und angenehmerem Leben braucht, haben wir schon. Um also zumindest einen Teil der ja im Grunde nutzlosen, verbrauchten volkswirtschaftlichen Energie zurückzugewinnen, ist man versucht, durch Exporte die eigene Entwicklungen zu amortisieren. Die Notwendigkeit der Waffenexporte ist also eine folgerichtige Erscheinung des Wettrüstens, wobei es zunächst zweitrangig ist, ob eine Gesellschaft marktwirtschaftlich oder planwirtschaftlich ausgerichtet ist.

Damit wird aber auch der Krieg, der hierzulande technologisch, ökonomisch und kulturell keinen Sinn mehr macht, in solche Länder exportiert, in denen Raum für technologische und ökonomische Schübe ist, die freilich durch eben diese Exportabhängigkeit ihre Wirkung verfehlen müssen. Der Reichtum der hochindustrialisierten Nationen beruht also auf nichts anderem als der Tatsache, daß sie billige Rohstoffe aus den Ländern der Dritten Welt beziehen, die sie zu einem Gutteil mit Waffen bezahlen. Die mit ihnen geführten regional begrenzten Kriege ermöglichen eine Strategie der Destabilisierung, die den Industriegesellschafteen die niedrigen Rohstoffpreise garantieren. Die begrenzten, ja manipulierten Kriege in der Dritten Welt können sich für die Gesellschaften in einem bestimmten Entwicklungsstadium wie eine Droge auswirken; es wird der Rausch der Technologie und der veränderten Wahrnehmung erlebt, aber da die Technologie nicht wirklich in die eigene Produktivkraft integriert werden kann, bleibt sie unproduktiv und fremd, sie macht diese Gesellschaften süchtig nach Nachschub. Und es macht diese Kriege besonders grausam, daß nicht einmal die Logistik – von der Nahrungsmittel- und Konsumgüterindustrie ganz zu schweigen – auf dem Stand der Waffentechnologie ist, die zur Anwendung kommt.

Dennoch ist auch die Technologie dieser Kriege stets weit unterhalb dessen angesiedelt, was für die Industriegesellschaft an maschineller Zerstörung möglich wäre. Überdies erscheint eine neue ideale Kampfart, die archaische mit technologischen Elementen verbindet, und die so wenig der traditionellen Ordnung auf dem Schlachtfeld entspricht, daß die Grenzen von Krieg und Bürgerkrieg, von Krieg und Terrorismus, von Guerilla und Truppenmanövern fließend werden. Diese Kriege mit den importierten Waffen entsprechen also dem skizzierten Bild des traditionellen bis modernen Krieges sowenig wie das einer virtuellen Auseinandersetzung der Industrienationen. Zwar wirken sie auf politische, ökonomische und technologische Entwicklungen, doch können sie zu keiner Konsolidierung führen, weil die Umgestaltungen aus eigener Kraft nicht zu sichern sind.

Das, was man also in der Kontinuität historischer Entwicklung als »Krieg« bezeichnet hat, hat sich aufgespalten in einen großen Krieg, der nicht zu führen ist, und viele kleine Kriege, die nicht wirklich zu beenden sind. Für die Industrienationen hat der Krieg seinen Sinn verloren. Einen Krieg, der buchstäblich fast ohne Menschen geführt würde, kann man kaum zur kulturellen Umgestaltung, zur Mythenproduktion oder zu einer neuen Begeisterung für Technologie verwenden. Dieser Krieg wäre ja schon vorbei, ehe er seine eigene Kultur und seine eigenen Bilder produzieren könnte. Das Problem dieser Gesellschaften ist es vielmehr, die eigene Modernisierung abzubremsen; die entsprechende Utopie ist ein Zeitalter der Postmoderne, in dem das historische Nacheinander, zu dem auch die Explosion gehört, ersetzt ist durch ein allseitiges Nebeneinander. Es entsteht ein Fluß von Kriegsfurcht, Rüstung, Waffenexport, Nachrichten von Kriegsschauplätzen der Dritten Welt usw., der als Steuerungsmedium ausreicht, solange dem exportierten Krieg der mythische Gewinn entnommen werden kann: Die Industrienationen beweisen und garantieren ihre Überlegenheit paradoxerweise nicht, indem sie andere Staaten bekämpfen, ja, nach und nach nehmen sie auch von der Strategie der »Stellvertreterkriege« Abstand, sondern indem sie gleichsam den Frieden aus der Geschichte absorbieren und den Krieg unter die anderen Länder verteilen, ein wenig wie giftigen, historischen Abfall.

Der Verzicht auf den Krieg als Mittel der eigenen Gestaltung fällt den Industriegesellschaften um so leichter, als sie über ein ungeheuer avanciertes System zur Lenkung und Manipulation verfügen. Die medial vernetzten Menschen unserer Gesellschaften erhalten noch mehr Verhaltensvorgaben als Menschen in der militärischen Hierarchie; die Lenkung vollzieht sich allerdings nicht über den Befehl, sondern über den Konformitätsdruck und die Wahrnehmungsstrukturierung. Beide Lenkungsmethoden widersprechen einander bis zu einem gewissen Grad; ist in einem Fall der Mensch durch seine Vernetzung einem konstanten Fluß allgemeinen Bewußtseins und mehr noch allgemeinen Unbewußtseins ausgesetzt, so ist er im zweiten Fall, anstatt durch eine Maschine zu fließen, selber fester Bestandteil einer Maschine. Die Maschinen sind im Grunde in den Industriegesellschaften zu groß und gefährlich geworden, um die Menschen, wie es in einem Krieg geschehen müßte, in intensiven Kontakt mit ihnen zu bringen; neben der Strategie der Versöhnung, die die mediale Vernetzung erreicht, tritt daher eine Strategie der Distanzierung. In einer Gesellschaft, die ihren Alltag weitgehend maschinisiert hat, bedarf es der heißen, kriegerischen Verschmelzung von Mensch und Maschine nicht. (Auf der anderen Seite ist auch der barbarische Aspekt des Krieges alltäglich geworden – ein Preis für die Abschaffung des Krieges, den die Menschen der Industriegesellschaften zu zahlen haben, besteht darin, daß in gewisser Weise immer Krieg ist.)

So entsteht in den hochindustrialisierten Gesellschaften eine widersprüchliche, gefährdete Balance zwischen den medialisierten und den militarisierten Bereichen des Lebens, über die sich eine Utopie der vollständigen Verschmelzung wölbt, die Zusammenlegung von Disneyland und Pentagon. Eine Gesellschaft, die mit einer Überflußproduktion kämpft, kann sich überdies den soldatischen Menschen, der an die Stelle der Wünsche die Disziplinierung setzt, kaum leisten. Der Widerspruch muß also in den verschiedendsten Bildern gelöst werden; der militärische Bereich unserer Gesellschaft zeigt zwei Gesichter in den Medien, ein menschliches und ein martialisches. Die Militärmaschine muß zugleich beweisen, daß sie ein Teil dieser Gesellschaft ist und daß ihre Fähigkeit, Angst zu erzeugen, ungebrochen ist: Der nette Soldat und seine entsetzliche Maschine (dem eine Science-fiction-Korrektur gegenübersteht: die nette Maschine und das schreckliche Militär: »Nummer 5 lebt«!). Diese Angst, die der militarisierte Bereich erzeugt, für einen weiten Teil der Konsumenten dieses Spektakels sicher auch mit Lust und Faszination verbunden, ein permanenter Flugtag, zu dem es gehört, daß er Opfer fordert, macht uns noch mehr abhängig von dem anderen, dem medialisierten Bereich, der Trostmaschine.

Schon jetzt wird es schwierig, zu entscheiden, welcher der beiden Bereiche, die sich ja obendrein so sehr zu durchdringen suchen, mehr »Wirklichkeit« zu bieten hat; jedenfalls scheint unter den Bedingungen der Hochindustrialisierung, der Multinationalität der Märkte und der nur allmählich verblassenden Strategie der Abschreckung der Anteil von Inszenierung in beiden Bereichen des maschinisierten Lebens erheblich.

Vor diesem Hintergrund ist es im übrigen auch zu verstehen, warum ausgerechnet in einer Phase der »Entspannung«, in einer Phase, die möglicherweise zur schrittweisen Ersetzung der Abschreckungsstrategie zugunsten gegenseitiger Rüstungskontrolle führt (oder wenigstens zu beruhigenden Nachrichten darüber), der Militär- und Kriegsfilm eine unerwartete Renaissance erlebt. Die Hochrüstung, die unser Wirtschaftssystem stützt, muß nun Strategien entwickeln, aus sich selbst heraus genügend Legitimation zu schöpfen. Wenn die Rüstung nur noch bedingt für die Abschreckung benötigt wird, weil man sich gegenseitig zu sehr durchschaut, dem »Feind« nichts Weibisch-Fremdes mehr bleibt und er nur noch als der bessere oder der schlechtere Konsument gesehen werden kann, so muß sie also selber einen so hohen Erlebnis- und Wahrnehmungswert aufweisen, daß die Industrie fraglos fortproduzieren kann. Unter einer dünnen Schicht von Ideologie und Strategie, umhüllt von viel ökonomischem Fleiß steckt der Kern der neuen Rüstungsästhetik: die Geilheit der Maschine. Die Todesmaschine wird zur Sexmaschine.

Rüstungsfilme wir »Top Gun«, »Der stählerne Adler« oder »Super Carrier« instrumentalisieren dafür die rauschhafte Begegnung mit der Bewegungsart neuer Technologie, indem sie dieses Erlebnis auf Jugendliche projizieren, die den Kick in der Kampfmaschine als Fortsetzung von Rock 'n 'Roll und Sex erfahren und überdies im rationalen Einsatz ihrer Kriegsmaschinen Familienromane lösen und Identität finden. Die *teenage wars,* die uns Filme und Comics andienen, sind ebenso pervers wie folgerichtig: Beide Zustände, Jugend und Krieg, sind in den Industrigesellschaften zur selben Zeit ökonomisch und kulturell »überflüssig« geworden und retten sich in einem gemeinsamen, technologischen Mythos. In all diesen Filmen kommt indes kein wirklicher Krieg vor; die Vernichtungswaffe wird zugleich eingesetzt und nicht eingesetzt, sie wird dem technologisch unterlegenen Gegner demonstriert, und sie dient den internen Auseinandersetzungen. Die Produkte der Rüstungsindustrie sind zu einer Sprache geworden

Diesen weißen Rüstungsfilmen stehen eher schwarze Kriegs- und

Pseudokriegsfilme gegenüber, Sylvester Stallones »Rambo«-Filme gaben dafür ein Modell, die auf das technologische Niveau von Maschinenpistole, Messer, Pfeil und Bogen reduziert sind. Während der weiße, in gewisser Weise »friedliche« Rüstungsfilm einen neuen Umgang mit der Maschine propagiert, der ebenso martialisch wie nach innen und außen stabilisierend wirkt, wirft der schwarze Einzelkämpfer-Kriegsfilm gleichsam so viel Technologie fort, wie nötig, um wieder wirklichen Krieg zu erleben. Der Preis dafür ist, neben der Entfernung von der Maschine und der Reduzierung auf den barbarischen Körper, eine Privatisierung des Krieges. Rambo und seine Kollegen kämpfen nicht im geringsten im Auftrag ihrer Gesellschaft, sie werden vielmehr von dieser ausgestoßen, verraten. Selbst ihre Ideale müssen sie sich entweder selbst zimmern oder aus einer Zeit beziehen, die vor dem Sündenfall der Politisierung des Militärs, der den soldatischen Mann so neurotisierenden Durchdringung ziviler und militärischer Bereiche, gebildet und geglaubt wurden.

Die Teilung des Krieges in einen Bereich der realisierbaren technologisch begrenzten Kriege in den Dschungeln und Wüsten, und in den Bereich eines allenfalls spielbaren, aber nicht einmal wirklich denkbaren Kriegs der Supertechnologie, hat also auch eine Folge in der Zweiteilung der Filme, die vom Krieg und seiner Kultur phantasieren, in einen Bereich der Rüstungsfilme und einen Bereich der kriegerischen Barbarenfilme, die einer schein-militarisierten Gesellschaft echtes Kriegshandwerk von Individualisten entgegensetzen, die die Regeln »ihres« Krieges gleich selbst bestimmen.

4

Die Bannung des Krieges aus den hochindustrialisierten Zentren war kein plötzlicher Entschluß, sondern vollzog sich und vollzieht sich weiterhin in Zwischenschritten. Der Superkrieg ist ja auch keineswegs unmöglich geworden, nur weil er weder auf der rationalen, ökonomischen, noch auf der irrationalen, der mythischen Seite Sinn ergibt. Und stets spekulieren die Strategien über Möglichkeiten, den Einsatz der Supertechnologie so zu begrenzen, daß vielleich doch noch so etwas wie ein klassischer Krieg zu bewerkstelligen wäre, an dem man seine Freude haben könnte.

Je denkbarer noch der große Krieg zwischen den westlichen Industrienationen und den sich industrialisierenden Ländern des Ostblocks schien, desto mehr steckte noch vom großen Krieg in den kleinen. Diese Zwischenstadien von großem und begrenztem Krieg fanden ihren Höhepunkt und Abschluß im Krieg Amerikas gegen Vietnam, der einerseits eine Fortsetzung des Zweiten Weltkrieges, andrerseits eine Fortsetzung des französisch-amerikanischen Kolonialkrieges war. Das amerikanische Engagement vollzog sich zunächst gegen selbst formulierte Doktrine der Entkolonialisierung und ging von der grundsätzlich falschen Annahme aus, daß die Unabhängigkeit Vietnams zu einer Erweiterung des kommunistischen Machtbereichs führen könne, wenn hier nicht eines der von der amerikanischen Politik phantasierten Bollwerke geschaffen würde. In der Tat existierte dieser kommunistische Machtbereich als einheitliche Größe nicht; die Interessen, die die Sowjetunion und China in Vietnam verfolgten, waren bereits durchaus widersprüchlich, und die nationale Idee erwies sich als sehr viel bedeutsamer als die kommunistische. Mit anderen Worten: Amerika dachte in Vietnam noch so, wie man im Weltkrieg zu denken hatte, ja, mehr noch, auf einer bestimmten Ebene läßt sich der Vietnamkrieg interpretieren als gewaltsamer Versuch, die Ideen des Krieges, ihre strategischen, zivilisatorischen und geografischen Grundeinstellungen zu rekonstruieren.

Der Krieg war von einer Strategie der Verkennung geprägt und führte zu dem Versuch, eine technologische Überlegenheit auf etwas anzuwenden, was zu begreifen man nur über mythische Umwege in der Lage war. Ein Indiz dafür, daß der Kreig anfänglich nicht wirklich verstanden wurde, sind die – im übrigen nicht allzu zahlreichen – Versuche von Propagandafilmen wie John Waynes »Die grünen Teufel«, die nach dem Muster der Weltkrieg-II-Filme funktionieren, deren technologischen Standard sie reproduzieren, und auf den sie die Moral des dunkel reaktionären Western projizieren. Wie den Indianer im Western kennzeichnet auch hier den Vietcong eine natürliche, »weibliche« Grausamkeit, der sich die männliche Zivilisation verzweifelt und entschlossen entgegenwerfen muß. Die späteren Vietnam-Filme gehen einen Weg, den auch die späten Western gegangen sind, sie übertragen immer mehr Eigenschaften des Feindes auf den Helden. Rambo im übrigen ist ja charakterisiert als ein Mann, der deutsches und indianisches Blut (also das Blut ehemaliger Feinde) in sich hat, und er bezeichnet den vietnamesischen Dschungel als seine »Heimat«.

Die Unfähigkeit der politischen Führung, die Lage richtig einzuschätzen, den Feind überhaupt zu kennen, entwickelte sich verstärkt als Unfähigkeit der militärischen Führung, ihm zu begegnen, und endete schließlich in der Unfähigkeit des GI zu verstehen, was zur Hölle er eigentlich hier in diesem Dschungel verloren hatte. Kein Krieg zuvor hat soviel Absurdität produziert wie dieser. Der Vietnamkrieg wurde daher zum ersten in gewissem Sinn »unwirklichen« Krieg, der freilich das Auseinanderfallen von Hochtechnologie und Krieg beschleunigte. Das eigentliche Ziel, die Besetzung militärstrategischer Positionen in Südostasien stand in Widerspruch zur militärischen Struktur des Krieges selber, der sich gewissermaßen beständig mehr entterritorialisierte. Auch ein zweiter Sinn eines solchen Krieges, die Überlegenheit einer bestimmten Rüstungstechnologie zu erproben, zu festigen und schließlich zu beweisen, konnte sich nicht erfüllen. Gewinn von Territorium, die Basis des Erfolges im klassischen Krieg, erwies sich als ebenso blutige wie absurde Größe; der Einsatz von Maschinen und Menschen zerstörte Natur, ohne dem Kriegsziel zu dienen. Der Soldat entfremdete sich von seinen Maschinen (und die Sehnsucht, auf das Messer, den blanken Körper zurückzugelangen, mag durchaus einer historischen Erfahrung entsprechen). Man kann nicht davon sprechen, daß sich die amerikanische Technologie des Krieges als unterlegen erwies, doch der Schrecken, den sie verbreitete, blieb ohne militärischen Sinn. In Vietnam hörte der Krieg auf, effektivster Repräsentant des technologischen Niveaus zu sein.

Unterdessen zeigte der Vietnamkrieg auch politische Wirkungen. Dazu schrieb Mark Thee 1976 im »Journal of Peace Research«: »Der Vietnamkonflikt hatte vor allem einen bedeutenden politischen Einfluß – sowohl auf die Beziehungen zwischen Ost und West als auch auf die inneren Entwicklungen im Osten und Westen. Es war einer der wichtigsten Antriebsfaktoren bei zwei weltpolitischen bedeutsamen Vorgängen: auf der einen Seite schwächte er den Zusammenhalt der westlichen Allianz, auf der anderen Seite vertiefte er die Spaltung zwischen Moskau und Peking. So trug er zur Umwandlung von bipolaren zu multipolaren Beziehungen in der internationalen Politik bei. Das Ergebnis – im Hinblick auf die ideologische Leidenschaftlichkeit, mit der der Konflikt in einigen Phasen ausgetragen wurde, eher merkwürdig – war ein Rückgang der Ideologien und eine Zunahme des Nationalismus in der Weltpolitik. Der verzweifelte Kampf in Vietnam war zugleich von entscheidender Bedeutung für den Prozeß des inneren Wandels in Frankreich und in den USA, und seine Impulse machten sich in China, in der Sowjetunion und in anderen Ländern bemerkbar. Mehr noch, das Beispiel des vietnamesischen Widerstandes hatte einen tiefen Einfluß auf Evolution und Revolution in der Dritten Welt.

Der Antikolonialismus wurde gestärkt, und der Unabhängigkeitskampf erhielt neuen Auftrieb. Es ist also richtig zu sagen, daß der Vietnamkonflikt in der Nachkriegsgeschichte eine starke Quelle der Gärung und eine treibende Kraft bei den Veränderungen in den Ost-West- und Nord-Süd-Beziehungen darstellte.«

Die Kriegsmaschine versank gewissermaßen in einer nicht verstandenen Natur, und noch einmal empfand der Puritaner das Ziel seiner Vernichtungswünsche ob seiner Nähe zum Land, ob seiner Beweglichkeit als obszönes, heimtückisches Wesen, das viel weniger besiegt als ausgerottet werden mußte. Doch die religiöse Dimension dieses Krieges war längst psychotisch angegriffen, wie auf der politischen Ebene, so ersetzt auch im Mythos, in der Wahrnehmung eine gespenstische Polymorphie die gewohnte Dualität. Es gelingt den Amerikanern im Vietnamkrieg nicht, sich ein Bild vom Feind zu machen; die Kriegs- und Wahrnehmungsmaschinen richten sich statt dessen immer mehr auf sich selbst. Und es ist dieses Mißverhältnis zwischen Maschine und Natur, die, bis in die filmischen Aufarbeitungen reichend, den Soldaten das Gefühl geben, in dieser »Hölle« vor allem sich selbst zu begegnen (und sich selbst zu bekämpfen).

Im Vietnamkrieg hatte sich auch ein Auseinanderfallen von Medien und Krieg herausgestellt, das so weit ging, daß man davon sprach, daß die kritische Berichterstattung die Bevölkerung gegen den Krieg eingenommen und den öffentlichen Druck zu seiner Beendigung erzeugt hatte. Reaktionäre Filme wie »Hanoi Hilton« scheuen sich nicht, dieser Presse nachträglich eine große Mitschuld am »Verlust« des Krieges zuzuschreiben, und einmal mehr nimmt es nicht wunder, daß diese amerikanische Variante der Dolchstoßlegende in weibliche Vertreter der Medien gespiegelt ist. Im Film zur Zeit des Krieges selbst überwogen verkappte oder indirekte Verurteilungen des Krieges bei weitem solche, die für die Fortsetzung des Krieges Propanganda betrieben (es entstanden, unter anderem, eine Reihe von Anti-Vietnamkriegswestern), aber die Darstellung erfaßte stets nur die moralische, auch die religiöse Dimension dieses Krieges, nie jedoch seine technologische und zivilisatorische. Es war nicht nur die Sinnlosigkeit dieses Krieges, seine Ungewinnbarkeit, sondern es war vielmehr seine Unfähigkeit, den technologischen, sozialen und zivilisatorischen Standard der Gesellschaft zu repräsentieren. Denn in dem Maße, da sich die Technologie als ineffektiv erwies, verkam auch die militärische Kultur dieses Krieges. Brutale Übergriffe, Rauschgift, Desertion gehörten dazu, ebenso wie das Bild von Soldaten, die in einer sich auflösenden Ordnung befunden sind, von einer Kriegsmaschine, die in ihre Einzelteile, in schießende und sterbende Individuen, zerfällt. Es entsteht die Metapher einer gescheiterten Maschinisierung, die vor allem die Barbarei freisetzt.

Die nächste Phase in der Geschichte des Krieges, in der wir uns immer noch befinden, ist gekennzeichnet von Restaurationen in den großen Blöcken und beginnenden ökonomischen Dialogen, und von einer Unzahl kleiner und mittlerer Kriege im Nahen Osten, in Lateinamerika und in Afrika. Sie alle sind nicht denkbar ohne Manipulation, Waffen und ökonomischen Druck durch die Industrienationen, aber sie verlieren immer mehr an politischer Übersichtlichkeit. Statt wie früher, Instruktoren, Technokraten und Diplomaten, entsenden die Industriegesellschaften nun auch mehr und mehr Söldner, Mörder, Verbrecher neben den Waffenhändlern. Es ließe sich eine SF-Story konstruieren, in der die Industriegesellschaften mit dem Abfall und Überfluß ihrer Rüstungsproduktion zugleich auch ihren menschlichen, aggressiv-mordlüsternen Abfall in die Dritte Welt exportiert. Die entsprechenden Propagandafilme existieren jedenfalls bereits.

Die Diskrepanz zwischen hochgerüstetem Frieden auf der einen und begrenzten Kriegen mit importierter oder erbeuteter Technologie auf der anderen Seite macht aus den heißen Kriegen in der Dritten Welt die Garantie für billige Rohstoffe und – Nachrichten. Sie ergeben ein neues, fast möchte man sagen: ein wenig kindliches, Modell für den Krieg, der einerseits ungemein schmutzig und grausam ist, weil er keine Zeit und keine Möglichkeit hat, seine Kultur zu entwickeln, andrerseits aber auch nicht frei von abenteuerlichen und romantischen Zügen. Gerade die Unverständlichkeit mancher Konflikte, die von den Industrienationen ebenso gefördert wird wie von den Krieg führenden Parteien (denn Verstehen ist auch eine Waffe), macht ihre Attraktivität aus. Sie werden den einen, den »weißen«, zum Ansporn für mehr Maschinisierung, den anderen, den »schwarzen«, zum Anlaß für mehr Barbarei. Die Nachrichten treffen auf eine Gesellschaft in den Industrienationen, die von zwei Impulsen heftig geplagt wird: Zweifel an der eigenen Technologie und – Langeweile. So geht eine starke Faszination aus von Kriegen, die noch bis zu einem gewissen Grad mit den Körpern geführt werden, in denen es Heldentum und Raserei, kollektiven Rausch und wehende Fahnen gibt. So also schließt sich der Kreis: Der exportierte Krieg, der die Produktion und Funktion unserer »friedlichen« Vernichtungsmaschinen garantiert, kehrt als Medienereignis in den

Trost- und Unterhaltungsmaschinen und als heimliche Verlockung in die Industriegesellschaften zurück.

5

Die reaktionären und blutrünstigen Vietnam- und Lateinamerikafilme hat man als einen Versuch der Umdeutung der Geschichte interpretiert, als trotzige Behauptung, den Krieg »in Wirklichkeit« doch noch gewonnen zu haben. Das trifft sicherlich im einen oder anderen Fall zu, greift jedoch zu kurz. Die Filme der »Rambo«-Art tun vielmehr etwas anderes: sie korrigieren nachträglich das technologische Mißverständnis des Vietnamkrieges, ein Vorgang, den auf ganz andere Weise auch Francis Coppola archaisches Kernstück von »Apocalypse Now« widerspiegelt. Da im Vietnamkrieg die Menschen auf der amerikanischen Seite sich von ihren Maschinen entfremdet haben, wird diese nun als mythische Teilung phantasiert. Die Helden verlassen die Technologie ihrer Armee, die sich als zweifelhafter Schutz und wenig brauchbares Instrument erwiesen hat, und werden zu Kämpfern, wie sie der begrenzte Krieg kennt, auf sich selbst gestellt, konspirativ, körperlich fähig, sich allen Widrigkeiten anzupassen, nicht nur im Umgang mit der Waffe geschult, sondern selbst eine lebende Waffe, die aus dem Hubschrauber in die Steinzeit und zurück gelangt. Die Einzelkämpfer-Filme begrenzen den Krieg bis zur Absurdität; sie machen aus ihm private Freundschafts- und Rachegeschichten, die nicht mehr aufgehoben sind in einer gesamten Gestalt des Krieges, und die nicht möglich sind, ohne Rebellion gegen den maschinellen Teil jener Auseinandersetzung, in der diese Helden nur zum Sterben auserkoren waren. In den Rambo-Figuren kommt das Subproletariat dieses Krieges zurück und beweist, daß seine Natur schrecklicher ist als die Technologie der »bürgerlichen« Kriegsführung. In jeder Sekunde versuchen sie, die mythische, symbolische, fetischistische, sexuelle Seite des Krieges zu rekonstruieren und erklären dabei im Grunde nichts anderes, als daß die Tugenden und Möglichkeiten des soldatischen Lebens keinen Platz in der technologischen Ordnung des Militärs haben, sondern ausschließlich in der Selbstinszenierung des einzelnen. Ebensogut könnte man sagen, daß es für die Filme keine Soldaten mehr gibt, sondern nur noch Männer, die Soldat spielen. Die einzige Reminiszenz an das alte Militär, von dem der traditionelle Kriegsfilm berichtet, ist in den »Rambo«-Filmen die Figur des Offiziers, zu dem der Held eine

Art Vater/Sohn-Beziehung hat und der stets so wirken muß, als habe ihn sein eigener militärisch-technologischer Apparat sehr enttäuscht. »Rambo« und einige seiner Zeitgenossen tragen der absurden Situation Rechnung, daß Kriege nun erst jenseits des militärischen Apparates und der militärischen Kultur geführt werden können.

Auch die großen, mehr oder minder kritischen Vietnamfilme müssen von dieser Diskrepanz ausgehen. Ihre Helden und Antihelden beantworten das Scheitern ihrer Kriegstechnologie mit der kriegerischen Technologisierung des eigenen Körpers. Der Soldat im Vietnamkrieg und schließlich noch mehr im Vietnamkriegsfilm sieht ungemein gefährlich aus; er ist, ganz im Gegensatz zu seinem Gegner, mit kriegerischen Zeichen übersät, und er vollführt mehr kriegerische Gesten als es der militärischen Notwendigkeit entspricht. Der Körper des Soldaten strebt danach, eine kriegerische Autonomie zu erhalten, und diese semantische Phantasie basiert womöglich auf einer sehr realen Erfahrung, nämlich der, daß der militärische Apparat den einzelnen Soldaten im Stich läßt, ihn auf gewisse Weise nicht braucht, ausstößt. Eine Schlüsselszene fast aller Vietnamfilme ist der Hubschrauber, der davonfliegt und einen GI zurückläßt. Auf solcher Erfahrung des Verlassens und des Verlassen-Werdens baut sich die Traumatologie des neuen Kriegsfilms auf, der davon ausgeht, der Held habe etwas von seiner Seele am Kriegsschauplatz zurückgelassen und er müsse an den Ort dieses Verlustes zurückkehren.

Alle die Söldner-, Einzelkämpfer- und Vietnamfilme lassen mit der technologischen Regression ihrer Helden eine durch Verbitterung und Verlust geschaffene Autonomie erstehen. Die kleine Gruppe, mehr noch der einzelne Mann, der sich selbst als eine Ein-Mann-Armee begreift, sind alles, was von der Vorstellung eines Heeres, einer militärischen Hierarchie, von zivilisierter Logistik übriggeblieben ist. An Technologie gilt nur das, was ein einzelner Mann mit sich herumtragen kann, ohne seine Beweglichkeit zu verlieren; das fortschreitende Geschehen macht die Bewaffnung immer archaischer. Der Krieg ist durch und durch schmutzig geworden; er unterscheidet sich kaum noch von den Auseinandersetzungen der kriminellen Subszenen in den industriellen Metropolen, wie ja umgekehrt der Vietnam-Veteran ein Lieblingsheld der Großstadtfilme ist, der in der nächtlichen Stadt, und wieder einmal unter Geiern, anwendet, was er im Dschungel gelernt. hat. Eine Reihe der neuen Kriegsfilme, einschließlich der »Rambo«-Filme, könnte durch ein paar Veränderungen in der Synchronisation zu – zugegebenerweise ebenso unsympathischen – Kriminalfilmen umgedeutet werden, und die Aktionen der Amerikaner in Kolumbien haben die Grenzen zwischen einer zwar staatlich aber nicht legal sanktionierten Polizeiaktion und einem begrenzten Krieg verwischt. Drogenkriege sind das nächste große Ding.

Die Vermischung von Kriminalthriller und Kriegsfilm, die auch den Söldnerfilm auszeichnet, berichtet auch von einem Ende des Krieges in einer allseitigen Auflösung der Fronten und einer Polyphonie der Interessen und Bündnisse, der die Helden nur in totale Distanz entkommen können. Sie sind, ein wenig vergleichbar vielleicht den letzten Western-Helden, im Grunde gegen alles; ihre Aktionen haben ein klar umrissenes Ziel, die Befreiung der Gefangenen, die Bergung von Schätzen, das gezielte Ausschalten einer feindlichen Schlüsselfigur, die Sabotage eines gefährlichen technologischen Instruments, die Suche nach geheimen Informationen, aber der Lohn ihrer Taten liegt in sich: sie leben nur, solange sie in Aktion sind.

Der militärische Apparat im Hintergrund ist immer korrupt; er hat sich mit der Politik verbündet und ist stets bereit, die Helden zu opfern. Zum Teil übernimmt er sogar selbst die Aufgabe, die Ausgesandten zu erledigen, wenn ihre Mission erfüllt ist. Die Helden des neuen Kriegsfilms sind ausgestoßen, Zivilisationsflüchtlinge, sie müssen ihren eigenen Krieg erfinden, um als kriegerische und dann animalische Wesen zu überleben.

Dieses Ende des Kriegsfilms entspricht zum einen der mittlerweile noch gesteigerten Unfähigkeit einer industrialisierten Großmacht, irgendeinen, auch nur einen begrenzten Krieg zu führen (selbst die todsichere Sache des Falkland-Krieges konnte unter der hysterischen Propaganda nicht den psychotischen Schub verbergen). Sie sind gezwungen, im Interesse der Friedenssicherung einerseits und im Interesse der Destabilisierung in den Rohstoff liefernden Ländern andererseits, die einfachsten Vorstellungen »militärischer Moral« zu verleugnen: Das Militärische zerläuft gewissermaßen, hier ins Kriminelle, dort ins Wissenschaftliche, dort ins Showbusineß, dort in die Politik, dort in die Kommunikation. Wenn es keine eigene Welt mehr ist, die Welt aber vom Militärischen ganz und gar infiziert, verliert es seine ordnende, letztendlich sogar seine legitimierende Funktion. Militärisch ist in den Industriegesellschaften alles und nichts; es gibt keine Zivilisten, dem gegenüber sich ein soldatischer Mann als Erwählter empfinden kann; jede Waffe ist auch ein Spielzeug, und jedes Spielzeug eine Waffe. So flüchtet der soldatische Mann in ein topographieloses Land, in dem immer Krieg ist, Krieg, der nie etwas erreicht, immer nur etwas verhindert, Krieg, der für sich selber zu existieren scheint, ohne historische, nur mit mystischer Wirklichkeit. Der soldatische Mann, der in der militärischen Hierarchie, in der militärischen Technologie, in der militärischen Ästhetik und in der militärischen Moral seine Identität fand, muß angesichts der Veränderungen seines Apparates entweder resignieren oder, wie Rambo und seine Nachahmer, Amok laufen. Die Maschinisierung, die dem Soldaten als utopisches Ziel galt, hat ihn als Abfallprodukt ausgeschieden. Nun muß er wüten, Blut sehen. Der neue Kriegsfilm ist ein sadistisches Vergnügen, zugleich aber auch ein Monument der Verzweiflung und des Verlustes; er berichtet von einer Gesellschaft, die Soldaten produziert, die sie nicht brauchen, die ihr gefährlich werden können. Er ist zugleich der dümmste und effektvollste Protest gegen die Rationalisierung.

6

Die letzten barbarischen Kriegsfilme spiegeln einerseits die tatsächliche Entwicklung des Krieges trefflicher als allerlei Analysen, sie sind aber andrerseits auch der Endpunkt der Degeneration eines Genres, das zahlreiche Stationen der Entfremdung und Restaurierung durchlief. Der Kriegsfilm als Genre entwickelte sich in der amerikanischen Kinomaschine in den vierziger und fünfziger Jahren. Gewiß hatte es zuvor eine Reihe von Filmen auch in anderen Cinematografien gegeben, die in der einen oder anderen Form den Krieg behandelten, propagandistisch-heroisch im faschistischen italienischen Film beispielsweise, eher melodramatisch in französischen Filmen. Die deutsche Propaganda dagegen setzte mehr auf eine Mischung aus pathetischer Kriegsberichterstattung und betont zivilen, ja »harmlosen« Kinostoffen. Da war ein ziviles, untertechnologisiertes Innen (die deutsche Kleinbürgerseele) und ein maschinisiertes, welteroberndes Außen. Der amerikanische Kriegsfilm während des Krieges und danach unternahm es, die verschiedenen Impulse, Heroismus, Technologie, Männergesellschaft, Ideologie, Beziehung zur Heimatfront, Liebe, soziale Typologie, Initiation, Begegnung mit dem Tod, Gewalt und Grausamkeit, das Problem von Ordnung und Anarchie, die Vater/Sohn-Beziehungen, die Furcht und die Faszination etc. miteinander zu verbinden, wobei das Ineinander von Humor, Drama, Mythos und Sentiment vom Western stammt, der ja zum guten Teil auch ein Kriegsfilm ist. Die besondere Fähigkeit des amerikanischen Kriegsfilms zu dieser Zeit bestand darin, nicht nur ein isoliertes Geschehen an der Front oder die Umsetzung einer bestimmten ideologischen und mythischen Doktrin in kriegerische Aktion abzubilden, sondern die Gesamtheit der militärischen, technologischen und sozialen Beziehungen. Nur in ihnen ist der Krieg etwas, das die ganze Gesellschaft betraf, und nur in ihnen wird jede Maschinisierung mit einer Zivilisierung gekoppelt. Die meisten dieser Filme unternahmen daher zunächst weniger jene gefürchtete Verherrlichung des Krieges als den Versuch, einer mythischen Zivilisierung. Die Aufgabe der Filme war es, das Phänomen des Krieges mit menschlicher Existenz zu versöhnen (möglicherweise muß das, in einer weniger ganzheitlichen Form, jeder Film, der vom Krieg erzählt und auszuhalten ist).

Die kriegerischen Handlungen wurden dabei gewissermaßen überlegitimiert: die Politik, das Land, der Vorgesetzte, der Kamerad, die Frau daheim, die eigene Kultur und nicht zuletzt der Gegner – sie alle verlangten vom Soldaten ein ganz bestimmtes Verhalten, dem er sich mal mit mehr, mal mit weniger Schwierigkeiten annäherte. Es *gab* ein richtiges Verhalten, das sich aus der Verbindung von militärischer Effektivität, gutem Amerikanertum und emotionaler Geborgenheit ergab. Der amerikanische Kriegsfilm behandelte und propagierte eine technische Überlegenheit, die sich vor allem kultureller, das heißt menschlicher Überlegenheit verdankt. Zum Problem wurden dem Genre alle jene Menschen, diesseits oder jenseits der Linien, die sich von Einzelaspekten des Krieges sozusagen aus dem Zusammenhang reißen ließen, Männer, die zu sehr der Maschinisierung, und andere, die zu sehr der Barbarei verfielen.

Die Verbindung von Melodram und Kriegsfilm erwies sich dabei als probates Mittel, auftretende Widersprüche zu lösen; die Defekte und unerlösten Reste des Kriegsgeschehens waren durch die privaten Beziehungen zu erklären und zu heilen, und die Defekte und unerlösten Reste der familiären und Liebesbeziehungen waren durch das Kriegsgeschehen zu erklären und zu heilen. Zugleich aber waren dadurch die Moral des Krieges und die Moral des Alltagslebens miteinander verzahnt; man versuchte, dem Krieg soviel Normalität zu lassen als möglich. Die Armee selbst wird in einer Art »gesunder« Typologie gezeichnet, vom knorrigen Vorgesetzten, der dennoch über die Probleme seiner Untergebenen weiß, bis zum jungen Querkopf, dem der Kopf gewaschen werden muß, und zum kauzigen Faktotum. Maschine, Krieg, Liebe, Familie und Politik – es ist alles eins und trägt den Namen Amerika.

In diesen Urbildern des amerikanischen Genre-Kriegsfilms schwebt der Zuschauer wie in jenen sanften Western, die ein Gefühl der Richtigkeit, der alles umfassenden Ganzheit vermitteln, die auch den Tod miteinbezogen haben. In der Phase des McCarthyismus und danach, der Zeit eines Ausbruches von Nachkriegs-Krankheit, entstanden auch eine Reihe von Filmen mit merkwürdig haßerfüllten, sadistischen und autoritären Untertönen, deren Problem gerade diese »demokratische« Utopie des Krieges zu sein scheint.

Aber vielleicht noch entscheidender ist etwas anderes. Dieser ganzheitliche, zugleich propagandistische und unterhaltende, zugleich realistische und traumhafte Kriegsfilm begann sich zu teilen. Der Grund dafür ist zum einen in der Notwendigkeit zu sehen, neue Geschichten zu erzählen, neue Sensationen auszuprobieren, zum anderen aber waren die Erfahrungen, mit denen die Soldaten aus dem Krieg und der Besatzung kamen, und die sie zu Hause machten, in einer so einfachen Formel nicht mehr aufzulösen. Entfremdungen zwischen den Soldaten und ihrer zweiten Heimat, der Armee, hatten sich ergeben, und die heimkehrenden Soldaten fanden keineswegs stets die versprochene fürsorgliche soziale Aufnahme. Die Maschinen, an die man sich im Krieg gewöhnt hatte, die einem vertraut geworden waren, wurden schrecklicherweise im Frieden feindlicher. Die Konzerne der Rüstungsindustrie und was daraus wurde, produzierten neuen Luxus, zugleich aber auch neues Elend. Für viele wurde der Friede gnadenloser als der Krieg.

Eine erste Folge war das Auseinanderfallen des militärischen und des emotionalen Bereiches. Es gab nun, nachdem der Krieg eine Zeitlang vorbei war, Filme, die vorwiegend Männer und Maschinen zeigten, und auf der anderen Seite Filme, die gestörte Männer, leidende Frauen und eine gehörige Portion Probleme zum Inhalt hatten. Der vom Krieg gezeichnete Mann als neuer Held fand seine erste Erlösung in einer Beziehung zu einer Frau in den besetzten Gebieten. Der puritanischen, praktisch denkenden Frau zu Hause war ebenso wie dem »Stahlgewitter« des Krieges zu einer asiatischen Schönheit zu entfliehen, die nicht nur sanft, sondern auch auf so ganz andere Weise klug war. Tod, Trennung und Verlust sind vorgezeichnet, die Gesellschaft zu Hause schien auf diese erotische Erfahrung nicht vorbereitet. Die amerikanische Armee hatte ja lange Zeit ihren Angehörigen verboten, etwa Verbindungen mit Japanerinnen einzugehen, aber auch italienische und deutsche »Kriegsbräute« bedeuteten gelegentlich heftige soziale Probleme. Filme wie »Sayonara« plädierten für eine tolerantere

Handhabung der Kriegsehen in Übersee, die auf so sonderbare Weise Alltäglichkeit in die militärische Kultur injizierten. Das Kriegsmelodram begleitet einen Übertritt ins Privatleben nach dem Krieg, der voller Widersprüche und Retardierungen vor sich gehen mußte. Es begleitete eine schwierige Entwaffnung, Entmaschinisierung des Soldaten.

Scheinbar paradoxerweise entwickelten sich erst jetzt und in Gegensatz dazu eine Anzahl wirklich militaristischer Filme, die möglicherweise einer Art Trotzreaktion gegen die Probleme der Rezivilisierung bedeuteten. Nach und nach erschien das Militär, ja der Krieg als ganzes, als Fluchtwelt, in der alles besser, klarer und größer gewesen sein mochte als im nun wiederbeginnenden Alltagsleben. Im Mythos entfernte sich der Krieg von der Gesellschaft, verlor die kulturelle Ganzheit und wurde zu einer Alternative zum »Normalen«, eine Welt der Bedeutungen, nach der man sich zurücksehnen konnte, und der gegenüber man »Zivilisten« als unwissende, anmaßende Außenseiter begreifen konnte.

Das hatte auch eine Umwertung der Technologie zur Folge. In den Kriegsmelodramen war eher das traumatisierende, das tragische im Umgang mit den Maschinen herausgestellt worden; sie beschrieben eine Flucht des Mannes vor der Maschine zur Frau (zurück). Es war vom »Opfer« die Rede, das die Männer gebracht hatten, und von den Wunden, die die Frauen zu heilen versuchten, nicht ohne selbst an der Verzweiflung teilzuhaben. In den neuen »harten« Kriegsfilmen dagegen nahm die Kampfmaschine eine Stellung von durch und durch emotionaler Besetzung ein; der Soldat konnte und wollte sich nicht von ihr trennen und zog den Tod der Rezivilisierung, der Entmaschinisierung vor. Die Filme wurden selber maschineller, ihr Stolz bestand darin, soviel Kriegsmaschinerie darzustellen wie nur möglich, während sich der »klassische« Kriegsfilm mit dem Einmontieren von Dokumentarmaterial begnügt hatte. Dem Kriegsfilm der sechziger Jahre war dieses Material schon nicht mehr effektvoll, fast möchte man sagen, nicht kriegerisch genug. Die Kinomaschinerie möchte es der Kriegsmaschine nicht nur gleichtun, sondern sie übertreffen.

Doch selbst dieser Kriegsfilm als Männer- und Maschinenfilm bildete schließlich so etwas wie eine kritische Nebenlinie aus. Es entstanden zynische und bittere Filme, die von einer Welt der Gewalt berichteten, aus der es gleichwohl kein Entrinnen gab. Nicht die Erhaltung der »Kultur« konnte weiter das Ziel sein, sondern das bloße Überleben. In dieser Linie des Genres wurden die Vorgesetzten immer monströser, die Maschinisierung immer absurder, die militärischen Erfolge immer sinnloser. Aber es waren keineswegs so etwas wie »Antikriegsfilme«, vielmehr stellten sie sich in dem sozusagen nachträglich entstandenen Konflikt zwischen Kriegsmaschine und Individuum auf die Seite des einzelnen. Auch der Feind zerfiel gleichermaßen in seine Maschinerie und seine Menschen, die nun zu persönlichen Gegnern oder zu Menschen wurden, deren Opfer genauso sinnlos wurde wie das eigene. Je näher sich nun aber die Kriegsgegner als einzelne kamen, unabhängig davon, ob sie sich verstehen oder töten oder beides zugleich wollten, desto mehr stand ihnen die abstrakte Kriegsmaschinerie im Wege. Man verbündete sich im Kriegsfilm der sechziger und siebziger Jahre gleichsam, um das technologische Niveau des Krieges zu senken. Die Panzerkreuzer, Jagdbomber, Einheiten und Befestigungen wollten erst einmal verlassen werden, und die Gegner taten sich gegenseitig durch Sabotage der Maschinen und Megamaschinen individuell den größten Gefallen.

Eine andere Möglichkeit, die Entfremdung auszudrücken, die sich zwischen Militär, Individuum, Gesellschaft und Maschinen zu zeigen begann, waren die Militärklamotten und -satiren. Natürlich waren sie nur in den seltensten Fällen auch nur ansatzweise krititsch, ließen vielmehr im allgemeinen den Krieg als großen Spaß und das Militär als vergnügliche Männerkumpanei erscheinen, doch verarbeiteten Militärklamotten von Jerry Lewis bis Louis de Funès, von Bob Hope bis Franco & Ciccionoch stets einen unlösbaren Widerspruch zwischen dem militärischen und dem zivilen Bereich des Individuums und der Gesellschaft. Das komische Scheitern im Militärapparat und in der Kriegsmaschinerie, das Außerkraftsetzen ihrer Regeln wird in einer Balance aus Integration und Opposition gelöst, in der sich die Technologie des Krieges zum Riesenspielzeug deformiert sieht.

Eine einschneidende Etappe in der Geschichte der Entfremdung im Kriegsfilm ist die Entwicklung einer neuen Figur, nämlich der des kritischen, bitteren und fragenden Soldaten.

Dieser lakonische »Kritiker« im Kriegsfilm stellt nicht so sehr die Ziele des Krieges in Frage, als daß er zum einen die Entscheidungen seiner Vorgesetzten in Zweifel zieht, die bereit sind, Menschenleben zu opfern, auch dort, wo der miltärische Gewinn gering ist. Zum anderen stellt sich ihm das moralische Problem des Tötens. Wie Robert Mitchum in »Anzio« sucht er Distanz zu gewinnen zugleich vom überstark maschinellen wie dem überstark barbarischen Aspekt des Krieges. Seine Position fordert die Offiziere dazu heraus, Bekenntnisse zum Krieg abzulegen, mehr noch, den Krieg und ihre Rolle darin zu definieren, und, wie in Raol Walshs »Die Nackten und die Toten«, die eigenen Defekte auszustellen. Wenn die Soldaten zu reden beginnen, in einer Sprache, die den Befehl und das Ritual hinter sich gelassen hat, so deutet dies auf einen Legitimationsbedarf, den der »klassische« Kriegsfilm nicht kannte. Wie in der Kriegskomödie ist auch hier das Ergebnis zumeist eine labile Balance; der kritische Soldat bleibt im Krieg, bleibt in der Militärmaschine, verliert aber weder seine Distanz noch seine Zweifel. Die Kriegsmaschine, so scheint es, beginnt nun, zur Mitte der sechziger Jahre, mit Außenseitern, Kritikern und Dissidenten leben zu lernen. Dieser Kompromiß ist schon meilenweit entfernt von der vollständigen Übereinstimmung zwischen Militär, Gesellschaft und Individuum, die der Kriegsfilm am Anfang propagierte, mehr noch in einen universalen Mythos kleidete. (Eine solche Entfremdung zwischen Individuum und Apparat wurde im übrigen vom deutschen Kriegsfilm mehr oder minder zu einer geschickten Entnazifizierung des Militärs benutzt. In dieser Trennung steckt also soviel Entfremdung wie Versöhnung.)

In einem typisch vagen Dialog zwischen dem kritischen Soldaten und dem militärischen Führer (der ebenfalls nicht völlig frei von Selbstzweifeln ist), macht Mitchum in »Anzio« einem General klar, daß er im Krieg nur sei, um herauszufinden, warum sich die Menschen gegenseitig töteten, und daß er Befehle, die Menschenleben kosteten, grundsätzlich ablehne. Der Fortgang des Films bringt keine weitere Annäherung als gegenseitigen Respekt. Gelingt es diesem Film gewissermaßen gerade noch, das Auseinanderbrechen der militärischen Kultur zu verhindern, so sind es zwei besondere Formen des Kriegsfilms gegen Ende der sechziger und in den siebziger Jahren, die diesen Niedergang nicht mehr aufzuhalten in der Lage oder auch nur willens sind. Die eine, eher marginale, aber doch signifikante Entwicklung ist die kleine Serie von Filmen, die statt von einer gelungenen militärischen Operation von einem Coup berichten, in dem sich eine Handvoll Soldaten inmitten des Krieges aufmachen, um sich an einen Schatz, einem verborgenen Wert des Feindes persönlich zu bereichern. Insbesondere das italienische Kino hat es verstanden, seine schmutzige Ästhetik des Italowestern auf den Hintergrund des Kriegsfilms zu projizieren. Nun zerbricht die militärische Ordnung in ein chaotisches System von Terror, Rache, Egoismus und Mordlust; gewalttätige Sexualität wird zu einem geheimen Nebenthema des Genres. Von seinen Maschinen ist dieser Held des Kriegsfilms schon weltenweit entfernt; so wie er es gelernt hat, die Technologie des Feindes als einzelner zu unterlaufen, so unterläuft er auch die technische und soziale Maschine seines eigenen Apparates, der ihn selbst wie eine nicht recht zu entschärfende Zeitbombe ansieht, die man möglichst weit hinter den Linien des Feindes absetzt, nicht ohne ihm dafür einen materiellen Anreiz zu verschaffen. War schon das individuelle und soziale Überleben des kritischen Soldaten und Außenseiters im Krieg ein Schritt in diese Richtung, so scheint hier die Privatisierung des Krieges noch sehr viel weiter vorangetrieben, da an die Stelle der Erfahrung die Beute getreten ist.

Einen noch größeren Einfluß auf die Entwicklung oder, besser gesagt, Auflösung des Genres haben jene Filme, die in der Folge von »Das dreckige Dutzend« ein Sonderkommando einer Gruppe von Soldaten schildert, die eigentlich bereits als Verbrecher oder militärisch Ausgeschlossene verurteilt sind. Der Apparat instrumentalisiert hier ganz deutlich die kriminelle Energie des einzelnen, versucht mit ihr, dem Feind Schaden zuzufügen und sie zugleich loszuwerden. Hier vollendet der Kriegsfilm seine erste Bewegung in den Schmutz; es gelingt ihm nicht mehr, irgend etwas Normales, etwas, das an der militärischen Kultur erhaltenswert wäre, zu entdecken. Er kann den Krieg nur noch schildern als Aneinanderreihung von Ausnahmesituationen, die Menschen formen, die krank, unsozial und gefährlich sind. Entgegen der technologischen Entwicklung des Militärs ist in den Kriegsfilmen der Siebziger der maschinelle fast vollständig vom barbarischen Aspekt des Krieges abgelöst. Von diesen Filmen führt ein direkter Weg zu Sam Peckinpahs »Steiner«, der im Krieg den mehr oder minder lustvoll erlebten Zusammenbruch der Kultur sieht. »Steiner« ist gewissermaßen der letzte mögliche Kriegsfilm. Was ihm folgte, waren eine Reihe von, wenn man will, »epischen« Kriegsfilmen wie etwa Attenboroughs »Die Brücke von Arnheim« oder auch Wolfgang Petersens »Das Boot«, die noch einmal den Versuch einer tragischen Rekonstruktion der Kriegsgeschichte unternahmen. Es gelang ihnen bis zu einem gewissen Grad, weil das Geschehen, von dem sie berichteten, nun in der Tat so sehr Geschichte geworden ist, daß sogar die verwendete Technologie etwas museales, einen sonderbaren Hauch glücklicher Nostalgie aufweist. Die Filmtechnik ist der Waffentechnik nun so weit überlegen, daß das Bild sich wichtiger fühlen darf als das Abgebildete. Man könnte von einem zweifelhaften Sieg des Kinos über die Vergangenheit sprechen.

Aber seine eigentliche Fortsetzung erfuhr der Kriegsfilm in jenen schmutzigen Söldner-, Einzelkämpfer- und Vietnamkriegsfilmen, in denen sich die Privatisierung des Krieges auch im äußeren Rahmen vollendet hat. Die Maschine ist verschwunden, und der Krieger ist selber zu einer Machine geworden, die neben vielen anderen, den Zeichen von Gewalt und Sexualität, auch solche des Religiösen trägt. Er ist verwundbar, ja für die Passion geschaffen, aber letztlich unsterblich.

Seit 1940 erzählt die Geschichte des Genres vom langsamen Zerfall der Schlachtordnung, von der Entfremdung des Soldaten von seiner Maschine, vom Nicht-Funktionieren der Militärmaschine, von der Bewegung von der Maschine zur Barbarei, von der Zerstörung der Kultur des Krieges. Der Mann, der mit der Superkriegsmaschine, als Teil von ihr, ausgezogen war, geordnet unter seinesgleichen, geführt von vernünftigen und verständnisvollen harten alten Männern, endet alleingelassen, ums Überleben kämpfend, in einer Steinzeit, in der eine ferne Zivilisation unter vielen anderen Resten ein paar tödliche Feuerwaffen hinterlassen hat.

Möglicherweise kann es keinen wirklichen Antikriegsfilm geben, denn kein Film kann zugleich die historischen Ursachen und die sinnliche Wirklichkeit eines Krieges, seine Logik und seine Gestalt zeigen; kein Film kann nur vom Schrecken sprechen, ohne die Faszination zu beleuchten, wenn er nicht neue Isolationen schaffen will. Nur sehr totale Filme können einen Hauch von der Totalität des Krieges erfassen, und in dieser Totalität werden moralische Standpunkte, Apelle, Rhetorik gegen den Krieg marginal. Die Geschichte des Films, der vom Krieg erzählt, zeigt allerdings im Ganzen etwas davon auf, wie der Krieg, auch und gerade im Zeitalter seiner hochindustriellen Virtualität und seiner schmutzigen Exporte und Manipulationen in der Dritten Welt eine wirkliche menschliche Zivilisation unmöglich macht.

Die Geschichte des Krieges im Film ist die Geschichte vom Wuchern der Verzweiflung, vom Verlust des Menschen an Geschichte und Gesellschaft. Auf eine ungemein präzise Weise berichtet die populäre Mythologie davon, daß der Mensch sich durch den Krieg selber hinauswirft aus dem Haus der Menschlichkeit. Auf der Flucht vor seinen Maschinen ist der Mann in die Hölle geraten, wo er auf seinen Körper, seine Sinne zurückgeworfen wird. Er versucht sich zu befreien, indem er selber zur Maschine wird. Das kann nicht gutgehen.

Jürgen Peters

Schatzi oder die Mitleidsmaschine

Ratzinger, Techniker der Vorlust, blickt zu seiner Gattin auf; das Telefon. Es steht, wie es sich für den Generalsekretär einer an der Macht befindlichen Partei gehört, am Bett. Die Gattin nimmt den Hörer, reicht ihn weiter. »Nein, Sie stören wirklich nicht.« Blick nach oben. Mäffert stört nicht wirklich. Frau Ratzinger lächelt.

Es ist etwas ganz Schreckliches geschehen. Etwas Unvorstellbares; Mäffert neigt zu Übertreibungen. Auch an diesem herrlich kühlen Mittsommernachmittag gegen 16 Uhr. Der Herr Ministerpräsident ist in seinem Dienstmercedes mit einem schicksalsschweren Betonpfeiler konfrontiert worden. »Er lebt«, kräht Mäffert. »Er lebt.« Ratzinger hat nichts anderes erwartet. Die Gattin signalisiert progressives Vergnügen. Ratzinger sieht die wunderbaren Schlagzeilen vor sich. Blick auf die Uhr. Ja, das kann er schaffen. »Wunderbar«, sagt Ratzinger zu Mäffert. Mäffert ist der Fraktionsvorsitzende. Jetzt geht es aufs Finale zu. »Hundertprozentrig«, sagt Ratzinger zu Mäffert. Er sei schon auf dem Weg.

Und ab die Post.

Mäffert hat den Dr. Müller hinzugezogen. »Wo ist Schroeder.« Schroeder ist nicht zu Hause. »Oder«, sagt Ratzinger, »der geht nicht ans Telefon am heiligen Sonntag.« – »Typisch«, sagt Mäffert. Immer wenn man den mal braucht.

Soviel steht fest. Es ist ein Opfer zu beklagen. Ratzinger sieht die Schlagzeigen. Das Opfer ist der Chauffeur des Ministerpräsidenten.

»Parteimitglied?«

»Nein.«

»Gott sei dank.«

Ein Herr von Goltz. Nun, wo der tot ist, wird man seinen Vornamen kennen müssen. Wo ist Schroeder. Der kennt sich aus in so was. Dafür wird er bezahlt.

Der Gesundheitszustand des Herrn Ministerpräsidenten ist, laut Dr. Müller, hervorragend. »Den Umständen entsprechend.« Nicht auszuschließen ist eine kleine Gehirnerschütterung.

Prima. Ratzinger ist unbedingt dafür. Erstens wäre das der Beweis, daß der Ministerpräsident tatsächlich Besitzer eines Hirns ist, und, zweitens, gibt das eine Woche schöner Schlagzeilen, ohne daß der Landesvater was dafür tun müßte. Ratzinger liebt Selbstläufer.

Genau zwischen ihnen die Salatschüssel mit Weizenkeimlingen. Radieschen, die er lieber mag, Radicchio, den er liebt. Ein Dressing aus Öl, Zitronensaft und ein wenig Pfeffer. Nicht zu viel Pfeffer. Sie hat – entgegen der Vorschrift – noch etwas Knoblauch hinzugetan. Sie liebt Knoblauch. Bestreut wurde das köstliche Gericht mit Schnittlauch und natürlich mit Petersilie.

Die Salatschüssel ist noch halbvoll. Sie bietet ihm den Salat an. Auch er ist satt. »Mach Schluß.« Nein, das will er nicht. Sie kann alles haben, bitte. Sie will auch nicht. Nein, danke, sie ist satt. »Voll bis oben hin.« Das sagt sonst er an dieser Stelle. Er weiß, daß sie nun zuschlagen wird mit einem Argument, das nicht allein den Salat meint, sondern die Tagesstimmung. Sie kann den Salat, diesen Salat nicht einfach wegschmeißen. Er ist ihr nicht mißlungen. Schroeder bleibt stur.

Sie wird nun zu einem anderen Thema wechseln, bei dem er stur bleibt. »Sie ist dumm,« wird er sagen. Und das kurz begründen.

»Wie ist sie denn,« fragt Moni. Es ist die Rede von der Gattin des Mannes, für den Schroeder zur Zeit arbeitet. »Sie ist so unglaublich dumm, daß es weh tut«, sagt Schroeder. Hauptsache, er muß sich nicht über den Gatten äußern am Küchentisch. Moni hat eine Reportage gelesen. Über das glückliche Eheleben des Landesvaters. Wenn es wirklich noch wirkliche Liebe geben sollte auf dieser von Lug und Trug beherrschten Welt, dann noch auf diesen Fotos, die SIE und IHN zeigen, händchenhaltend, Schnuckiputzi und Schatzi. Würde Schroeder nun die Wahrheit sagen, er müßte den Inhalt des immer noch halbleeren Salattopfes nicht nur auffressen, sondern auch noch das am Boden befindliche Dressing auflecken. Dort befindet sich der erlaubte eine Teelöffel Öl. Dann aber wird er morgen nicht wieder Sieger sein.

»Wir nennen sie Schnucki, unter uns. Wie auch ER. Er nennt sie außerdem Schnuckiputzi. Intern heißt sie auch die Tasche.« An nichts auf der Welt scheint diese Person so zu hängen wir an dieser unförmigen Ledertasche. Die beiden sind einfach unzertrennlich.

Buchweizenbratlinge als Hauptmahlzeit.

Moni hat die weitverbreitete Angewohnhiet, schließlich alles, was auf dem Tisch ist, nach und nach zu verputzen. Ihm muß jetzt nur eine Geschichte einfallen, die Moni am Tisch hält. »Schnuckiputzi plappert, daß ist das Problem.«

Unlängst hat Ratzinger ihr die Geschichte von dem Bettler erzählt, der an der Haustür einer vornehmen Villa geklingelt hat. Es öffnet die

Dame des Hauses. Er habe, sagt der Bettler, seit drei Tagen nichts gegessen. Wie macht der das bloß, hat Schnucki Ratzinger gefragt. Damit war dessen Pointe zum Teufel.

Das Telefon jault. Diesmal geht Schroeder ran. Kann ja auch was Unwichtiges sein. »Laß man, ich mach das schon.« Am Apparat ist Ratzinger. Ratzinger direkt, ohne die Vermittlung von Frau Willumeit. Frau Willumeit ist Ratzingers Büro. Sie spricht von ihrem Chef immer in der dritten Person, sie nennt ihn den Herrn Doktor; in jeder Gesellschaft gibt es immer mindestens eine Gruppe, auf deren intaktes Standesbewußtsein man sich noch verlassen kann.

Schroeder wird ganz dringend gebraucht. »Nein«, sagt Ratzinger. »Es ist wirklich dringend. Kein Wort weiter am Telefon.«

Zurück in die Küche. Moni hat den Salat nicht angerührt. Schroeder will Moni was sagen. Er sagt nichts.

Mäffert macht sich vorsorglich nachträgliche Gedanken. Er diktiert eine Aktennotiz.

Ratzinger, Mäffert, Dr. Müller und nun endlich auch Schroeder. Sie treffen sich, wie üblich, in der Staatskanzlei. Dienst ist Dienst. Für die nächsten vier Wochen werden sie das bilden, was eine kleine verschworene Gemeinschaft genannt wird. Zusammengeschweißt auf Gedeih und Verderb.

Dr. Müller hat eine kleine Zusatzinformation beizusteuern. Ratzinger sieht Schlagzeigen, die nie erscheinen dürfen. Nie. Ratzinger ist in seinem Element.

Mäffert betont den Ernst der Lage, er verweist auf gemachte Erfahrungen. Also: Nichts Schriftliches. »Wir müssen immer alles im Kopf behalten, meine Herrn.« Keine Fotokopien, keine Kritzeleien, nichts. Ab jetzt muß vor jedem Telefonat geklärt sein, ob es nachweisbar sein darf oder nicht. Ob es abhörbar sein darf oder nicht.

Die erste Diagnose des Dr. Müller ist zwar nicht falsch gewesen. Der Herr Ministerpräsident ist wohlauf, körperlich gesehen. Allerdings, er kann sich an nichts erinnern. Buchstäblich.

Mäffert: »Woran kann er sich nicht erinnern?«

Ratzinger lächelt. »An alles, stimmts, Müllerchen?«

Müller: »Der Herr Ministerpräsident ist sozusagen ein unbeschriebendes Blatt.« Dabei freundlich, pflegeleicht. Aber unmotiviert. Das ist der Punkt der Punkte.

Das alles auf den Tag genau vier Wochen vor der Wiederwahl. Es muß etwas geschehen. Hier und heute. Hier und heute muß eine Entscheidung fallen. Diese Entscheidung muß dann konsequent durchgezogen werden, ohne Wenn und Aber. Koste es, was es wolle.

Aber was soll geschehen. Faszinierend die Vorstellung, bis zur Wahl einen Doppelgänger einzusetzen. Das ist leichter als man denken sollte. Ja, das könnte sogar klappen. Allerdings, man müßte einen Darsteller finden, der den Ministerpräsidenten spielen kann. Außerdem, es müßte schon eine gewisse Ähnlichkeit vorhanden sein. In den Romanen, in denen ein Doppelgänger einen Politiker erfolgreich spielt, weiß Schroeder, muß immer alles von langer Hand vorbereitet sein. »Das geht nicht von heute auf morgen.« Auch er habe seine Bedenken, sagt Mäffert.

Ratzinger: »Außerdem, meine Herren, der Mann wäre dann ein Mitwisser. Wir wären erpreßbar.« Das ist ein Wort.

Schroeder fragt, warum man nicht den Ministerpräsidenten selbst den Ministerpräsident spielen lassen wolle. »Ja, bis zur Wiederwahl«, sagte Mäffert. »Vielleicht hat er dann sein Gedächtnis wieder.«

Dr. Müller kann für nichts garantieren. Er weiß nicht sicher, ob der Ministerpräsident alles durchstehen kann in seiner jetzigen Verfassung. Er kann es auch nicht ausschließen. Ratzinger weist darauf hin, daß niemand innerhalb einer Woche einen neuen Kandidaten aufbauen könne. Niemand auf der Welt. «Mir scheint, es bleibt uns keine andere Wahl, meine Herren.«

Mäffert gibt seine Bedenken zu Protokoll. Schroeder gibt keine Vorbehalte zu Protokoll. Erstens ist er nicht Verantwortungsträger.

Ratzinger hebt noch einmal die Bedeutung der Presse hervor; wenn auch nur ein Pressearschloch irgend etwas riecht, dann ist die Kacke am Dampfen. »Und wir sind am Arsch, meine Herren.« Endgültig.

Der Kandidat wird total isoliert werden müssen. Schroeder wird sich was einfallen lassen. Zugang zum Kandidaten werden allein die vier haben. Niemand sonst. »Außer der Gattin«, meint Mäffert. An Schnucki hat bislang niemand gedacht. Sie wird bei ihrem Gatten sein müssen, in der Stunde der Not. Das läßt sich nicht verhindern. Schroeder und Müller müssen nun auch sie überwachen. Solange der niemand was steckt, wird sie auch nichts merken. »Dafür garantiere ich persönlich«, sagt Ratzinger. Mäffert warnt.

Alles wird sich in der einen, durch die Gehirnerschütterung ermöglichten Woche regeln lassen. Die Gesundheit unseres Landesvaters ist – auch für unser schönes Land – wichtiger als der Wahlkampf, in dem der Führer der Opposition um nichts anderes kämpft als die Macht.

Mäffert besteht noch einmal darauf. Nach erfolgter Wiederwahl müsse der Mann zurückgezogen werden. Er gibt auch das zu Protokoll. »Es sei denn«, sagt Dr. Müller, »der kriegt sein Gedächtnis zurück.« Ratzinger freut sich diebisch.

Mäffert sagt, er habe gewarnt.

Schroeder ist endlich dabei, wenn eine Geschichte anfängt. Er war – wie jeder sonst – immer dabei, wenn eine Geschichte anfing. Hier und heute kann er mit vollem Bewußtsein sagen: Auf die Plätze, fertig, los.

Schroeder wird das, was er bislang gemacht hat, weitermachen wie bisher. »Keiner kann so gut mit dem wie Sie.« Auch Schroeder könnte alles auffliegen lassen.

Ratzinger sieht alles immer in großen Linien. Verschonen Sie mich bitte mit Einzelheiten. »Pressekonferenz in einer Woche, notieren Sie das, Schroeder.« Schroeder notiert sich nie etwas. Er hat alles im Kopf. Auch den Termin der Wahl in vier Wochen. »Vergessen Sie nicht, Schroeder, die Wahl ist in vier Wochen.«

Jawohl, Herr Doktor. Nun legt Ratzinger die großen Linien der ersten Pressekonferenz fest. Er ist der Boß. »Der Akzent wird auf dem Menschlichen liegen.« Schroeder hatte nichts anderes vorgeschlagen. Tragik, Verlust. Oder umgekehrt. Zu mehr wird es auch nicht langen. Eine Woche ist kurz. Sie hat nur sieben Tage. Diese Erkenntnis wird er dem obersten Hoffnungsträger seiner Partei als erstes verklickern müssen.

»Wir haben keine andere Wahl.«

Unvermeidbar bleibt das große Streitgespräch mit dem Oppositionsführer, drei Tage vor dem Wahltag. »Lassen Sie sich was einfallen.« Außerdem drei bis vier große öffentliche Auftritte. Alles kommt auf den ersten an. »Ich bin wieder an Deck,« wird der Tenor sein müssen. Mit dem entscheidenden Blick nach vorn. »Unideologisch«, sagt Schroeder. Er sagt es grimmig. »Genau, Sie sagen es; alles andere können wir vergessen.«

»Bringen Sie ihm bei, was ein Journalist ist. Und wenn Sie mit Stromstößen arbeiten müssen.«

Das Ganze ist ein psychologisches Problem, Schroeder.

– Da haste nun mal wirklich recht.

Mäffert macht sich nachträglich vorsorgliche Gedanken.

Jetzt kann der Herr wenigstens nicht mehr mit seinen beknackten

Ideen kommen, denkt Schroeder. Eingreifen wollen, den Chef markieren wollen, Visionen verwirklichen wollen. Damit ist jetzt Schluß. Mit all dem Müll, den wir ihm dann ausreden müssen.

Schroeder ist Pessimist.

Er kennt sein Problem. Chicago, schwarz/weiß. Als Handel und Gewerbe mit Hilfe der Prohibition einen entscheidenden Modernisierungsschub erlebten.

Der Ministerpräsident hat einen Namen. Der steht auf den Plakaten. Die zeigen ihn als jung und sportlich. Die liebende Gattin, die Tasche Schnuckiputzi nennt ihn:

SCHATZI.

Schatzi ist stillgestellt. Schatzi sitzt vorm Fernseher. Müller hat ihm das Lehrprogramm eingespeist; alte TV-Filme mit IHM in der Hauptrolle. Der vorschriftsmäßig in Bereitschaft gehaltene Nachruf des Heimatsenders ist bereits angefordert und wird in den nächsten Tagen angeliefert. ER schaut sich zu. Vergessen die ungezählten Stunden, als die family dazu verdammt war, und zwar vollständig, zusammen mit ihm seine Auftritte – vor und zurück, zurück und vor

– am Fernseher zu bewundern.

– Da hat Ihr Lächeln aber hingehauen, Herr Ministerpräsident.

– Das haben Sie aber brillant gesagt, ehrlich.

– Einen solchen Beifall hatten Sie noch nie.

Das ist Vergangenheit. Der Ministerpräsident mustert sich. Er drückt die Still-Taste. Schatzi in Großaufnahme. Soeben hat er den Ehrendoktor einer Landesuniversität empfangen. Er betastet den Bildschirm. Er geht zum nächsten Spiegel. Überall stehen Spiegel rum; dafür hat Dr. Müller gesorgt. Schatzi mustert sich im Spiegel, betastet ihn. Kein Lächeln.

Schroeder und er sind abgeschirmt. Müller werkelt in den hinteren Räumen. Die Gattin – die Tasche – weilt unüberhörbar in den oberen Räumen. Sie hört klassische Musik. Wahrscheinlich den ewig jungen Mozart.

Der spannende Moment, der Augenblick der Wahrheit ist immer dann eingeläutet, wenn die Legende des braven Polizisten auf die erwartet entscheidende Probe gestellt wird. Die kann man arrangieren.

Schatzi schwitzt. Er kommt nicht auf die Idee, die festgezurrte Krawatte lockern zu wollen. Ganz der alte. Immer piekfein angezogen, seriös auch bei knallender Sonne. Erscheint er mal öffentlich im Freizeit-Look – auf Anraten eines Imageberaters – , dann haben viele, die ihn sehen, das Gefühl, bei einer Indiskretion ertappt worden zu sein. Schuldbewußter Blick auf die Gattin. Die ist fesch.

Sein bekanntes Lächeln muß er noch üben. Schatzi probiert einen Löffel Vanille-Eis. Nein, auch das ist es nicht. Dr. Müller hatte große Hoffnungen auf das Eis gesetzt. Als nächstes stehen Matjesheringe auf dem Programm. Wir befinden uns in einem jener stacheldrahtumgrenzten Lager, wo unsere Nationalmannschaften vor entscheidenden Spielen kaserniert werden. Ein Paradies für Schäferhunderliebhaber.

O'Donnel – alias Rick Manzini – jedenfalls besteht die Probe. Immer. Er wird vom Feind als Manzini akzeptiert. Ja, der ist echt. Rickyboy. Nun gehört er dazu. Zu uns.

Die Legende ist nicht wirklich entscheidend, wir haben es geahnt. Einen Mord kann bekanntlich jeder hinkriegen. Er beweist nichts. Auch die genaue Kenntnis diverser Gefängnisse, so beeindruckend dieses Know-how auch zum Gesamtbild beiträgt, sie hilft nicht, wenn alles auf der Kippe steht.

Die Möwen während des Hofganges in Alcatraz, diese entschieden zielenden Arschlöcher, ja, sie sind lästig. Aufseher Jimmy »die Ratte« Miller im Staatsgefängis von Atlanta/Georgia, der ist eine regelrechte Sau. So weit, so gut. Spezielle Eigenarten eines schwulen Wärters wären ein Indiz, das schlagend genannt werden könnte, sie spielen in diesen Filmen nie eine Rolle.

O'Donnel muß wie nebenbei spontan etwas wissen können, was ebenso spontan und sicher allein besagter Manzini weiß. Rosebud.

Derweil sitzt der echte Manzini in einem jener sicheren Häuser in Florida, die das FBI für derartige Fälle unterhält. »Nein, danke, ich kann mich nicht beklagen.«

O'Donnel bekommt in seiner Eigenschaft als Rick Manzini beiläufig einen Auftrag. »Du machst das, wie es John der Klammeraffe damals in LA gemacht hat. Genau so machst du das. Sag, welchen Pinorrek du brauchst.«

Da kann man schlecht zum Telefon rennen oder zum Computer. Da mußt du augenblicklich eine Vorstellung davon haben, welchen Pinorrek du willst.

Immer wenn die O'Donnels ihre Unterschrift zu leisten haben, stokken wir. Ob man auch daran gedacht hat. Wenn er dann ohne zu zögern Manzini schreibt wie geleckt und der Scheck anstandslos akzeptiert wird, dann wissen wir O'Donnel in allerbesten Händen.

Was zum Teufel ist ein Pinorrek.

Wir bewundern die hohe Kunst der Drehbuchautoren. Daß sie es immer wieder vermieden haben, O'Donnel jene an sich selbstverständliche Probe seines Könnens abzuverlangen, die er anhand seiner Biographie anstandslos hinkriegen müßte. Einen Mord, möglichst den eines Kollegen.

Schatzi mag diese Filme. Wegen der Verfolgungsjagden im Auto.

Moni hat ihrem Schroeder ein Lunchpaket gemacht. Schroeder schlägt vor, dem Patienten einen Buchweizenbratling zu präsentieren. Dr. Müller ist skeptisch. Zu recht.

Mit Unverständnis hat Schatzi auf den entscheidenden Test reagiert. Manzini trifft jemanden aus seiner O'Donnel-Vergangenheit. Wir haben es kommen sehen. Der Patient drückt die Schnellauftaste. Es interessiert ihn nicht. Bei Reklamespots drückt er diese Taste nie. Er liebt Eiskremreklamen.

»JIIIIIIIMMm.« – O'Donnel dreht sich um in der Hotelhalle. Selbstverständlich hat der Boß Manzini mit demjenigen Mitglied der Gang auf Reisen geschickt, das ihm am deutlichsten mißtraut hat; Gruppendynamik ist handlungsfördernd. Zumal wenn – der Natur der Sache entsprechend – eine Frau mit im Spiel ist, Gina, die auf Manzini ein Auge geworfen hat, in Großaufnahme. An Gina hatte bislang der mißtrauische Luigi ein nicht chancenloses und zudem unbestrittenes Interesse gehabt. Keine Frage, daß O'Donnel sie niemals ermutigt hat. Er liebt allein Muriel, die nun in der Lobby des HILTON/Orlando vor ihm steht und wieder und wieder ihr »Jimmy« schreit.

Ihr Jim hat sich verraten. Er hätte nicht den Kopf ruckartig wenden dürfen. Er hat sich für einen Augenblick nicht unter Kontrolle gehabt. So etwas kann man mit nichts auf der Welt wiedergutmachen. »Sie müssen mich verwechseln.« Sagt er. Beschwörend. »Sie müssen mich verwechseln.« Wenn nur noch ein einziger Funken Liebe in ihr ist und Vertrauen. Er kann ihr schlecht mitteilen, daß er soeben auftragsgemäß in den innersten Zirkel des Grauens vorstoßen konnte, daß er im Begriff ist, mit einer top-secret-Namensliste nach New Orleans geschickt zu werden, zusammen mit Luigi, dessen animalische Züge jetzt von einem wissenden Rachelächeln überzogen werden. Nun wird diese Liste, deren Besitzer das organisierte Verbrechen ausmerzen könnte mit einem Schlag, nicht mehr bei dem Oberstaatsanwalt der USA anlangen.

Oder doch.

Muriel ist nicht auf der Höhe der Situation. Es will ihr nicht in den Kopf, daß ihr Jim sie verleugnet. Denn er ist, weiß sie, die personifizierte Ehrlichkeit. Da hat sie recht; wäre er sonst Bulle geworden.

Ihr Name ist Muriel Lamberton. Mit derselben Synchronstimme spricht auch Krystle Carrington; die Verkörperung von unverfälschter Reinheit und Loyalität.

Montag. Der Unfall ist in den Schlagzeilen. Johnny Maletzke ist beleidigt. Nicht persönlich, aber professionell. Er ist für die Wahl zuständig. Er hat die Zeitungen gelesen. Alle. Keine vermeidet das Wort WUNDER. Die rechte Presse sowieso nicht. Und der Rest Blätter, die mit der Opposition sympathisieren, sie demonstrieren Überparteilichkeit. Sie drucken das Wort Wunder noch fetter.

Jemand wie Johnny Maletzke ist immer dann beleidigt, wenn eine Top-Nachricht am Wochenende, genauer: nach Freitagabend, anfällt. Dann muß der SPIEGEL länger als eine geschlagene Woche warten. Bis die Nachricht keine mehr ist. Am übernächsten Montag. Unvergessen jener Minister, der, nachdem ihn der SPIEGEL wochenlang, erst Ausgabe für Ausgabe, dann Titelgeschichte nach Titelgeschichte, gejagt hatte, die Dreistigkeit besaß, sich ausgerechnet in der Nacht von Freitag auf Sonnabend zu erschießen.

Johnny Maletzke geht die Berichte noch einmal durch; er ist Optimist. Er riecht den Braten. Das offizielle Unfallfoto hat er an die Wand gespießt. Es zeigt das Dienstauto, es ist unübersehbar zerknautscht. Eine Tür steht offen. Im Auto ist der tote Fahrer zu vermuten. Irgend etwas stimmt nicht. Im Hintergrund eine Telefonzelle.

Richtig. Der leicht verletzte, wie durch ein Wunder davongekommene Ministerpräsident hat sich – darin stimmen alle Berichte überein – als erstes um den Fahrer gekümmert. Vergeblich zwar, aber er hat sich bemüht.

So schreiben alle Berichte. Als Informant ist der persönliche Assistent des Herrn Ministerpräsidenten genannt. Ein Herr Schroeder. Aber, denkt Maletzke, wenn aber der Ministerpräsident tatsächlich – wie es heißt – so gut wie unbeschadet den Unfall überstanden haben sollte, dann hätte er sich nicht als erstes um den Fahrer bemüht, sondern um die Öffentlichkeit. Dann hätte er – und nicht dieser Schroeder – die Presse benachrichtigt. Der Wagen ist gegen Beton gefahren, nicht gegen den Münzfernsprecher.

»Wie konnte das passieren.«

Johnny Maletzke hat eine Spur.

Schroeder und Müller sind auf der Suche nach dem Stoff, der Schatzi motivieren könnte. Buchweizenbratlinge sind nun endgültig aus dem

Rennen. Schade, denkt Schroeder. Ein Fototermin mit der Frauenzeitschrift GLORIA wäre mühelos zu arrangieren und fast ohne Risiko. ER beißt strahlend in den Buchweizenbratling rein. Den propagiert GLORIA als Höhepunkt ihrer GLORIA-14-Tage-Diät. Sportlich, locker.

Schatzis emotionales Unterscheidungsvermögen differenziert bislang zwischen
– angenehm und
– unangenehm.

Als unbestritten angenehm hat sich bislang einzig Mousse au Chocolat herausgestellt. Eimerweise. Schroeder und Müller wissen, daß sie mit diesem Motiv nur sparsam umgehen können. Der Kandidat ist als sportlicher Typ eingeführt; ganz abgesehen von Aspekten der Verdauung.

Dr. Müller will eine Skala der Mischgefühle herstellen. Ganz oben steht jetzt MOUSSO, ganz unten schmollt der Buchweizenbratling. Niemand weiß, was zwischen diesen beiden Extremen liegt. Abgründe tun sich auf.

Was kann er, was nicht. Das will Schroeder von Müller wissen. Die beiden duzen sich, wenn niemand im Raum ist; sie haben rausgekriegt, daß sie – wenn auch getrennt – am 11. September 1982 in Bochum gegen die Nachrüstung demonstriert haben.

Der Ministerpräsident kann sich alles merken, was Müller und Schroeder ihm sagen. Davon ist auszugehen, auch wenn er sich bislang nicht alles gemerkt hat, was Schroeder und Müller ihm gesagt haben. Er kann jeden Satz nachsprechen. Zum Beispiel:

»Ich bin Ministerpräsident.«

Und zwar in der heißen Phase des Wahlkampfes. Er weiß, was heiß ist. Er kennt heiße Schokolade. Bleibt zu klären, was ein Wahlkampf ist. Mit Hilfe eines vor sich hin erkaltenden Glases MOUSSO; Schatzi mag es nur kalt. So lernt er das Warten.

Als nicht unangenehm stuft er die folgenden Spezialitäten ein:
– Fischstäbchen und
– Spaghetti Bolognaise.

Demnächst werden die diversen Hamburger-Sorten durchgetestet. An Alkohol traut sich Müller noch nicht ran.

Ratzinger und Mäffert. Gruppendynamik ist handlungsfördernd. Mäffert ist für absolute Fairneß im Wahlkampf. Das will er festgehalten wissen. Und Ehrlichkeit. Auch Ratzinger ist für jeden Tiefschlag zu haben, auf den man ihm nicht kommt.

Kernfrage: Krückstock, ja oder nein. Ratzinger will, daß der Ministerpräsident echt beeindruckt ist. Er ist soeben Freund Hein von der Schippe gesprungen. Eigentlich ist es, sagt Mäffert, tatsächlich ein Wunder. Ratzinger freut sich. Unsere Wähler sehen das nicht anders. Die werden von Tag zu Tag weniger.

Wenn die Befragungsinstitute ein Kopf-an-Kopf-Rennen prognostizieren, dann ist die Regierung in Gefahr. Zur Zeit inszenieren sie das ultimative Kopf-an-Kopf-Rennen.

Niemand wird, sagt Ratzinger, ihm allein deshalb seine Stimme geben, weil er einen Schicksalsschlag erlitten hat. Mäffert ist für eine Prüfung Gottes. Ratzinger fragt, ob eine Prüfung Gottes ganze vier Wochen reicht.

Als die Zeiten noch stimmten, hätten die Geistlichen aller Orten die Glocken läuten lassen. Überall Dankgottesdienste. Die Zeiten sind nicht mehr, sagt Ratzinger.

Versuchen wir es erst mal mit der Krücke auf der Pressekonferenz. Er kann sie ja eher sportlich handhaben. In hoc signo vinces.

Im Mittelpunkt der Pressekonferenz wird der Chauffeur des Schicksalswagens stehen, wie immer der mit Vornamen heißt. Rüdiger; auch ein Name.

Es hat mehr als eine Stunde gebraucht, ehe man den aus dem Dienstmercedes hat rausschweißen können. Die Familie von Goltz wird in der ersten Reihe sitzen. Der Chauffeur war Angehöriger jener Bevölkerungsschichten, die dem Herrn Ministerpräsidenten im Augenblick abhanden zu kommen drohen. Aus guten Gründen. Arbeitsam, zuverlässig, pünktlich.

Das Lied vom braven Mann, der klaglos seine Pflicht tut. Die Familie in Großaufnahme. Die Pension macht keine Probleme; Mäffert hat sich erkundigt. Kein Anlaß für die Opposition, in sozialer Wehleidigkeit zu machen.

Ratzinger ist hocherfreut. Der Unfall ist das Große Los. Der Ministerpräsident war zu alt geworden für sein Image. Er, der ewig junge Aufsteigertyp, er hätte das Image so oder so wechseln müssen. So jung, so smart konnte er nicht bleiben.

Es hätte nicht besser kommen können. ER ist in einer Krise und die

– ist nicht selbst verschuldet

– hat ein komplett menschliches Design und

– ist dehalb vom politischen Gegner nicht auszuschlachten. Weder ist die Gattin bei Unsittlichkeiten ertappt worden, noch wurde eine Tochter rauschgiftsüchtig oder hält ein Haus besetzt.

Der Landesvater
– ist innerlich gereift
– hat Wichtigeres entdeckt als die schnöde Alltagspolitik. Nun kann er auch Bundeskanzler werden.

Schön wäre es, wenn man ihm die Haare grau färbte. Allerdings, eine solche Entscheidung ließe sich allein durch die Herstellung einer Glatze revidieren.

Rückschau, Rückschau.

Und dann den Blick unbeirrt nach vorn, sagt Ratzinger.

Wie können wir verhindern, daß in den nächsten Tagen das einzige Medienereignis wird, daß der Kandidat in den Medien nicht vorkommt. Mit oder ohne Krücke.

Der Rekonvaleszent ist total von der Öffentlichkeit abzuschirmen. Dr. Müller wird das vor der Presse begründen. Jeder Kontakt wäre schädlich.

Dann gibt Schroeder ein, zwei Kollegen vom Fernsehen den Tip.

Tag für Tag geht der Rekonvaleszent spazieren auf Rat seines Arztes. Einmal um denjenigen See, um den schon Fritz Walter und Uwe Seeler gegangen sind im Training. Namen, die er noch nie gehört hat. Bei diesem Rundgang gibt es einen Abschnitt, der ist von außen einsehbar. Dort postieren wir das Fernsehteam.

Am nächsten Tag erscheint der Landesvater pünktlich am See. Aufrechten Ganges, gemäßigt sportiv. Er hat die Herauforderung des Schicksals angenommen. Ohne Krücke.

Mitten in den Ausschnitt hat Schroeder eine Frau im Rollstuhl aufgebaut. Die schaut positiv in die Zukunft. Dann auf zum Ministerpräsidenten. Der reicht ihr die Hand, deutet ein Lächeln an und widmet ihr einige Sätze.

Das Leben geht weiter. Die Frau ist taub und blind.

Alles Feinde. Land unter. Ohne Ausnahme. Das mußt du Depp dir hinter deine ungewaschenen Ohren schreiben. Schatzi. Du bist in Feindesland, und ich bin dein einziger Freund. Alle sind gegen dich, warten, daß du was falsch machst. Die Reporter, die Fotografen, die Parteifreunde.

Ein Parteifreund (danke der Nachfrage) ist einer mit einem unsichtbaren langen Messer. Der Kandidat weiß, was ein Messer ist. Gestern hat er sich geschnitten. Das ist schön. Jetzt hat er zu Parteifreunden die richtige Einstellung. Wir üben jetzt das Fotografiertwerden. Paß auf, wo du dich hinsetzt. Sie alle sind skrupellos. Ohne Ausnahme. Man meide

– die Bilder politischer Gegner im Hintergrund (Marx, Schwule, den Oppositionsführer); ganz abgesehen von diesen Typen persönlich.

– indezent gekleidete Menschen.

– Umgebungen, die negativ besetzt sind; Ruinen, Armut, Schmutz.

– Arbeitslos, Neger, Sackkratzer.

Sie sind immer gemeint, davon müssen Sie ausgehen. Schauen Sie sich nie über die Schulter (wie O'Donnel). Sie stehen im Mittelpunkt. Außer der Kanzler ist anwesend.

Wir machen den Tisch-Test. Du betrittst die Räumlichkeiten und setzt dich an den größten Tisch. Wenn es dir gelingt, den ganzen Abend dort sitzen zu bleiben bei permanent voll besetztem Tisch, dann bist du wirklich wichtig. Sicherheitshalber pinkelst du dich vorher aus – und halte dich mit dem Trinken zurück. Erst wenn alle an deine Wichtigkeit glauben, dann kannst du den Tisch beliebig häufig verlassen. Man wird warten.

Ein Kanzler ist diejenige Figur, die noch wichtiger ist als Sie. So etwas gibt es. Wer wichtig ist, steht im Mittelpunkt. Machen wir einen Test. Nehmen wir an, Sie seien tatsächlich so wichtig, wie Sie es sind. Öffnen Sie die Hand. Sie brauchen etwas, das ist offensichtlich. Man wird es Ihnen reichen. Nun weißt du, was du gebraucht hast.

Das heißt, man will was von Ihnen. Weil Sie etwas von denen kriegen. Genau das ist es, was Sie wollen, Mister. »Finger aus der Nase.« Immer an die Fotografen denken. Wir machen jetzt noch einen Test. Dies ist eine Kamera. Wir üben den natürlich Blick. Es gehört zu Ihrem Job, daß Sie jede Art Kamera sofort registrieren. Um die auf gar keinen Fall zu bemerken. Unauffällig rücken Sie sich ins Bild. Merken Sie sich, Ihre Schokoladenseite ist rechts. Also links an der Kamera – die Sie immer noch nicht bemerkt haben – vorbeischauen. Lächeln.

Wenn der Kanzler die Hand öffnet – danke der Nachfrage –, dann tust du erst mal gar nichts. Solange jemand im Raum ist, der unter dir steht. Die sind immer zuständig.

Status – Sie denken ja mit, Schatzi, das ist moussoschokoladenstark – Status hat, wer austeilen kann. Geld, Macht, Weiber. Oder MOUSSO. Die hier ist noch nicht kalt genug, los, fühlen Sie.

Wir wiederholen:

– »Sie werden verstehen«

– »Wenn man das erlebt hat, was ich«

– »Durch Gottes Fügung«

– »Ich kann mir nicht vorstellen, daß«
– »Es ist nicht der Augenblick«

Daß Sie sich etwas nicht vorstellen können, das ist ein Argument. Wenn man die Macht hat. Sie sind die Nummer eins, solange Sie es sind. Niemand kann sicher sein, daß Sie nicht Nummer eins bleiben werden, bis zu dem Zeitpunkt, wo es ohnehin zu spät ist. Das ist präzise der Augenblick, von dem an du nie wieder deine pseudoaristokratische Nase in ein Glas MOUSSO wirst stecken können. Dann ist alles aus. Endgültig finito.

»Links und rechts, das sind Kategorien des vergangenen Jahrhunderts«.

Widersprich nicht. Du Depp – nächste Lektion – hast immer recht. Immer. Niemand wird dir wirklich widersprechen. Du mußt ausprobieren, ob Du recht hast. Dazu sind wir da. Ihre Berater. Intern die family genannt. Wir werden dafür bezahlt, daß wir dir so lange zureden, bis Du das tust, was Du tun mußt. So etwas nennt sich rationaler Diskurs.

Der kommt morgen dran. Noch eins: Niemals überziehen. Das ist auch wie im Leben. Erst wenn der Ehemann am Frühstückstisch seinen gestrigen Abend unaufgefordert in seiner ganzen Harmlosigkeit zu erläutern beginnt, Schritt für Schritt, dann erst hat er seinen Fehler gemacht.

Das verstehen Sie nicht? – Das wirst du verstehen, wenn du erst mal groß bist. Immer nach VORN schauen. Sie wissen, was VORN ist. Vorn ist die Nase.

Der Ministerpräsident weiß, was vorn ist. Er steht auf und singt:

Nach voorn geht mein Blick
zurück darf kein Seemann schaun
Cap Hooorn liegt auf Lee
jetzt heißt es auf Gott vertraun

Seemann. Er bricht ab, setzt sich. Er schaut Schroeder an. Der bleibt gelassen. Dies hat ihm Freund Müller »für den Fall des Falles, der einmal eintreten kann« so empfohlen. Schroeder denkt an den Hund Sancho. Einen Irish Setter. Dieses zutiefst unberechenbare Geschöpf hatte er erst verstanden, als er sich klargemacht hatte: Der versteht alles. Jedes Wort. Allein seine übermenschliche Klugheit verbietet ihm, das zuzugeben. Er würde sonst jede Macht über dich verlieren.

Schroeder ist dafür, die ganze Angelegenheit mit Stil zu handhaben. Moni ist durchaus derselben Meinung. Sie hat andere Vorstellungen davon, was in dieser Situation stilvoll ist.

Sie sitzen wieder in der Küche ihrer gemeinsamen Wohnung. Heute ist er dran. Er hat den GLORIA-Diätplan aufgeschlagen. Sie sitzt am Tisch und liest Zeitung. Schroeder schlägt vier Eier auf, gießt die jeweils in eine dafür bereitgestellte Schüssel. Die hat er vor Jahren in der Toskana erstanden. Das war lange, bevor all diese Typen die Toskana erst überflutet und dann leergekauft haben; lange auch vor Monis Zeit. Er tut vier Eßlöffel Wasser hinzu. Salz und Pfeffer.

Moni liest eine Nachricht vor. Schroeder, der die Zeitung ausgelesen hat, weiß, welche Nachricht kommt. Moni setzt einen Tonfall ein, der auf Widerspruch zielt. Schroeder steht ein Test bevor; die Tagesstimmung wird hergestellt.

Dem Text der Zeitung zufolge schlagen Akademiker ihre Frauen häufiger, als das etwa Schuster tun oder Berufsboxer. Das ist zutiefst empörend. Schroeder hat das Bündel Schnittlauch aus dem Gemüsefach des Kühlschranks geholt, dann aus dem Schrankbord rechts unten das Holzbrett aus Griechenland. Als man noch nach Griechenland fahren konnte.

Er schneidet den Schnittlauch. Erstens schlägt er Moni nie. Selbst dann nicht, wenn er allen Grund dazu hätte. Zweitens ist er kein Akademiker, das weiß sie ganz genau. Nie hat er eine Uni von innen gesehen. Das hat er ihr erzählt; vielleicht will sie darauf hinaus. Drittens steht diese Nachricht in jener Boulevardzeitung, der nachweislich kein einziges Wort zu glauben ist. Nun aber doch. Das alles steht nun gar nicht zur Debatte. Schroeder kippt den köstlichen Lauch in den toskanischen Topf. Er war dort mit Freundin Regina. Davon weiß Moni nichts und auch nicht das BKA.

Schroeder greift zum Sellerie, zerkleinert den nach Vorschrift. Moni findet die Meldung aber typisch.

Typisch für wen oder was. Schroeder weiß nur eins: Bezweifelt er diese Meldung dieser Zeitung, dann steht er da als der im Dutzend frauenschlagende typische Akademiker. »Ja«, sagt er, es ist empörend. Und schwuppt den mittlerweile zerkleinerten Sellerie in die Schüssel. Er vergewissert sich, ja, nach GLORIA-Plan verläuft alles nach Plan. Nun ist all das Zeug im Topf, das da auch hineingehört. Moni schaltet das Küchenradio an.

Baby, baby, I luv you so much, maybe we can stay in touch. Schroeder verquirlt den Inhalt des toskanischen Topfes. Er hat den Glauben an diese Diät auch deshalb nicht verloren, weil er bisher 540 Gramm mehr abgenommen hat als sie. Ein aufmerksamer Beobachter könnte daraus schließen, daß Schroeder größer ist als Moni. Er hätte recht.

Die ist noch den Akademikerknochen am Benagen, innerlich, als im Radio eine adrette Mittdreißigerin sich zum Problem aktueller Kommunikation aktuell äußert. Es ist alles ganz einfach. Eine moderne Zweierbeziehung kann nur dann wirklich harmonisch funktionieren, wenn einer der beiden mal fremdgeht. Schroeder pinselt die Teflonpfanne mit Öl aus. Er geht behutsam vor, mehr als ein Teelöffel ist nicht gestattet. Er entzündet das Gas, stellt die Flamme auf mittlere Wärme, setzt die Pfanne auf. Er wartet. Er wartet auf den Kommentar von Moni.

Jetzt wird es ernst. Sie ist selbstredend dafür. Offiziell; unter uns aufgeklärten Mitmenschen. Klar. Schroeder hat nun die Wahl, – als liberaler Mitmensch ganz auf der Höhe der Zeit – auch dafür zu sein. Dann wäre sie beleidigt. Zu recht. Oder er spricht sich gegen jene fröhliche Mittdreißigerin aus, also für Moni, dann wäre er unter deren Niveau gegangen.

Moni hat was gesagt. Schroeder weiß nicht, wie rauskommen aus der Ehrlichkeitsfalle. Moni sagt was. »Wie bitte«.

»Dein Fett qualmt.« Richtig. Schroeder stellt die Flamme runter. Er gibt die Eiermasse in die Pfanne, hilft etwas nach. Damit das köstliche Gemüse auch gerecht verteilt wird. Dann die Weizenkörner. Er streut sie über das entstehende Omelett. Er tritt einen Schritt zurück, betrachtet sein Werk. Sein Fett qualmt nicht mehr.

Er hat jetzt, was das Essen angeht, drei Minuten. Er muß den Salat anrichten. Schroeder zerpflückt den Radicchio, schneidet die Gurke in Scheiben. Er wiegt 200 Gramm Gurkenscheiben ab. Er gibt Zitronensaft in eine neue Schale. Die stammt aus Mallorca. Dazu Pfeffer und Kräuter. Er verquirlt das Zeug. Dann den Salat dazu. Er müßte nun die Vorwärtsverteidigung fahren. Moni fragen, ob sie denn die erfreulichprogressiven Ansichten jener erfreulichprogressiven Dame teile. Das Radio spielt eine Melodie, die einmal ihre Melodie war. Und bleibt. Mittlerweile ist der Eierpfannkuchen gestockt.

Schroeder läßt den auf einen Teller gleiten. Er pinselt die Teflonpfanne erneut mit etwas Öl aus. Dann schwuppt der Eierpfannkuchen zurück in die Pfanne. Er nimmt das Besteck aus der Küchenschublade. Gabeln genügen; Schroeder ist heute auch für den Abwasch zuständig. Er kann die Vorwärtsverteidigung nicht riskieren. Das hieße, Moni sei nicht über jeden Zweifel erhaben.

Schroeder stellt Salat und Pfannkuchen auf den Tisch. Er erwartet ein Lob. Moni schaut ihn an. Fragend. Er muß jetzt etwas sagen. Er sagt: »Guten Appetit.«

Moni ist endgültig sauer. Sie verläßt die gemeinsame Küche. »Mir ist der Appetit vergangen.«

Im Radio wird die Musik unterbrochen mit einem Signal, das eine Durchsage des Verkehrsfunks annonciert.

»Hier ist das Verkehrsstudio. Wir haben keine Meldungen.«

Ein kluger Mann hat einmal drauf hingewiesen, daß Ursache und Wirkung aufeinander sich beziehen. Diesen Sachverhalt erkannt zu haben, gehört zu den entscheidenden Erkenntnissen, die den Menschen unterscheidet. Unter anderm vom Nilpferd oder einer Verkehrsampel. Dr. Müller ist der begründeten Ansicht, daß es genau diese Erkenntnis ist, die dem Herrn Ministerpräsidenten dazu verhelfen könnte, wieder ein normales menschliches Individuum zu werden. Man muß den doch zur Vernunft bringen können.

Wie es der Zufall will, passieren Schatzimaus gleich mehrere kleine Mißgeschicke am Stück. Erst stößt er eine Tasse Tee um. Auch Tee mag er nicht. Dann will er die Tür zum Flur öffnen, die in dem Augenblick, als er nach der Klinke greift, von einem Luftzug aufgerissen wird, der entsteht, weil Müller am anderen Ende des Hauses ein Fenster öffnet.

Es ist ein schwüler Sommernachmittag. Gleich wird das Haus voller Mücken sein.

Wenige Minuten später ist der Herr Rekonvaleszent auf dem Hof. Er stützt sich mit der rechten Hand gegen eine etwa zwei Meter hohe Ziegelwand. Die ist alt und steht da nur so rum. Sie schwankt, aus welchem Grund auch immer, sie kippt um.

Müller ist gespannt. Er meint, nun müsse noch eine weitere Erfahrung dieser Art hinzukommen. Dr. Müller ist einer, der seine Mitmenschen für lernfähig hält. Vielleicht werden wir schon bald dem MOUSSO einen weiteren Appetizer hinzufügen können. Er behält recht.

Dies ist die Geschichte von Steve Miller. Der ist von Hause aus Astronaut, Erstbesteiger des Mondes. Irgendwann ist Mr. Miller irgendwo von was runtergestürzt. Ein wunderbar roter Feuerball ist so verursacht worden. Man hält es nicht für möglich, aber Steve hat das flammende Inferno überlebt. Irgendwie. Wenn auch nicht komplett.

Er ist nun in die Hände der Mediziner gefallen. Die haben Miller zwei künstliche Beine gegeben und einen künstlichen Arm. Die neuen Glieder sind mit übermenschlichen Kräften versehen, das heißt sie sind bionisch. Der Körper von Steve Miller ist ein einziges Elektronengehirn. Steve Millers Kampfname ist The bionic man. Sein rechtes Auge hat Laserkräfte.

Noch bleibt offen, ob der bionische Held auch auf psychischem und sexuellem Gebiet übermenschliche Möglichkeiten hat. Man wird sehen.

Er ist stärker, besser, schneller als jedes andere menschliche Wesen. Mit Ausnahme der gleichfalls bionisch perfektionierten Miss Jane Campbell. Auch sie wird von Mr. Millers Führungsoffizier gemanagt. Der heißt Norbert. Die beiden Bioniker wissen offensichtlich noch nicht voneinander. Wir werden sehen.

Norbert hat einen Routineauftrag für Freund Steve. Dem sind seine bionischen Kräfte nicht anzusehen. Auch jener Miss Jane Campbell würde niemand ansehen, daß sie stärker, besser und schneller ist als jedes andere menschliche Wesen. Dabei vergeht kein Tag, an dem sie nicht mindestens zweimal ihre Kraft vor Zeugen unter Beweis stellen; in ihrer Eigenschaft als bionic lady. Eigentlich müßte Steve von Jane, müßte Jane von Steve in der Zeitung gelesen haben, wenn schon Freund Norbert die Schnauze hält. Es ist ein Rätsel.

Steve Miller soll einen Geheimnisträger begleiten. Geheimnisträger sind Leute, denen etwas abzunehmen sich lohnt. Dieser heißt John. Steve und John kennen sich schon seit Jahren.

– »Wie«, fragt er gleich los, »hieß doch deine Freundin damals in Atlanta, du weißt, diese blonde . . . Graphikerin war sie, glaube ich«;

– »Übrigens, wie war es eigentlich auf dem Mond«;

– »Am nächsten Dienstag um 12 Uhr werde ich dich im Tennis schlagen.«

John ist nicht wirklich John. Wir haben es geahnt. Er ist ein Doppelgänger. Der soll im Kriegswaffenforschungszentrum die allerneuesten Raketenmodelle der US-Army ausspionieren. Steve Martin merkt erst mal nichts. Er teilt mit, daß in Atlanta seine Freundin Millie hieß, daß es oben auf dem Mond nicht uninteressant war. Und, daß er es ist, der am nächsten Dienstag siegen werde.

Der Doppelgänger löst Freund Steve am Steuer ab. Nun schleicht sich ein Fehler ins Programm. Mr. Doppelgänger ist ein Roboter, dessen Fernsteuerung offensichtlich nicht perfekt ist. In einem fernen Studio zeigt ein Monitor, was der Doppelgänger gerade sieht. Man sieht, daß der den Straßenkreuzer gerade in einen Graben gefahren hat.

Alle stehen unter Zeitdruck, also setzt der bionic man seine bionischen Kräfte ein. Er wuchtet das Vorderteil des Autos zurück auf die

Straße. Darauf ist der Doppelgänger innerlich nicht vorbereitet. Er geht nach hinten und hebt das Hinterteil des Wagens auf die Straße; dies kann Steve Miller nicht entgehen. Nun riecht er den Braten. Der Ministerpräsident ist atemlos. Er starrt auf den Bildschirm. Schroeder ist geistesgegenwärtig, er schneidet das Werk mit. Der Ministerpräsident sitzt wie die Katze auf dem Sprung.

Schroeder wird nun Tag für Tag jede Sendung dieser Serie aufzeichnen. Das wird, in einigen Monaten, dann dem Expertenteam auch darüber Aufschluß geben können, was die Ursache gewesen ist für die auf den ersten Blick rätselhaften Ereignisse. Ein Kniff dieser Serie besteht darin, daß the bionic man seine besonderen Kunststücke – etwa die Errettung der Menschheit – immer erst dann vollbringt, wenn sein Führungsoffizier ihm das ausdrücklich verboten hat.

Mr. Miller ist vom Doppelgänger Johns reingelegt worden. Schatzi ist gieperig. Mr. Miller muß sich etwas einfallen lassen. Nun sitzt wieder er am Steuer. Er läßt sich was einfallen.

Jetzt trennt ihn allein ein mächtiger Drahtzaun vom Gegner. Der ist fast drei Meter hoch. Wir sehen seine rechte Hand in Großaufnahme. Er hat die auf den Zaunpfahl gelegt. Der Ministerpräsident ist aufgestanden. Er stemmt die linke Hand gegen die Zimmerwand. Nichts geschieht. Steve stützt seine Füße ab im rotbraunen Erdreich. Schatzi tut es ihm nach auf dem Teppich. Steve greift wieder nach dem Zaunpfahl. So, Schatzi. Diesmal benutzt er die Rechte. Steve Miller faltet die Hände um den Zaunpfahl. Er macht Druck. In Großaufnahme sehen wir das Mastende oberhalb der Erde. Schatzi blickt auf den Teppich. Unsichtbare Kräfte bewegen den Zementpfahl hin und her, rauf und runter.

»Weiter, Steve.«

Freund Steve hat den Zaun überwunden. Er setzt dem Doppelgänger nach. Schatzi packt immer noch nicht, was Sache ist. Er stampft mit dem Fuß auf. Schroeder hat begriffen, daß er nun einen Erziehungsprozeß einleiten kann; der Zögling hat ein Vorbild.

»So einer kannst du auch werden, wenn du täglich brav deine Suppe ißt, brav machst, was ich dir sage. Und wenn du in nun nicht mal mehr vier Wochen wiedergewählt wirst.«

Der bionic man ist nun im Zweikampf mit dem anderen Roboter. Er reißt ihm die Maske vom Gesicht. Großaufnahme.

Steve Miller ist sich selbst begegnet.

Routine: Ein Zeuge muß sich Bild nach Bild ansehen. Ja, Herr Kommissar, der könnte es gewesen sein. Wenn ich mir den Bart wegdenke. Hier ist es umgekehrt. Jedes Bild ist wichtig. »Den kennen Sie seit 12 Jahren«. Das ist Dr. Ratzinger. Dem geben Sie die Hand. Sie lächeln. Sie sagen »Herr Doktor« zu ihm. Sie bezeichnen ihn niemals mit seiner amtlichen Funktion. Als Generalsekretär. Sie siezen sich. Sie siezen eigentlich jeden, außer Ihrer Frau. Da sagen Sie du und Schnuckiputz.

Das ist der Herr Mäffert. Sie siezen auch ihn. Auch zu Mäffert sind Sie freundlich. Aber unverbindlich. Ratzinger gilt als Ihr Ziehvater. Sie verdanken ihm viel, nehmen ihm das aber nicht übel. Mäffert war damals gegen Ihre Kandidatur als Ministerpräsident. Er war der Kandidat der Fraktion, deren Vorsitzender er immer noch ist.

Das ist Ihr Gegenkandidat, der Oppositionsführer. Nie lächeln.

Schroeder und der Kandidat üben Händeschütteln. Der Kandidat nimmt die Puppe Mumpetumpe auf den Arm. Er lächelt automatisch. Sprechen Sie mir nach: »Na, wie heißt du denn?«

»Sie sind ein Hoffnungsträger.« – Sie tragen die Hoffnung der Leute, die eh wissen, daß sie das, was sie wollen, nie kriegen werden, wohl aber anläßlich einer Wahl glauben wollen, daß an ihrer Hoffnung was dran ist. Blumensträuße immer annehmen. Lächeln. Es ist immer dafür gesorgt, daß jemand in der Nähe ist, der dir den Strauß abnimmt.

»Wie bei der Hitparade im Fernsehen.« Ja, richtig, der Kandidat lernt.

Nun unsere kleine Ansprache. Das wird keine wirkliche Rede, das ist auch keine richtige Pressekonferenz. Zoo, kein Dschungel. Sie blokken jede Frage ab, die noch nicht dran war. Wir wiederholen:

– »Es ist nicht der Zeitpunkt«

– »Sie können sich sicher vorstellen, daß«

Tragik ist, wenn sich alles fügt, ohne daß man selbst was dafür kann. Es geht immer alles gut, die Menschheit wird gerettet, das Raketengeheimnis der USA bleibt da, wo es auch hingehört. So einer können Sie auch werden. Immer im Mittelpunkt. Wenn Sie alles richtig machen nach Vorschrift. Der Kandidat greift zum Foto des Oppositionsführers: »Na, wie heißt du denn?«

Ratzinger und Mäffert haben sich für die dritte Person entschieden.

– »Wenn man wiedergeboren wurde«

– »Wenn einem das Leben zum zweitenmal geschenkt wurde«

– »Mit Gottes Hilfe«

– »Man wird gelassener«

– »Man wird bescheidener«

– »Man erkennt, was wirklich zählt im Leben«

Großaufnahme auf die Gattin.

– »Man besinnt sich, man sammelt sich«
– »Man schöpft Zuversicht«
Unentschieden die Frage, ob der Kandidat nicht ganz zum Schluß doch einmal »ich« sagen sollte. Er sollte das ganz unbedingt, aber wird er dieses Wort überzeugend rüberbringen können. Offene Frage. Ratzinger und Mäffert haben sich einvernehmlich gegen die Verwendung des Wortes Hoffnung entschieden. Zuversicht, das ist es. Keine Krücke. Lächeln, aber nur ansatzweise. Durchwirkt vom Schicksal. »Wissen um Höheres.«

Mäffert ist der begründeten Ansicht, die Mitleidmasche ließe sich bis weit in die Legislaturperiode durchziehen. Ratzinger ist der begründeten Ansicht, daß die nicht mal bis zum Wahltag reicht.

Der Gegenkandidat ist ein netter Mann, auch er ohne Ecken und Kanten. Auch er will es allen recht machen.

Schroeder und Schatzi üben Handkontakt. »Sie sind es, der die ausgestreckte Hand ergreift. Die Initiative muß von Ihnen ausgehen. Immer.« Der Arm des Kandidaten muß ausgestreckt sein. Distanz gehört zu seinem neuen Image. Er ist der Landesvater. »Sie ergreifen die Hand, dann lächeln Sie.« Fest in die Augen des anderen schauen. Der hat gerade seinem Ministerpräsidenten die Hand geschüttelt. Schroeder streckt seine Rechte aus. Der Kandidat ergreift sie. »Dann, indem Sie zügig aber nicht hastig loslassen, heben Sie Ihr Kinn ruckartig nach oben. Immer noch Augenkontakt. Ja, gut so. Ruckartig nach oben, wie wenn Sie einen Fisch am Haken haben.«

Schroeder ordert eine Angel. Das muß noch geübt werden.

»Wann kriege ich den Anruf aus Washington?« Steve Miller kriegt immer seinen Anruf aus Washington D.C. Der kommt von seinem Führungsoffizier Norbert. Schroeder macht dem Ministerpräsidenten klar, daß er, Schroeder, Norberts Stellvertreter ist. Er verspricht ihm Norberts Anruf für den Abend nach dem Wahlsieg. Der Kandidat greift zum nächsten Stapel Fotos. Nun sind die Journalisten an der Reihe. Kein Händedruck, Lächeln ist nur ausnahmsweise gestattet.

»Eins ist ganz wichtig: Immer wenn über Sie gelacht wird, lachen Sie mit. Sie sind jemand, der Spaß versteht.«

Der Ministerpräsident steht auf und singt:

Doch dann hast du aufs neu dein Herz verloren
und darum bin ich wieder einsam heut.
Die Liebe ist ein seltsames Spiel
sie kommt und geht von einem zum andern
sie nimmt uns alles, doch sie gibt auch viel zuviel

Die Liebe ist. – Warum, denkt Schroeder, steht der immer auf, wenn er singt.

Dr. Müller hat darauf bestanden, den Kandidaten pausenlos mit Musik zu berieseln. Vielleicht zeigt er Zeichen des Wiedererkennens. Müller könnte dann ein Raster herstellen, eine Theorie formulieren. Insgeheim träumt er davon, mit Hilfe einer aufsehenerregenden Publikation die Aufmerksamkeit der Fachwelt erregen zu können. Nicht auszuschließen, daß das Müller-Syndrom in die Geschichte der Medizin eingeht.

Die Eingeweihten sind sich einig. Es wäre ein zu großes Risiko, den Kandidaten auf die Musikschiene zu setzen. Das ist wie mit dem Alkohol, den man ihm immer noch vorenthält. Ein zum Singen aufgelegter Ministerpräsident ist eine latente Gefahr; es sei denn, er beschränkte sich auf die Nationalhymne. Das heißt, auf deren dritte Strophe. Unvorstellbar, daß der auf der Beerdigung seines Chauffeurs (»und lassen Sie mich hinzufügen: Freundes«) aufsteht und losschmettert:

Wer soll das bezahlen
Wer hat soviel Geld
Wer hat soviel Pinke-Pinke

Wer hat das bestellt. – Unausdenkbar. Deshalb hat der Herr Ministerpräsident nicht an der Bestattung seines treuen von Goltz teilnehmen können. Auf Rat seines Arztes.

»Merken Sie sich folgende Grundregel: Wenn ein Journalist auftaucht, wo auch immer, er hat ein Recht, da zu sein (zu fotografieren, Fragen zu stellen), egal ob er dies Recht hat oder nicht.« Ja, auf der Pressekonferenz dürfen Journalisten anwesend sein, Fotos machen und Fragen stellen. Sonst wär's eine Pleite.

»Am besten, Sie erzählen eine Geschichte.« – Eines jener Gespräche, das Sie mit ihm geführt haben auf Ihren stundenlangen gemeinsamen Reisen durch unser wunderschön typisches Land. Eine Geschichte, die beweist, daß es gerade die einfachen Leute sind, die den Einflüsterungen der Oppositionspartei nicht erliegen. Eine Geschichte, die unmißverständlich klarmacht, daß Ihre Wiederwahl der allerletzte Wille des Verblichenen war. Zum Nutzen aller.

»Was ist das, eine Geschichte?« – Eine Geschichte ist die Anhäufung von wahrscheinlichen Tatsachen, die so arrangiert werden, daß der Zuhörer einen Zusammenhang erkennen zu können glaubt. Einen Sinn. Die einfachen Leute lieben Zusammenhänge.

Das Wort Geschichte läßt sich steigern: Titelgeschichte.

»Hä?«

Die Presse funktioniert wie geschmiert. Einen Schroeder kann das nicht überraschen. Er hat alles am eignen Leibe erfahren.

Nach der Pressekonferenz wird die Performance des Ministerpräsidenten einhellig gelobt.

»Er hat sich betroffen gezeigt.«

»Er stellte sich als innerlich gereift dar.« – Man hat an ihm keine Veränderung wahrgenommen.

Eigentlich sind Müller und Schroeder stolz. Erst ruft Ratzinger an, dann Mäffert. »Meinen herzlichen Glückwunsch.«

Von gewohner Qualität war insbesondere eine spezielle Passage der Pressekonferenz. Es war die Vorabmeldung der am nächsten Tag erscheinenden Titelstory des SPIEGEL lanciert worden. Titel: DIE MITLEID-MASCHINE.

Sie behandelt das noch in Kraft befindliche Wahlkampfkonzept des Kandidaten. Niemand weiß, wer das dem SPIEGEL hat zukommen lassen, Ratzinger oder Mäffert. Wahrscheinlich beide. Schroeder nicht, der hat anderes im Sinn.

Auf die Frage, ob er, der Ministerpräsident, heute schon in den Spiegel geschaut habe, sagte der: »Ja, sicher, meine Herrn. Ich kann mich morgens im Spiegel ansehen. Erhobenen Hauptes.« Ein maximaler Abgang, das. Sogar das Wort »ich« ist rübergekommen. Big show.

Für Müller entsteht die Frage, ob der Kandidat gewußt hat, was er tat.

Der Mann muß hinaus in die Medien. Er muß sich präsentieren. Kein Tag ohne Meldung. Ratzinger und Mäffert konzipieren spektakuläre Auftritte.

Mäffert hält am Mitleidkonzept fest, jetzt erst recht. Diese Zitrone läßt sich immer noch auspressen. Schatzi allein im Dom der Landeshauptstadt. Er wird dort zufällig aufgestöbert von einem Bildreporter. Er sitzt einsam auf der vordersten Kirchenbank. Den Kopf in die Hände gestützt. Mein Goltz, warum hast du mich verlassen. Ein Gebet gibt neue Kraft, das ist bekannt. Ratzinger ist dagegen. Die Leute mißtrauen christlichen Politikern, wenn sie christlich werden. Außer zu Weihnachten.

Mäffert hört im Hintergrund die Orgel ein Ave Maria spielen. Die Sonne flirrt durch das mittelalterliche Fenster. ER sitzt im Licht, löst den Kopf aus den Händen, schaut nach oben. Am Revers das Große Sportabzeichen.

Ratzinger: Das nur, wenn der Dom voller Wähler ist. Und wenn ein christlicher Termin vorliegt, der emotional positiv besetzt ist. Erntedankfest zum Beispiel, aber da ist noch hin.

Mäffert forciert den Besuch von Krankenhäusern, Altersheimen. Der Kandidat verfügt über ein Grenzerlebnis (»notieren Sie, Schroeder: Grenzerlebnis«). Das einzige Grenzerlebnis, das Ratzinger akzeptiert, ist die absolute Mehrheit.

Der Anstoß des ersten Bundesligaspiels der Saison ist eine heikle Materie. Die eigene Mannschaft könnte verlieren.

Ideal wäre, wenn der Oppositionsführer mit seinem Wagen gegen einen Betonpfeiler knallte, um sich und die ihn begleitende Freundin so zu Tode zu bringen. In drei Wochen kann niemand einen neuen Kandidaten aufbauen. Niemand auf der Welt. Ratzinger sieht den Herrn Ministerpräsidenten in der ersten Reihe des landeshauptstädtischen Domes sitzen, im Hintergrund ein Ave Maria. Das Licht des mittelalterlichen Domfensters konzentriert sich auf sein Haupt, das er betend in den Händen birgt. Der Ehering glänzt matt. Kein Sportabzeichen, Mäffert. Dann, die Orgel hat ihr Spiel eingestellt, erhebt Schatzi sein Haupt. Er ist immer noch sehr ernst. Dann gelingt ihm ein Blick, der – mit einem angedeuteten Lächeln angereichert – sowohl nach oben als auch nach vorn gerichtet ist.

Schroeder wird in die oberen Gemächer gebeten. Die Gattin muß ganz notwendig was mit ihm besprechen. Jetzt. Schroeder berät sich mit Freund Müller. Niemand ahnt, ob sie was mitgekriegt hat. Will sie was rauskriegen? Wenn ja, was? Müller denkt laut nach. Was wäre, wenn. Ein erneuter Anruf von Schnuckiputzi bringt Schroeder auf Trab.

»Einen Augenblick, bitte, lieber Herr Schroeder.« Die spricht wirklich so. »Nehmen Sie doch bitte Platz.« Nein, auf dem Sofa dort. Ihr Wunsch ist ihm Befehl. Sie balanciert ein Tablett. Kaffee und Kuchen. Als Nachmittagshäppchen hat Moni für heute drei Vollkornkekse eingepackt. Er hat auf die verzichtet; er liegt immer noch gnadenlos vorn. Schnucki legt ihm ein Stück Apfeltorte auf den Teller. Schroeder liebt Apfeltorte. Mit sehr viel Schlagsahne obendrauf. Er ist in einer Zwickmühle.

Es gibt kein Entrinnen. Diese Person wird ihn nötigen, das steht fest. So was kann sie. Sie wird eine wie auch immer begründete Ausrede nicht zulassen. Die einzige Alternative zum Apfeltortenstück mit Schlagsahne wären zwei Stück Apfeltorte. Mit Schlagsahne.

Müller und Schroeder haben diskutiert, was im Kopf dieser Person vorgehen mag. Sie kennen die Dame nur aus hoheitsvoller Ferne. Sie hält sich fern von allem, was nach Fußvolk riecht. Schroeder sieht erst sie an, dann das Stück Apfeltorte auf dem Teller vor ihm. Der muß doch was aufgefallen sein, spätestens im Bett. Eine klitzekleine Kleinigkeit kann alles auffliegen lassen. Immer vorausgesetzt, daß die sich überhaupt für etwas anderes interessiert als für ihre Rolle als Landesmutter. Die kann sie perfekt.

Sie hat ihm erst mal ein Glas Sekt eingegossen. Auch der hat seine Kalorien. Wie erklärt er Moni morgen den abnormen Stand seines Tagesgewichtes. Oder sagt er besser gar nichts. Schroeder nimmt das Stück Kuchen in Angriff.

Die Landesmutter sagt was von schweren Tagen. Aber, sie ist sicher. Alles wird schließlich gut werden. Anglerblick in Schroeders Pupillen. Sie hat sich neben ihn gesetzt. Jetzt kommt, denkt Schroeder, die Arie von der armen, ach so hilflosen Frau, die seelisch aufgerichtet werden will.

Nichts da. Sie verputzt ihre Apfeltorte. Sie drückt mit Hilfe der Fernbedienung Musik in den Raum. Geigen, du lieber Gott. Sie prostet Schroeder zu. Wenn kein Publikum um sie herum ist, spreizt sie den kleinen Finger ab beim Trinken. Schroeder prostet zurück. Sie legt ihm ein zweites Stück Apfeltorte auf den Teller. Mit Schlagsahne. Er fühlt sich eingekreist. Er ist umstellt. Nicht auszuschließen, daß Moni hinter dieser Kalorienverschwörung steht.

Allein sie beide, gegen den Rest der Welt. Schroeder möchte nicht garantieren müssen, daß sie nicht demnächst einem Reporter anvertraut – bei Apfeltorte mit Sekt –, ihr Mann sei nicht wirklich ihr Mann, sondern ein von Moskau unterschobener Doppelgänger. »Ist die Musik so in Ordnung, lieber Schroeder.«

Schroeder nickt. Die Musik ist zum Kotzen. »Dann ist ja gut«, sagt sie. Sie hat, man sieht es ihr an, wieder einen Punkt abgehakt. Sie öffnet seinen Gürtel. »Dann wird jetzt gefickt.« Schroeders erster Gedanke ist AIDS (auch dazu wird der Kandidat noch öffentlich was sagen müssen). Dann will er sich dem Kuchen zuwenden. Der würde ihn um eine Woche zurückwerfen. Schroeder hat keine Wahl.

Aber selbstverständlich hat sie – Punkt acht oder neun – auch an ein Präservativ gedacht. Sieben Minuten später ist Schroeder damit beschäftigt, seinen Reißverschluß wieder hochzuziehen. Das ist gar nicht so einfach, wenn man tief in einem sehr weichen Sofa sitzt. Sie hat sich ihrer legendären Handtasche bemächtigt. Schroeder existiert nicht mehr. Sie holt einen Dosenöffner aus der Tasche. Sie atmet laut, während sie die Dose rausholt. Um die zu öffnen. Sie greift mit voller Hand in die Blechdose. Schroeder notiert, daß sie sich heftig am Rand des Dosendeckels verletzt hat. Blut fließt. Sie schlabbert das Hundefutter. Schließlich stößt sie kurze schrille Schreie aus. Um im Nachbarraum zu verschwinden.

Das freut Schroeder sehr. Er haßt den Geruch von Hundefutter, gleich wird er kotzen müssen. Neben ihm steht der Gatte. Der lächelt Schroeder routiniert an. Lächeln kann er mittlerweile. Er schnuppert, bemerkt die offene Dose. Er nimmt einen Löffel aus der Kammtasche seines Jacketts. Der muß da immer schon gesteckt haben. Schatzi setzt sich, die linke Hand umgreift die Dose. Er leert sie bis zum letzten Rest. Dann steht er abrupt auf, schmettert:

Und spürte
wie das Märchen der Liebe begann.
Deinen Namen, den hab ich vergessen
Deine Küsse vergesse ich nie
Und so kannst Du die Sehnsucht ermessen
mit der suchend durchs Leben ich zieh. – »Rudi Schurike«, sagt Schroeder. »René Carol«, sagt der Ministerpräsident. Er rülpst. Dann, mit leichtem Tadel in der Stimme: »CHAPPI ist aber bedeutend besser. Schon wegen der Mineral- und Aufbaustoffe.«

Schroeder wird Müller zu einem unauffällig arrangierten CHAPPI-Test anregen. Noch mehr Kalorien als MOUSSO kann das Zeug ja nicht haben.

Hans-Jürgen Tast

Neugierig weiterblättern (4)

Gläser klirren. Musik. Fremde Stimmen schlagen mir entgegen.
Obwohl ich völlig uneingeladen eingedrungen bin, schaut Ihr doch keineswegs verärgert zu mir herüber.
Fast im Gegenteil.
Der braune Plastik-Umschlag des Flohmarkt-Fotoalbums war leicht zu öffnen.
Auch wenn's mir manchmal peinlich ist, ich gucke weiter durch diese Tür.

Ein übliches Gruppenbild zum Thema »Verliebt, verlobt, verheiratet«.
Oder »Urlaub, Reise, Ferienzeit«. So oft gesehen.
So oft selbst erlebt.
Die Bewegungen sind steif gefroren. Ganz lange Minuten.
Schon lange, bevor sie ein Teil des Fotos wurden.
Wohin mit den Händen? Was macht man mit dem Mund?
Warum ist das Klicken nach dem »Bitte recht freundlich« nicht endlich schon vorbei?

Ein schöner, warmer Tag. Ein richtiger Sonntag-Nachmittag.
Aus der Ferne riecht es nach Kaffee und frischen, weißen Tischdecken.
Nun wird man eigens für den Fotoapparat hingestellt. Wohlüberlegt.
Oder man macht das selbst.
Damals.
Jetzt ein zwar die meiste Zeit ordentlich aufbewahrtes, nun aber anscheinend doch unwichtig gewordenes Stück Vergangenheit.
Sonntag-Nachmittag. Saubere Kleidung. Blauer Himmel. Sonnenschein.
Sei still, rühr Dich nicht, sonst wird das Foto verwackelt.
Hör auf zu atmen, alle Album-Seiten lang. Immer wieder »Bitte recht freundlich«.
Die Sonne blendet von vorn, der Fotograf hat dies gewünscht, es wäre besser so.
»Jetzt lach doch wenigstens ein bißchen.«

Wer soll hier auf dem Flohmarkt eigentlich Deine leergeschauten Erinnerungen kaufen?
Sinnloses Fotoalbum.
Jeder sucht mal kurz darin herum, – ohne genauen Grund, ohne zu wissen, was er suchen will.
Wen interessieren schon die wahren Geschichten in den Bildern?
Die Geschichten der Fotografierten?
Oder die Geschichten von daneben, links und rechts vom Bildrand, außerhalb des Fotos?
Oder die von gegenüber?
Umsonst sind all Deine Mühen, all Deine Posen für den Fotografen nun geworden.
Umsonst, vielleicht inzwischen sogar lächerlich Dein Wunsch,
Dich dabei möglichst vorteilhaft ins rechte Licht zu bringen.

Dein damaliges Vertrauen ist heute kein Geheimnis mehr,
Dein Foto hat mit dem Album Euer privates Paradiesgärtchen verlassen.
Auch der Staub schützt nicht.
Der Fotograf ist weg. Weit weg.
Jeder Zusammenhang ist unwichtig geworden. Und dadurch verloren gegangen.
Das Album sinnentleert.
Nur ich, ein Fremder, bin jetzt noch da, und ich schaue Dich immer noch an,
blättere suchend langsam weiter, obwohl ich weiß,
daß Du damals nie und nimmer meinen Blick auf Dir erwartet hast.

Bernd Kling

Comics, Computer und Mäuse

Mausträume

Wenn heute ein Comiczeichner von der Maus spricht, meint er nicht unbedingt die mit dem Vornamen Micky. Sondern eher die des Macintosh oder des Atari ST: ein handliches, mausgroßes, kunststoffummanteltes Gerät, das sich leicht auf einem Tisch hin und her bewegen läßt. Durch ein Kabel ist diese Maus mit dem Computer verbunden, auf dessen Monitor ihre Bewegungen als Linien auftauchen. Durch Drücken auf einen Mausschalter – klick! – lassen sich andere grafische Funktionen auslösen, zum Beispiel mit einer Sprühdose mehr oder weniger dichte bzw. breite Farbstreifen auf den Bildschirm zaubern. Noch ein Mausklick, und der Airbrush-Effekt ist wieder weg.

Diese über den Tisch wandernde Maus ist für einige Comiczeichner ein Traum, für andere ein Alptraum.

Peter Petris Metallkappe

»Der Kollege saß da, die Augen geschlossen, wie in Trance. Die Glut seines unvermeidlichen Glimmstengels hatte schon die Finger erreicht, was er nicht zu bemerken schien, und in der anderen Hand hielt er ein Glas Rotwein (vermutlich Beaujoulais). Auf dem Kopf trug Petri eine offenbar selbstgebastelte Metallkappe, von der eine Menge Kabel zu einem dieser neumodischen elektronischen Drukker hinliefen. Der Drucker war eingeschaltet und spuckte in Windeseile ganze Schlangen dieses ekligen Papiers aus, das Löcher an beiden Seiten hat. Und auf dem Papier waren so etwas wie Comics, oder besser: Zerrbilder von Comics. Das menschliche und künstlerische Drama, das sich hier vor unseren Augen abspielte, wurde uns sofort klar:

Petri hatte sich aus unserer Zunft verabschiedet. Im ganzen Raum befand sich nicht ein Zeichengerät. Kein Bleistift, kein Radiergummi, kein einziger dieser Billig-Filzschreiber, die Petri früher so gern benutzt hat, ja nicht einmal ein 5-Tages-Papiertaschentuch mit Tusche-

Magi Wechsler: Cover für die Zeitschrift »Nebelspalter«

flecken. Tiefer kann ein Künstler nicht sinken. Wir weckten Petri, um ihn zur Rede zu stellen. Versuchten ihm klarzumachen, wie weit er sich von jedem kollegialen Konsens entfernt hatte. Hielten ihm vor Augen, was es für Folgen haben würde, wenn er in Sekunden ganze Comic-Stories produzierte und auf den Markt würfe, für die seine Kollegen Wochen brauchten. Wie er auch sich selbst schadete. Diese Zickzacklinien, die sterile Grafik, die hemmungslose Verwendung von Rastern, von der wir bei Petri schon gehofft hatten, damit sei es für immer vorbei.«

Soweit die Redaktion des Berliner Comicmagazins *Rad ab*, in dem sich Zeichner der alternativen Zeichnerszene wie Hansi Kiefersauer, Peter Petri und gelegentlich Gerhard Seyfried sammeln, nachdem einer der ihren vom Computervirus befallen wurde. Offen bleibt, wieviel tatsächliches Unbehagen hinter dieser ironischen Darstellung steht. Vermutlich sind die *Rad-ab*-Macher von den spielerischen Möglichkeiten des Mediums Computer genauso fasziniert wie ihre computerbegeisterten Kollegen, die mit den neuen technischen Möglichkeiten mit größtmöglicher Perfektion utopische Abenteuer und Roboterkriege zu erschaffen versuchen. Gedruckt jedenfalls wurde das anstößige Produkt dennoch:

»Ausschließlich zum Zweck der Dokumentation drucken wir in dieser Ausgabe eines der Elaborate ab, die da aus Petris Drucker geflossen sind (S. 370).«

Maus und Bleistift

Der Computer als anderes, überlegenes Zeicheninstrument? Die Erwartungen bzw. Befürchtungen lösen sich schnell in Luft auf, wenn man nachfragt oder auch nur ein zweites Mal hinsieht. »Die Arbeit geht überhaupt nicht schneller«, sagt Michael Götze, der den ersten deutschen Computercomic in Form eines ganzen Albums gezeichnet hat. Das Zeichnen am Computer wurde für ihn schließlich zu einer »einzigen großen Tüftelei«, die über ein Jahr dauerte, bis er die 44 Seiten seines ersten Albums der Serie *Das Robot-Imperium* schwarz auf weiß von seinem 9-Nadel-Drucker Epson FX-850 ausgedruckt hatte. Allein feine Grauabstufungen in einzelnen Bildern beschäftigten ihn für Tage. Gleichzeitig ist Götze dafür bekannt, daß er – von Hand! – große Seitenzahlen kommerzieller Comicserien von *Heidi* bis *Mask* in kürzester Zeit zu produzieren vermag. Warum setzt er sich dann eigentlich an die Maus, ein verhältnismäßig ungenaues Zeicheninstrument zur Eingabe in den Computer, schwieriger zu handhaben und viel ungenauer als Bleistift, Pinsel, Tuschefeder?

Auch sein Kollege Mike Saenz, der etwa zeitgleich in den USA das erste Comicalbum vorlegte, das mit einem Computer gezeichnet und gleichzeitig koloriert wurde, brauchte für diese Arbeit über ein Jahr – auch das reichlich lange im Vergleich zum Arbeitstempo, das von einem professionellen amerikanischen Comiczeichner unbedingt erwartet wird.

Die Schweizer Karikaturistin Magi Wechsler, die erfolgreich Cartoons mit einem Apple Macintosh zeichnet, beschreibt die Arbeit mit ihrem als »kreativ« beworbenen Computer als eher mühselig:

»Mit einem Computer, oder besser gesagt, mit der ›Maus‹ zu zeichnen, ist nicht so einfach, wie das vielleicht aussieht. Es braucht viel Geschicklichkeit und jede Menge Übung, um gute Ergebnisse zu bekommen. Der Computer ist wie ein Spielzeug, und es ist echt aufregend, zu lernen, was man alles damit tun kann, aber wenn man all seine Möglichkeiten kennt, dann kann es leicht langweilig werden. Auf dem Bildschirm zu betrachten, was die ›Maus‹ in der Hand macht, kann schon bald ziemlich frustrierend werden, während das Arbeiten mit Pinsel und Tusche unmittelbar die Sinne anspricht.«

Die Plackerei mit der Maus wird auch von Michael Götze bestätigt: »Nun ja, das Zeichnen mit der Maus ist schwierig, man muß erst mal ein Feeling bekommen. Es ist dann auch kein richtiges Zeichnen, sondern ein Stück für Stück Korrigieren bis zum fertigen Bild.«

Warum nimmt dann eigentlich jemand, der zeichnen kann – und ohne zeichnen zu können, läßt sich auch am Computer kein Comic gestalten –, soviel an Mühe, Tüftelei, Unbehagen, Korrigieren und mehrfachen Zeitaufwand auf sich?

Michael Götze: »Ich möchte Bilder erreichen, die wie geleckt aussehen. Der Leser muß nachfragen, ob es Handarbeit oder ein Computerjob ist.«

Genau das aber ist mit dem – für Comiczeichner heute finanziell erreichbaren – Stand der Technik und der Programme unmöglich. Die Computerjobs fallen weit hinter die Handarbeit zurück, nicht zuletzt auch in der Gunst der Käufer.

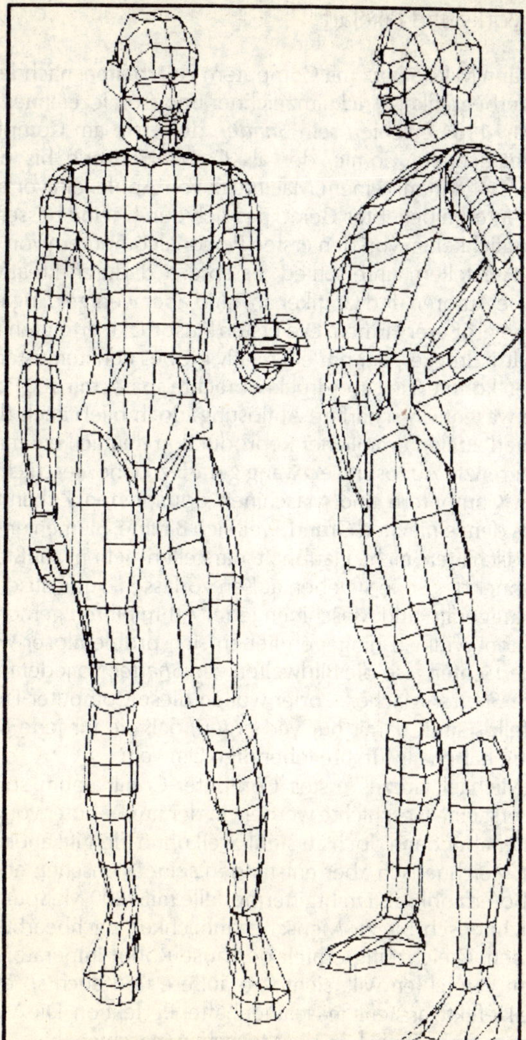

Michael Goetze: Robot-Imperium

Comic Works und Pixelart

1983 begann Mike Saenz mit Computern zu arbeiten, nachdem er zuvor als Werbegrafiker, Trickfilmzeichner und Comiczeichner tätig gewesen war. 1984 erschien sein *Shatter*, der erste am Computerbildschirm gezeichnete Comic, der als Comic-Heftserie bis heute erscheint. Er begann mit einem Macintosh von Apple: ein vor allem bei Werbeagenturen beliebtes Gerät, das sich durch seine besseren grafischen Möglichkeiten von den ersten Personalcomputern von IBM und anderen Herstellern unterschied; es sprach dadurch kreativere Anwender wie Autoren und Grafiker an, fand aber weniger Eingang in die Büroräume größerer Firmen. Die ersten Ausdrucke erfolgten noch auf einem Matrixdrucker, der nur ein relativ grobes Punktemuster aufs Papier setzen konnte. Ein Laserdrucker brachte später mit 300 Punkten je Zoll eine wesentlich schärfere Auflösung, doch blieb auch damit der Unterschied zu herkömmlicher Reproduktion deutlich erkennbar.

Die begrenzte Auflösung erzwang geradezu eine Geschichte, die in einer von Computern und Maschinen dominierten Zukunft spielte. Schon aus dem einfachen Grund, weil sich Bäume, Blumen und malerische Landschaften nicht glaubhaft darstellen ließen, mußten Autor und Zeichner der Serie sie eben außen vorlassen. Futuristische Hochhäuser, Fluggeräte und Maschinen jeder Art mit ihren geraden Linien und exakten Winkeln hingegen ließen sich problemloser wiedergeben, beherrschten also die Bildwelten von *Shatter*. So jedenfalls erklären es die *Shatter*-Macher – oder wollen diese Computer-Freaks, die sie zweifellos sind, damit nur verbergen, daß sie für jede Maschine mehr übrig haben als für ihre lebendige Umwelt?

Auch Michael Götzes erstes Computer-Comicalbum sollte Jahre später zuerst eine Geschichte werden, in der nur Roboter vorkommen. Das fand er aber dann doch zu steril, weil ohne Identifikationsfigur für die Leser. Zeichnerisch aber entstanden seine Menschen eher wie in einer Roboterfabrik: als Drahtgittermodelle mit 1200 Meßpunkten, die dann zeichnerisch bis zu Menschenähnlichkeit nachbearbeitet werden müssen. Gleichzeitig erhielt der böse Robot-Imperator, der alle Menschen vernichten will, sichtbare äußere und auch so etwas wie seelische Defekte anstelle maschinenhafter Perfektion. Die Maschinen werden menschenähnlicher, die Menschen maschinenhaft.

Aus Saenz' Arbeit an der *Shatter*-Serie heraus entstand durch seine Mitarbeit das kommerziell vermarktete Programm *Comic Works*. Auch Götze sah sich als Pionier auf diesem Gebiet gezwungen, sich mit *Pixelart* ein eigenes Programm zu erarbeiten, das es ihm erlaubte, eine Hintergrundzeichnung zu erstellen und beliebig drehbare 3-D-Figuren in diese Zeichnung einzubeziehen. Das Wissen dazu eignete er sich durch die Lektüre aller Bücher an, die sich mit 3-D-Grafik auf dem Atari ST beschäftigen.

Den zweiten Band seines *Robot-Imperium* beabsichtigt Götze aus dem Computer heraus in Farbe zu erstellen, und das mit einer Methode, die alle bisherigen Götze-Tüfteleien um Lichtjahre (an Originalität wie auch an Arbeitsaufwand) schlägt. Die Grafiken mit der Hand zu kolorieren, käme für ihn einem Eingeständnis gleich, der Computer sei damit überfordert. Deshalb nimmt er es auf sich, zusätzlich zur Schwarzweißzeichnung noch die Farbvorgaben für einen Ausdruck in Gelb, einen in Blau und einen in Rot zu erstellen. Diese Mehrfacharbeit nimmt er ebenfalls am Computer vor und erstellt den bunten Ausdruck dann mit seinem handelsüblichen 9-Nadel-Drucker, in den er passend zurechtgesägte Farbbänder eines anderen Fabrikats einbaut und dann für jedes Bild viermal nadeln läßt. Die Ergebnisse lassen sich sogar sehen. Sie erinnern an den frühen Götze, der auf einer eigenen Druckmaschine Fan-Comics druckte und dabei aus Sparsamkeitsgründen von Hand die einzelnen Druckfarben selbst auslegte, was zu seltsam unwirklichen Farbeffekten führte.

Man mag zum Ergebnis stehen, wie man will – niemand könnte mit so deutlich begrenzten Mitteln so verblüffende Wirkungen hervorbringen wie Michael Götze. Das ist dann doch weit mehr als eine Fleißarbeit. Aber, lieber Michael, wäre es nicht doch einfacher, von Hand zu kolorieren, mit einem guten Pinsel und Eiweißlasurfarben?

Iron Man von der Floppy

Konsequente Hi-Tech bei der Comicproduktion stellen im Vergleich dazu die Hilfsmittel dar, die Mike Saenz für sein Album *Crash* zur Verfügung standen. Mit dem Mac 2 verfügt er über einen Microcomputer, der in seinen Leistungen an die grafischer Workstations heranreicht, und für den vor allem reichlich professionelle Grafikprogramme zur Verfügung stehen. Er ließ sich von William Bates, einem Programmierer und Computerexperten mit Erfahrung in der Programmierung von Computerspielen, ein Programm namens *Lithographer* schreiben, das verschiedene Methoden zur Eingabe von Graphik einbezieht, eine direkte Kolorierung am Farbbildschirm erlaubt und schließlich die Aus-

gabe von Farbauszügen auf dem professionellen Laserbelichtungssystem Linotronic 100 ermöglicht.
Sowenig dieses *Iron Man*-Abenteuer herkömmliche Zeichenmaterialien zu seiner Entstehung brauchte, benötigt die Druckerei »Originalzeichnungen«. Es geht direkt von den Floppy Disks, auf denen Iron Man magnetisch gespeichert ist, in den Belichter und in die Druckmaschine. Keine »original art« wurde für die Herstellung von *Crash* geschaffen, sagt Saenz und empfindet das als Vorteil: Weil zum Beispiel für eine Übersetzung ins Japanische die Bilder einer Seite umgekehrt montiert werden müßten, um sie von rechts nach links lesen zu können, und das könnte genauso am Bildschirm erledigt werden wie die Einsetzung japanischer Schriftzeichen.

Comic Works, aus der Arbeit mit *Shatter* entwickelt, wurde eigentlich zur Erstellung schwarzweißer Comicseiten in relativ niedriger Auflösung geschaffen. Es diente dennoch dazu, den größten Teil von Crash in Form von »bitmaps« zu erstellen, die später im Farbgebungsprogramm *Lithographer* mit anderen Grafikteilen verbunden, in der Auflösung verbessert und koloriert werden konnten. Das einfach deshalb, weil Grafikprogramme mit höherer Leistung wesentlich zeitaufwendiger in der Eingabe und in der weiteren Verarbeitung sind. Mit *Comic Works* wurden zehn Megabytes an Bitmaps geschaffen, etwa drei Viertel der für *Crash* benötigten Grafik.

Um dreidimensionale Objekte zu schaffen und beliebig zu drehen, benützte Saenz *Pro 3D*, ein für den Mac verfügbares kommerzielles Programm. Im Gegensatz zu Götze benützte er es aber nicht für Menschen, sondern nur für Autos, Roboter, Fluggeräte und andere technische Objekte. Die *Pro 3D*-Daten wurden später wie die von *Comic Works* in *Lithographer* übernommen.

Das aufwendigste Grafikprogramm schließlich ist *Adobe Illustrator*. Es erlaubt eine beliebige höhere Auflösung, da es auf Vektorgrafik und nicht auf der Darstellung einzelner Punkte (Pixel, Bitmaps) beruht. Es entstehen glatte Linien und präzise Kurven, die nicht zufällig an Werbegrafik erinnern, für die dieses Programm in erster Linie verwendet wird. Saenz erstellte damit das Titellogo und die Titelgrafik von *Crash*, aber nur wenige weitere Zeichnungen, weil dieses Programm mehr Zeit bei der Eingabe und damit zuviel Zeit für einen Comiczeichner erfordert. Denn im Unterschied zum Werbegrafiker muß ein Comiczeichner stets ganze Serien von Zeichnungen erstellen und bekommt dafür weniger Geld und damit auch Zeit zugemessen.

All diese Grafikeingaben wurden nun in *Lithographer* zusammen-

Mike Saenz: Iron Man

gefaßt, das eine automatische Seitenmontage ermöglicht. Es können für eine Seite Bildrahmen in verschiedener Größe ausgewählt, dann die einzelnen Grafiken in die »panels« eingelesen werden. Sprechblasen in verschiedensten Formen können darübergelegt und mit Texten versehen werden. Weitere Texteffekte (Lautmalereien, Überschriften) können in beliebiger Schriftform und -größe direkt in das einzelne Bild gesetzt werden. Die wesentliche Aufgabe von *Lithographer* aber ist die Farbgebung, die in bis zu 104 060 401 möglichen Farben erfolgen kann. Es können auch spezielle Farbtöne gespeichert werden, die immer wieder gebraucht werden (*Iron Man*-Rot).

Der fertige Comic kann nun immer noch beliebig verändert werden, die Zeichnung, die Texte, die Reihenfolge der Bilder, die Farben. Und jederzeit neu ausgegeben werden auf Laserbelichtern, die der Druckerei als professionelle Belichtungsgeräte zur Verfügung stehen.

So beeindruckend diese Möglichkeiten erscheinen, das Ergebnis beeindruckt weniger. Und das nicht nur wegen der simplen Geschichte, in der der Superheld Iron Man (in der deutschen Ausgabe dieser Serie: *Der Eiserne*) den Diebstahl militärisch-industrieller Geheimnisse durch den Konzern ESON verhindern muß, bei dem sich eine japanische Nationalistengruppe, die sich als neue Samurai bezeichnet, hervortut.

Der Inhalt zählt also nicht. Und die Grafik macht zwar viele Punkte, aber nicht die richtigen. Wenig aufgelöste Punktemuster schlagen sich mit den feineren (nach dem Standard amerikanischer Produktionen akzeptablen Rastern der Farbgebung). Klare Linienzeichnungen sind wegen des größeren Zeitaufwands nur wenig zu sehen. Diese Zeichnungsteile erinnern dadurch noch mehr an standardmäßige Werbegrafik, wirken wie Fremdkörper in den mit grob gepixelten *Comic Works*-Passagen. Es entsteht kein einheitlicher, auch kein durch seine Eigenwilligkeit ansprechender Zeichenstil.

Also eine technische Leistung, meinetwegen eine Pionierleistung. Aber kein guter Comic.

Bleibt noch das Programm *Lithographer* zur Farbgebung. Während es sich in *Crash* zusammen mit der computererstellten Grafik nicht günstig zur Wirkung kommt, gibt es gleichzeitig ein besseres Beispiel für die Leistungen dieses Programms. Die ebenfalls bei Marvel erschienene US-Ausgabe der japanischen Serie *Akira* wurde damit koloriert. Dem Koloristen Steve Oliff ist es dabei gelungen, konventionell entstandene Zeichnungen am Bildschirm zu kolorieren, die im Druck schließlich subtil und passend wirken – nicht von der konventionellen Kunst eines guten Koloristen zu unterscheiden.

Abschied von der Maus

Die Farbgebung am Bildschirm wird sich also wahrscheinlich am ehesten durchsetzen. Schon aus Kostengründen, da der teure Vorgang der Farbseparation mit *Lithographer* überflüssig wird. »Schon für die Kolorierung und die Erstellung der Druckvorlagen allein«, so Archie Goodwin, Chefredakteur der *Epic*-Publikationen von Marvel, »wird sich die Benützung des Computers mehr und mehr durchsetzen. Das ist zweifellos Teil unserer Zukunft.«

Mehr wird sicher kommen. Aber die Computer-Fans unter den Zeichnern werden noch einiges abwarten müssen: Hardware mit höherer Auflösung zu tragbaren Preisen, ebenso wichtig weitere Programmentwicklung und praktische Erprobung.

Neue Möglichkeiten bringt das Einlesen von Bildern durch einen Scanner (von gedruckten Vorlagen) oder einen Videodigitizer (von einem Videoband oder Kameraaufnahmen). Grafikprogramme wie *Adobe Illustrator* oder *Designer* erlauben das zeichnerische Nachziehen und Weiterbearbeiten von eingelesenen Bildern. Auf diese Weise könnten am Bildschirm Comics nach Filmen oder TV-Serien produziert werden, die möglichst realistisch bis hin zu fotorealistisch wirken sollen.

Am faszinierendsten aber sind die Möglichkeiten der Computer-Animation, im Computer Zeichnungen zu bewegen, aus einzelnen Zeichnungen Trickfilme zu gestalten. Diese Chancen haben vielleicht Zeichner zur Computergrafik gebracht, aber der Aufwand dafür ist noch um ein Vielfaches größer und könnte die heutigen Probleme des Comiczeichners am Bildschirm leicht vergessen lassen.

Zunächst einmal muß Abschied von der Maus genommen werden, von der es im Götze-Album des Carlsen-Verlags heißt, sie »vereinigt alle Zeichengeräte in sich«. Dazu ein professionelles Urteil des Werbegrafikers und Illustrators Matthias Töpfer:

»Wer glaubt, mit einer Maus gut zeichnen zu können, sollte sich einmal am Gebrauch eines Digitalisierstifts versuchen. Er wird sich wundern, wie einfach das geht. Fast wie mit einem Bleistift.«

Nun gut, ein professionell nutzbares Digitalisiertablett mit Digitalisierstift kostet noch einmal einen oder mehrere Riesen extra, und nicht jedes Grafikprogramm, insbesondere bei den mehr als Homecomputer benützten Geräten, verfügt über dafür notwendige Treiber. Aber wenn jemand mit Computergrafik etwas anderes oder mehr erreichen will als mit konventionellen Mitteln, dann kommt er mit einer Maus nicht über bloße Pixel-Bastelei hinaus.

Wenn jemand aber heute unbedingt am Bildschirm zeichnen will, dann ist es eigentlich nur sinnvoll, wenn er die Beschränkungen bewußt akzeptiert und ironisch-kritisch einsetzt. Wie etwa Magi Wechsler, die den Computer in erster Linie für Cartoons benützt, die sie mit Feder und Tusche nicht so zeichnen könnte – eben um damit etwas über Computer auszusagen. Es kann auch vorkommen, daß sie traditionelle Federzeichnungen mit Zeichnungen aus dem Drucker verbindet:

Ein Zeichner sitzt auf einer Wiese an einem Computer, umgeben von zahlreichen Tieren. Zeichner, Computer und Tiere haben die typischen Zickzacklinien eines Computerausdrucks. Mittendrin ein Huhn mit Küken, als einzige von Hand gezeichnet. Der Zeichner sieht sie entgeistert an: ». . . was macht ihr denn ihr da?«

Die unheimlichen Freiheiten des Zeichners

Bisherige Versuche, außer ironisch-distanzierten, Comics mit dem Computer zu erstellen, wurden weder von der Kritik noch von den Käufern akzeptiert. Auch für die Zeichner ergaben sich außer kurzfristiger Publicity (»erster deutscher Computer-Comic«) keine erkennbaren Vorteile. Weder eine insgesamte Arbeitserleichterung noch ein besseres, nicht einmal ein gleichwertiges Ergebnis.

Warum also, warum? Fühlen Sie sich als Herren der Bildschirmwelten, die Macht haben über ihre selbstgeschaffenen Universen, die sie jederzeit mit einem Mausklick wieder in der Versenkung des Arbeitsspeichers verschwinden lassen können? Ist es die gleiche Sucht, die auch andere an Bildschirm, Tastatur und Maus gefesselt hat? Sind sie die Hacker unter den Zeichnern? Rational zu erklären ist es sicher nicht. Lassen wir also die Zeichner sprechen.

Michael Götze: »Mit dem Computer habe ich als Zeichner unheimliche Freiheiten. Ich kann unbeschwert arbeiten, ohne den Druck zu haben, ›das muß jetzt was werden‹. Wenn ich bei einer Tuschezeichnung mit Korrekturen anfange, wird das Bild immer schlechter. Mit dem ST darf ich korrigieren, ohne daß Spuren zurückbleiben.«

Befreiung von den Beschwerlichkeiten seiner Arbeit gibt auch Peter Petri als Motiv für seine Computerleidenschaft vor, wie seine Kollegen von *Rad ab* zu berichten wissen: »Doch Petri grinste nur frech, verstieg sich in die höhnische Bemerkung, er hätte weiß Gott nichts dagegen, wenn wir es vorzögen, weiterhin Tuscheflecken an allen Fingern zu haben. Es sei ihm auch völlig egal, ob wir langsam blind würden oder vom Zeichnen dermaßen krumme Wirbelsäulen bekämen, daß unsere Chancen bei Frauen rapide gegen Null sinken würden. Er jedenfalls habe keine Lust, sich weiterhin zum Schützen Arsch der Comicfront machen zu lassen.«

Magi Wechsler sieht es immerhin etwas widersprüchlich: »Einer der Vorteile des Karikaturisten besteht darin, daß er nicht mehr als Feder und Tusche für seine Arbeit braucht, daher ist es ein ziemlicher Widerspruch, wenn man verschiedene Computer benützt. Aber es macht auf jeden Fall Spaß, und das ist vielleicht der Grund, warum ich mich überhaupt für Computer interessiert habe.«

Na, dann weiter viel Spaß!

Danke, Easy Writer

Dieser Text entstand mit der Textverarbeitung *Easy Writer* auf einem IBM-kompatiblen Personalcomputer, Olivetti M 19. Das hat mir mindestens das nochmalige Abtippen des ganzen Textes erspart (wie ich das immer gehaßt habe!). Und ich bin ganz froh, daß eine Textverarbeitung keine besonderen Grafikfähigkeiten, keine dreidimensionalen Effekte, keine bit-mapped-Grafik, keine Vektorberechnungen und keine Farbauszüge braucht.

Bitte beachten Sie
die folgenden Seiten:

William F. Nolan

Dashiell Hammett

Eine Biographie

Ullstein Buch 36351

populäre Kultur

William F. Nolan gilt als der beste Hammett-Kenner. 15 Jahre lang erforschte er ein Leben voller Widersprüche. Seine spannende Biographie beschreibt den genialen Autor des »Malteser Falken« jenseits von Mythos und Legende. Das Porträt eines Menschen zwischen Gelingen und Versagen.

Howard Phillips Lovecraft

Unheimlicher Horror

Das übernatürliche Grauen in der Literatur

Ullstein Buch 36544

populäre Kultur

»Es gibt nur einen Prüfstein für das wahrhaft Unheimliche: ob im Leser ein tiefes Gefühl der Furcht geweckt wird, ein Gefühl der Berührung mit unbekannten Sphären und Mächten, eine subtile Haltung schaudernden Lauschens, wie wenn man auf das Flattern schwarzer Flügel oder auf das Kratzen von Gestalten und Wesen von außen, vom äußersten Rand des bekannten Universums horchte. Und selbstverständlich: je vollkommener und geschlossener eine Geschichte diese Atmosphäre vermittelt, desto besser ist sie als Kunstwerk in dem gegebenen Genre.«

Howard Phillips Lovecraft